Economia

BATXILLERAT

Enrique Farinós Alandete
Desirée Esteve Lidón
Rosalía Díez Sánchez
Paloma Villena Molina

VIII. ECONOMIA INTERNACIONAL

Com estudiar amb aquest llibre

Estructura del llibre

Aquest llibre està estructurat en *setze unitats didàctiques*, agrupades en els *vuit grans blocs de continguts* que proposa el currículum oficial de la matèria.

Estructura de les unitats

Pàgines inicials

Cada unitat s'inicia amb una doble pàgina de presentació, formada per una *imatge* relacionada amb els continguts que es treballaran, les *competències específiques* que es pretenen assolir, l'*índex* de la unitat i una *Introducció* on es presenta, a grans trets, el contingut de la unitat.

Desenvolupament dels continguts

Els continguts es desenvolupen mitjançant textos expositius, que s'estructuren en *apartats* i *subapartats*.

Les *definicions* es destaquen amb un fons de color.

Els textos s'il·lustren amb *imatges, diagrames de blocs* i *gràfics*, que faciliten la comprensió del que s'hi exposa.

Les informacions que requereixen tractament matemàtic es complementen amb *exemples resolts*.

Als marges apareixen *textos complementaris*, que són de diferents tipus: aclariments de conceptes, ampliacions de continguts, citacions bibliogràfiques, biografies d'economistes cèlebres, etc.

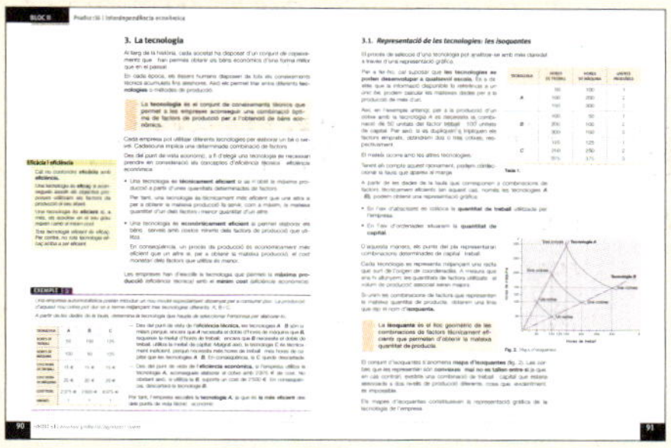

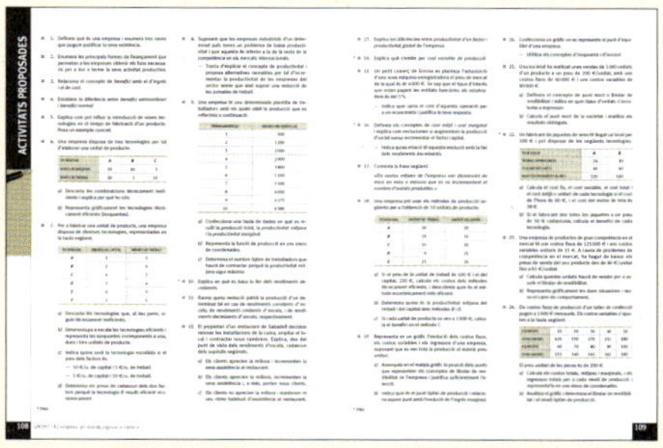

Pàgines finals

Activitats proposades. Amb aquestes pàgines es pretén consolidar l'aprenentatge.

Les activitats que han aparegut en diferents *Proves d'Accés a la Universitat* es destaquen amb un asterisc (*)

Revista d'Economia. Es tracta d'una selecció d'informacions periodístiques d'actualitat relacionades amb els continguts de cada unitat.

Avaluació. Al final de la unitat es proposa un *qüestionari d'elecció múltiple que permet verificar la consecució dels objectius d'aprenentatge.*

ELS PRIMERS ECONOMISTES

Després del mercantilisme i l'escola fisiocràtica, al segle XVIII apareix el primer *homo economicus,* és a dir, la primera persona a qui se li pot atorgar el qualificatiu d'*economista.* Ens referim a **Adam Smith.**

Al costat d'ell, sorgeixen també els anomenats *clàssics de l'economia,* com ara **David Ricardo, Thomas R. Malthus, John Stuart Mill, Jean-Baptiste Say** i altres menys coneguts.

Amb ells, l'economia va a rebre un tractament sistemàtic que acabarà constituint un conjunt o cos organitzat de coneixements: la *ciència econòmica.*

Adam Smith (1723-1790)

Aquest escocès, estudiant a Oxford, és l'autor de la famosa *Investigació sobre la naturalesa i causes de la riquesa de les nacions,* que va veure la llum per primera vegada el 1776 i que, com el seu títol indica, analitza el tema de la creació de la riquesa.

En la seva investigació, Adam **Smith** estableix els principis del liberalisme econòmic, en la línia del *laissez faire.* El mercat és el mecanisme que dirigeix les conductes i les accions dels subjectes i els duu, a través de la competència entre ells, a satisfer el seu propi interès mitjançant l'intercanvi. D'aquesta manera, els recursos disponibles s'assignen eficientment.

En la seva obra diu:

> «L'home és conduït per una mà invisible que li imposa el compliment d'un fi que no forma part de la seva intenció.»

Així, per a Adam **Smith,** és com si l'economia fos una harmonia preordenada, i el sistema d'economia de mercat la seva explicació fonamental, és a dir, la panacea dels problemes econòmics.

L'Estat, el govern, o millor encara, el sector públic, és un mal necessari i no ha d'intervenir en l'economia, ja que la seva actuació resulta negativa i distorsionant per al correcte funcionament del mercat. La seva acció s'ha de limitar, segons aquest autor, a la regulació legal que faciliti la llibertat i la propietat privada, al manteniment de l'ordre públic i de la defensa exterior, a la justícia, etc.

Però fins i tot en aquests àmbits, com menys intervingui, millor. La seva participació excessiva distorsiona l'harmonia i no contribueix ni a la creació de riquesa, que per a ell descansava en el principi de l'acumulació de capital i en la divisió del treball, ni al progrés, ja que limita la iniciativa individual.

Thomas R. Malthus (1766-1834)

Va centrar el seu estudi en el creixement de la població i va considerar que aquesta creixia a un ritme més ràpid que l'augment dels mitjans de subsistència.

Malthus pensava que *la població creixia en progressió geomètrica, mentre que els aliments ho feien en progressió aritmètica.* En conseqüència, de mantenir-se aquest ritme es produiria una escassetat absoluta de mitjans de subsistència.

Va intentar rebatre algunes de les teories d'Adam **Smith** i va arribar a afirmar que per a augmentar la producció és necessari un augment previ de la demanda. En conseqüència, *els augments de la demanda han de ser anteriors als augments de la producció* i no a l'inrevés, com defensava Jean-Baptiste **Say,** el qual afirmava que *l'oferta crea la seva pròpia demanda.*

Va adoptar una actitud crítica davant el capitalisme de l'època i va defensar la necessitat d'alguna intervenció del sector públic en l'economia, sobretot a través de mesures de política econòmica que fomentin l'estalvi, polítiques d'obres públiques que permetin absorbir l'excedent de mà d'obra i polítiques de desenvolupament del comerç, tant interior com exterior.

David Ricardo (1772-1823)

És l'economista clàssic més deductiu. Després d'investigar en el camp de la física, es va dedicar a l'economia política després de llegir l'obra d'Adam **Smith.**

El seu primer punt d'interès van ser els problemes monetaris i la crítica de la *teoria del valor* d'Adam **Smith.**

La teoria de **Ricardo** sobre el valor dels béns va ser, en realitat, una *teoria del valor-treball.* Va deixar de banda les mercaderies *escasses,* és a dir, no reproduïbles, i es va concentrar en les *reproduïbles,* és a dir, les que poden augmentar amb la intervenció del treball humà. Va intentar demostrar que els valors de canvi de les mercaderies eren proporcionals a les quantitats de treball emmagatzemat en forma de màquines.

Segons el seu criteri, les mercaderies obtenen el seu valor a partir de la seva *escassetat relativa* i de la *quantitat de treball* necessari per tal d'obtenir-les.

El seu interès es va centrar en els *preus relatius,* no en els absoluts, ja que desitjava descobrir la base de les relacions d'intercanvi de les mercaderies.

La seva investigació va ser fructífera. A més de la teoria anteriorment exposada, la seva *anàlisi de la renda de la terra* i el desenvolupament de la *teoria dels costos comparatius* com a base del comerç internacional són les grans aportacions d'aquest economista, posteriorment revisades per altres autors.

La *teoria dels costos comparatius* (o dels avantatges comparatius) és probablement l'aportació més coneguda de **Ricardo.** Segons aquesta teoria, cada país hauria d'especialitzar-se en aquells productes amb un cost comparatiu més baix i importar aquells que produeix amb un cost comparatiu més alt. D'aquesta manera, cada país dedicaria els seus factors de producció a les mercaderies que li resulten més beneficioses i la distribució del treball seria més eficient. Alhora, s'augmentaria la quantitat de béns produïts i es generaria riquesa com a conseqüència dels processos d'intercanvi entre diferents països.

Més tard va desplaçar el seu centre d'interès envers els problemes de la distribució. Es va interessar pels tres factors productius —terra, treball i capital— però des de la perspectiva que, a mesura que la població fos creixent, la demanda d'aliments tendiria a elevar les rendes i el preu dels factors productius. En conseqüència, augmentarien els salaris i descendirien els beneficis empresarials.

Aquestes idees van ser defensades més tard per Karl **Marx** (1818-1883) i els *socialistes ricardians.*

John Stuart Mill (1806-1873)

En la seva obra, duu a terme un gran esforç de síntesi de les idees dels economistes anteriors.

Stuart Mill deia de si mateix que era un *ricardià pur.* No obstant això, la seva principal obra, *Principis d'economia política,* conté molt de pensament original i va resultar ser la més àmplia anàlisi de la ciència econòmica que es coneixia en el seu temps. Molt aviat es va convertir en obra d'obligada lectura per a qui volgués iniciar-se en el pensament econòmic.

John **Stuart Mill** va resultar ser un prolífic escriptor en temes econòmics. Entre les seves moltes aportacions, podem destacar, encara que sense entrar-hi, les següents:

- La formulació correcta de la **llei de Say,** que donava entrada al mercat monetari en l'explicació dels cicles econòmics i sostenia que aquesta llei es compleix només si el mercat monetari està en equilibri.
- L'actualització de la teoria ricardiana del comerç internacional, plantejant la teoria de la demanda recíproca per explicar els avantatges del tipus de canvi i la distribució dels avantatges obtinguts pel comerç exterior.
- El desenvolupament de nous enfocaments sobre els grups no competitius, la producció conjunta, els costos d'oportunitat, les economies d'escala i altres qüestions.

L'escola clàssica anglesa

Els anomenats *economistes clàssics* formen la primera escola de pensament econòmic, ja que tenen trets i perspectives comuns.

Podem resumir les seves aportacions en tres grans pilars bàsics:

- Una **visió de base** del sistema de llibertat econòmica, que suposa la *primacia del sector privat sobre el sector públic.*
- Una **visió estàtica** de l'economia, el nucli de la qual està format per les *teories del valor i dels preus.*
- Una **visió de conjunt** de l'evolució de l'economia basada en el procés d'*acumulació, inversió i creació de riquesa.*

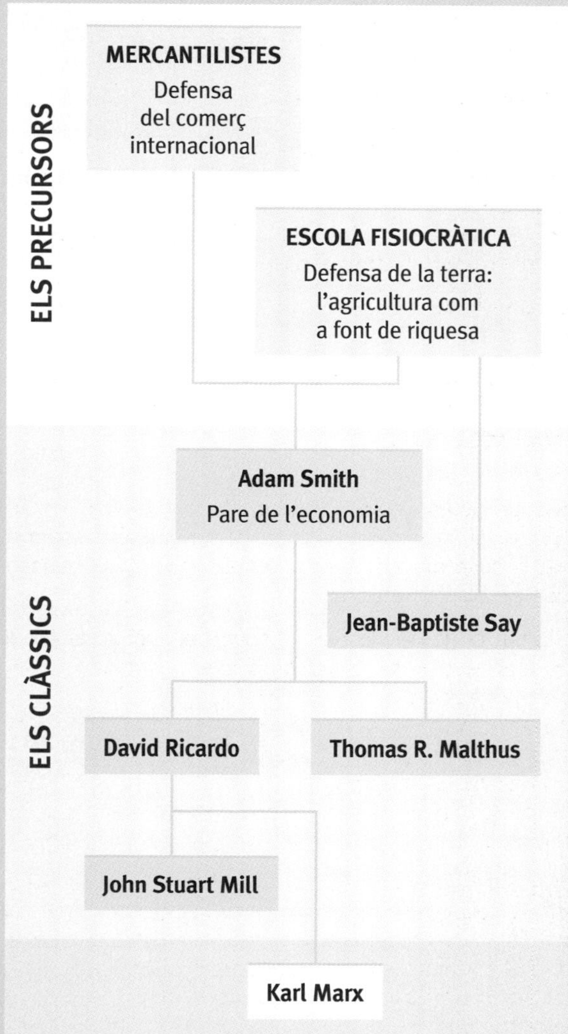

1 L'economia

COMPETÈNCIES ESPECÍFIQUES

Competència en cultura econòmica i dialèctica

Reconèixer l'escassetat com a principal problema de la realitat econòmica.

Determinar l'objecte d'estudi de la ciència econòmica.

Reconèixer les branques i disciplines que constitueixen la ciència econòmica.

Competència en raonament econòmic i modelització

Distingir les activitats econòmiques i classificar-les segons que siguin de producció, de distribució o de consum.

Reconèixer els diferents tipus de factors de producció i classificar-los segons que siguin recursos naturals, treball o capital.

Identificar i descriure els tres agents econòmics bàsics: consumidors, empreses i sector públic.

Reconèixer el mercat com a punt d'encontre dels agents econòmics, descriure diferents tipus de mercats i explicar com es posicionen els diferents agents econòmics en cadascun d'aquests.

■ Venedora. Escultura d'Ingo Koblischek. Friedrichschaffen, Alemanya.

ORGANITZACIÓ DELS CONTINGUTS

L'economia

INTRODUCCIÓ

- Qualsevol àmbit del coneixement té les seves peculiaritats i les seves característiques pròpies. L'economia no n'és una excepció.

  Aquesta unitat tracta de situar-nos en l'àmbit de l'econòmic, en la iniciació a l'economia i els seus principis bàsics, un terreny en el qual ens movem cada dia.

  Es planteja el problema fonamental de l'escassetat, així com la necessitat de triar o assignar els recursos escassos. Aquesta és la raó de ser de l'Economia com a ciència.

  També es presenten els coneixements bàsics sobre alguns conceptes que s'enumeren a continuació i que constituiran per a nosaltres els nivells bàsics del nostre coneixeme[...] econòmic, atès que són els grans pilars de la ciènci[...] nòmica.

  Abans de posar en marxa l'estudi del funcio[...] mic de la societat, ens detindrem en el fu[...] partiment de béns en el mercat i del flu[...] i serveis. D'aquest repartiment sor[...] setat, i per tant, la necessitat d[...] qüència, de rebutjar. Així, l'[...] de l'elecció i la presa de d[...] avantatges i els inconvenient[...] presentades.

1. Les necessitats humanes i l'escassetat

En qualsevol societat que considerem, els éssers humans duen a terme una sèrie d'activitats adreçades a resoldre les seves necessitats. Per a això utilitzen els *recursos disponibles* en cada moment.

Aquests recursos són generalment **escassos,** és a dir, insuficients per a satisfer les necessitats. No obstant això, una primera anàlisi superficial de l'oferta de productes per al consum ens duu a distingir entre els *països desenvolupats* i els que constitueixen l'anomenat *Tercer Món.*

- Als **països desenvolupats** com el nostre, podem observar que els supermercats són plens d'aliments, els grans magatzems ens ofereixen infinitat de productes que pretenen satisfer les nostres necessitats, etc. *Aparentment no existeix escassetat.*
- Contràriament, als països que anomenem *subdesenvolupats* o del **Tercer Món,** gairebé no existeix la possibilitat de satisfer les necessitats més elementals. **L'escassetat és evident.**

Els països **subdesenvolupats** són els països pobres, no desenvolupats o econòmicament endarrerits. És a dir, aquells la *renda per càpita dels quals* —per habitant— està per sota d'un determinat nivell.

L'explicació a aquesta aparent confusió es troba en el mateix concepte d'**escassetat.** Si només ens referim a l'*escassetat física,* el raonament anterior seria correcte. No obstant això, encara que existeixin recursos materials abundants, hi ha un altre tipus de recursos molt importants que no ho són.

EXEMPLE 1

La senyora Peris és una gran aficionada al teatre. Ho és tant que li agradaria poder assistir a totes les representacions que hi ha a la seva ciutat. Però només té lliures els dissabtes a la nit. Així que ha de repartir els quatre dissabtes de què disposa al mes per anar al teatre, estar amb la família i visitar els seus amics. Això és el que l'obliga a ***elegir dues obres de teatre*** *entre totes les que s'estiguin representant.*

— Per a la senyora Peris, el problema no són els diners, és a dir, no hi ha escassetat de recursos materials. El *recurs escàs* és el **temps.**

EXEMPLE 2

L'empresa Edicions Contemporànies SA vol treure al mercat una nova col·lecció de contes infantils d'autors novells. El consell de redacció ha rebut gairebé un centenar d'originals i tots semblen molt bons. Al director li agradaria editar-los tots, però l'empresa només té capacitat tècnica i econòmica per a editar ***deu nous títols*** *a l'any.*

— L'agent econòmic ara és una empresa. No existeix escassetat d'originals per a editar. El *recurs escàs* és la **capacitat tècnica i econòmica** de l'empresa.

L'**escassetat** és el principal problema econòmic.

No obstant això, l'**escassetat** és un concepte relatiu, ja que els béns i serveis són escassos *en relació amb les necessitats de les persones.* Aquestes necessitats canvien amb el temps, però sempre són ateses de forma precària i, per tant, la sensació d'escassetat és tan antiga com la humanitat.

La societat crea béns i serveis per satisfer les necessitats, tenint sempre en compte l'*escassetat de recursos.*

El concepte de **recurs** va unit al concepte d'**escassetat** perquè l'individu té desitjos i necessitats gairebé il·limitades i, per tant, els recursos disponibles mai no arriben a cobrir-los totalment.

1.1. *Teoria de les necessitats humanes*

L'estudi de la satisfacció de les necessitats humanes ha donat lloc a l'elaboració de diferents *teories.*

Abraham Maslow (1908-1970), màxim exponent de la psicologia humanista, va elaborar la **Teoria de les necessitats humanes.**

En aquesta teoria, Maslow agrupa totes les necessitats de l'ésser humà en cinc **grups** o categories jerarquitzades: necessitats *fisiològiques,* necessitats de *seguretat,* necessitats d'*acceptació social,* necessitats d'*autoestima* i necessitats d'*autorealització.*

- Necessitats **fisiològiques:** menjar, roba, casa...
- Necessitats de **seguretat:** protecció contra el perill, consolidació dels èxits personals...
- Necessitats d'**acceptació social:** amistat, pertinença a grups...
- Necessitats d'**autoestima:** reputació, reconeixement social...
- Necessitats d'**autorealització:** creixement i desenvolupament personal, consecució d'objectius individuals...

Maslow pensava que l'ésser humà és un individu les necessitats del qual creixen i canvien al llarg de tota la seva vida.

> «És cert que l'home viu només per al pa, quan no hi ha pa. Però, què ocorre amb els desitjos de l'home quan hi ha una pila de pa i quan té la panxa plena crònicament?»
>
> **Abraham Maslow**

A mesura que va satisfent les seves necessitats bàsiques o primàries, les necessitats secundàries van adquirint importància fins a tornar-se gairebé imprescindibles. Per això la representació de les necessitats adquireix forma de **piràmide** (fig. 1).

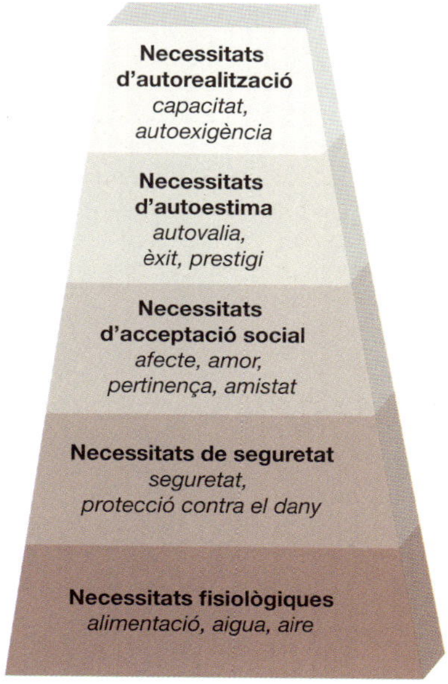

Fig. 1. Piràmide de Maslow.

1.2. *La necessitat de triar*

Les necessitats humanes són, de vegades, impossibles d'atendre perquè, com hem dit, poden ser **il·limitades.** Per tant, ens ocuparem de *les necessitats individuals i socials que puguin ser ateses,* tenint en compte les possibilitats de creació de béns i serveis i la capacitat de les persones per adquirir-los.

A més, a l'hora de donar resposta a les necessitats, s'ha de tenir en compte que, en les economies avançades, aquestes són **creixents,** el que determina un canvi constant en els sistemes de producció. Pensem, per exemple, en els canvis que han provocat en els consumidors l'aparició de successives tecnologies aplicades a la televisió: la TDT, l'alta definició, la televisió en 3D, etc.

Per poder analitzar-les s'ha de tenir en compte que la societat ha d'ocupar-se d'aquestes satisfaccions a partir de les **eleccions** que, necessàriament, s'han de realitzar i que vénen determinades, a més de pels *gustos personals* i la *disponibilitat de temps,* per la *capacitat econòmica.*

2. La realitat econòmica

Només cal observar el nostre entorn per adonar-nos de la importància que ha adquirit l'**economia.** Avui dia no és una matèria reservada únicament a experts, empresaris o polítics, sinó que interessa a la majoria dels ciutadans. La premsa, la ràdio, la televisió i fins i tot Internet dediquen una bona part dels seus espais a informar sobre l'evolució de l'economia.

Per això, sembla lògic interessar-se pel funcionament dels mecanismes que estan darrere d'aquesta disciplina, tan *pròxima* i tan *desconeguda* alhora.

- L'economia resulta **pròxima** perquè cada persona desenvolupa un *comportament econòmic* en la seva conducta. Uns produeixen béns i serveis, d'altres els consumeixen, etc.
- Alhora, resulta **desconeguda** a causa que la majoria no sap quin és l'*àmbit de l'economia.* Així, uns parlen d'allò relatiu al diners, uns altres de la producció, uns altres de l'administració, etc. Tots encerten, però cap no ho fa plenament.

Tenint en compte això, es poden establir tres **formes** de contemplar l'economia: *en sentit ampli, en sentit estricte* i de forma *mixta.*

- Els qui entenen l'economia **en sentit ampli** consideren el seu funcionament *com un tot* i es dediquen a investigar com funciona la realitat econòmica.
- D'altra banda, estan els qui entenen l'economia **en sentit estricte.** Per a aquests, economia és sinònim d'*economitzar,* i es preocupen per la racionalització en l'ús dels recursos disponibles, la fixació dels preus, etc.
- La postura **mixta** defensa totes dues perspectives sobre l'economia, l'àmplia i l'estricta. És la que adoptarem en aquest llibre.

Fig. 2. La realitat econòmica la formen tots els processos en què hi ha intercanvi de diners.

Abans de continuar, i per parlar amb propietat, hem de distingir dues qüestions importants que se solen confondre: la *ciència econòmica* i la *realitat econòmica.*

- La **ciència econòmica** és una branca del coneixement científic.
- La **realitat econòmica** és l'objecte d'estudi de la ciència econòmica (fig. 2).

En el llenguatge habitual no és freqüent distingir aquests termes, atès que la paraula **economia** sol utilitzar-se com a sinònim de ciència econòmica en unes ocasions i de realitat econòmica en altres.

Així, quan algú afirma que *la inflació és un problema que l'economia no ha aconseguit encara resoldre,* hauria de dir, per ser precís, que *la inflació és un problema que la **ciència econòmica** no ha aconseguit encara resoldre.*

Altres vegades sentim dir que *l'economia del país va bé* o, contràriament, que va molt malament. El més correcte seria dir que *la **realitat econòmica** del país va bé* o malament.

2.1. *L'economia com a ciència*

Un **recurs** és el mitjà disponible a fi de produir els béns utilitzats per a satisfer les **necessitats.**

Com que els recursos són sempre *escassos,* ens enfrontem al problema de com utilitzar-los o **assignar-los.** Per a això, els recursos han d'emprar-se de forma *plena* i *eficient* (fig. 3).

— Primerament s'ha d'assegurar que els recursos escassos són **plenament emprats** o utilitzats. D'altra manera, es produiria un *sacrifici* innecessari i, per tant, les necessitats estarien menys satisfetes del que podrien estar-ho.

— En segon lloc, aquests recursos han d'emprar-se **de forma eficient,** és a dir, sense que es puguen utilitzar d'una altra forma que satisfaci millor les necessitats. Si existís aquesta altra forma, s'estaria produint un *malbaratament.*

De l'assignació de recursos s'encarrega l'**economia.**

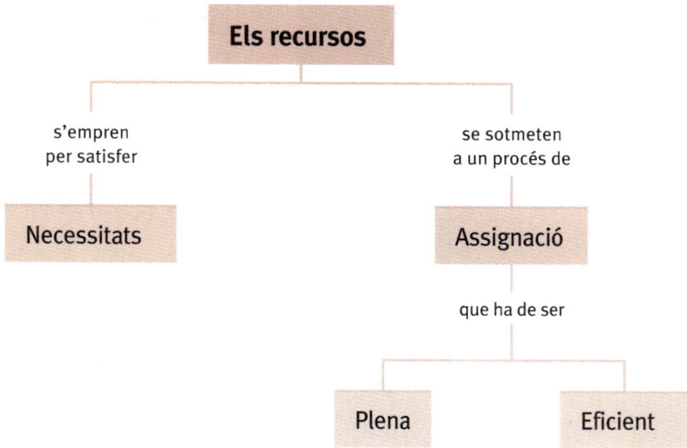

Fig. 3. L'assignació dels recursos.

> L'**economia** és la ciència que estudia la forma d'utilitzar els *recursos* disponibles per a produir béns i serveis i acostar-los fins als seus consumidors, amb la finalitat de satisfer les seves *necessitats.*

Adam Smith

És considerat com el pare de l'economia moderna.

Adam Smith (1723-1790), d'origen escocès i professor de filosofia, va publicar, el 1776, un llibre titulat ***La riquesa de les nacions*** on analitzava les causes de la prosperitat de determinats països i elaborava teories sobre el mercat, la divisió del treball, el paper dels diners, etc.

Els seus seguidors constitueixen el que s'anomena l'**escola clàssica** en Economia.

2.2. *Relació de l'economia amb altres ciències*

La ciència econòmica té relació amb altres disciplines científiques com el *Dret,* la *Tecnologia,* la *Filosofia,* la *Geografia* i la *Història,* les *Matemàtiques,* la *Psicologia* i la *Sociologia.*

- El **Dret** regula legalment i jurídicament una gran quantitat de situacions de caràcter econòmic.
- La **Tecnologia** té molt a veure amb els processos de producció de béns i serveis.
- La **Filosofia** ajuda l'Economia en qüestions com ara el raonament lògic.
- La **Geografia** i la **Història** són imprescindibles per tal de conèixer els entorns físics en què tenen lloc les activitats econòmiques i els fets que s'han produït en el passat relacionats amb processos de tipus econòmic.
- Les **Matemàtiques** aporten eines de càlcul i anàlisi que faciliten l'estudi quantitatiu de molts processos econòmics.
- La **Psicologia** i la **Sociologia** aporten informació valuosa sobre el comportament de l'individu i dels grups socials davant el problema de la satisfacció de les seves necessitats.

3. L'activitat econòmica

Fig. 4. L'obtenció d'acer en un alt forn és una activitat econòmica.

Les activitats que els éssers humans duen a terme en el si de la societat reben el nom d'**activitats socials.** Algunes són de caràcter *econòmic* i d'altres no.

- Com a exemple d'**activitats no econòmiques** podem esmentar la protecció dels boscos, l'atenció desinteressada als malalts i als ancians, la transmissió de creences, l'assistència a actes públics d'entrada lliure, etc.
- Les **activitats econòmiques** consisteixen a produir, distribuir i consumir béns i serveis, treballar, negociar, etc. (fig. 4).

L'anàlisi d'aquestes últimes és precisament l'objectiu de l'economia.

Activitat econòmica és qualsevol activitat social adreçada a *satisfer les necessitats humanes.*

Aquest tipus d'activitats es desenvolupa en un entorn natural i social determinat per les necessitats humanes i les tecnologies disponibles en cada època, i han anat evolucionant al llarg de la història.

Al principi, els grups humans produïen únicament el necessari per a viure. Es tractava d'una **economia de subsistència.**

Més tard va aparèixer l'economia **de canvi,** a causa de la divisió del treball. Les persones es dedicaven a diferents activitats i després intercanviaven els productes.

A poc a poc s'hi van anar incorporant els diners i va aparèixer l'economia **dinerària.** Aquesta va solucionar el problema de trobar un individu que oferís el bé que necessitàvem i que precisament demandés el que li oferíem.

En l'economia **moderna** es dóna una gran quantitat d'activitats econòmiques molt més complexes que es classifiquen en **tres categories:** activitats de *producció,* de *distribució* i de *consum* (fig. 5).

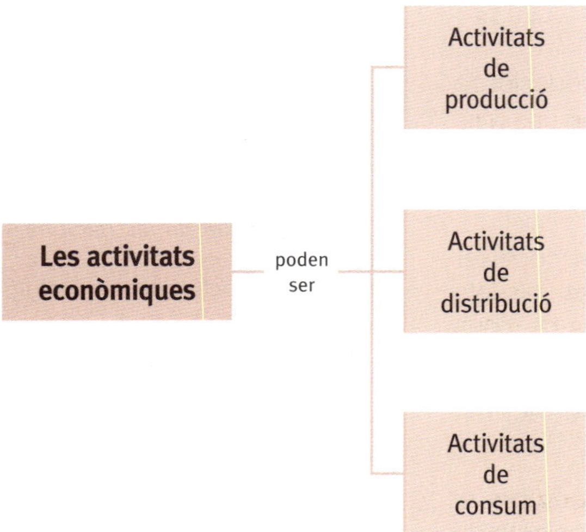

Fig. 5. Classificació de les activitats econòmiques.

- Les **activitats de producció** es duen a terme per obtenir els béns capaços de satisfer les necessitats humanes.

  Així, els **forns** o **fleques** són els responsables de la *producció* del pa.
- Les **activitats de distribució** permeten repartir els béns i serveis obtinguts entre els membres d'una societat.

  Una vegada obtingut el pa, els **forns** s'encarreguen de *distribuir-lo* entre els diferents membres de la societat.
- Les **activitats de consum** són les que satisfan directament les necessitats humanes.

  Quan els **individus** adquireixen el pa, el *consumeixen* per satisfer les seves necessitats d'alimentació.

3.1. *L'activitat de producció*

Com acabem d'indicar, les **activitats de producció** són una classe d'activitats econòmiques mitjançant les quals es pretén aconseguir els béns i els serveis que es necessiten.

> Es considera **activitat de producció** qualsevol activitat social que pretén satisfer les necessitats humanes transformant els *factors de producció* disponibles en *béns i serveis,* sota el criteri del màxim aprofitament.

Ara analitzarem amb detall els elements que apareixen en la definició: els *factors de producció,* els *béns i serveis* i el *procés de transformació* (fig. 6).

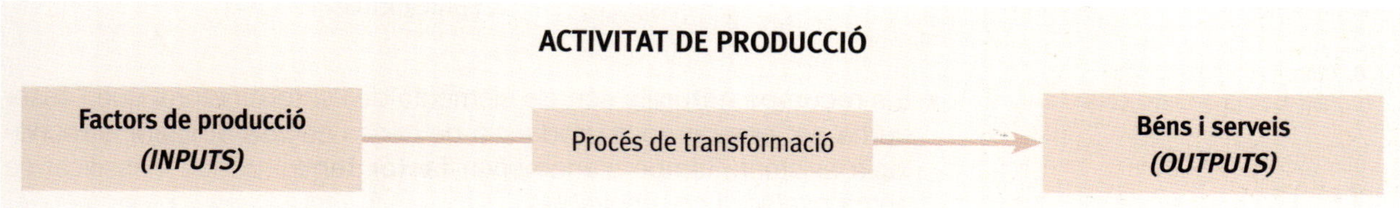

Fig. 6. Elements components d'una activitat de producció.

- Els **factors de producció** són els recursos disponibles i utilitzables per dur a terme l'activitat. S'hi integren les *primeres matèries,* la *maquinària,* les *instal·lacions,* els *recursos humans,* els *financers,* etc. Tots aquests reben el nom genèric d'***inputs*** (entrades). Els analitzarem amb més detall tot seguit.

- Els **béns i serveis** són els productes que resulten de la transformació dels factors de producció. Genèricament se'ls anomena ***outputs*** (sortides). També els analitzarem amb detall.

- El **procés de transformació** és el conjunt d'operacions que es desenvolupen per transformar els factors de producció en béns i serveis.

  Aquesta transformació pot ser *física, en l'espai, en el temps* i *en serveis* (fig. 7).

  — La **transformació física** o **fabricació** consisteix a obtenir uns mitjans materials a partir d'altres qualitativament diferents. Per exemple, la fabricació de finestres a partir de perfils d'alumini.

  — La **transformació en l'espai** o **transport** es duu a terme quan, sense modificació física, s'aproxima el producte a l'usuari. Per exemple, la distribució de llibres entre diverses llibreries.

  — La **transformació en el temps** o **emmagatzematge** suposa paralitzar durant un determinat període el caràcter perible d'un bé. Per exemple, la congelació d'aliments.

  — La **transformació en serveis** significa integrar diversos béns per tal de *prestar un servei* que resol diverses necessitats. Per exemple, els serveis d'hoteleria.

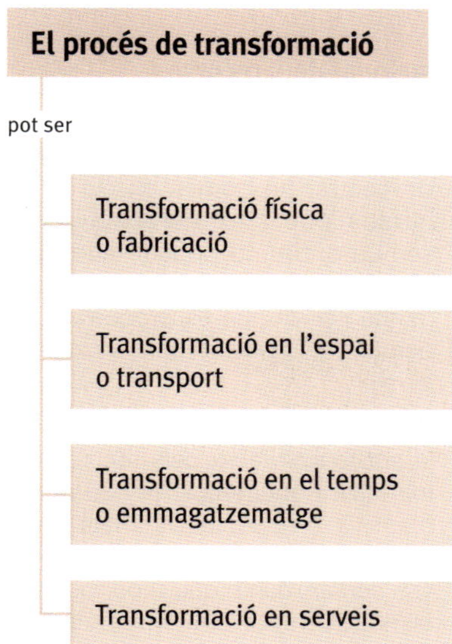

Fig. 7. Tipus de processos de transformació.

Els factors de producció

Recordem el concepte de *factor de producció* que ha aparegut en l'apartat anterior.

> Els **factors de producció** o ***inputs*** són els elements que s'utilitzen, en diferent proporció, en l'elaboració de béns i en la prestació de serveis.

Tradicionalment s'han classificat en **tres grans grups:** *recursos naturals, treball* i *capital* (fig. 8).

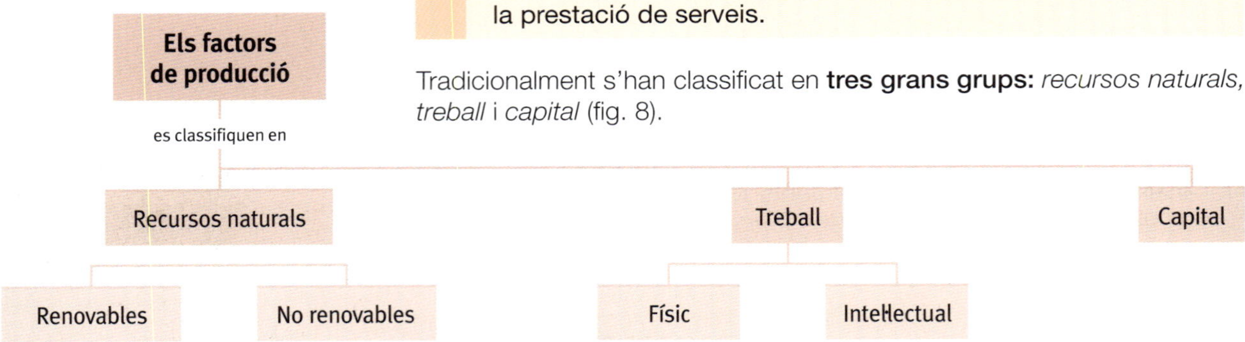

Fig. 8. Classificació tradicional dels factors de producció.

- Els **recursos naturals** són els elements de l'entorn natural que l'ésser humà pot emprar en la producció de béns i serveis utilitzant la tecnologia existent. També s'anomenen **factor terra** i poden classificar-se en *renovables* i *no renovables.*

  L'energia solar, els boscos, el petroli, el carbó, els jaciments minerals, la pesca, etc., són exemples de recursos naturals.

- El **treball** és qualsevol activitat humana destinada a la producció de béns o serveis a canvi d'una remuneració o preu, que pot adoptar diferents formes: salaris, jornals, honoraris professionals, beneficis empresarials, etc.

  Habitualment es distingeix entre treball físic i treball intel·lectual, tot i que de vegades és una combinació de tots dos.

- El **capital** està constituït pels elements físics que resulten d'activitats productives. Es tracta de béns ja produïts que, al seu torn, són factors que serveixen per a produir, és a dir, que s'utilitzen en el procés productiu d'altres béns.

  Són exemples de capital la maquinària, les eines, les primeres matèries utilitzades, l'energia consumida, els edificis, etc.

Actualment, tots els factors de producció tendeixen a agrupar-se sota el nom genèric de **capital,** del qual se'n distingeixen dos tipus: *capital humà* i *capital físic.*

- El **capital humà** és el treball que desenvolupen les persones en un determinat procés d'elaboració de productes.

- El **capital físic** està format per tots els recursos naturals, la maquinària o els edificis que participen en el procés.

En definitiva, tot el que produeix béns o serveis amb valor econòmic es denomina *capital.*

Tanmateix, al llarg d'aquest text utilitzarem la classificació tradicional.

Ús racional dels recursos

Com que depenem totalment de la **natura,** el nostre interès s'ha de centrar no només en els recursos que s'exhaureixen pel seu ús o que no podem renovar (recursos no renovables), sinó també en els que es produeixen, perquè tots poden arribar a extingir-se.

Hem de conscienciar-nos que la *sobreexplotació* dels recursos minerals i energètics, la *captura massiva* d'espècies animals de tota mena i les activitats productives *contaminants* que modifiquen el nostre medi ambient poden conduir a una **catàstrofe irreparable.**

Els béns i serveis

Els éssers humans satisfan les seves necessitats mitjançant la utilització de *béns i serveis.*

> Un **bé** o **servei** és qualsevol producte que resulta útil per a satisfer necessitats humanes.

Els béns i serveis poden ser classificats segons diferents criteris.

Si tenim en compte la seva **naturalesa física,** podem distingir entre *béns materials* i *béns immaterials.*

- Els **béns materials** poden ser captats pels sentits. Per exemple, el combustible que utilitzen els automòbils.
- Els **béns immaterials** no poden ser captats pels sentits. Per exemple, l'educació que rebem (fig. 9).

Fig. 9. L'educació és un exemple de bé immaterial.

Si tenim en compte la seva **naturalesa econòmica,** podem distingir entre *béns lliures* i *béns econòmics.*

- Els **béns lliures** són els que poden ser obtinguts sense aplicació de recursos i, per tant, són *gratuïts* i *abundants.* Per exemple, l'aigua d'un rierol o l'aire que respirem.
- Els **béns econòmics** necessiten la utilització de factors de producció per a ser obtinguts, el que significa que tenen un cost i, per tant, un *preu.* A més, solen ser *escassos.*

  En aquests últims es diferencien els béns *primaris,* els de *producció,* els de *consum* i els *públics* (fig. 10).

  Els **béns primaris** són els que vénen donats per la natura, com els recursos minerals.

  Els **béns de producció** serveixen per a l'obtenció d'altres béns. Hi podem distingir dos tipus: els *béns de capital o d'inversió* i els *béns intermedis.*

  — Els **béns de capital** són els que s'utilitzen en l'activitat econòmica per produir altres béns de consum o de capital. També s'anomenen **capital fix** o **béns d'inversió,** ja que el seu horitzó temporal comprèn diversos cicles de producció, és a dir, uns quants anys. Són les infraestructures, la maquinària, etc.

  — Els **béns intermedis** són els que s'empren en l'activitat econòmica per a ser transformats o incorporats a la producció d'altres béns. Entre aquests tenim l'energia, les peces de muntatge, etc.

Els **béns de consum** serveixen per a satisfer directament les necessitats humanes. Per això, també s'anomenen **béns finals.** Poden distingir-se els d'*ús durador,* com els electrodomèstics, i els d'*ús no durador* o *peribles* com els aliments, que s'exhaureixen quan s'utilitzen.

Els **béns públics** són els que el sector públic posa a disposició dels seus ciutadans amb caràcter universal i gratuït. Per exemple, la sanitat.

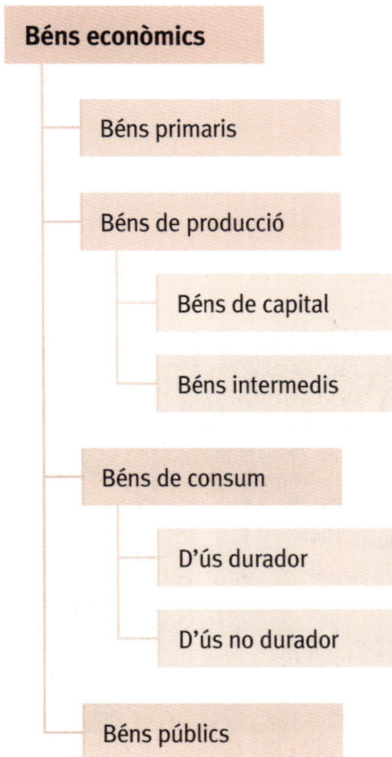

Fig. 10. Classificació dels béns econòmics.

4. Els agents econòmics

Els **agents econòmics** són els subjectes que duen a terme les activitats econòmiques.

Encara que seran estudiats de manera més extensa posteriorment, ara ens interessa distingir tres **tipus bàsics** d'agents econòmics: els *consumidors,* les *empreses* i el *sector públic* (fig. 11).

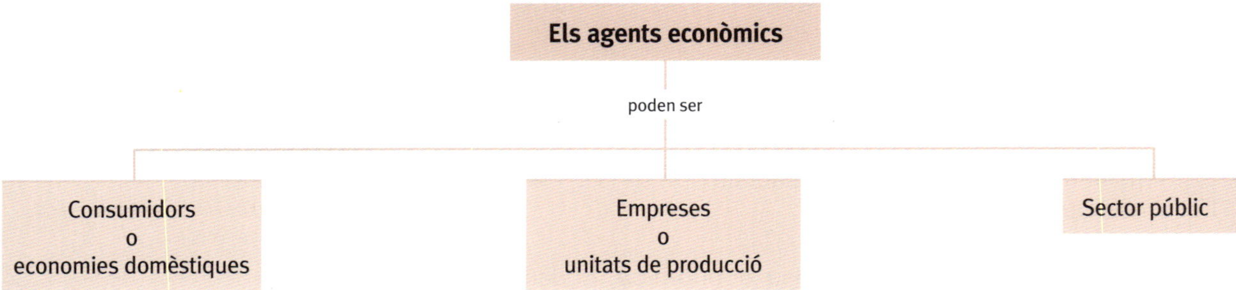

Fig. 11. Classificació dels agents econòmics.

- Els **consumidors,** també anomenats **unitats econòmiques de consum** o **economies domèstiques,** són les famílies, els individus i altres entitats que tenen com a activitat principal la presa de *decisions de consum,* és a dir, triar els béns i serveis que demandaran per satisfer millor les seves necessitats.

  El que interessa quan s'analitzen les economies domèstiques és la seva **capacitat de despesa.** Aquesta dependrà del seu *nivell de renda,* és a dir, dels ingressos que perceben com a conseqüència de la *remuneració dels factors de producció* que posseeixen, sobretot del seu treball.

  Les dades sobre les **característiques econòmiques** i **demogràfiques** relatives a la grandària de la família, el seu nivell de renda, el nivell d'estudis i ocupació dels seus membres, etc., són magnituds molt importants que interessen a les *empreses* i al *sector públic* per prendre les seves decisions.

- Les **empreses** o **unitats de producció** prenen *decisions sobre la producció* de béns i serveis, per vendre'ls als consumidors o a altres empreses i obtenir l'objectiu fixat (fig. 12).

  Són agents econòmics la funció dels quals és la d'*elaborar o transformar els béns* i *prestar els serveis* de forma que siguin aptes per al consum o per a la seva utilització com a béns de capital.

  Les empreses poden perseguir diversos **objectius.** L'*obtenció del màxim benefici* és la finalitat més freqüent, però existeixen altres més concretes, com per exemple assolir un determinat volum de vendes o *quota de mercat,* prestar serveis o produir béns *socialment necessaris,* contribuir a *generar ocupació i riquesa* a la zona, *competir* en preus, etc.

  Els **beneficis** que obtenen les empreses tenen tres destinacions fonamentals: *remunerar* els seus propietaris o empresaris (socis, accionistes, cooperativistes, etc.); *pagar* les seves càrregues financeres i fiscals; i emprendre *noves inversions* que els permetran créixer i ser més competitives en el futur.

Fig. 12. Les empreses produeixen béns i serveis per satisfer les necessitats dels consumidors.

- El **sector públic** està format per tres tipus diferents d'organismes: les *Administracions públiques,* les *empreses públiques* i el sistema de la *Seguretat Social.* La seva activitat econòmica consisteix a prendre decisions, *tant de producció com de consum* de béns i serveis. La seva **finalitat** és aconseguir el *màxim benestar* del conjunt de la societat.

  El sector públic estableix el *marc jurídic i institucional* en el qual es desenvolupa l'activitat econòmica i és el responsable de la *política econòmica.* Intervé en l'economia actual duent a terme **funcions** molt importants i que li són pròpies i exclusives. Aquestes funcions són la *fiscal,* la *reguladora,* l'*estabilitzadora,* la *redistributiva* i la *subministradora* de béns públics (fig. 13).

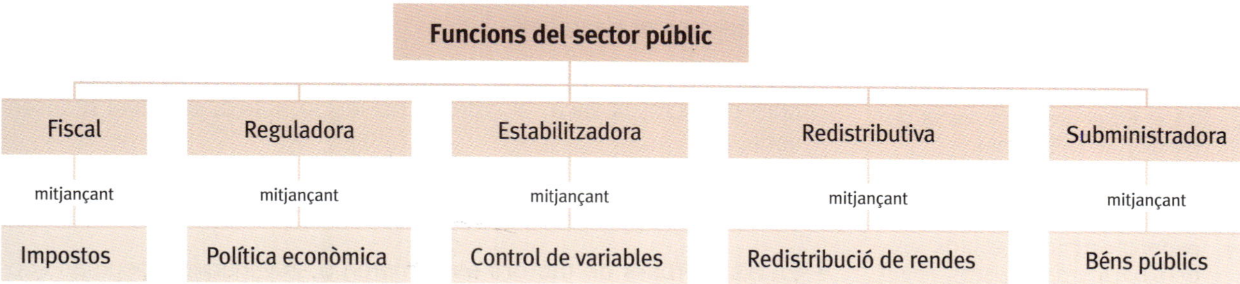

Fig. 13. Intervencions del sector públic en l'economia.

— Funció **fiscal.** El sector públic té capacitat d'obtenir ingressos de forma coercitiva per tal de finançar les seves despeses corrents i de capital.

Les fonts més importants d'ingressos són els *impostos.*

— Funció **reguladora.** Fixa les *normes legals* per regular el funcionament a què s'han de sotmetre tots els agents, inclòs el mateix sector públic.

És el que s'anomena la *política econòmica.*

— Funció **estabilitzadora.** L'evolució econòmica pateix crisi, és a dir, no segueix una trajectòria fixa i determinada, sinó que té alts i baixos.

El sector públic intervé per pal·liar els efectes negatius *controlant les variables econòmiques:* ocupació, preus, dèficit, etc.

— Funció **redistributiva.** És un objectiu cada vegada més freqüent perquè no existeixin grans diferències socioeconòmiques entre els membres d'una societat i l'accés de tots ells a un nivell mínim de benestar.

Es duu a terme mitjançant els mecanismes de redistribució de rendes: *pensions, subsidis, salaris socials, ajudes,* etc.

— Funció **subministradora** de béns públics. El sector públic, a més d'actuar com qualsevol empresa privada, és l'agent que subministra els béns públics com la *sanitat,* l'*educació,* la *defensa,* l'*ordre públic,* les *infraestructures,* etc. (fig. 14).

La diferència bàsica entre el sector públic i els altres dos agents està en el fet que **el sector públic persegueix la satisfacció de necessitats generals,** mentre que *les empreses i els consumidors busquen la satisfacció de necessitats individuals.*

Fig. 14. El sector públic promou la construcció d'infraestructures, com les del transport.

5. Tipus de mercats

Concepte de mercat

El mercat pot ser un *lloc físic únic,* un *lloc físic múltiple* o un *mecanisme de comunicació.*

- Un mercat és un **lloc físic únic** quan tots els agents econòmics acudeixen al mateix punt de trobada. El Mercat Central d'una gran ciutat és d'aquest tipus.
- Per contraposició, un mercat és un **lloc físic múltiple** quan existeixen molts llocs als quals poden acudir els agents econòmics. És el cas de la xarxa de bancs i caixes d'estalvi.
- Un mercat també pot ser un **mecanisme de comunicació** que permeti arribar a acords entre els seus participants, fins i tot en la seva absència. Pensem, per exemple en el telèfon, en el correu convencional, en les xarxes informàtiques, en Internet, etc.

Com acabem de veure, una economia moderna inclou gran varietat d'**activitats** que són desenvolupades pels **agents econòmics** (consumidors, empreses i sector públic). Aquests es relacionen i actuen en un punt de connexió que s'anomena **mercat.**

El **mercat** és el punt de trobada entre els agents econòmics que actuen com a *oferents* o com a *demandants.*

En qualsevol cas podem distingir dos **tipus de mercats:** els *mercats de béns i serveis* i els *mercats de factors.* En aquest últim, destaca la importància del *mercat de treball.*

- En els **mercats de béns i serveis** es negocia amb mercaderies com el sucre, la llana, el cafè, el servei de neteja, el servei d'assessoria, etc.

  En aquest mercat, els *oferents* de mercaderies són les **empreses,** i els *demandants,* els **consumidors** o altres **empreses.**

- En els **mercats de factors** es compren o es venen els recursos econòmics necessaris per dur a terme activitats productives com ara terrenys, coneixements, diners, recursos naturals, etc. A diferència de l'anterior, els *oferents* poden ser les **empreses** o els mateixos **consumidors,** i els *demandants* són totes les **empreses.**

  En el **mercat de treball** es contracta la capacitat de treball dels individus a canvi d'una remuneració denominada salari o renda del treball. Així apareix una nova relació social anomenada *treball assalariat.* En aquest mercat, els *oferents* de treball són els **consumidors** i els *demandants,* les **empreses.**

La intervenció dels diferents **agents econòmics** en els mercats com a *oferents* o com a *demandants* produeixen el que s'anomena **flux circular de la renda** (fig. 15). El **sector públic** actua, a més, com a *regulador* de l'activitat econòmica.

El **flux circular de la renda** és el conjunt d'intercanvis que tenen lloc entre els agents econòmics.

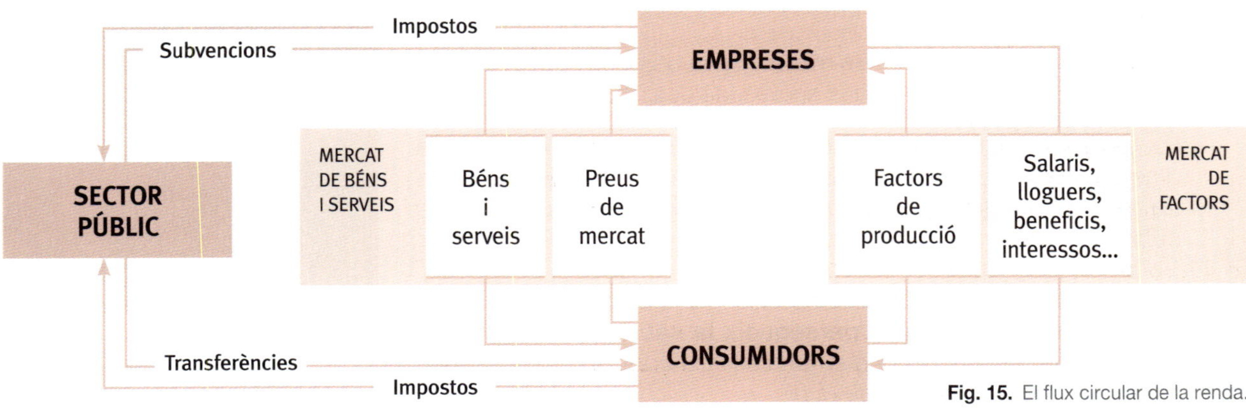

Fig. 15. El flux circular de la renda.

6. La ciència econòmica

Un cop conegut en què consisteix l'*activitat econòmica,* quins són els *agents* que hi intervenen i en quins *mercats* actuen, podem elaborar una definició de **ciència econòmica.**

Encara que no hi ha unanimitat entre els economistes sobre la seva definició, hem optat per la que gaudeix d'un consens més gran.

> La **ciència econòmica** és la disciplina que s'ocupa de l'estudi de la *realitat econòmica.*

Com a conseqüència, l'economia haurà de tractar les **activitats econòmiques** i tots els aspectes que aquestes contemplen, és a dir, els *factors de producció,* el *procés de transformació* i els *béns i serveis* que s'obtenen.

La **ciència econòmica** pot dividir-se en dues grans branques: l'economia *positiva* i l'economia *normativa* (fig. 16).

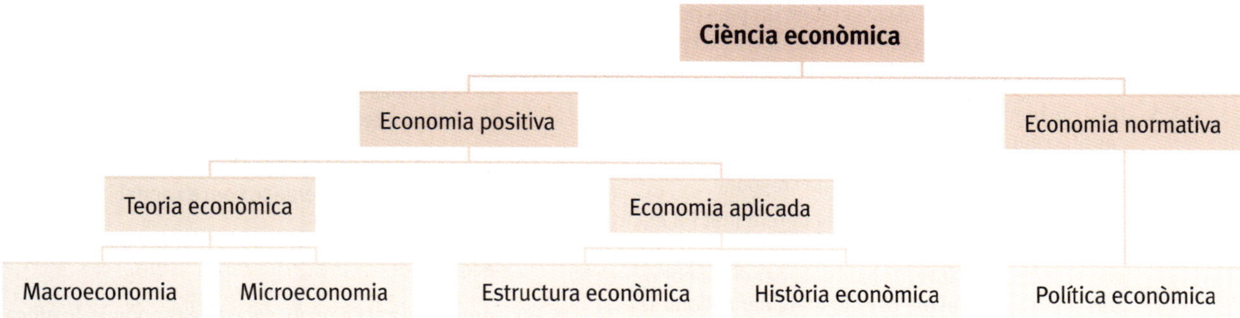

Fig. 16. Les branques de la ciència econòmica.

- L'economia **positiva,** o *ciència econòmica del ser,* és la branca de la ciència econòmica que estudia el comportament econòmic. Mitjançant aquest estudi, és capaç d'explicar la realitat passada, present i futura, i realitzar prediccions que poden ser contrastades a través de dades empíriques. Dins de l'economia positiva podem distingir entre *teoria econòmica* i *economia aplicada.*
  - — La **teoria econòmica** presenta un elevat grau d'abstracció i de generalitat. Podem diferenciar-hi dues grans àrees de coneixement: la **microeconomia,** que s'ocupa del comportament individual de les unitats econòmiques i de les seves connexions; i la **macroeconomia,** que estudia la realitat econòmica general d'un país. Comprèn l'estudi global de tots els sectors econòmics i ens dóna una visió de conjunt.
  - — L'economia **aplicada** és menys abstracta i conté descripcions més detallades. Dins d'aquesta trobem l'**estructura econòmica,** que intenta descriure la realitat present, i la **història econòmica,** que s'encarrega de la realitat passada.
- L'economia **normativa,** o *ciència econòmica de l'haver de ser,* valora les situacions i recomana actuacions per tal de millorar la realitat en el futur. Aquesta branca està, per tant, impregnada de judicis de valor. El seu màxim exponent és la **política econòmica,** que pretén canviar la realitat econòmica cap al futur.

ACTIVITATS PROPOSADES

1. Indica quin és el bé escàs en els exemples següents.

   a) La nit de Nadal, al Nadal o en determinats dies festius, els àpats solen ser més abundants d'allò habitual. Encara que ens agraden tots, no tindrem més remei que elegir-ne alguns.

   b) T'han regalat tres DVD amb pel·lícules i només tens dues hores disponibles per a veure-les.

   c) Un grup de set companys ha de desplaçar-se per veure un partit de futbol i en l'automòbil d'un d'ells només hi poden anar cinc.

2. Enumera decisions que has de prendre en la teva vida quotidiana en les quals estigui present també l'escassetat.

   — Indica, en cada cas, si es tracta d'escassetat de béns materials o immaterials.

3. Analitza la influència de l'escassetat sobre les relacions socials.

4. És el mateix la idea d'escassetat en un país ric que en un que no ho és? És diferent el concepte d'escassetat? Justifica la teva resposta.

5. Descriu breument els trets de la Teoria de les necessitats humanes d'Abraham Maslow.

6. Llegeix el text següent, reflexiona i respon.

   «La collita de taronges d'un any determinat ha estat molt bona. Per aquesta raó, el propietari d'una parcel·la decideix invertir part dels beneficis obtinguts a incorporar el reg per degoteig per millorar la producció en anys posteriors.»

   — Identifica els elements que constitueixen la realitat econòmica i determina la relació que s'hi estableix.

7. Explica la diferència entre realitat econòmica i ciència econòmica.

   — Indica fets o situacions en els quals la paraula «economia» s'use com a sinònim de realitat econòmica i d'altres en què s'usa com a sinònim de ciència econòmica.

8. L'assignació dels recursos disponibles per satisfer les necessitats humanes ha de ser plena i eficient.

   — Explica què signifiquen aquests conceptes i quines conseqüències té assignar els recursos de forma no plena o ineficient.

9. Enumera avantatges i possibles inconvenients de la cooperació entre els éssers humans en relació amb les activitats econòmiques.

10. Esmenta exemples d'activitats socials que no siguin econòmiques, diferents de les que apareixen en el text.

11. Enumera tres actes duts a terme per una persona que constitueixin una activitat econòmica i altres tres que no la constitueixin.

12. Busca exemples d'activitats econòmiques relacionades amb l'alimentació, el transport, la roba i la comunicació.

    — Distingeix en aquestes les activitats de producció, de distribució i de consum.

13. Comenta la frase següent:

    «Gràcies al descobriment i a la utilització de l'electricitat, l'ésser humà pot produir i consumir més i millor.»

14. Distingeix els factors de producció que s'utilitzen en el conreu de blat i en l'activitat d'un restaurant.

15. Enumera altres recursos naturals diferents dels que apareixen en el text i classifica'ls, segons el teu criteri, en renovables i no renovables.

16. Enumera diferents processos de producció en els qual es dugi a terme respectivament la transformació física, en l'espai, en el temps i de serveis.

17. Enumera formes de treball que poden realitzar-se en una empresa de disseny i fabricació de mobles.

    — Classifica-les segons que es considerin treball físic o intel·lectual.

18. Indica factors de producció de l'empresa anterior que puguin considerar-se com a capital.

19. Explica què s'entén per béns lliures i què són béns econòmics.

20. Argumenta si l'aire pot ser un bé econòmic. Justifica la teva resposta.

21. Explica per què l'aigua d'un rierol no és considerada un bé econòmic, però l'aigua embotellada sí ho és.

22. Classifica el servei «Internet» i el bé «telèfon mòbil» tenint en compte la seva naturalesa física i la seva naturalesa econòmica.

23. Enumera diferents béns i serveis dels quals disfrutis i classifica'ls segons els mateixos criteris de l'activitat anterior.

24. Enumera tres béns econòmics que puguin ser considerats de producció o de consum indistintament.

    — Digues en quines circumstàncies seran de producció i en quines de consum.

25. Descriu el paper dels consumidors, de les empreses i del sector públic en la realitat econòmica actual.

26. L'adquisició d'un ordinador pot ser una decisió de consum o de producció depenent de l'agent econòmic que la prengui. Raona per què.

27. Assenyala com es posicionen els consumidors, les empreses i el sector públic en els diferents tipus de mercat.

- **28.** Indica les funcions del mercat de treball, del de béns i serveis, i del de factors en una economia moderna.

- **29.** Imagina't que desitges moblar la teva habitació. Indica el mercat al qual has d'acudir i justifica la teva elecció.

  — Indica també si actuaràs com a oferent o com a demandant.

- **30.** Assenyala els mercats als quals ha d'acudir una empresa constructora per contractar la mà d'obra, per adquirir eines i per obtenir els recursos econòmics necessaris.

- **31.** Un empresari desitja ampliar el seu negoci. Per a fer-ho ha d'incrementar la superfície del local que ocupa, ha de contractar més personal i necessita modernitzar el seu equipament.

  — Indica a quins mercats ha d'acudir per resoldre el seu problema.

- **32.** Llegeix atentament la notícia que apareix a continuació i identifica-hi les activitats econòmiques, els agents que hi intervenen i els mercats als quals es fa referència.

- **33.** Llegeix les afirmacions següents i raona si són correctes o falses:

  a) El concepte d'escassetat és sinònim de pobresa.

  b) Les necessitats primàries són diferents per a cada individu, depenent del seu origen i la seva posició social.

  c) Els recursos, per si mateixos, són capaços de resoldre totes les necessitats humanes perquè són il·limitats.

  d) Les activitats de producció suposen la transformació dels factors de producció per obtenir béns i serveis.

  e) El capital, com a factor de producció, són els diners i els estalvis que posseeixen les empreses i les famílies.

  f) Els béns finals d'algunes empreses són béns intermedis per a altres.

  g) Les decisions d'inversió les prenen les famílies segons el seu nivell de renda.

  h) En el mercat de treball, els demandants són els individus que busquen feina.

Revista d'economia

Els agricultors brasilers s'organitzen en cooperatives

L'Estat compra els seus aliments per distribuir-los en escoles públiques

Uns pocs agricultors brasilers veuen en les cooperatives un mitjà per superar els efectes de l'escassetat de pluges o la forta competència d'empreses agrícoles.

L'associació CONVIVER, situada a Mirandiba, un remot municipi de l'estat de Pernambuco, al nord-est del país, és un exemple de cooperativa que organitza els agricultors perquè puguin vendre els seus productes a un preu just i obtinguin el màxim rendiment de les seves collites.

Amb el suport i l'assessorament de l'ONG internacional ACTION AID, l'associació va aconseguir entrar en el PROGRAMA D'ABASTIMENT D'ALIMENTS (PAA) del Govern brasiler, mitjançant el qual l'Estat compra els productes dels agricultors i els distribueix en les escoles públiques de la regió.

Gràcies a les subvencions i ajudes estatals, el 60% de les 468 famílies inscrites en el programa va aconseguir construir cisternes casolanes, a més de rebre orientació a fi d'obtenir el màxim rendiment dels cultius.

Malgrat la dura competència no és l'únic obstacle que han de sortejar els agricultors, que també s'enfronten a la recurrent escassetat de pluges en aquella zona.

Durant l'època de sequera, entre maig i novembre, la collita es redueix dràsticament, per la qual cosa alguns opten per emigrar a zones agrícoles més productives.

Així, molts habitants del nord-est abandonen la regió per tal d'anar a treballar com a jornalers al sud-est del país, encara que amb això també renuncien a ser autònoms i a cultivar terres de la seva propietat.

Per combatre aquest fenomen, l'alcaldia de Mirandiba dóna suport a la iniciativa de CONVIVER que busca evitar l'emigració dels agricultors. *«L'agricultura familiar és la base de tot i volem recuperar un municipi que la gent creu totalment destruït»*, va assegurar a Efe l'alcalde de la localitat.

El Mundo
17 de setembre de 2010

Revista d'economia

Aprovada la llei que obligarà a reparar els danys al medi ambient a qui els causi

Milers d'empreses hauran de tenir una garantia per afrontar possibles responsabilitats.
Els 44 afectats de la presa de Tous no inclosos en la sentència cobraran indemnitzacions.

A partir de l'any 2011, més de 5 000 empreses industrials d'Espanya, altres 30 000 de transports perillosos i un milió llarg d'explotacions agràries hauran de disposar d'una garantia financera per a afrontar les responsabilitats en què puguin incórrer si ocasionen danys al medi ambient.

Aquesta és una de les obligacions que inclou la Llei de Responsabilitat Mediambiental que va ser aprovada ahir pel ple del Congrés dels Diputats. No obstant això, el grup majoritari de l'oposició va plantejar moltes crítiques perquè va considerar que «s'ha perdut l'oportunitat» de fer una llei més clara i més concreta.

Una de les novetats que preveu la llei, mitjançant una esmena introduïda al Senat, és una disposició que permetrà cobrar les indemnitzacions que corresponguin a 44 persones afectades per l'enfonsament de la presa de Tous, ocorregut el 20 d'octubre de 1982.

Per un error de l'Administració, aquestes persones no van ser incloses entre les damnificades i, en conseqüència, no van cobrar les indemnitzacions que va establir el Tribunal Suprem.

La tenacitat que han mantingut des d'aleshores aquest grup d'afectats —de les poblacions de Carcaixent, Antella i Sumacàrcer— ha donat els seus fruits i, gràcies a aquesta llei, cobraran les indemnitzacions encara que hagin hagut d'esperar 25 anys. Tots els grups del Congrés van celebrar que s'hagi inclòs aquesta esmena.

Encara que aquesta nova llei va rebre ahir el suport generalitzat dels grups del Congrés, no van faltar les crítiques. Un dels aspectes més polèmics es refereix a les empreses espanyoles que treballen amb fons públics a l'estranger. En el cas que provoquin danys mediambientals no seran multades seguint el que preveu aquesta llei sinó que s'aplicarà el conveni que Espanya tingui signat amb aquest país.

Aquesta mesura va ser molt criticada pels representants d'alguns partits de l'esquerra perquè els països del Tercer Món no han signat aquests convenis i, en conseqüència, el dany no seria reparat.

Un dels diputats del partit en el govern va rebutjar aquestes crítiques i va afirmar que, en aquests casos, les empreses hauran de tornar les ajudes públiques que hagin rebut.

Amb aquesta llei no només es pretén la reparació dels danys causats sinó també que les empreses afectades adoptin mesures preventives. Per als que no ho facin s'estableixen diferents multes.

La llei protegeix els recursos naturals situats en l'aigua, les costes, el sòl i els hàbitats naturals protegits, entre altres. Als ecologistes la llei els ha semblat curta i van posar un exemple: en una catàstrofe com la del *Prestige* no podria ser aplicada.

El Mundo, 5 d'octubre de 2007

LA NOVA LLEI

- A partir de l'any 2011, desenes de milers d'empreses han de disposar d'una garantia financera per tal de cobrir les responsabilitats en què puguin incórrer.
- Els qui provoquin danys al medi ambient estan obligats a reparar fins a tornar la zona afectada al seu estat original, llevat que el perjudici ocasionat sigui inferior a 300 000 euros.
- 44 persones afectades per l'esfondrament de la presa de Tous cobraran una indemnització.
- No adoptar mesures preventives o no informar les autoritats que s'ha ocasionat un dany en el medi ambient pot ser sancionat amb multes d'entre 10 000 i dos milions d'euros.

AVALUACIÓ

1 L'economia és:

a) La manera com una societat gestiona i administra els seus recursos.

b) La gestió de finances i comptes en un Estat o regió.

c) La ciència que estudia com produir béns a cost reduït.

d) L'estudi de les tendències monetàries d'una societat.

2 El fonament de l'activitat econòmica és:

a) La satisfacció de les necessitats humanes.

b) L'intercanvi de béns en les societats primitives.

c) La compra o venda de productes entre empreses.

d) L'adquisició d'empreses per mitjà d'accions.

3 En la frase *«El pa, el pollastre, els ous, i altres productes primaris juguen un paper molt important en l' economia del nostre país»,* la paraula economia fa referència a:

a) La ciència econòmica.

b) La realitat econòmica.

c) Tant a la ciència econòmica com a la realitat econòmica.

d) Cap d'aquestes.

4 La farina és un exemple de bé de consum que també és factor de producció perquè:

a) A partir de la farina es produeix el pa, que és un bé primari.

b) Pot ser venuda directament o bé ser usada per a produir altres béns.

c) Fals: la farina no és un exemple de bé i factor de producció alhora.

d) Fals: cap bé de consum no pot ser, alhora, factor de producció. Són conceptes diferents.

5 El pagament de la prestació per desocupació per part del sector públic correspon a la seva funció:

a) Fiscal.

b) Reguladora.

c) Estabilitzadora.

d) Redistributiva.

6 La reforma del sistema sanitari per part del sector públic correspon a la seva funció:

a) Fiscal.

b) Reguladora.

c) Redistributiva.

d) Subministradora.

7 La contractació d'un empleat de banca es produeix en el:

a) Mercat de productes.

b) Mercat de serveis.

c) Mercat de factors.

d) Mercat de béns.

8 Digues quin dels següents béns o serveis no és econòmic.

a) L'aire, perquè podem respirar-lo tots.

b) El petroli, perquè és molt abundant i no s'exhaurirà en molts anys.

c) La sanitat, perquè és d'accés lliure i gratuït per a tots els ciutadans.

d) Les carreteres, perquè no s'ha de pagar res per utilitzar-les.

9 El concepte d'escassetat:

a) Només es dóna als països subdesenvolupats.

b) Significa que l'Estat ha de proveir els béns necessaris per als qui no en disposen.

c) Està relacionat amb els desitjos il·limitats de les persones en relació als recursos disponibles.

d) S'aplica als béns de producció.

10 La principal activitat de les economies domèstiques és:

a) La presa de decisions de producció.

b) La presa de decisions de consum.

c) La presa de decisions d'inversió.

d) La presa de decisions de producció i consum.

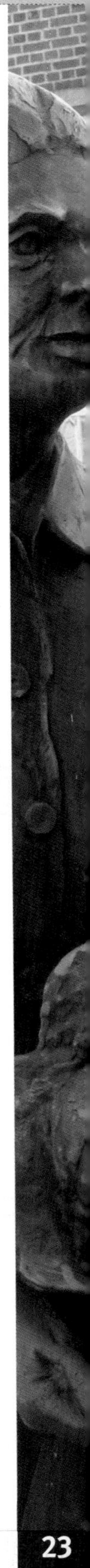

2 Els sistemes econòmics

COMPETÈNCIES ESPECÍFIQUES

Competència en cultura econòmica i dialèctica

Enumerar els principals problemes econòmics i explicar en què consisteixen.

Competència en raonament econòmic i modelització

Descriure els diferents tipus de sistemes econòmics i analitzar cadascun d'aquests per tal d'entendre les seves diferències i valorar-los críticament.

Comprendre i explicar el funcionament dels sistemes d'economia mixta.

■ Prestatgeries en un supermercat.

ORGANITZACIÓ DELS CONTINGUTS

Els sistemes econòmics

INTRODUCCIÓ

■ En quasevol comunitat organitzada es barregen, amb més o menys intensitat, els mercats i l'activitat dels governs. L'elevat grau de competència dels mercats és variable, des d'aquells en els quals només opera una única empresa, és a dir, un mercat monopolista, fins a la situació de competència perfecta en els mercats on operen amb tota llibertat un nombre elevat de minoristes. Això mateix ocorre en el cas de la intervenció pública, que comprèn des de situacions ínfimes com la regulació d'impostos o contractes fins a la planificació general d'una economia.

Entrem ja en contacte amb els grans problemes econòmics i les diferents solucions que se'ls han donat al llarg de la història, ja que no podem entendre el present sense conèixer el passat.

Ens endinsarem àmpliament en els diferents sistemes econòmics. Els analitzarem, els compararem i finalment estudiarem quina ha estat la seva evolució fins a l'actualitat amb la finalitat primordial d'acostar-nos als nostres sistemes actuals, diferenciant l'esperit dels sistemes de la seva aplicació real i les seves diferents evolucions fins als nous models de sistemes econòmics.

1. Els principals problemes econòmics

En totes les societats hi ha una sèrie de problemes per als quals cada sistema econòmic ha d'aportar les seves pròpies solucions. Els **problemes** que han de ser resolts són: *què produir i en quina quantitat, com produir, per a qui produir* i com dur a terme un *creixement econòmic* en el sistema.

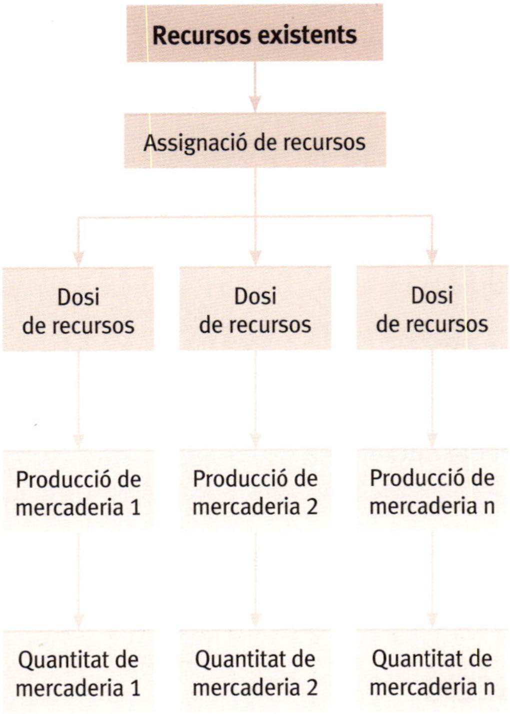

Fig. 1. Procés d'assignació de recursos.

- **Què produir i en quina quantitat.** El tipus de bé o servei i la quantitat que se'n produeixi depenen de les *necessitats* dels membres de cada societat i dels *recursos* de què disposen. Com que els *recursos* serveixen per a produir béns ben nombrosos i variats, cal procedir a *assignar-los o distribuir-los* (fig. 1).

> **Assignar o distribuir els recursos** és destinar unes determinades dosis als processos de producció que permeten obtenir els diferents béns.

Com que *les necessitats són il·limitades i els recursos són escassos,* si s'augmenta la quantitat de recursos utilitzats per a la producció d'una mercaderia, necessàriament haurà de disminuir la quantitat destinada a una altra, llevat que hi hagi *recursos desocupats* que, com ja hem vist, suposen un sacrifici innecessari.

Per tant, la consecució del **ple ús dels recursos** és un objectiu desitjable i una qüestió important en l'economia.

Si una part d'aquests no s'utilitza, es produeix una disminució en el benestar en relació amb el màxim assolible.

- **Com produir.** La tecnologia ens ofereix diversos mètodes o *tècniques de producció* per obtenir els béns i serveis que necessitem.

> Un **mètode de producció** és una determinada combinació de factors que permet obtenir una unitat d'un bé o un servei concrets.

Seleccionar el mètode que ens permet aconseguir el resultat proposat amb el *menor cost* possible garantirà l'**ús eficient dels recursos** i evitarà situacions de *malbaratament.*

- **Per a qui produir.** Els sistemes econòmics han de preocupar-se de la destinació dels béns i serveis produïts, és a dir, **a qui van destinats.**

Els béns i serveis produïts són adquirits en funció de la *renda* o els *ingressos* dels individus. És aquesta **renda** (salaris, beneficis, honoraris professionals, interessos...) la que determina la *capacitat adquisitiva* dels individus. Com més gran sigui la renda, més béns i serveis podran adquirir (fig. 2).

Fig. 2. Els consumidors adquireixen béns i serveis segons el seu nivell de renda.

1.1. *El creixement econòmic en el sistema*

El creixement de l'economia depèn de l'acumulació dels recursos. Aquest fet és una altra qüestió primordial per a l'evolució dels sistemes econòmics.

Per a dur a terme un **procés productiu,** és necessari resoldre els problemes econòmics enumerats, que no són qüestions independents sinó que estan íntimament relacionades amb el procés de producció i els elements que hi intervenen (fig. 3).

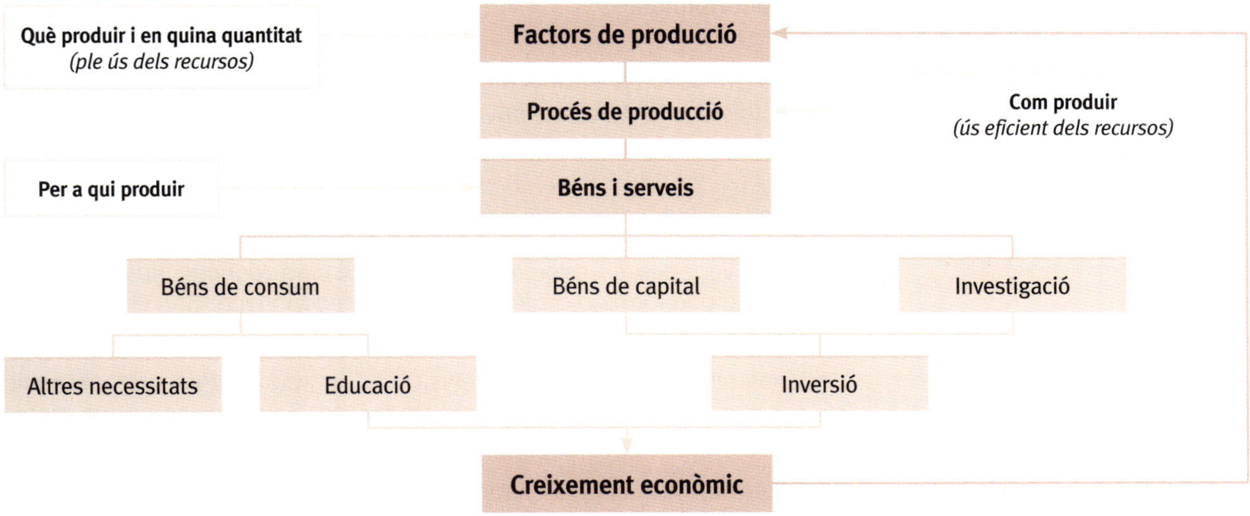

Fig. 3. Els problemes econòmics i la seva relació amb el procés productiu i el creixement del sistema.

Tenint en compte els recursos existents, cada sistema ha de decidir **què produir i en quina quantitat, com produir** i **per a qui produir.** Per a això serà necessari assignar els recursos procurant que tots estiguin usats *(ple ús dels recursos)* i seleccionar les tècniques més eficients per tal de dur a terme el procés de producció *(ús eficient dels recursos).*

Els béns es distribuiran en funció de la capacitat adquisitiva dels individus *(renda).*

- Una part dels béns i serveis produïts està formada pels **béns de consum,** que són emprats directament pels individus de la societat per satisfer les seves necessitats. Dins d'aquest consum s'inclou l'*educació.*
- Una altra part la conformen els **béns de capital,** que són les màquines, les naus industrials, etc. Són utilitzats per les empreses per a continuar amb el seu funcionament. La inversió en aquest tipus de béns serveix per a mantenir en funcionament l'activitat de l'empresa.
- Una altra part es destina a la **investigació.** La inversió en investigació permet descobrir nous recursos naturals i millorar els coneixements científics, així com la seva aplicació als processos de producció o a la tecnologia.

L'**educació,** juntament amb la **inversió** en *béns de capital* i en *investigació,* permeten renovar i ampliar els recursos existents en l'economia, el que determina un creixement en el sistema, ja que aquests poden ser utilitzats per a obtenir **nous béns i serveis.**

2. Cronologia dels sistemes econòmics

La solució dels problemes econòmics plantejats requereix *organització.* Al llarg de la història hi ha hagut molts intents d'organitzar les activitats econòmiques que duu a terme l'ésser humà.

La major part dels intents no tenen interès general, ja que aquests han tingut escassa importància en l'espai i en el temps. D'altres han estat adoptats per moltes societats i s'han mantingut vigents durant períodes de temps prolongats. Són els que han donat pas als anomenats **sistemes econòmics.**

> Un **sistema econòmic** és la manera com s'organitzen els individus d'una societat per tal de solucionar els seus problemes econòmics.

El terme *sistema econòmic* pot entendre's de diversos maneres:

- Unes vegades es refereix a una *construcció teòrica i abstracta* que descriu una forma d'organitzar l'activitat econòmica. Són els **sistemes teòrics** o **models de sistema.**
- Unes altres vegades fa referència a la *forma concreta* d'organització econòmica d'un país o un grup de països. Es coneixen com a **sistemes reals.**
- D'altra banda, els historiadors de l'economia han detectat elements comuns en l'organització econòmica de moltes societats. A partir d'aquests elements, i considerant les seves relacions, s'han dut a terme *construccions intel·lectuals* anomenades **sistemes econòmics ideals** o **purs.** Amb aquests s'intenta descriure els aspectes més importants del funcionament de les economies amb una organització similar.

Els **sistemes econòmics** sorgeixen històricament per solucionar el problema de l'*escassetat de recursos.* Cada societat ha decidit el mecanisme organitzat per enfrontar-se adequadament als seus problemes econòmics i buscar solucions que siguin acceptades per tots els seus membres.

Cada sistema econòmic és el resultat d'un **conjunt heterogeni d'elements.** Entre aquests cal destacar els *problemes econòmics bàsics* de la societat, els seus *precedents històrics,* el *marc sociojurídic i geogràfic* de l'activitat econòmica, els *procediments tècnics emprats,* la seva forma d'*organització* i el *mòbil dominant,* que és el factor psicològic que anima els agents econòmics d'aquesta societat.

A continuació descriurem els **sistemes econòmics** de major influència en la història: el sistema *esclavista,* el sistema *feudal,* el sistema *mercantilista,* el sistema *capitalista* en les seus dues primeres etapes (el *capitalisme industrial* i el *capitalisme financer)* i, finalment, el sistema *socialista* i el sistema d'*economia mixta de mercat,* que constitueix l'última etapa del sistema capitalista.

Cadascun es diferencia per les formes específiques d'organització i pels seus nivells de desenvolupament.

2.1. *Evolució històrica*

Abans de descriure les característiques de cadascun dels sistemes econòmics cal tenir present la seva **evolució històrica.**

El quadre següent (fig. 4) resumeix aquesta evolució. Es tracta d'una simplificació de la història econòmica, ja que només pretén situar en l'espai i en el temps les diferents formes d'organitzar les activitats econòmiques.

Com es pot veure, és un quadre de doble entrada.

- En la *columna de l'esquerra* apareixen successius **períodes històrics** de diferent durada.
- En la *part superior* del quadre apareixen les **àrees geogràfiques** on el sistema econòmic corresponent va tenir una ressonància més gran.
- En l'*interior* del quadre s'assenyala l'**inici** de cada sistema econòmic, se'n destaca la **plenitud** i s'indiquen els períodes de **transició** i **decadència.**

PERÍODE (SEGLES)	ÀREA GEOGRÀFICA: GRÈCIA ROMA	EUROPA ÀSIA	EUROPA	EUROPA OCCIDENTAL, EUA I JAPÓ	EUROPA ORIENTAL, XINA	TOTS ELS PAÏSOS LLEVAT DE LA XINA I CUBA
IV	SISTEMA ESCLAVISTA					
V - IX	Transició	Inici				
X - XIV	Decadència	SISTEMA FEUDAL				
XV		Transició	Inici			
XVI 1a MEITAT XVII		Decadència	SISTEMA MERCANTILISTA			
2a MEITAT XVII 1a MEITAT XVIII			Transició: FISIOCRÀCIA			
2a MEITAT XVIII XIX			SISTEMA CAPITALISTA		Inici	
1a MEITAT XX				Inici	SISTEMA SOCIALISTA	
2a MEITAT XX				ECONOMIA MIXTA DE MERCAT	Transició	
XXI					Decadència	ECONOMIA MIXTA DE MERCAT

Fig. 4. Evolució dels principals sistemes econòmics.

2.2. *El sistema esclavista*

Fig. 5. Fins a final del segle XIX es va mantenir l'esclavitud en alguns Estats americans.

El **sistema esclavista** d'organització econòmica va assolir la seva plenitud en les antigues civilitzacions de **Grècia** i **Roma,** i va començar a perdre força a partir del segle IV d. C.

Gran part de la població era esclava, mentre que l'altra part era privilegiada. L'agricultura era l'activitat econòmica dominant. Els grans **latifundis** eren conreats per *esclaus* (fig. 5). Els fruits dels seus esforços anaven a parar als *patricis,* els quals lliuraven part de la producció a altres classes socials que en depenien: els *lliberts* o esclaus alliberats i els *plebeus.*

El sistema va desaparèixer definitivament amb l'**abolició de l'esclavitud** després de la Guerra de Secessió americana (1861-1865).

2.3. *El sistema feudal*

Fig. 6. Les classes socials en l'Edat Mitjana: noblesa, clergat i serfs de la gleva.

La gestació del **sistema feudal** va ser molt lenta, a causa de la fragmentació del poder polític en nombroses senyories feudals. Entre els segles X i XIV trobem el seu apogeu a Europa occidental.

Des del punt de vista econòmic, bàsicament ens interessen dues **classes socials:** els *senyors feudals* (la *noblesa* i part del *clergat),* que són els propietaris de les terres, i els *serfs* (fig. 6). Aquests darrers eren una classe intermèdia entre l'esclau i l'home lliure, ja que conreaven les terres dels senyors feudals, a qui destinaven la major part de la producció (rendes de la terra).

El sistema va començar a debilitar-se amb el pas del poder polític dels senyors feudals a les monarquies absolutes. En aquest moment, es produeix l'auge de les ciutats o **burgs** i apareix la *burgesia* (artesans i comerciants), que pagava *tributs* al monarca.

2.4. *El sistema mercantilista*

El **sistema mercantilista,** anomenat també **capitalisme mercantil** o **comercial,** va florir a Europa a partir dels grans descobriments del segle XVI. Es tracta de la *primera manifestació del capitalisme.*

La major part de l'activitat segueix sent agrícola. En la propietat de la terra els senyors feudals són substituïts pels *latifundistes.* Durant aquesta època floreixen els **gremis** d'artesans, els quals regulen la incipient activitat manufacturera. L'auge econòmic fonamental es produeix a través de la **burgesia** comercial protegida pel poder reial.

El sistema mercantilista era un sistema *proteccionista* i fortament *intervingut.* Intentava enfortir l'economia del país aconseguint que la diferència entre el valor dels productes exportats i el dels importats fos favorable. D'aquesta manera s'aconseguia acumular monedes d'or i argent, és a dir, reserves de metalls preciosos. Per a la consecució d'aquests objectius, les autoritats afavorien la *importació de primeres matèries exteriors* i l'*exportació de les manufactures pròpies,* ja que les manufactures tenien més valor econòmic que les primeres matèries. De la mateixa manera, dificultaven l'exportació de primeres matèries pròpies i la importació de manufactures exteriors.

La **transició** d'un sistema a un altre no ha estat brusca, sinó que en una mateixa societat han existit simultàniament, durant un mateix període, característiques corresponents a dos sistemes econòmics diferents.

Per exemple, durant la transició del feudalisme al capitalisme van coexistir relacions entre senyors i serfs (característiques del sistema feudal) amb relacions entre capitalistes i treballadors (pròpies del sistema capitalista).

2.5. *Fisiocràcia i capitalisme*

El sistema mercantilista va rebre fortes crítiques al llarg del segle XVIII. Les primeres van ser les de l'**Escola Fisiocràtica,** encapçalada per François **Quesnay** (1694-1774), que, entre d'altres qüestions, defensava la *lliure competència* en la indústria i l'agricultura. Aquest corrent de pensament va facilitar la consolidació del **capitalisme.**

Amb aquest nom es designa el sistema econòmic dominant des de la fi del segle XVIII fins al primer quart del segle XX. Hi distingim dues etapes: el *capitalisme industrial* i el *capitalisme financer.*

Fig. 7. La Revolució Francesa de 1789 marca l'aparició d'un nou ordre polític, econòmic i social.

Primera etapa: el capitalisme industrial

A la fi del segle XVIII, com a conseqüència de la Revolució Francesa, desapareix l'anomenat Antic Règim, i sorgeix un *nou ordre econòmic, polític i social* (fig. 7).

- Es produeixen **canvis econòmics** provocats per les *noves tecnologies* aparegudes després de la *Revolució Industrial.* Es passa d'una economia bàsicament agrària i artesanal a una altra en què l'activitat industrial adquireix més importància que l'agrícola. Sorgeix l'*empresa moderna* i, com a conseqüència, apareix el *contracte de treball* entre empleat i empresari.
- En el nou **àmbit polític** triomfen les *idees liberals.*
- En l'àmbit ***social*** es produeix la separació entre els propietaris o *capitalistes* i la mà d'obra o *proletariat.* L'organització artesanal és substituïda per una nova situació en la qual se separen el *treball* i la *propietat dels mitjans de producció.*

Segona etapa: el capitalisme financer

A mitjan segle XIX té lloc la *segona Revolució Industrial* als països de l'Europa occidental. Com ja va ocórrer amb la primera, a la fi del segle XVIII, aquesta part d'Europa va ser la gran protagonista.

Durant la segona meitat del segle XIX la petita empresa capitalista de la primera meitat dóna pas a les *grans empreses.*

Els fets que van consolidar aquest nou capitalisme van ser els següents:

- El naixement d'**empreses financeres** o *intermediaris financers,* que van aportar els mitjans necessaris *(capital financer)* per a l'expansió de la gran indústria. A partir d'aleshores, la indústria i les finances es desenvolupen de forma interrelacionada.
- L'**expansió colonial** del segle XIX, que va aportar tot un cabal de *primeres matèries* barates a la indústria europea. D'aquesta manera, els mercats van permetre la sortida d'una *producció a gran escala.*
- El **progrés tècnic.** El carbó, la màquina de vapor i tots els enginys tècnics van impulsar la *productivitat* a límits inimaginables.
- El **creixement** de les *ciutats* i dels *nuclis industrials.* Gran part de la població abandona el camp i acudeix a les ciutats a la recerca de feina, la qual cosa proporciona a la indústria *mà d'obra abundant i barata.*

Grups d'empreses

En el **capitalisme financer** es produeix una substitució de les empreses existents per dos grups econòmics: el *grup industrial* i el *grup financer.*

- El **grup industrial** està format per empreses dedicades a diferents activitats productives.
- El **grup financer** és el conjunt d'empreses que es dediquen a *finançar-ne* altres.

2.6. *El sistema capitalista o d'economia de mercat*

Al llarg del segle XIX el sistema econòmic anomenat **sistema capitalista** o d'**economia de mercat** es consolida per tot Europa i pels territoris colonials que en depenen.

El **sistema capitalista** o d'**economia de mercat** és aquell en què els individus i les empreses prenen les principals decisions econòmiques sobre producció i distribució.

En aquest sistema, les empreses produeixen amb l'objectiu d'obtenir el major benefici possible amb aquells productes que els individus d'aquesta societat estan demandant. Per a fer-ho, utilitzaran la tecnologia adequada per aconseguir **la major producció al menor cost.**

Com que el consumidor és de gustos canviants i és el qui té els diners, farà moure la màquina del **mercat** amb els seus desitjos de compra, al qual les empreses s'adequaran. La situació perfecta és aquella en què *l'individu desitja un producte que l'empresa fabrica.*

— Si el mercat *es buida,* és a dir, si l'empresa ven tot el que produeix, significarà que l'acord tàcit pel qual tots dos s'han posat d'acord —el *preu* del producte— és l'adequat.

— Si *l'oferta és excessiva o hi ha demanda sense atendre,* el mateix mercat buscarà mecanismes d'ajust perquè això no succeeixi. Això és el que **Adam Smith** denominava *«la mà invisible que regula el mercat».*

La mà invisible

Adam Smith creia que l'Estat havia d'abstenir-se d'intervenir en l'economia, ja que si els individus tenien la llibertat per actuar de manera autònoma i, en certa manera, egoista en la recerca del seu propi interès, hi havia una **mà invisible** que convertiria els seus esforços individuals en beneficis per a tots.

Els **trets** més destacats del sistema d'**economia de mercat** es poden resumir de la manera següent.

- Al **sector públic** se li assigna el paper d'*assegurar la llibertat de mercat i la llibertat econòmica* mitjançant l'ordenament jurídic i el manteniment de l'ordre social.

- La **propietat dels factors de producció** està en mans privades i les famílies adquireixen en el mercat pràcticament la totalitat dels béns que necessiten, pagant per això el seu *preu de mercat.*

- Les **decisions sobre els tres problemes bàsics de l'economia** *(què produir, com produir* i *per a qui produir)* es prenen a partir d'innombrables decisions individuals i independents, que corresponen tant als productors com als consumidors. Aquestes decisions quedaran coordinades pel *conjunt de preus* que determini el mercat.

- En aquest tipus d'economies, **no hi ha objectius socials de ple ús** dels recursos ni tampoc d'**assignació eficient** dels recursos, ja que l'objectiu prioritari és la consecució del màxim benefici.

  Consegüentment, tampoc no s'hi considera prioritària la **distribució equitativa de la riquesa** produïda.

- La **distribució** dels béns i serveis la realitza el **mercat,** i està determinada per les condicions d'*oferta* i *demanda* de cadascun dels sectors productius.

2.7. *La crítica marxista*

El *sistema capitalista* és la realitat econòmica que va observar i va analitzar un jove alemany anomenat **Karl Marx.**

A partir d'aquesta realitat, Karl Marx va dur a terme una **anàlisi** del funcionament del sistema capitalista i una **crítica** d'aquest sistema. Els dos treballs constitueixen una de les aportacions intel·lectuals més importants en l'àmbit de la ciència econòmica.

Marx va observar que els **resultats econòmics** del sistema capitalista eren *espectaculars.* Però no ocorria el mateix amb les **conseqüències socials.**

- La **propietat privada dels mitjans de producció** i la concentració de la riquesa accentuen la **divisió de classes** entre la *burgesia* i el *proletariat.* La **burgesia** és la propietària de les fàbriques i del capital necessari per a invertir en les diferents activitats productives. El **proletariat** és el conjunt de treballadors i està sotmès a condicions de vida molt dures. Per això, es van produir els primers moviments obrers per millorar la seva situació.

  Mentre el proletariat vivia únicament del seu salari, la burgesia era la gran beneficiària del creixement econòmic.

- L'**escassa intervenció del sector públic** en la vida econòmica explica els *abusos* comesos i el deteriorament de les condicions de vida de la classe proletària. L'acumulació de capital i l'explotació del proletariat resumeixen aquesta situació.

- La **nul·la** o **escassíssima cobertura social** per als treballadors provoca el consegüent descontentament d'àmplies capes de la població, que qüestionen la legitimitat del sistema.

Marx **va predir** un augment de les desigualtats en el capitalisme. Aquestes portarien a una *sobtada i violenta revolució,* per part del proletariat oprimit, que acabaria amb el capitalisme, donaria pas al **socialisme** i posteriorment al **comunisme.**

Les prediccions de Marx sobre la *fi del capitalisme* i la *nova societat comunista* van ser una referència d'esperança per als seus cada vegada més nombrosos seguidors.

Pocs anys després de la seva mort, en les primeres dècades del segle XX, es van produir **tres esdeveniments** que semblaven confirmar el final del capitalisme i la consolidació del nou ordre:

- La **guerra europea de 1914-1918.** Va ser interpretada pels seguidors de Marx com una manifestació de les contradiccions del mateix sistema capitalista, que abans o després el portarien a la seva fi.

- La **revolució bolxevic de 1917.** Va suposar la desaparició de l'imperi rus i la implantació d'un nou sistema econòmic d'acord amb la ideologia marxista.

- La **crisi econòmica de 1929.** Va afectar tant l'Europa desenvolupada com els EUA, la gran potència emergent aleshores. Va ser una crisi de proporcions desconegudes. Fins i tot el *feixisme* i el *nacionalsocialisme* europeu dels anys trenta es van interpretar com a seqüeles de la crisi del 29 i una manifestació d'un capitalisme ja descompost.

Karl Marx

Karl Marx (1818-1883) va ser un polític, filòsof, economista i sociòleg alemany.

La seva principal obra, ***El capital,*** presenta una anàlisi de la societat a través de l'estructura econòmica, amb l'estudi de les classes socials, la lluita de classes i els processos d'acumulació capitalista.

La grandesa de Marx com a científic social va ser analitzar el que veia. El seu fracàs com a profeta va residir a predir el futur d'un món complex, en permanent mutació i governat per una síntesi canviant d'interessos, els uns mesquins i els altres nobles.

3. Els sistemes econòmics del segle XX

Després de la **II Guerra Mundial** (1939-1945) es va produir una situació sense precedents en la història dels sistemes econòmics.

El **nou ordre econòmic internacional** va passar a ser el següent:

- Els **Estats Unitas d'Amèrica (EUA)** es consoliden com la **primera potència mundial,** gràcies al fort enriquiment obtingut arran de la guerra, en la qual van haver de proveir d'armes i aliments els països en conflicte. Es converteixen així en el primer país del món pel que fa a *productes industrials i financers.*
- L'**URSS** (Unió de Repúbliques Socialistes Soviètiques) també passa a ser una superpotència mundial, finalitzada la guerra.
- **Europa,** com a conseqüència de la I Guerra Mundial, de la crisi dels anys trenta i de la II Guerra Mundial, passa a ocupar una posició inferior respecte dels EUA i l'URSS.

Les relacions internacionals de la postguerra van estar marcades per la creació d'un sistema amb *dos blocs* principals i un tercer bloc de *països no alineats.*

PRIMER MÓN	SEGON MÓN	PAÏSOS NO ALINEATS
El bloc occidental, anomenat **Primer Món,** estava articulat al voltant dels Estats Units d'Amèrica i format per Canadà, Europa occidental, Japó, Austràlia i la majoria de països d'Amèrica Llatina.	El bloc de països socialistes o **Segon Món** girava al voltant de la desapareguda Unió Soviètica i estava format pels països satèl·lits de l'Europa central, la Xina i, alguns anys més tard, Corea del Nord i Cuba.	En un tercer bloc es trobaven els **països no alineats,** és a dir, aquells que no corresponien a cap bàndol, liderats per la desapareguda Iugoslàvia, Egipte, molts països africans i els de l'Orient Mitjà, entre d'altres.

En l'últim terç del segle XX, molts països del Con Sud americà es van desvincular d'aquest bloc per passar a formar part dels països no alineats.	La *desaparició de l'URSS* el 1990 va determinar que la majoria de països europeus modifiquessin el seu sistema econòmic. A poc a poc es van anar integrant a la Unió Europea.	Després de la descolonització, molts països del Sud-est asiàtic, i la gran majoria de països africans, també van passar a formar part d'aquest bloc.

El Primer Món i el Segon Món es van identificar, des del principi, amb dos sistemes econòmics que competien per imposar els seus interessos antagònics a la resta del món. Són el sistema d'**economia mixta de mercat** i el sistema **socialista.**

Per la seva importància, els desenvoluparem amb més detall a continuació.

3.1. *El sistema socialista*

El **sistema socialista,** també anomenat **sistema de planificació central,** sorgeix després de la **I Guerra Mundial** sota la influència de la *teoria marxista.*

En aquest sistema existeix un *únic agent econòmic* rellevant: el **sector públic.** L'**objectiu** de les seves decisions és la consecució d'una *distribució igualitària de la renda.* Per a això, aborda amb exclusivitat la resolució dels principals **problemes econòmics** *—què, com i per a qui produir— i com dur a terme un* **creixement econòmic.**

Les **característiques** més destacades d'aquest agent econòmic, pràcticament únic en la presa de decisions, són les següents:

- És el *propietari dels recursos econòmics materials.* La major part de l'excedent se l'apropia el conjunt de la societat.
- Constitueix el *mecanisme econòmic bàsic* utilitzat en el sistema socialista i assumeix el paper de *coordinador de l'economia.*
- L'organització de l'activitat econòmica es duu a terme a través de l'*òrgan de planificació central.*
- Periòdicament es promulguen **plans econòmics** on s'especifiquen els mètodes o *tècniques de producció* de les empreses, els *subministraments de recursos,* els *objectius de producció,* les *rendes* d'obrers i funcionaris, les *inversions* en cada sector productiu i en infraestructures, i els restants aspectes que contempla l'activitat econòmica.

  Tot queda regulat en aquests plans i els incompliments són sancionats. Hi apareixen també directrius molt detallades de compliment obligat per als *funcionaris,* també anomenats **buròcrates.** Són els responsables de tots els processos productius i posen en pràctica les directrius en totes les seves actuacions.

Les **conseqüències** del funcionament d'aquest sistema es resumeixen de la manera següent:

- El **sector públic** es converteix en un *gegant que ho domina tot, encara que l'assignació de recursos produeix, de vegades, situacions de malbaratament.*
- La **iniciativa privada no existeix** en l'activitat econòmica. No hi ha estímul econòmic per tal d'augmentar la productivitat perquè *no hi ha competència.* Aquesta circumstància es converteix en la principal causa d'*ineficiència* del sistema.
- **Desapareix el mercat** com a institució de coordinació de l'activitat econòmica. Els preus són determinats pel sector públic i són *preus administratius.* Les empreses, en conseqüència, *no es preocupen de reduir costos.*
- Totes les empreses són **socialment útils,** per la qual cosa no poden tancar. Els problemes financers es resolen mitjançant *transferències* des de l'òrgan central, això genera processos d'*endeutament progressiu.*
- Els **sindicats** tenen una *activitat molt reduïda,* ja que no hi ha conflicte d'interessos entre empresaris i treballadors.

Desproveïment

En els sistemes socialistes, les **decisions de producció** les pren el sector públic.

Com que les empreses no prenen cap decisió sobre la producció de béns i serveis, pot ocórrer que les previsions de producció no aconsegueixin satisfer les necessitats de la població, la qual cosa origina situacions de **desproveïment** dels mercats.

3.2. *El fracàs del sistema socialista*

A partir de la **II Guerra Mundial,** el sistema socialista va intentar demostrar la seva superioritat sobre el d'economia mixta de mercat.

És difícil establir amb precisió en quin moment les economies socialistes van començar a perdre la batalla pel creixement i el benestar davant les economies del Primer Món.

Durant els *anys cinquanta* del passat segle, alguns economistes occidentals creien encara en la superioritat socialista. Però en la dècada següent, van sorgir als anomenats països satèl·lits d'Europa oriental els primers dubtes sobre l'eficiència del sistema.

Però sobretot, a mitjan *anys setanta,* la fragilitat del sistema es va fer patent quan el dirigent soviètic Nikita **Khrusxov** (1894-1971) va decidir dur a terme importacions massives de blat dels EUA i d'altres països occidentals per tal d'atendre els urgents problemes de desproveïment que patia. *El gegant no podia alimentar-se.*

El 1985, Mikhaïl **Gorbatxov** va reconèixer la magnitud de la crisi i la necessitat de profundes *reformes,* que finalment van fracassar, amb la consegüent **caiguda del sistema comunista** i el desmembrament de l'URSS en diverses repúbliques.

Mikhaïl Gorbatxov

Mikhaïl Gorbatxov (n. 1931) va ser nomenat secretari general del Partit Comunista de l'URSS, president del Soviet Suprem i Cap de l'Estat el 1988. A partir d'aquest moment, va dur a terme un pla de reestructuració de l'economia soviètica. A través de l'anomenada **perestroika** (reestructuració) va reformar el sistema econòmic de caire comunista imperant, antiquat pel que fa als mercats internacionals.

Tres anys més tard, el 1991, i a causa dels conflictes entre els nacionalismes de les repúbliques, es va esfondrar el mapa de l'URSS i amb ell la figura de Gorbatxov.

Malgrat això, va aconseguir acabar amb la guerra freda entre l'antiga URSS i els EUA, per això va ser guardonat el 1990 amb el **premi Nobel de la Pau.**

Causes del fracàs

Les causes de la gran ineficàcia de les empreses poden sintetitzar-se en tres aspectes essencials.

- **No existien mecanismes per a incentivar** l'*esforç,* l'*eficiència* i la *responsabilitat* dels treballadors en l'activitat econòmica. La manca d'estímuls va generar una situació en la qual les empreses *no s'esforçaven per ser competitives.* Elaboraven productes que no podien vendre's als mercats mundials per manca de qualitat.
- El **fracàs dels gestors buròcrates** de les empreses en l'*ús eficient dels recursos.*
- El **fracàs dels planificadors** en l'*assignació dels recursos* i en la *planificació de les inversions.* Malgrat la lentitud de l'aparell burocràtic del sistema, als planificadors els faltava bona informació sobre els desajustos de l'economia i capacitat de control sobre les activitats econòmiques.

Davant d'aquesta situació, existeixen **tres possibles sortides:**

- **Defensar** a ultrança **el sistema socialista** amb les reformes necessàries. Aquesta opció amb prou feines va comptar amb partidaris. Cuba va optar per aquesta via.
- **Evolucionar** envers l'**economia mixta de mercat.** Aquesta opció va ser la que va prendre la major part dels països socialistes d'Europa oriental. És una opció no exempta de dificultats transitòries, ja que les empreses socialistes han de canviar el seu enfocament a fi de ser rendibles i produir amb qualitat.
- **Endinsar-se** en una **economia intermèdia** entre els dos sistemes. Aquest és el camí que està assajant en aquests moments la República Popular Xina.

3.3. *El sistema d'economia mixta de mercat*

A diferència del que ocorre en els sistemes socialistes, en els sistemes capitalistes existeix un **incentiu individual** —l'obtenció de benefici— que pot generar desigualtats que perjudiquin els individus més pobres i febles.

Per aquesta raó, el **sector públic** intervé en l'economia per oferir determinats béns públics, com la *sanitat,* l'*educació,* la *cultura,* etc., que, en cas d'estar exclusivament en mans privades, podrien no gaudir-ne tots els individus de la societat.

Per tant, en l'actualitat, els països del Primer Món disposen d'un sistema d'**economia mixta de mercat** en la qual el paper principal correspon al *mercat,* però on el *sector públic* té una participació important.

La **denominació** d'aquest sistema en descriu amb bastant exactitud les característiques.

- Es tracta, indubtablement, d'una economia de **mercat,** ja que aquest mecanisme coordina gran part de l'activitat econòmica i influeix en la *selecció de tècniques,* l'*assignació de recursos,* la *distribució de la renda* i l'*acumulació de béns.*
- Però també és una economia **mixta** per dos motius.
  - Perquè, a més del **sector privat,** el **sector públic** té una important participació que en alguns països assoleix el 50 % de la renda generada.
  - Perquè hi ha aspectes, relacionats amb l'*Estat de benestar,* que s'escapen a l'àmbit del **mercat** i que són assumits pel **sector públic:** la *redistribució de la renda,* la *cobertura* i la *previsió social,* la *sanitat,* l'*educació,* la *defensa,* etc.

Les errades del sistema

A aquest sistema se l'ha anomenat irònicament sistema econòmic de la fi de la història. Tanmateix, no ha resolt adequadament determinades qüestions, com les següents.

- L'existència de **monopolis** i **oligopolis** en què un nombre reduït de venedors fixa els preus al nivell que li convé.
- La **no plena utilització dels recursos,** com ho demostra la importància de la desocupació laboral en la major part dels països on el sistema està més implantat.
- El **deteriorament dels recursos naturals** i els **problemes mediambientals,** com a conseqüència de la sobreexplotació o el consum abusiu.
- El **finançament de l'Estat de benestar** que pot fer entrar en crisi tot el sistema econòmic.
- El preocupant problema del **Tercer Món** i totes les qüestions relatives al subdesenvolupament.
- Les importants **desigualtats econòmiques** que encara subsisteixen en el si dels països desenvolupats i en especial les bosses de pobresa que donen origen a l'anomenat **Quart Món.**

Tercer Món i Quart Món

Malgrat els esforços del sector públic a fi d'aconseguir una millor redistribució de la riquesa, milions de persones viuen en condicions d'**extrema pobresa** i sense accés a béns imprescindibles, com ara l'*aigua potable* o l'atenció *sanitària bàsica.*

Els qui es localitzen en països poc desenvolupats s'anomenen **Tercer Món,** mentre que els qui viuen en el nostre entorn reben el nom de **Quart Món.**

Per tal d'afrontar aquest problema, Nacions Unides ha posat en marxa els anomenats **Objectius del Mil·lenni:** *eradicar la pobresa extrema i la fam, aconseguir l'ensenyament primari universal, promoure la igualtat entre els sexes i l'autonomia de la dona, reduir la mortalitat infantil, millorar la salut materna, combatre la SIDA, el paludisme i altres malalties, garantir el sosteniment del medi ambient i fomentar una associació mundial per al desenvolupament.*

3.4. *Síntesi comparativa*

Oferim tot seguit una **síntesi comparativa** dels trets diferencials dels dos principals sistemes econòmics, en relació amb els **problemes bàsics de l'economia** —*què produir, com produir i per a qui produir*—, el **creixement** del sistema i els seus respectius **avantatges i inconvenients.**

	ECONOMIA MIXTA DE MERCAT	ECONOMIA SOCIALISTA
	QUÈ PRODUIR	
Assignació dels recursos econòmics	El mercat envia uns senyals, que són els preus, des de les quals s'assignen els recursos. És a dir, es resol en el mercat a través dels agents econòmics.	Ho resol l'Estat, l'òrgan de planificació, tot subministrant recursos a les empreses, que produiran per a tota la població.
Aprofitament dels recursos	És competència i responsabilitat de l'autoritat econòmica.	És responsabilitat de l'òrgan de planificació central de l'economia.
	COM PRODUIR	
Ús eficient dels recursos	Els mitjans de producció són de propietat privada, per la qual cosa són les empreses les que seleccionen els mètodes de producció, per obtenir el màxim benefici al mínim cost.	Es determinen els mètodes de producció des de l'òrgan de planificació, tractant d'emprar els recursos disponibles, fins i tot a risc de no ser eficients.
	PER A QUI PRODUIR	
Distribució de la capacitat adquisitiva	La capacitat adquisitiva de l'individu vindrà determinada pel conjunt de tots els seus ingressos.	L'òrgan central determina els ingressos de cadascun dels membres de la col·lectivitat.
El qui adquireix	La llibertat de contractació, d'adquisició, és la màxima d'aquest tipus de mercats. L'individu és l'objectiu de les empreses, i les seves necessitats individuals, la finalitat última d'aquestes empreses.	Per a la societat en conjunt, l'objectiu és el benestar col·lectiu.
	CREIXEMENT DEL SISTEMA	
Acumulació de recursos	Tant les empreses públiques com les privades necessiten invertir per poder dur a terme el seu propi creixement tot acumulant recursos. Parlarem aleshores d'inversions públiques o privades.	L'òrgan de planificació determinarà la inversió i l'estalvi forçós necessari.
	AVANTATGES I INCONVENIENTS	
Avantatges	Major quantitat i varietat de béns i serveis. Els consumidors i productors tenen més capacitat de decisió i elecció. Major competitivitat, el que suposa un benefici per al consumidor.	No hi ha atur. La renda té un repartiment més equitatiu. Tota la població té accés als serveis bàsics.
Inconvenients	Desigual repartiment de la renda. Parts de la població queden excloses de l'activitat econòmica. Bosses de desocupació i pobresa.	Menor varietat i disponibilitat de béns i serveis. Sense incentius a la millora productiva. Nul·la capacitat de decisió dels consumidors.

4. La situació actual

Entre els anys 1945 i 1973, les economies dels països industrialitzats d'Europa occidental, Japó i els EUA van créixer suficientment per a augmentar el nivell de vida dels seus ciutadans de manera considerable.

En alguns llocs menys industrialitzats també es va produir un creixement similar durant aquest període, sobretot als del Sud-est asiàtic.

Aquest creixement es va deure principalment al fet que, després de la devastadora destrucció del teixit econòmic que es va produir durant la II Guerra Mundial, es va originar una **expansió econòmica sense precedents** sustentada principalment amb l'ajuda financera que els EUA va concedir principalment al Japó i a diferents països d'Europa occidental.

Per tal de comprendre aquest gran creixement, s'ha de tenir en compte que en aquell moment les **multinacionals** nord-americanes van començar a realitzar **fortes inversions** arreu del món, estimulades probablement pels baixos preus que hi havia en aquell moment, així com per la gran abundància de productes energètics a l'abast de les empreses, sobretot petroli.

En l'actualitat, els nivells de coneixements científics i tecnològics estan avançant en tots els camps a una velocitat sorprenent, gràcies al desenvolupament de les *Tecnologies de la Informació i la Comunicació.*

El **comerç electrònic** a través d'Internet ha permès abaratir els costos comercials i ha posat a l'abast de qualsevol persona els productes i serveis oferts per les empreses des de qualsevol part del món.

Aquest extraordinari desenvolupament del comerç virtual pot tenir **efectes positius i negatius,** sobretot als països en vies de desenvolupament.

EFECTES POSITIUS	EFECTES NEGATIUS
Els països productors poden posar en coneixement de qualsevol consumidor del món les quantitats i qualitats dels productes que desitgi adquirir.	Els països del Primer Món i les multinacionals estan invertint molts recursos en les noves tecnologies perquè hi han vist un futur prometedor.
Qualsevol fabricant pot crear una **pàgina web** perquè el consumidor pugui consultar-la i, si desitja adquirir un bé o contractar un servei, ho pugui fer de la mateixa manera que en un gran magatzem convencional.	Aquesta actitud pot produir un nou increment de les **diferències econòmiques** entre països desenvolupats i països en vies de desenvolupament perquè aquests últims no disposen de la tecnologia adequada per a competir.

Les diferències entre països rics i països pobres és cada cop més gran. Per això les relacions entre estats, individus i empreses han de canviar substancialment i, de fet, ho estan fent a una velocitat impressionant.

Estem aleshores davant un **nou sistema econòmic mundial** o només davant d'una *modificació dels sistemes existents?* Si les empreses són multinacionals i els beneficis són globals hauria de ser global també la distribució de la riquesa? De quina manera haurien d'intervenir les institucions nacionals i supranacionals?

Aquestes i altres preguntes haurien de ser contestades els anys vinents si volem redefinir les relacions econòmiques internacionals en un context **globalitzat.**

ACTIVITATS PROPOSADES

- **1.** Explica què s'entén per *assignació, ple ús* i *ús eficient dels recursos.*
- **2.** Raona quina relació té l'escassetat amb cadascun dels principals problemes econòmics.
- **3.** Defineix el concepte de *sistema econòmic.*
- **4.** Confecciona un esquema amb les principals analogies i diferències que hi havia entre el sistema esclavista i el sistema feudal.
- **5.** Destaca quina era la principal característica del sistema mercantilista i quines conseqüències tenia en relació amb les exportacions i importacions.
- **6.** Explica les característiques de cadascuna de les dues etapes per les quals va passar el sistema capitalista o de mercat.
- **7.** Enumera les conseqüències socials del sistema capitalista i indica quina va ser la predicció de Marx en relació amb la seva evolució.
- **8.** Descriu el nou ordre econòmic internacional que va sorgir com a conseqüència de la II Guerra Mundial.
- **9.** Assenyala quines són les funcions assignades al sector públic en el sistema socialista i quines conseqüències té per a l'activitat econòmica.
- **10.** Indica quines són les funcions de l'Estat i del sector públic en un sistema d'economia mixta tenint en compte que el principal assignador de recursos és el mateix mercat.
- **11.** Indica les raons per les quals es va enfonsar el sistema d'economia planificada.
  — Des del teu punt de vista, quines serien les condicions sota les quals podria no fracassar el sistema de planificació de l'economia?
- **12.** Enumera i analitza els encerts i els errors del sistema d'*economia mixta de mercat.*
- **13.** Llegeix el text següent, reflexiona i respon.
  «El lliure mercat ha de ser un mecanisme que s' ha de mantenir malgrat tots els inconvenients que pugui comportar. Les conseqüències negatives d' aquest no compten davant la quantitat de beneficis que proporciona al consumidor, que és el qui té la llibertat de triar entre els productes que hi ha en el mateix mercat.»
  — Justifica o rebat aquesta afirmació, amb arguments raonats, tenint en compte el risc que suposa la llibertat de venda de qualsevol producte (nociu, perillós, etc.).
- **14.** Llegeix atentament la notícia que apareix a continuació, amplia la informació i respon.
  a) Quin és el sistema econòmic que hi ha actualment a Cuba?
  b) Quins són els principals problemes a què s'enfronta l'economia cubana?
  c) Quina relació té l'Estat amb el sector públic i quin és el seu paper en l'economia?
  d) Quina solució pot tenir el problema cubà?

Revista d'economia

El model cubà ja no funciona

Declaracions de l'expresident de Cuba a un periodista nord-americà

L'expresident cubà Fidel Castro va estimar que el model cubà «ja no funciona per a l'illa», segons la segona part d'una entrevista que publica en Internet la revista nord-americana 'The Atlantic'.

«El model cubà ja no funciona ni per a nosaltres», va respondre Fidel Castro davant una pregunta del periodista Jeffrey Goldberg sobre si seguia creient que el model cubà era una cosa que encara val la pena exportar.

El periodista, que va visitar Cuba a finals d'agost per invitació de Castro, no ofereix en el seu reportatge més declaracions del líder cubà sobre el tema.

No obstant això, a continuació esmenta l'especialista nord-americana a Cuba Julia Sweig, que el va acompanyar en el seu viatge a l'illa, tot matisant la resposta de l'excap de l'Estat.

«No estava rebutjant les idees de la revolució. Ho vaig interpretar com un reconeixement que sota el 'model cubà' *l'Estat té un paper massa gran en la vida econòmica del país»,* va explicar Sweig a Goldberg, segons aclareix en el seu nou reportatge.

Segons ella, la intenció després de les paraules del líder cubà podria ser la de *«crear espai»* per a l'actual president, de manera que pugui aplicar les *«reformes necessàries, enfront d'allò que segurament trobarà resistències dels comunistes ortodoxos dins del partit i la burocràcia».*

***El Mundo,* 9 de setembre de 2010**

AVALUACIÓ

1 Els principals problemes econòmics són:

a) La propietat dels factors de producció i els criteris d'assignació de recursos.

b) Què produir i en quina quantitat, com produir i per a qui produir.

c) La intervenció del sector públic i la seva influència en l'activitat econòmica.

d) Els criteris d'assignació de béns de capital a l'activitat productiva i a la investigació.

2 Un sistema econòmic és:

a) La forma que té el partit en el govern de dirigir l'economia.

b) Un conjunt d'institucions que determinen la forma d'utilitzar els recursos per satisfer el consumidor.

c) El que genera les desigualtats socials.

d) La forma en què responen les societats als problemes bàsics de l'economia.

3 La primera manifestació del capitalisme és:

a) El sistema feudal, perquè tots els béns de producció eren propietat de la noblesa.

b) El mercantilisme, perquè l'activitat econòmica queda en mans de la burgesia.

c) La fisiocràcia, perquè critica el sistema feudal i promou el mercantilisme.

d) La Revolució Industrial perquè introdueix la producció a gran escala.

4 Indica quin dels següents trets és propi d'una economia capitalista o de mercat.

a) El sector públic només ha d'intervenir per assegurar la llibertat econòmica i la llibertat de mercat, mitjançant l'ordenament jurídic.

b) No existeix competència entre les empreses i totes són socialment útils.

c) Els sindicats tenen una activitat molt reduïda perquè tot està regulat mitjançant convenis entre empresaris i treballadors.

d) Els preus els marca un òrgan de coordinació econòmica format per empresaris i obrers.

5 Indica quin dels següents trets correspon a una economia socialista o planificada.

a) Si les empreses van malament, els costos els assumeix l'empresari o bé desapareixen.

b) S'aplica fonamentalment a economies agrícoles on els treballadors no són propietaris de la terra sinó assalariats.

c) Les decisions de producció les adopta l'òrgan de planificació central.

d) El mercat juga un important paper de coordinació econòmica.

6 Indica quina va ser la predicció de Marx sobre l'evolució del capitalisme.

a) Una transició progressiva envers un sistema d'economia planificada.

b) Una revolució del proletariat que donaria pas al socialisme i, després, al comunisme.

c) La seva desaparició, impulsada per les crisis econòmiques i els problemes de l'atur.

d) La seva evolució envers un sistema d'economia mixta de mercat, amb intervenció del sector públic.

7 Indica què s'entén per Segon Món.

a) El que va sorgir després de la II Guerra Mundial.

b) El format pels països on funciona un sistema d'economia mixta de mercat.

c) El format pels països on va triomfar la doctrina marxista i el socialisme econòmic.

d) El format per tots els països descolonitzats d'Àsia i l'Àfrica que no es van alinear ni amb els EUA ni amb l'URSS.

8 Indica quins problemes presentaven les empreses en el sistema socialista.

a) La falta d'incentius empresarials, la manca de competitivitat i el fracàs en l'assignació i l'ús eficient dels recursos.

b) Les crisis econòmiques i el desproveïment.

c) El malbaratament de recursos i la manca d'assignació de preus de mercat.

d) L'absència del proletariat en els òrgans de planificació de les empreses.

9 Indica quin dels següents trets correspon a un sistema d'economia mixta.

a) S'alternen períodes d'economia de mercat i d'economia dirigida, segons la perspectiva política de cada moment.

b) La major part dels recursos econòmics (la terra i el capital) són de propietat privada.

c) És una forma d'intervencionisme controlada pels empresaris a fi de determinar el volum de producte que ha de sortir al mercat.

d) Adaptació de dos sistemes econòmics, en el qual preval el sistema d'economia dirigida.

10 En una economia mixta de mercat, la funció de redistribució de béns i serveis la realitza:

a) L'Estat, a través del sector públic.

b) El mateix mercat.

c) Cada empresa, quan decideix quina quantitat de béns posarà en circulació.

d) Els consumidors, regulant el consum segons la seva renda disponible.

3 Els factors de producció

COMPETÈNCIES ESPECÍFIQUES

Competència en cultura econòmica i dialèctica

Enumerar i classificar els factors de producció.

Classificar els recursos naturals i distingir-los dels béns econòmics que se'n deriven.

Conèixer els criteris que permeten classificar la població en activa i inactiva, ocupada i desocupada, i calcular les corresponents taxes.

Distingir el capital físic del capital financer i assenyalar les característiques del factor capital.

Competència en raonament econòmic i modelització

Explicar què s'entén per frontera de possibilitats de producció i confeccionar la seva representació gràfica a partir de dades senzilles.

Relacionar els moviments al llarg de la corba que representa la frontera de possibilitats de producció i els desplaçaments d'aquesta amb els canvis en les assignacions de recursos.

Relacionar els principals problemes econòmics d'un sistema econòmic amb la frontera de possibilitats de producció.

■ Recursos naturals (terra), tasques agrícoles (treball) i maquinària (capital).

ORGANITZACIÓ DELS CONTINGUTS

Els factors de producció

INTRODUCCIÓ

- Els recursos que s'utilitzen per tal de produir béns i serveis s'anomenen factors de producció i són: terra (recursos naturals), treball i capital.

  També hi podem incloure la iniciativa empresarial, ja que per posar en marxa qualsevol activitat econòmica es necessiten persones que estiguin disposades a arriscar els seus recursos i a organitzar les activitats. Tots aquests factors són necessaris per a l'elaboració dels productes que necessita la societat.

  Però els factors no són il·limitats. Una societat pot arribar a assolir un determinat nivell de producció a partir dels factors de què disposi i que ve determinat per l'anomenada frontera de possibilitats de producció.

1. El concepte clàssic

Com ja sabem, l'activitat econòmica utilitza una sèrie d'elements per dur a terme el seu procés de producció, com ara els coneixements tècnics aportats per les persones que treballen, els edificis requerits per a elaborar els béns i serveis, els vehicles i el seu combustible, les màquines i eines, les primeres matèries utilitzades, etc.

Aquests elements reben el nom de **factors de producció.**

> Els **factors de producció** són els *elements* que intervenen en l'activitat productiva destinada a l'elaboració de béns o a la prestació de serveis.

Així, la **producció** dels béns i serveis econòmics és el resultat de la combinació del *treball humà* i altres *elements materials* (màquines, edificis, recursos de la natura, etc.).

Els **factors de producció** es classifiquen tradicionalment en tres grans grups: *terra* (recursos naturals), *treball i capital* (fig. 1).

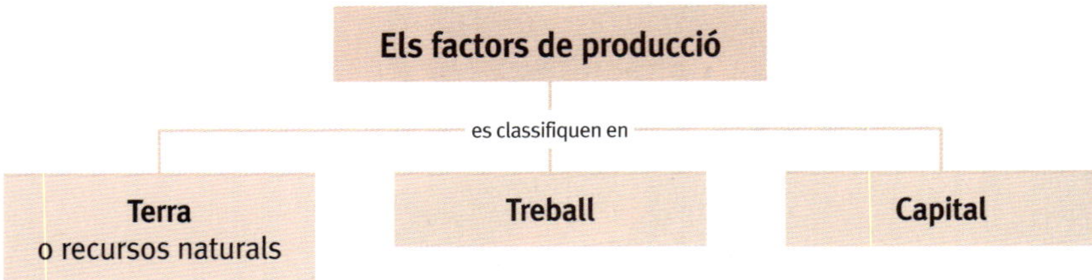

Fig. 1. Classificació tradicional dels factors de producció.

1.1. *Altres factors de producció*

La combinació dels elements necessaris per produir béns i serveis té lloc en les **empreses.** Aquestes poden tenir dimensions i formes molt variades. En cada cas, la proporció de factors necessaris a fi d'obtenir els béns o serveis serà diferent.

Per aquesta raó, l'economista britànic Alfred **Marshall** afegeix un quart factor productiu: l'**empresari.** Es tracta d'un element que mitjançant el seu afany, objectius i interessos (la iniciativa empresarial) farà que es puguin unir els altres tres factors productius per aconseguir els resultats que la societat demanda i la rendibilitat que el mateix empresari persegueix.

Però, a més, l'increment de la producció no es deu només a l'augment en la quantitat de factors utilitzats, sinó que també se n'han de contemplar altres, com els **coneixements humans,** que evolucionen constantment, i la **tecnologia** aplicada als processos de producció, que també canvia a gran velocitat.

Per aquest motiu, actualment, tots els factors de producció tendeixen a agrupar-se sota el nom genèric de **capital,** del qual es distingeixen dos tipus: *capital físic* i *capital humà.*

- El **capital físic** està format per la *terra,* el *capital* i la *tecnologia.*
- El **capital humà** el constitueix el *treball,* l'*empresari* i els *coneixements humans.*

Alfred Marshall

Alfred Marshall (1842-1924) és considerat com el màxim exponent de l'anomenada *Escola neoclàssica.*

La seva obra *Principis d'Economia* va ser el llibre de capçalera de tots els economistes durant el primer terç del segle XX.

En aquest llibre proposa la inclusió d'un nou factor productiu anomenat *organització industrial* que es pot identificar amb el concepte actual d'*empresari.*

2. El factor terra

En la **natura** hi ha abundants elements que l'ésser humà pot utilitzar en els processos de producció de béns econòmics, com el petroli, els minerals, els boscos, l'aigua... (fig. 2). Tradicionalment s'engloben sota la denominació de **factor terra.**

El **factor terra *(L)*** engloba tots els **recursos naturals** amb *valor intrínsec, duradors* i *susceptibles d'apropiació.*

Analitzem amb detall les seves característiques.

- El **valor intrínsec** d'una parcel·la de terra depèn bàsicament de la seva *localització,* de la seva *capacitat per a produir* —que, en termes econòmics s'anomena *productivitat*— i de l'*escassetat* dels seus atributs. Així, una parcel·la no té el mateix valor si està en una zona rústica o urbana, si és fèrtil o no, i si hi conté algun recurs productiu (boscos, jaciments, etc.).
- La terra és un factor **durador** perquè és *fix i inamovible,* ja que no és possible augmentar la quantitat de terra o recursos naturals existents ni es pot canviar la localització d'una parcel·la.
- La terra és un factor **susceptible d'apropiació,** és a dir, que té un propietari o titular. Aquest pot usar-la directament com a factor de producció o arrendar-la a canvi d'un preu, que rep el nom de *renda de la terra.*

El *subsòl,* les *superfícies aquàtiques* destinades a vivers, els *salts d'aigua* i les *fonts d'energia* també són **terra** en el sentit econòmic ampli. Per això s'ha adoptat el terme **recursos naturals** per designar aquest factor.

Com ja sabem, els **recursos naturals** poden classificar-se en dues categories: recursos *renovables* i recursos *no renovables.*

- Els recursos **renovables** són aquells que no s'esgoten pel seu ús o que els éssers humans poden renovar. És el cas de l'energia solar, dels boscos que es repoblen a mesura que s'extreu fusta, o la terra d'ús agrícola, el desgast de la qual pot compensar-se mitjançant adobs, etc.
- Els recursos **no renovables** són aquells que s'esgoten pel seu ús i que l'ésser humà no pot renovar, com el petroli, el carbó i el gas natural, que es troben en una quantitat limitada. El mateix ocorre amb els jaciments minerals, alguns dels quals han deixat d'explotar-se per exhauriment.

Els recursos naturals poden arribar a esgotar-se. D'aquí la seva **escassetat relativa.** Encara que són renovables, es requereix una explotació racional, ja que una sobreexplotació o una mala explotació pot conduir a la seva disminució gradual i fins i tot a la seva extinció o desaparició.

Els recursos naturals **es converteixen en béns econòmics** quan l'ésser humà, mitjançant el seu treball, els disposa per a l'activitat productiva. Així, per exemple, els *minerals de ferro* són recursos naturals, però *no són béns econòmics.* Els béns econòmics els constitueixen els *productes siderúrgics* que s'hi obtenen.

Fig. 2. El factor terra inclou una gran varietat de recursos naturals.

L'Antàrtida

La **propietat de la terra** ha estat històricament font de *conflictes* entre persones i de *guerres* entre països.

Durant els segles XV i XVI, en plena època de mercantilisme, els **descobridors** de noves terres **prenien possessió** d'aquestes en nom de la Corona que representaven, arrabassant-les als seus habitants, els indígenes.

Més recentment, el descobriment de l'**Antàrtida** en el segle XIX per part d'empreses dedicades a la captura de foques i balenes va suposar un litigi entre diversos països sobre drets de propietat d'aquest continent, que estava deshabitat.

En l'actualitat, un Tractat internacional impedeix l'explotació de recursos minerals i regula l'ús dels assentaments amb finalitats científiques i d'investigació.

3. El factor treball

El **factor treball** és *el factor productiu més important* del sistema econòmic, ja que combina tots els altres elements en el procés de producció. Sense aquest no podrien obtenir-se més que aquells béns lliures que proporciona la mateixa natura.

> El **factor treball *(T)*** és l'esforç físic i intel·lectual aportat per les persones que intervé en l'activitat productiva.

Els individus ofereixen el seu **treball** durant un temps a canvi d'un **salari.** L'àmbit en què té lloc aquest intercanvi de treball per salari s'anomena **mercat de treball.** En aquest, els empresaris *demanden* treball mentre que els consumidors l'*ofereixen* (fig. 3).

Fig. 3. Funcionament del mercat de treball.

Ara, aprofundirem en els factors determinants d'aquestes forces de *demanda* i *oferta* de treball.

3.1. *La demanda de treball*

Com acabem de veure, l'agent econòmic que actua com a **demandant** en el mercat de treball és l'**empresa.**

> La **demanda de treball** és el nombre de persones (treballadors) que les empreses estan disposades a contractar a cada nivell de salaris potencial del mercat.

La demanda de treball de les empreses està relacionada amb els *salaris,* la *productivitat* i els *béns i serveis,* i s'expressa mitjançant un *contracte de treball.*

Els salaris

> Els **salaris** són la compensació econòmica que reben els treballadors pel lloguer de la seva capacitat de treball.

Un augment dels salaris provoca la disminució de la demanda de treball, ja que a les empreses els resultarà més car contractar. Tècnicament es diu que augmenten els costos de producció.

Ara bé, les empreses demandaran treball mentre això els resulti rendible, és a dir, quan cada treballador contractat afegeixi més als seus ingressos que als seus costos de producció.

Així doncs, l'empresa compararà els salaris amb la productivitat del treball (el que produeix un treballador per unitat de temps).

Quan el que produeix un treballador en una hora és més gran que el que se li paga per aquest període de temps, l'empresa decidirà contractar-lo.

Conceptes erronis

Tots nosaltres coneixem persones que busquen feina. Per a això, llegeixen els anuncis dels diaris, fan entrevistes personals, envien currículums a les empreses, etc.

Sembla que aquestes persones estan **demandant** treball.

No obstant això, des del punt de vista econòmic, els individus que busquen feina **ofereixen** el seu treball a canvi d'un salari.

D'altra banda, les empreses que posen anuncis als diaris quan desitgen contractar personal, sembla que estan **oferint** treball.

En realitat, el que fan és **demandar-lo** perquè es tracta d'un factor necessari per tal de poder dur a terme la seva activitat productiva.

La productivitat

> La **productivitat** expressa la quantitat de producte que s'obté per unitat de factor en un període determinat.

La productivitat del treball pot compensar l'augment dels salaris i determinar que augmenti la demanda de treball. Es pot mesurar, per exemple, en *producció anual per treballador* o en *producció home-hora.*

Els béns i serveis

Les empreses demanden treball perquè el necessiten per obtenir els **béns i serveis** que produeixen. Això significa que la demanda del factor treball dependrà de la quantitat que l'empresa desitgi obtenir del bé o *producte final,* la qual vindrà condicionada, al seu torn, pel *preu* del seu producte en el mercat.

> Els **béns i serveis** són els productes que resulten útils per a satisfer necessitats humanes i que s'obtenen a partir de la combinació adequada dels factors productius.

El contracte de treball

La forma més comuna d'unir el treballador amb l'empresa és mitjançant un **contracte de treball,** que establirà les condicions amb les quals aquest treballador es lliga a l'empresa.

> Un **contracte de treball** és el conveni formal entre dos o més persones per constituir, regular, modificar o extingir un vincle laboral.

Els contractes són indispensables en la pràctica comercial, ja que donen validesa jurídica a les transaccions entre les parts i permeten, en cas d'incompliment, recórrer a les lleis vigents.

Distingirem, entre d'altres, els següents **tipus de contractes:**

- **Treball a temps complet:** aquell en què el treballador dedica tota la seva jornada laboral a l'empresa.
- **Treball a temps parcial:** aquell en el qual el treballador només és contractat part de la jornada.
- **Treball per acumulació de treball:** aquella situació de l'empresa en què, habitualment per qüestions de temporalitat, es requereix una major quantitat de treballadors fins que s'acabi aquest problema (èpoques de Nadal, rebaixes, o qualsevol altre tipus d'acumulació temporal de treball).
- **Treball temporal:** aquell que té una concreció clara en el temps i es pot determinar des del principi quan finalitzarà.
- **Contractes:** es contracta un servei determinat: neteja, sanejament de façanes, etc.
- **Altres models:** existeixen multitud de formes de contractar un treballador o les seves funcions, fins i tot combinant algunes de les ja comentades (per exemple, un contracte temporal a temps parcial).

Subocupació i pluriocupació

En el mercat de treball succeeix de vegades que una persona desenvolupa un treball d'*inferior categoria* a la seva qualificació, o bé treballa un *nombre d'hores inferior* al màxim permès, o percep un *salari inferior* al qual li correspondria segons la tasca que desenvolupa.

Totes aquestes situacions reben el nom de **subocupació** i la persona que les suporta diem que està *subempleada.*

A l'extrem contrari, ens podem trobar amb persones que desenvolupen diferents treballs alhora pels quals perceben diverses remuneracions.

Es tracta d'una situació anomenada **pluriocupació,** i de la persona que es troba en aquesta situació en diem que està *pluriempleada.*

3.2. *L'oferta de treball i la població*

L'agent econòmic **oferent** en el mercat de treball és el **consumidor.**

> L'**oferta de treball** ve determinada pel nombre de persones que estan disposades a treballar als nivells de salaris existents.

En principi, l'**oferta de treball** d'un país depèn de la població i, en concret, del nombre *total d'habitants en edat de treballar* i que a més a més desitgin fer-ho.

La legislació de cada país estableix un marge d'edats fora del qual les persones no poden legalment treballar. A Espanya, l'edat mínima és de 16 anys.

Des del punt de vista econòmic, la totalitat de la població es classifica en diferents grups. L'*Institut Nacional d'Estadística (INE)* desenvolupa trimestralment l'**Enquesta de Població Activa (EPA)** a partir de la qual es distingeixen dos grans grups de població: *població activa* i *població inactiva.*

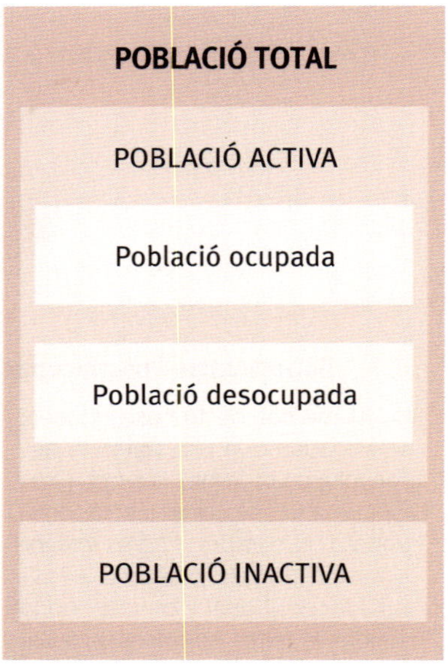

Fig. 4. Estructura de la població.

- La **població activa** ***(P_{activa})*** està formada per *totes les persones en edat legal que desitgen treballar.* D'aquest grup s'exclouen els estudiants, les mestresses de casa i altres col·lectius que no desenvolupen treball remunerat. Dins de la població activa podem distingir, al seu torn, la població *ocupada* i la *desocupada.*
  - La **població ocupada** ***($P_{ocupada}$)*** està formada per aquelles persones que duen a terme un *treball remunerat* en el qual empren un nombre determinat d'hores setmanals.
  - La **població desocupada** ***($P_{desocupada}$)*** està formada per aquelles persones que en un moment donat *no desenvolupen un treball remunerat però que busquen feina.* També se'ls anomena **aturats.**
- La **població inactiva** ***($P_{inactiva}$)*** està formada per les persones que es troben fora de l'edat legal de treballar i per tots els col·lectius exclosos de l'apartat anterior.

Com és natural, la **població total** d'un país ***(P_{total})*** és igual a la suma de la **població activa** *(ocupada* i *desocupada)* més la **població inactiva** (fig. 4).

La pertinença a l'un o l'altre grup està determinada per la *legislació* i per la *disposició* o actitud de la població.

- Des del punt de vista **legal,** una persona només pot formar part de la població activa si es troba en el *rang d'edat establert per la llei.*
- Des del punt de vista **personal,** per a formar part de la població activa, només cal manifestar el desig de treballar *inscrivint-se en les oficines de col·locació.*

  Així, un estudiant major de 16 anys que no percep cap remuneració forma part de la *població inactiva.* Si s'inscriu en les oficines de col·locació per buscar un treball, passa a ser *població activa desocupada* i, quan ho aconsegueix, *població activa ocupada.*

Taxes percentuals

Les magnituds absolutes de població estan relacionades entre si mitjançant equacions simples. Així:

$$\left.\begin{aligned} P_{total} &= P_{activa} + P_{inactiva} \\ P_{activa} &= P_{ocupada} + P_{desocupada} \end{aligned}\right\} P_{total} = P_{ocupada} + P_{desocupada} + P_{inactiva}$$

Però per analitzar l'estat i l'evolució d'una economia, resulta necessari establir la *importància relativa* d'aquestes magnituds. Per a fer-ho, s'utilitzen algunes **taxes percentuals.** Les més significatives són la *taxa de desocupació,* la *taxa d'activitat* i la *taxa de dependència.*

- La **taxa de desocupació** *($T_{desocupació}$)* és el *percentatge* que representa la *població desocupada sobre el conjunt de la població activa.* De vegades, es pot expressar en *tant per un,* per la qual cosa, només cal *suprimir el factor 100* de la fórmula.

$$T_{desocupació} = \frac{P_{desocupada}}{P_{activa}} \cdot 100 \quad \text{o bé} \quad T_{desocupació} = \frac{P_{desocupada}}{P_{activa}}$$

(en percentatge) (en tant per un)

Per exemple, en el segon trimestre de 2010, la **taxa de desocupació** a Espanya va assolir el **20,09 %,** el que significa que, durant aquest període, de cada 100 persones en edat de treballar i amb voluntat de fer-ho, aproximadament *20 no desenvolupaven cap treball remunerat.*

- La **taxa d'activitat** *($T_{activitat}$)* és el *percentatge* que representa la *població activa sobre la població total del país.* També es pot expressar en *tant per un.*

$$T_{activitat} = \frac{P_{activa}}{P_{total}} \cdot 100 \quad \text{o bé} \quad T_{activitat} = \frac{P_{activa}}{P_{total}}$$

(en percentatge) (en tant per un)

En aquell mateix període, la **taxa d'activitat** a Espanya es va situar en el **60,11 %.** Es dedueix, per tant, que, de cada 100 habitants, aproximadament *60 estaven en condicions de desenvolupar un treball remunerat.*

- La **taxa de dependència** *($T_{dependència}$)* és el *percentatge* de *població ocupada* respecte a la *població total* del país. Com en els casos anteriors, també pot expressar-se en *tant per un.*

$$T_{dependència} = \frac{P_{ocupada}}{P_{total}} \cdot 100 \quad \text{o bé} \quad T_{dependència} = \frac{P_{ocupada}}{P_{total}}$$

(en percentatge) (en tant per un)

La **taxa de dependència** a Espanya, en el segon trimestre de 2010, era del **48,03 %,** el que indica que, de cada 100 habitants, aproximadament 48 desenvolupaven, de fet, un treball remunerat.

Les taxes a Espanya

La **taula** següent mostra l'evolució de les taxes de població entre els anys 2001 i 2010.

Any	$T_{desocupació}$	$T_{activitat}$	$T_{dependència}$
2001	10,35	52,73	47,27
2002	11,20	54,12	48,60
2003	11,28	55,30	49,06
2004	11,08	56,23	50,00
2005	9,33	57,35	52,00
2006	8,53	58,30	53,32
2007	7,95	58,86	54,18
2008	10,44	59,76	53,52
2009	17,36	60,06	49,29
2010	20,09	60,11	48,03

Si els representem en uns eixos de coordenades, obtenim el **gràfic** següent.

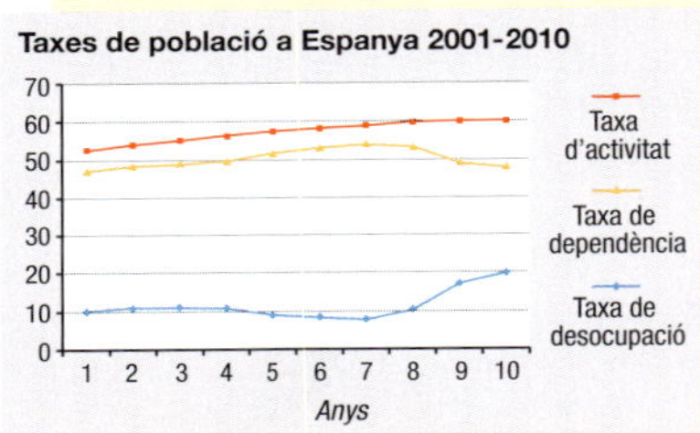

Tenint en compte la realitat demogràfica d'Espanya, podem finalitzar amb les afirmacions següents:

- L'*increment sostingut de la taxa d'activitat* només es pot deure a la incorporació constant d'**immigrants** a la força de treball, ja que les taxes de natalitat són molt baixes i no justifiquen l'increment de la població activa.
- L'*evolució gairebé paral·lela de les taxes de dependència i activitat entre 2001 i 2007* significa que l'activitat productiva és capaç d'absorbir la força de treball creixent. Per tant, es tracta d'un període de **creixement econòmic.**
- La *disminució de la taxa de dependència entre 2008 i 2010,* està relacionada amb l'*increment significatiu de la taxa de desocupació:* el sistema no pot absorbir força de treball. Per tant, es tracta d'un període de crisi econòmica.

Relacions entre taxes

La **taxa d'activitat** representa la *capacitat teòrica* d'una societat per a disposar de força de treball.

- Els **països emergents,** amb una població jove, tenen *taxes d'activitat molt elevades* perquè la major part de la població està en condicions de desenvolupar un treball.
- Els **països del Primer Món,** en canvi, tenen una població envellida i *les seves taxes d'activitat són més baixes.*

La **taxa de dependència,** en canvi, reflecteix la *disponibilitat real* de força de treball, és a dir, el percentatge de persones que duen a terme una tasca remunerada. I té a veure amb la **taxa de desocupació.**

- Els països amb **altes taxes de desocupació** tenen la *taxa de dependència allunyada de la taxa d'activitat* perquè una part de la població que podria desenvolupar un treball, no pot fer-ho.
- Els països amb **taxes de desocupació baixes,** tenen la seva *taxa de dependència més pròxima a la taxa d'activitat* perquè la major part de la població activa està ocupada.

Si comparem la taxa d'activitat amb la de dependència, resulta que, segons les definicions anteriors:

$$T_{activitat} = \frac{P_{activa}}{P_{total}} \cdot 100 \qquad T_{dependència} = \frac{P_{ocupada}}{P_{total}} \cdot 100$$

Com que P_{activa} és sempre més gran que $P_{ocupada}$, atès que també inclou la població desocupada, hem de concloure que *la taxa d'activitat és sempre més gran que la taxa de dependència.*

$$T_{activitat} > T_{depèndencia}$$

D'altra banda, les tres taxes estan relacionades per una senzilla equació matemàtica, quan s'expressen en tants per un.

$$(1 - T_{desocupació}) \cdot T_{activitat} = T_{dependència}$$

En efecte, si expressem cada taxa pel quocient de dades de població que representa, tindrem:

$$1 - T_{desocupació} = 1 - \frac{P_{desocupada}}{P_{activa}} = \frac{P_{activa}}{P_{activa}} - \frac{P_{desocupada}}{P_{activa}} = \frac{P_{activa} - P_{desocupada}}{P_{activa}} = \frac{P_{ocupada}}{P_{activa}}$$

$$T_{activitat} = \frac{P_{activa}}{P_{total}}$$

Si ara substituïm en la igualtat, resulta:

$$(1 - T_{desocupació}) \cdot T_{activitat} = \frac{P_{ocupada}}{P_{activa}} \cdot \frac{P_{activa}}{P_{total}} = T_{dependència}$$

Si disposem de dades absolutes de població, resulta fàcil determinar les taxes percentuals definides, com veurem a continuació.

EXEMPLE 1

A partir de les dades de població espanyola del primer trimestre de l'any 2010, determina les taxes de desocupació, d'activitat i de dependència i expressa-les en percentatge i en tant per un.

PERÍODE	$P_{ocupada}$	$P_{desocupada}$	$P_{inactiva}$
1r trimestre 2010	18 393 285	4 612 700	15 446 271

— Per a calcular la **taxa de desocupació** necessitem conèixer la dada de la *població activa.*

$$P_{activa} = P_{ocupada} + P_{desocupada} = 18\,393\,285 + 4\,612\,700 = 23\,005\,985$$

$$T_{desocupació} = \frac{P_{desocupada}}{P_{activa}} = \frac{4\,612\,700}{38\,452\,256} = \mathbf{20{,}05\,\%} \text{ (o bé } \mathbf{0{,}2005}\text{)}$$

— Per a calcular la **taxa d'activitat** necessitem, a més, conèixer la dada de la *població total.*

$$P_{total} = P_{activa} + P_{inactiva} = 23\,005\,985 + 15\,446\,271 = 38\,452\,256$$

$$T_{activitat} = \frac{P_{activa}}{P_{total}} = \frac{23\,005\,985}{38\,452\,256} = \mathbf{59{,}83\,\%} \text{ (o bé } \mathbf{0{,}5983}\text{)}$$

— La **taxa de dependència** la podem calcular a partir de la dada de la *població total* que ja hem obtingut.

$$T_{dependència} = \frac{P_{ocupada}}{P_{total}} = \frac{18\,393\,285}{38\,452\,256} = \mathbf{47{,}83\,\%} \text{ (o bé } \mathbf{0{,}4783}\text{)}$$

EXEMPLE 2

Amb els resultats obtinguts en l'exemple 1, comprova la validesa de les relacions numèriques entre taxes percentuals.

— 1a relació: $T_{activitat} > T_{dependència}$

Es compleix, ja que **0,5983** > **0,4783**

— 2a relació: $(1 - T_{desocupació}) \cdot T_{activitat} = T_{dependència}$

Substituïm pels valors numèrics i realitzem els càlculs.

$$(1 - 0{,}2005) \cdot 0{,}5983 = 0{,}4783$$
$$0{,}7995 \cdot 0{,}5983 = 0{,}4783$$
$$0{,}4783 = 0{,}4783$$

També es compleix, ja que obtenim una igualtat numèrica certa.

EXEMPLE 3

Calcula la taxa de desocupació d'un país si la taxa d'activitat és del 45,2 % i la de dependència, del 38,4 %.

— Aïllem $T_{desocupació}$ de la fórmula i substituïm.

$$(1 - T_{desocupació}) \cdot T_{activitat} = T_{dependència}$$

$$T_{desocupació} = 1 - \frac{T_{dependència}}{T_{activitat}} = 1 - \frac{0{,}384}{0{,}452} = 0{,}1504 = \mathbf{15{,}04\,\%}$$

La taxa de desocupació és del **15,04 %.**

Per a aïllar la $T_{desocupació}$ de la fórmula s'ha de procedir pas a pas, respectant el criteri de prioritat de les operacions.

$$(1 - T_{desocupació}) \cdot T_{activitat} = T_{dependència}$$

$$1 - T_{desocupació} = \frac{T_{dependència}}{T_{activitat}}$$

$$-T_{desocupació} = \frac{T_{dependència}}{T_{activitat}} - 1$$

$$T_{desocupació} = 1 - \frac{T_{dependència}}{T_{activitat}}$$

4. El factor capital

Fig. 5. Les màquines i les instal·lacions d'una empresa constitueixen el seu capital físic.

El terme **capital** s'acostuma associar popularment amb els *diners.* Així, és freqüent dir que una persona *té molt de capital* quan posseeix una gran fortuna.

No obstant això, des del punt de vista econòmic, és necessari distingir entre *capital financer* i *capital físic.*

- El **capital financer** està format pels *diners,* els *préstecs* i els *valors* en general. Malgrat ser anomenat capital, *no pot ser considerat factor de producció,* ja que no produeix béns ni presta serveis. En canvi, *sí que es considera un recurs* perquè resulta necessari per a adquirir altres béns de producció.
- El **capital físic** fa referència a tots els elements físics prèviament obtinguts per l'activitat productiva dels individus i no utilitzats per al consum diari, sinó per a ser utilitzats en la producció, com les *eines,* els *edificis,* els *vehicles,* les *infraestructures* (fig. 5). Aquest capital *sí es considera factor de producció.*

El factor capital *(K)* està format pels elements físics prèviament obtinguts per l'activitat productiva de l'ésser humà i no utilitzats per al consum directe.

El **capital físic** que fa servir una empresa en la producció es pot classificar en *capital circulant* i *capital fix.*

- El **capital circulant** està format pels elements *de durada inferior a un any o que s'usen una sola vegada,* ja que es consumeixen o es transformen quan participen en un determinat procés de producció.

  Per exemple, l'*energia* consumida per les màquines o les *primeres matèries* utilitzades es consideren capital circulant.

- El **capital fix** és el conjunt d'elements que poden ser utilitzats per a la producció de béns i serveis *de forma repetida,* durant uns quants anys.

  Per exemple, una *màquina* que produeix cargols, els *edificis* i les *instal·lacions* utilitzades, els *automòbils,* etc., es consideren capital fix.

  El valor del capital fix pot disminuir amb el temps. A aquesta pèrdua de valor s'anomena **depreciació** i pot ser de tres tipus, en funció de les causes que la provoquen: *física, funcional* i *econòmica.*

  — La **depreciació física** és la pèrdua de valor del capital fix causada pel simple pas del temps. Sol ser fixa, d'acord amb el temps d'existència del bé.

  — La **depreciació funcional** és la pèrdua de valor causada per l'ús que es faci del bé. És variable i depèn del desgast que provoqui el seu ús.

  — La **depreciació econòmica,** també anomenada **obsolescència,** és la pèrdua de valor provocada per l'aparició de nous béns que incorporen uns avenços tècnics més grans.

La distinció entre **capital fix** i **capital circulant** és molt important des del punt de vista econòmic, ja que, en calcular els **costos de producció,** s'ha de tenir en compte les consideracions següents:

- El **capital circulant** s'incorpora als costos de producció un cop utilitzat i el seu valor ha de ser tingut en compte com a cost directe.
- El **capital fix** s'incorpora lentament, ja que la seva aportació als costos es distribueix *al llarg de la seva vida útil.*

4.1. *L'amortització*

La depreciació a què es veu sotmès el capital fix ha de ser tinguda en compte per l'empresari a través d'un mecanisme d'ajust que es coneix com a **amortització.**

L'**amortització** és una operació comptable que permet determinar la pèrdua de valor que va patint el capital fix durant un any i tenir-la en compte per a la seva reposició.

Des del punt de vista econòmic, el principal objectiu de l'amortització és reposar el valor perdut pel bé i distribuir aquesta despesa al llarg dels períodes en què s'utilitza.

És a dir, al llarg de la vida útil del capital fix, l'empresa haurà de generar els fons necessaris per a reposar-lo.

Existeixen diversos mètodes d'amortització, però únicament tractarem l'anomenat **mètode d'amortització constant.**

En aquest mètode s'amortitza la diferència entre el **valor inicial** (V_0), que sol ser el *preu d'adquisició del bé,* i el *valor de mercat* del bé al final de la seva vida útil, anomenat **valor residual** (V_r).

La quantitat que es destina a l'amortització (A) és la mateixa tots els anys i resulta de dividir la quantitat que s'ha d'amortitzar entre el temps (n) de *vida útil* del bé.

$$A = \frac{V_0 - V_r}{n}$$

on $\begin{cases} A = \text{amortització anual (euros/any)} \\ V_0 = \text{valor inicial (euros)} \\ V_r = \text{valor residual (euros)} \\ n = \text{temps de vida útil (anys)} \end{cases}$

Vida útil i valor residual

Les empreses acostumen a renovar els seus béns d'equip cada determinat temps. Els béns que se substitueixen poden ser venuts en el mercat a un preu inferior al del seu preu d'adquisició, ja que han sofert una **depreciació.** Aquest preu és el que es comptabilitza amb la denominació de **valor residual.**

OCASIÓ

Es ven

TORN AUTOMÀTIC HORITZONTAL,

gran potència, quatre anys d'ús, amb joc de ganivetes per a treball en fusta.

Preu: **30 euros**

Els interessats podeu trucar al **609 184 566** a qualsevol hora del dia.

Abstingueu-vos els curiosos.

EXEMPLE 4

Una empresa adquireix una furgoneta i un ordinador. Calcula la quantitat que haurà de destinar a amortitzar anualment cadascun d'aquests béns, un cop conegudes les dades següents i utilitzant el mètode d'amortització constant.

BÉ	V_0	V_r	n
Furgoneta	36 000 €	1 000 €	10 anys
Ordinador	950 €	70 €	4 anys

— La depreciació que patiran cada any la furgoneta i l'ordinador vindrà donada per les següents expressions:

$$A_{\text{furgoneta}} = \frac{V_0 - V_r}{n} = \frac{36\,000\text{ €} - 1\,000\text{ €}}{10\text{ anys}} = 3\,500\text{ €/any}$$

$$A_{\text{ordinador}} = \frac{V_0 - V_r}{n} = \frac{950\text{ €} - 70\text{ €}}{4\text{ anys}} = 220\text{ €/any}$$

L'empresa haurà de destinar **3 500 €/any** per a amortitzar la furgoneta i **220 €/any** per a amortitzar l'ordinador.

5. La frontera de possibilitats de producció

La quantitat de béns produïts per l'economia d'un país depèn de la quantitat de factors de producció que s'utilitzin. Com més màquines i persones estiguin ocupades, més gran serà la quantitat de béns obtinguts.

Si en una economia estan ocupats tots els factors de producció (ple ús) i ho fan d'una manera eficient, es diu que aquesta economia està en el seu *potencial productiu màxim* o en la seva **frontera de possibilitats de producció.**

La **frontera de possibilitats de producció (FPP)** és el *límit màxim* que pot assolir la producció de béns i serveis d'un país durant un període, a partir dels factors existents que pot assignar el sistema econòmic.

Per analitzar la frontera de possibilitats de producció d'un país cal conèixer els *factors de producció* existents i la manera com es duu a terme l'*assignació de recursos* als diferents *processos productius* per obtenir *béns i serveis* (fig. 6).

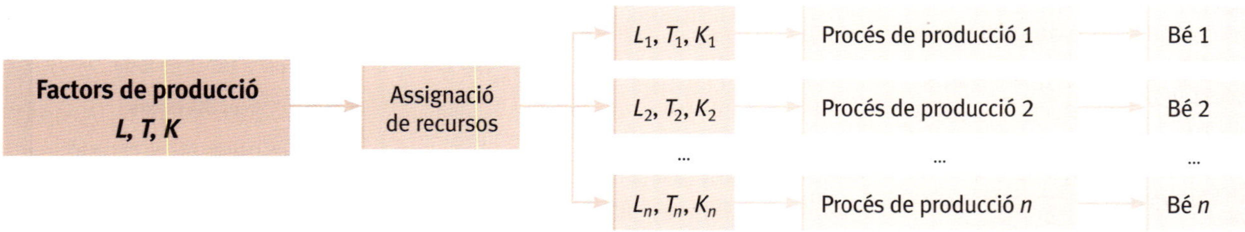

Fig. 6. Supòsits necessaris per analitzar la frontera de possibilitats de producció.

Suposem un sistema econòmic que utilitza tots els seus factors de producció per produir dos béns, ***M*** i ***N.*** A l'hora d'assignar els recursos, aquesta economia tindrà diverses **opcions:**

- Destinar **tots els recursos** a la producció del **bé *M*** *(assignació* A).
- Destinar **tots els recursos** a la producció del **bé *N*** *(assignació* D).
- Destinar **una part** dels recursos a la producció del **bé *M*** i **una altra part** a la producció del **bé *N*** *(assignacions* B *i* C).

Si analitzem les diferents combinacions o assignacions de recursos que es poden dur a terme de forma *plena* i *eficient,* obtenim un **quadre** numèric, com el de la taula següent, on es mostren les quantitats de béns que s'obtenen d'acord amb els recursos emprats.

ASSIGNACIÓ DE RECURSOS	BÉ *M* (milions d'unitats)	BÉ *N* (milions d'unitats)
Assignació *A*	16	0
Assignació *B*	12	2
Assignació *C*	7	3
Assignació *D*	0	4

5.1. *Representació gràfica de l'FPP*

Si traslladem les dades de la taula anterior a un sistema d'eixos de coordenades i unim els punts que s'obtenen, resulta una **corba** que representa la *frontera de possibilitats de producció* (fig. 7).

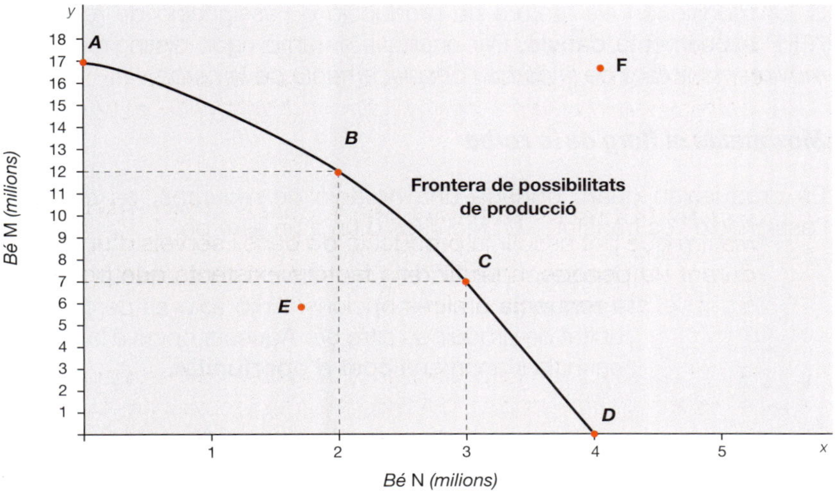

Fig. 7. Frontera de possibilitats de producció.

La **corba** que representa la **frontera de possibilitats de producció** és el lloc geomètric de les combinacions de béns que es poden obtenir mitjançant successives assignacions, plenes i eficients, dels recursos existents durant un període de temps.

A partir del gràfic podem observar que existeixen **infinites situacions productives** representades per cadascun dels punts de la corba. Els agents econòmics han de decidir quin punt és el més adequat per satisfer les necessitats de la societat.

Passem a analitzar algunes de les situacions que reflecteix el gràfic de l'FPP:

- Els punts ***A*** i ***D*** representen els **casos extrems.** En el primer únicament es produeix bé *M* i cap quantitat de bé *N.* En el segon ocorre el contrari: no es produeix cap quantitat de bé *M,* sinó només bé *N.*

- Els punts ***B*** i ***C*** són **posicions intermèdies** en les quals es va renunciant a una determinada quantitat de bé *M* a canvi d'obtenir una altra quantitat de bé *N.* Aquesta renúncia es duu a terme *desviant recursos* d'un ús a un altre.

- El punt ***E*** està situat **per sota de la frontera,** el que indica que existeixen *recursos desocupats* o que no s'utilitzen de manera eficient. Si posem a treballar aquests recursos, podrem obtenir més quantitat de béns *M* i *N* i passarem a algun punt situat sobre la corba.

- El punt ***F*** està situat **fora de la corba,** és a dir, en la regió *impossible* de l'FPP. Aquesta posició és *inabastable* partint de la dotació de recursos de què disposem.

5.2. *Canvis en l'FPP*

La frontera de possibilitats de producció és la representació gràfica d'una situació econòmica, amb uns mitjans determinats i una assignació de recursos concreta.

Si es modifiquen els factors de producció o l'assignació de recursos, l'FPP experimenta **canvis.** Per analitzar-los amb rigor, distingirem entre *moviments al llarg de la corba* i *desplaçaments de la corba.*

Moviments al llarg de la corba

Es produeixen quan, donada una dotació de recursos, es modifica l'assignació i es transfereixen recursos d'un a un altre bé.

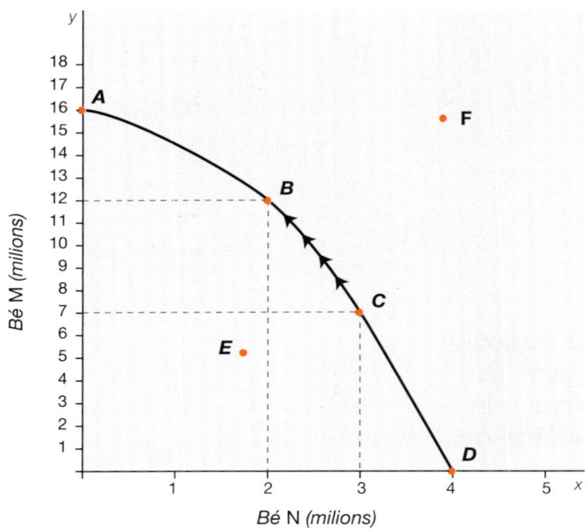

Fig. 8. Moviment al llarg de la corba.

Qualsevol decisió en una situació d'escassetat suposa la **renúncia** a altres opcions. Amb això es perd l'oportunitat de produir un altre bé. Aquesta opció a la qual es renuncia s'anomena **cost d'oportunitat.**

> El **cost d'oportunitat** és el valor de la millor alternativa possible a què es renuncia quan es dediquen els factors productius a una activitat concreta.

En el cas de l'economia amb dos tipus de béns, *M* i *N,* si augmentem la producció del bé *M* de 7 a 12 milions d'unitats, és necessari reduir la producció del bé *N* de 3 a 2 milions d'unitats.

Aquesta opció a la qual es renuncia implica un **moviment al llarg de l'FPP:** passarem del punt *C* al *B* (fig. 8).

Desplaçaments de la corba

Es produeixen quan es dóna alguna de les dues situacions següents:

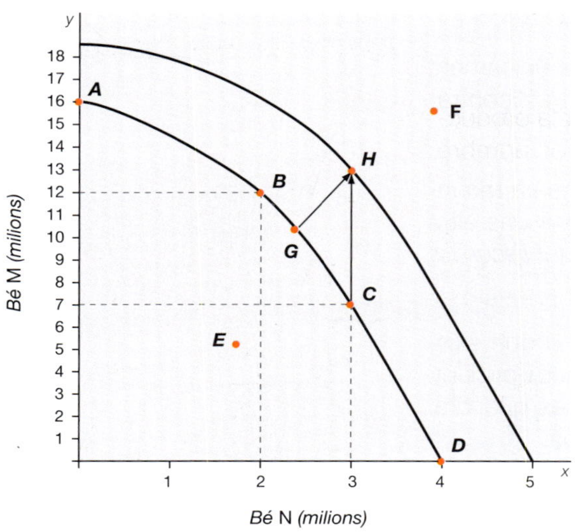

Fig. 9. Desplaçament de l'FPP.

- S'**incrementa la dotació d'un dels béns** *sense sacrificar* part dels assignats a l'altre. És el que passa si augmentem la producció del bé *M* de 7 a 12 milions d'unitats mantenint la producció de 3 milions d'unitats del bé *N.* Passarem del punt *C* al punt *H.*

- S'**incrementa simultàniament la dotació de tots dos béns.** Així, podríem assolir el punt *H* incrementant la producció des del punt *G.*

  En els dos casos disposarem d'una major quantitat de recursos per aplicar a la producció i, en conseqüència, les quantitats de béns obtinguts seran més grans.

  La corba **es desplaça** cap a la dreta i ens situem en una **nova frontera de possibilitats de producció** (fig. 9).

5.3. *L'FPP i els rendiments*

La forma de la corba de l'FPP depèn dels tipus de **rendiments** que es donin en una economia. Aquests poden ser *constants, decreixents* o *creixents.*

- En una economia amb producció de dos tipus de béns, *M* i *N,* si la relació entre tots dos béns és *lineal,* l'increment en la producció del bé *N* suposarà una disminució de la producció del bé *M en la mateixa proporció,* com mostra la taula.

ASSIGNACIÓ	BÉ *M*	BÉ *N*
A	45	0
B	30	1
C	15	2
D	0	3

En passar de l'assignació *A* a la *B* augmentem en una unitat el bé *N* i per a això renunciem a 15 unitats del bé *M.*

El mateix ocorre si pasem de l'assignació *B* a la *C,* i també de la *C* a la *D.*

El **cost d'oportunitat** és el mateix: 15 unitats de bé *M.* En aquest cas parlarem de **rendiments constants** i el gràfic de l'FPP serà una **línia recta** (fig. 10).

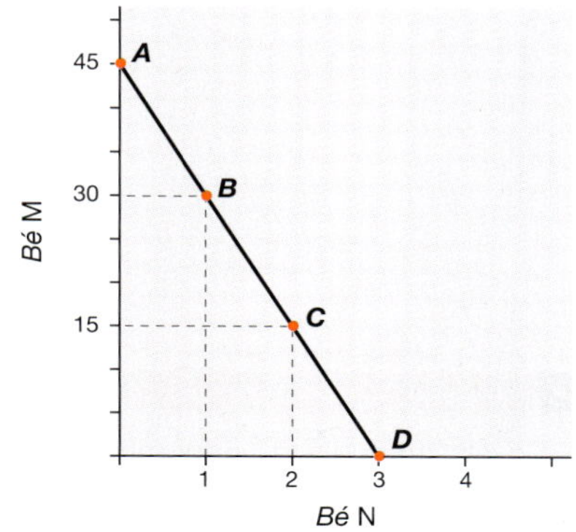

Fig. 10. FPP i rendiments constants.

- Si la relació entre tots dos béns és *progressiva,* en incrementar la producció del bé *N* hem de renunciar cada vegada a un nombre més gran d'unitats del bé *N,* com mostra la taula.

ASSIGNACIÓ	BÉ *M*	BÉ *N*
A	45	0
B	40	1
C	25	2
D	0	3

En passar de l'assignació *A* a la *B* augmentem en una unitat el bé *N* i per a això renunciem a 5 unitats del bé *M.*

Però si passem de l'assignació *B* a la *C,* renunciarem a 15 unitats, i si passem de la *C* a la *D,* a 25.

El **cost d'oportunitat** s'incrementa: 5, 15, 25. En aquest cas parlarem de **rendiments decreixents** i el gràfic de l'FPP serà una **línia convexa** (fig. 11).

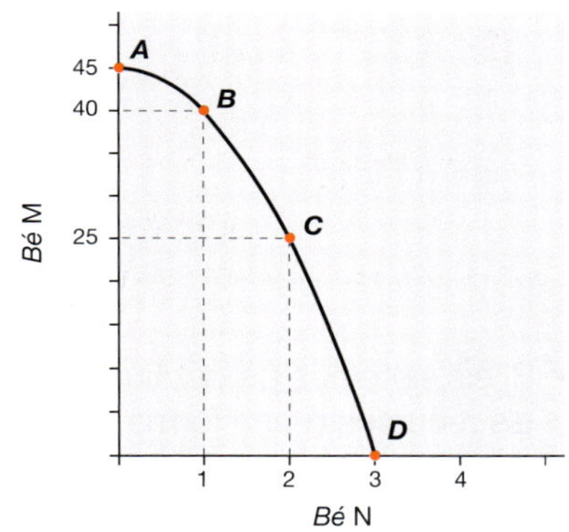

Fig. 11. FPP i rendiments decreixents.

- Si la relació entre els dos béns és *regressiva,* en incrementar la producció del bé *N* hem de renunciar cada vegada a un menor nombre d'unitats del bé *N,* com mostra la taula.

ASSIGNACIÓ	BÉ *M*	BÉ *N*
A	45	0
B	20	1
C	5	2
D	0	3

En passar de l'assignació *A* a la *B* augmentem en una unitat el bé *N* i per a això renunciem a 25 unitats del bé *M.*

Però si passem de l'assignació *B* a la *C,* renunciarem només a 15 unitats, i si passem de la *C* a la *D,* a 5.

El **cost d'oportunitat** disminueix: 25, 15, 5. En aquest cas parlarem de **rendiments creixents** i el gràfic de l'FPP serà una **línia còncava** (fig. 12).

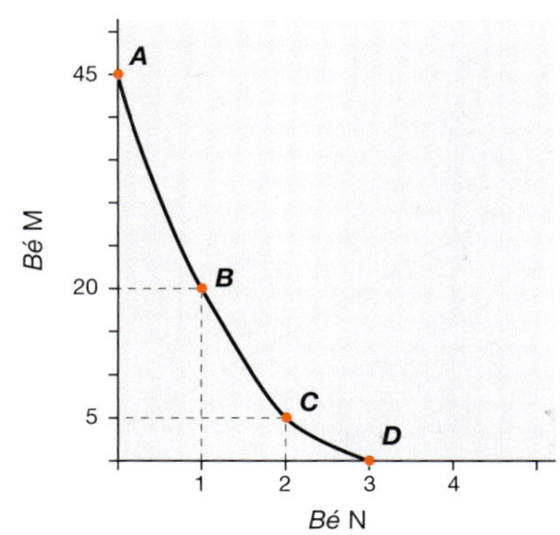

Fig. 12. FPP i rendiments creixents.

5.4. L'FPP i els problemes econòmics

La ciència econòmica utilitza l'FPP per analitzar els **principals problemes econòmics:** *què, com i per a qui produir* i també el *creixement econòmic.*

- Els agents econòmics determinen **quins béns es produeixen.** Per a fer-ho, seleccionen el punt de l'FPP més adequat, és a dir, determinen l'*assignació òptima de factors.* Si el punt seleccionat se situa *sobre la corba,* significa que el sistema econòmic ha resolt el problema del *plena ocupació* i el de l'*ús eficient* dels factors.
- La determinació de **com produir** suposa una elecció de les tècniques eficients i l'assignació adequada dels factors limitats de què disposa cada sistema econòmic. L'ús eficient dels recursos implica no poder augmentar la producció d'un bé sense disminuir la de l'altre. Per a això hem de *desplaçar-nos al llarg de l'FPP.*
- El problema de **per a qui produir** no es resol únicament mitjançant l'FPP, però aquesta pot donar una idea de com fer-ho.
  - Si un país dedica una part important dels seus recursos a **béns de primera necessitat** (per exemple, aliments), podem pensar que es tracta d'un país *en vies de desenvolupament.*
  - Contràriament, si el país dedica molts recursos a l'elaboració de **béns d'equip** (per exemple, maquinària), podem deduir que es tracta d'un país desenvolupat amb una important classe empresarial que atreu per si mateix bona part dels recursos.

En els manuals d'economia és freqüent representar l'FPP mitjançant **línies rectes.** Aquesta simplificació es duu a terme amb la finalitat de facilitar la seva anàlisi gràfica i matemàtica.

La frontera permet també il·lustrar la qüestió del **creixement** de l'economia ja que aquest, tant si es produeix *a curt termini* com *a llarg termini,* produeix moviments dels punts interns cap a la corba o desplaçaments de la mateixa corba.

- Si els sistemes productius són capaços d'utilitzar els recursos d'una forma *plena i eficient,* l'economia creixerà **a curt termini.**

  Això significa que el sistema econòmic es troba en un punt *A,* interior a l'FPP, i en millorar la **productivitat** es desplaça fins al punt *B,* situat sobre l'FPP (fig. 13).

- Una vegada situats en l'FPP, només es podrà augmentar la producció incrementant la **capacitat productiva,** és a dir, desplaçant l'FPP cap a la dreta (fig. 14).

  Aquest creixement es donarà **a llarg termini** ja que requereix d'un augment dels recursos o d'una millora tecnològica.

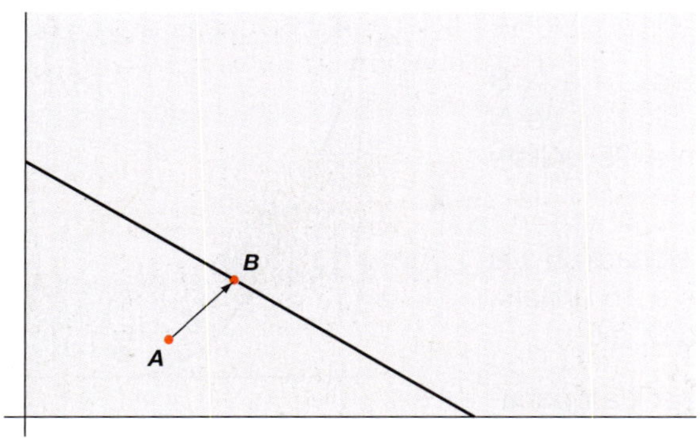

Fig. 13. L'FPP i el creixement a curt termini.

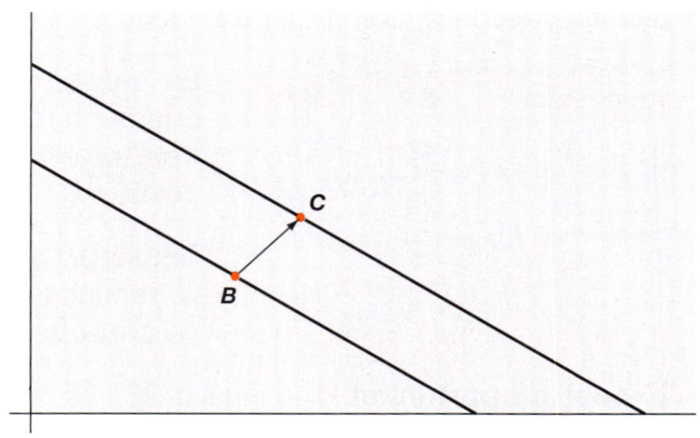

Fig. 14. L'FPP i el creixement a llarg termini.

6. Els sectors econòmics

En l'Antiguitat no existien tants *oficis i professions* com en l'actualitat. Cada ésser humà produïa gairebé tot el necessari per a la seva alimentació: extreia fruits de la terra que conreava, caçava, construïa el seu propi habitatge, la roba, el calçat, etc. No obstant això, no podia consumir tants béns com una persona que visqui actualment en un país industrialitzat. Contràriament, els individus d'avui en dia disfruten d'una gran quantitat de béns i de serveis, que no són elaborats per ells.

Entre les dues èpoques s'ha produït un fenomen anomenat **divisió del treball.** Aquesta consisteix en el fet que *cada tipus de treball és dut a terme per una persona diferent.*

Si cada persona s'especialitza en la producció d'una tasca, en lloc de fer-ho en tot el procés, l'elaborarà amb una destresa i rapidesa més gran. L'especialització dels individus fa possible l'obtenció d'un *volum* més gran de producció amb un *nivell de qualitat* també superior.

Al seu torn, el fet que una persona només produeixi una part dels béns i serveis necessaris per a la seva alimentació implica que ha d'aconseguir la resta intercanviant-lo per diners o altres béns.

Per tant, la divisió del treball implica l'*especialització* i l'*intercanvi,* i té com a efecte l'**increment de la producció** (fig. 15).

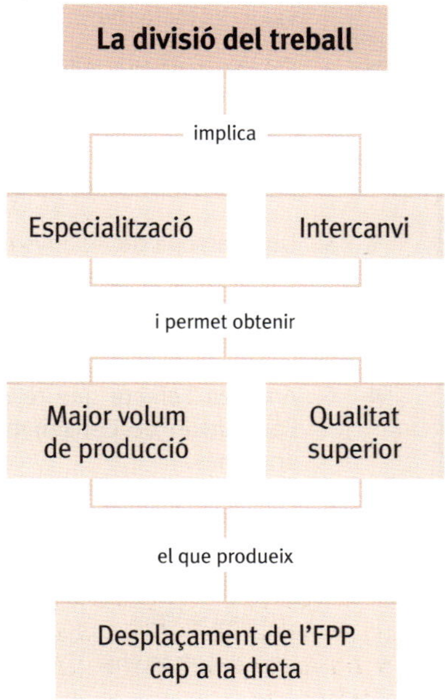

Fig. 15. Efectes de la divisió del treball.

Però la divisió del treball també implica una sèrie de **problemes:**

- L'excessiva especialització pot provocar **monotonia** i aquesta crear *problemes psicològics.* És el cas de les cadenes de muntatge.
- Quan un treballador especialitzat es queda en l'atur, té **menys possibilitats de treballar** en un altre tipus d'empresa. Per exemple, els qui treballen en una cadena de muntatge tindran dificultats per a trobar feina en el comerç o en la banca.

A causa de la divisió del treball, podem classificar les activitats productives en **sectors econòmics** o branques d'activitat: el *sector primari,* el *sector secundari* i el *sector terciari.*

SECTOR PRIMARI	SECTOR SECUNDARI	SECTOR TERCIARI
Inclou les activitats que impliquen l'**extracció de productes** de la natura. Formen part d'aquest sector activitats com l'*agricultura,* la *ramaderia,* la *mineria,* la *silvicultura,* la *caça,* la *pesca,* etc.	Integra totes les activitats que impliquen la **transformació de primeres matèries** a través dels més variats processos industrials: la *siderúrgia,* la indústria *metal-mecànica,* la *química,* la *tèxtil,* l'*agroalimentària,* etc.	Engloba les activitats que utilitzen diferents classes d'equip i de treball humà per a la **prestació de serveis.** És el cas de la *sanitat,* l'*educació,* el *transport,* les *comunicacions,* la *banca,* l'*hoteleria,* etc.

ACTIVITATS PROPOSADES

1. Comenta les característiques del factor *terra*.

2. Enumera alguns atributs que poden incrementar el valor del factor *terra*.

3. Els recursos hidràulics es consideren *renovables*. Raona per què.

4. Enumera alguns béns econòmics que s'obtenen a partir del recurs natural *«petroli»*.

5. Una persona de 30 anys que guanya un important premi en un joc d'atzar decideix deixar de treballar. Determina el grup de la població en què pot classificar-se.

6. Analitza l'efecte que té sobre la població activa l'ampliació de l'ensenyament obligatori en dos anys més.

7. Un país té les dades següents de població:

POBLACIÓ TOTAL	54 500 000
POBLACIÓ OCUPADA	16 350 000
POBLACIÓ DESOCUPADA	2 750 000

— Calcula la taxa de desocupació, la taxa d'activitat i la taxa de dependència.

8. Amb les dades obtingudes en l'activitat anterior, comprova la relació aritmètica que existeix entre les taxes percentuals.

9. En un moment donat, la taxa d'activitat i la taxa de dependència d'un país han arribat a ser iguals. Explica què pot significar aquest fet.

10. Calcula la taxa de dependència d'un any concret en el qual la taxa d'activitat va ser del 34,75 % i la de desocupació, del 19,85 %.

11. Calcula la taxa d'activitat d'un any concret en el que la taxa de dependència va ser del 44,68 % i la de desocupació, del 13,77 %.

12. Calcula la taxa de desocupació d'un any concret en el que la taxa d'activitat va ser del 53,25 % i la de dependència, del 49,66 %.

13. Descobreix quant es reduirà la taxa de dependència de l'economia d'un país si la seva taxa d'activitat és del 40 % i la de desocupació passa del 10 al 20 %.

14. Enumera cinc elements que puguin ser considerats com a capital fix i cinc més com a capital circulant en el procés de producció d'una mateixa empresa. Indica les diferències que existeixen entre si.

15. L'empresa farmacèutica PASTILLES SL ha comprat una màquina envasadora per 630 €. El seu valor residual és de 30 € i la seva vida útil, 6 anys.

— Calcula l'amortització anual utilitzant el mètode d'amortització constant.

16. L'empresa de subministraments informàtics ARROV@ ha d'amortitzar anualment 525 € durant 4 anys per un equip el valor residual del qual s'estima que serà de 150 €.

— Calcula el valor inicial de l'equip.

17. Llegeix el text següent, reflexiona i respon.

«L'amortització és un concepte d'ingrés que tenen les empreses per part de l'Estat per tal de compensar l'obsolescència dels equips de producció. Té la mateixa categoria que les subvencions a la producció.»

— És certa aquesta afirmació? Justifica la teva resposta.

18. Explica què significa el fet que un sistema econòmic es trobi en la seva frontera de possibilitats de producció i raona les diferents situacions que poden produir-se.

19. Quan una determinada economia es troba en l'FPP diem que és *eficient*. Explica el concepte d'eficiència en aquest context.

20. Confecciona la frontera de possibilitats de producció a partir de les dades del quadre següent.

ASSIGNACIÓ	BÉ *X*	BÉ *Y*
A	0	25
B	2	21
C	4	9
D	5	0

21. Analitza el gràfic obtingut en l'activitat anterior i explica el significat de cadascuna de les situacions següents.

a) El sistema se situa en els extrems de la corba.

b) El sistema se situa en qualsevol punt de la corba comprès entre els extrems.

c) El sistema se situa en un punt en la part interior de la corba.

d) El sistema no pot situar-se més enllà de la corba.

22. Comenta el que ocorreria en l'FPP anterior si decidim assignar part dels factors del bé *Y* a produir el bé *X*.

— Explica si es tracta d'un moviment al llarg de la corba o d'un desplaçament d'aquesta.

23. Representa l'efecte que tindria en l'FPP un invent que dupliqui la productivitat dels factors tant en la producció del bé *X* com en la del bé *Y*.

24. Indica quan es produirà un desplaçament cap a la dreta de l'FPP.

— Raona quin paper juga la tecnologia en els desplaçaments de l'FPP.

25. La representació gràfica de les dades econòmiques obtingudes és molt important. És igualment important l'anàlisi de les variacions de les dades en el temps? Raona per què.

26. Un sistema econòmic produeix únicament ordinadors i mobiliari. Analitza l'efecte de les següents consideracions sobre la seva FPP.

a) A causa de l'auge de la informàtica, aquesta economia decideix destinar part dels factors utilitzats en la fabricació del mobiliari a l'obtenció d'ordinadors.

b) S'aplica a la producció d'ordinadors un nou microprocessador que multiplica les prestacions dels equips.

27. Una empresa ha de decidir com aplicar els seus recursos per fabricar dos tipus de béns: *A* i *B*. Les opcions d'inversió entre les que ha de triar són les següents:

OPCIONS D'INVERSIÓ	BÉ *A*	BÉ *B*
a	1000	80
b	900	100
c	700	180
d	650	320
e	500	440
f	300	630

a) Representa gràficament la frontera de possibilitats de producció.

b) Hi ha punts fora de la frontera? Què indiquen? Què indiquen els que es troben dins de la frontera? I els que es troben sobre la frontera?

c) Quina forma té la corba? És còncava o convexa? Què significa el fet que tingui aquesta forma?

d) Completa la taula amb el càlcul dels diferents costos d'oportunitat.

28. La fàbrica italiana de components d'automòbils IL CAVALLINO ROSSO produeix únicament dos béns: *Tapisseries* i *Volants*. Té tots els seus recursos emprats de manera plena i eficient. En aquesta situació les opcions de producció que té són les següents:

OPCIONS DE PRODUCCIÓ	TAPISSERIES	VOLANTS
A	0	40000
B	500	32000
C	1500	15000

— Representa gràficament la frontera de possibilitats de producció i calcula els diferents costos d'oportunitat.

29. La taula següent resumeix les possibilitats de producció d'un país l'economia del qual produeix únicament dos béns: *Maquinària agrícola* i *Autobusos públics.*

OPCIONS DE PRODUCCIÓ	MAQUINÀRIA AGRÍCOLA	AUTOBUSOS PÚBLICS
A	0	100
B	30	80
C	60	60
D	100	30
E	150	0

a) Representa gràficament la frontera de possibilitats de producció.

b) Troba el cost d'oportunitat quan l'economia passa del punt *C* al punt *D*.

c) Què passaria si es donés el punt: Maquinària agrícola: 70, Autobusos públics: 70? I si es donés el punt 40, 30?

d) Què significaria un augment dels factors productius i com es reflectiria en la representació gràfica?

e) Si hagués un increment de tecnologia en maquinària que incrementés la seva producció en un 50%, quina seria la corba?

30. Resumeix els avantatges i els inconvenients de la divisió del treball.

31. Raona si la divisió del treball augmenta o disminueix la capacitat de producció.

32. Enumera cinc oficis o professions, digues a quins sectors o branques d'activitat pertanyen i quins béns o serveis intercanvia aquesta branca amb les altres.

33. Les següents afirmacions són falses. Corregeix-les i escriu-les correctament.

a) En el mercat de treball, els consumidors demanden treball i les empreses l'ofereixen.

b) Els estudiants menors de 16 anys es consideren població desocupada perquè no realitzen cap treball remunerat.

c) Els diners es consideren com a factor de producció (capital) perquè són necessaris per a adquirir els altres factors i recursos.

d) Si els recursos s'usen de forma plena i eficient, l'FPP es desplaça cap a la dreta.

34. Investigació. Busca informació i descobreix la importància relativa de cadascun dels sectors econòmics a Catalunya. Assenyala les activitats més importants de cada sector.

Revista d'economia

El 60 % dels rics no vol jubilar-se

La tendència és més gran als països emergents que als desenvolupats

Més de la meitat de les persones que disposen de grans patrimonis no vol jubilar-se i aspira a romandre en actiu més enllà de l'edat reglamentària, segons un informe publicat avui per **Barclays Wealth**, la gestora de patrimonis de **Barclays**.

El rebuig al retir tradicional és una tendència global, encara que predomina als països emergents, explica l'informe, elaborat a partir d'una mostra de 2000 inversors amb grans patrimonis de vint països d'Europa, Amèrica del Nord, Amèrica Llatina, Orient Mitjà i Àsia i el Pacífic.

El nombre de persones que volen seguir en actiu una vegada passada l'edat tradicional de la jubilació, el que es coneix com *nevertiree*, té aspectes de créixer en el futur, ja que el 70% dels enquestats d'edat inferior als 45 anys va assenyalar que voldria continuar treballant.

Aquesta tendència no és tan freqüent entre els *rics* d'Espanya, Hong Kong, Singapur, Estats Units, Suïssa i Japó, que es mostren més partidaris de la jubilació convencional.

Per al responsable d'assessorament de **Barclays Wealth**, *«a Espanya encara predomina l'interès per fer activitats diferents després de la jubilació, com ara dedicar més temps a l'oci i a la família,* per la qual cosa *la idea de romandre en actiu durant més anys encara té pocs adeptes».*

L'informe identifica importants diferències entre els inversors amb alts patrimonis de més edat en relació amb plans de successió, herència i patrimoni. Així, els propietaris d'alts patrimonis que viuen en economies en desenvolupament tenen un sentit de responsabilitat més gran, i preveuen donar en herència una gran quantitat del seu patrimoni a la següent generació.

Així, països com ara la Unió d'Emirats Àrabs (98%), Aràbia Saudita (95%) i Sud-àfrica (80%) reconeixen que se senten econòmicament responsables de la seva descendència, mentre que els qui viuen en països desenvolupats no senten aquesta responsabilitat, amb Suïssa (38%), Japó (41%) i Estats Units (44%) al capdavant.

L'informe assenyala també que, a més de voler continuar en actiu, els propietaris de patrimonis elevats aprofiten els últims anys de vida laboral per replantejar-se les seves opcions en relació amb el treball, canviant feines d'execució i control per aquelles d'influència.

Per a la Sarah Harper, professora de gerontologia i directora de l'**Institut Oxford d'Envelliment** de la Universitat d'Oxford *«la feina dóna* estatus *als ciutadans i a una edat en què l'experiència és molt àmplia, hi ha qui potser vulgui començar una segona carrera o fins i tot fer alguna cosa completament diferent de la carrera professional que ha desenvolupat».*

Expansión
27 de setembre de 2010

El sector turístic rep ajudes per a la renovació d'instal·lacions

El pla del Ministeri és arribar fins als 400 milions d'euros

L'Institut de Crèdit Oficial ha concedit 175 milions d'euros per a la reforma i millora d'instal·lacions turístiques, dins el Pla Espanyol per a l'Estímul de l'Economia i l'Ocupació.

El Ministeri va informar que ja s'ha concedit el 43% dels 400 milions compromesos en aquest pla.

Amb càrrec a aquestes ajudes es pretén finançar l'equipament destinat a suprimir barreres arquitectòniques, a millorar la sostenibilitat, a promoure l'estalvi energètic i d'aigua, a conservar i millorar el medi ambient, i a augmentar la seguretat i la higiene alimentària.

Els préstecs, que no tenen cap tipus de comissió i es concedeixen a un tipus d'interès fix de l'1,5%, tenen un període d'amortització de fins a dotze anys. El límit màxim per beneficiari és d'un milió d'euros.

La Razón
8 de febrer de 2009

AVALUACIÓ

1 *Terra* i *treball* són:

a) Juntament amb el factor *empresari*, els principals factors productius.

b) Els dos factors productius que va afegir l'economista Alfred Marshall.

c) Factors productius relacionats amb els recursos naturals.

d) Al costat del factor *capital*, els factors productius tradicionals.

2 El vent, s'engloba en el factor *terra?*

a) Sí, perquè és un recurs natural.

b) Sí, encara que és un recurs no renovable.

c) No, perquè és un bé lliure i no té cost.

d) No, perquè és un bé intangible.

3 L'oferta de treball es produeix quan:

a) Les persones ofereixen el seu treball a altres persones al final de la seva vida laboral.

b) Les empreses acudeixen al mercat de treball buscant persones a les quals contractar.

c) Les persones acudeixen al mercat de treball buscant una feina.

d) Les empreses recol·loquen els seus treballadors en altres empreses en temps de crisi.

4 Si una persona, en edat legal per a treballar, encara no desenvolupa cap treball remunerat perquè està estudiant:

a) Forma part del grup de població inactiva.

b) Es considera població activa desocupada.

c) Es considera població desocupada i, per tant, inactiva.

d) No es contempla en cap grup de població perquè encara no s'ha integrat en el mercat de treball.

5 La taxa de dependència és:

a) El percentatge de població inactiva (dependent) sobre la població activa.

b) El percentatge de població desocupada sobre la població total.

c) El percentatge de població ocupada sobre la població total.

d) El percentatge de població activa sobre la població total.

6 Els diners, els préstecs i els valors en general, es consideren:

a) Capital financer.

b) Capital físic.

c) Capital circulant.

d) Capital fix.

7 El capital circulant:

a) No es considera factor de producció perquè no genera béns ni serveis.

b) Són els diners que les empreses fan circular en els mercats de béns i serveis.

c) Està format pels elements de durada inferior a un any o que s'usen només una vegada en els processos de producció.

d) És el conjunt d'elements que poden ser utilitzats per a la producció de béns i serveis de forma repetida, durant uns quants anys.

8 El terme *amortització* s'aplica:

a) Al capital fix.

b) Al capital circulant.

c) Al capital físic.

d) Al capital financer.

9 La frontera de possibilitats de producció és:

a) El límit màxim que pot assolir la producció de béns i serveis d'un país durant un període de temps.

b) El percentatge entre els recursos emprats i els béns i serveis produïts.

c) L'expressió de la productivitat d'un país quan els recursos s'utilitzen de forma ineficient.

d) La pèrdua de valor que experimenten els factors de producció durant un any i que ha de ser tinguda en compte per reposar-los.

10 El valor de la millor alternativa possible a la qual es renuncia quan es dediquen els factors productius a una activitat concreta s'anomena:

a) Amortització.

b) Cost d'oportunitat.

c) Capital circulant.

d) Frontera de possibilitats de producció.

11 L'efecte que produeix sobre l'FPP una millora tecnològica en els processos de producció és:

a) Un moviment al llarg de l'FPP.

b) Un desplaçament de l'FPP cap a la dreta.

c) Un canvi en la forma convexa de l'FPP.

d) Cap de les afirmacions anteriors.

12 La producció d'energia eòlica:

a) S'integra dins del sector primari.

b) S'integra dins del sector secundari.

c) S'integra dins del sector terciari.

d) No s'integra en cap sector productiu perquè l'energia no és un bé tangible.

4 Les economies domèstiques

COMPETÈNCIES ESPECÍFIQUES

Competència en cultura econòmica i dialèctica

Identificar els factors psicològics o sociològics que motiven les economies domèstiques a consumir per sobre de les necessitats bàsiques.

Explicar com els consumidors estableixen les seves preferències en termes de combinacions de béns i definir les seves característiques bàsiques.

Competència en raonament econòmic i modelització

Identificar la corba d'indiferència com l'instrument gràfic utilitzat per a descriure les preferències del consumidor i analitzar-la correctament.

Identificar la recta de balanç com la forma de representació de la restricció pressupostària del consumidor.

Representar l'equilibri del consumidor i explicar com evoluciona quan es modifica la seva renda o els preus dels béns.

Comprendre la llei de la demanda i interpretar corbes de demanda de béns.

■ Béns de consum.

Les economies domèstiques

ORGANITZACIÓ DELS CONTINGUTS

INTRODUCCIÓ

- Les economies domèstiques són els agents econòmics que prenen les decisions de consum i, per tant, són els qui demanden en els mercats els béns i serveis que necessiten.

A l'hora d'escollir entre un bé o un altre, els consumidors manifesten els seus gustos i preferències. Però també han de considerar la renda de què disposen de manera que caldrà trobar un punt d'equilibri entre els seus desitjos i les seves possibilitats.

Analitzarem, doncs, com es comporten aquests agents econòmics tenint en compte les seves condicions.

D'altra banda, els béns i serveis no tenen un preu fix sinó que aquest varia. I amb aquest, també varia la seva demanda. Haurem d'analitzar també de quina manera es modifica aquesta demanda quan els preus s'incrementen o disminueixen.

1. Introducció. La microeconomia

Com ja vam veure en la primera unitat, la **ciència econòmica** pot dividir-se en dues branques: l'*economia positiva* i l'*economia normativa.* Al seu torn, l'*economia positiva* se subdivideix en *teoria econòmica* i *economia aplicada.*

En aquesta unitat començarem a tractar un dels dos grans blocs que integren la teoria econòmica: la **microeconomia** (fig. 1).

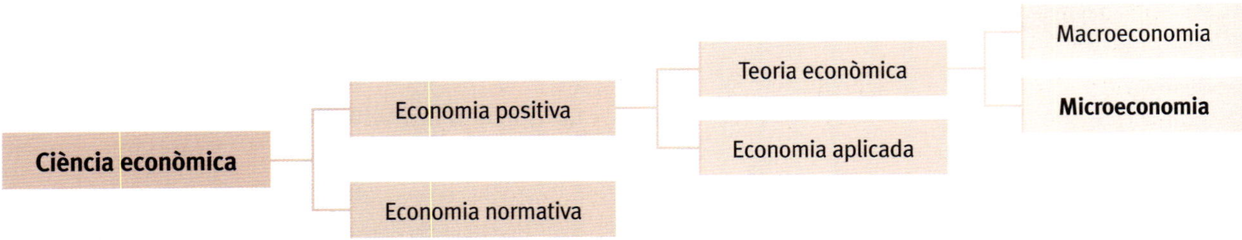

Fig. 1. La microeconomia en el context de la ciència econòmica.

> La **microeconomia** és la part de la ciència econòmica que estudia la manera com els agents econòmics prenen les seves decisions en condicions d'*escassetat.*

Intercanvi i mercat

Les decisions econòmiques de les empreses i dels consumidors les porten a l'**intercanvi.**

És una forma d'assignar els recursos escassos de l'economia.

El **mercat** serà el mecanisme o punt de trobada on els agents efectuïn els intercanvis.

En la primera unitat vam estudiar el problema de l'**escassetat** en relació amb l'*activitat econòmica* i les decisions que prenen els diferents agents. A través de diferents exemples vam posar de manifest com totes les decisions a les quals s'ha d'enfrontar un agent econòmic estan sotmeses a un problema d'escassetat. És precisament aquesta escassetat la que fa important la presa de decisions. En un món en què tots els recursos, tant materials com immaterials, fossin il·limitats, no hi hauria problemes d'elecció.

Per tant, l'objecte d'estudi de la microeconomia no és un altre que **analitzar les decisions econòmiques** que prenen les *economies domèstiques* —quins productes es compraran i en quina quantitat— i les *empreses* —quant i com es produirà— a partir dels *desitjos* dels agents econòmics i tenint en compte l'*escassetat* de recursos (fig. 2).

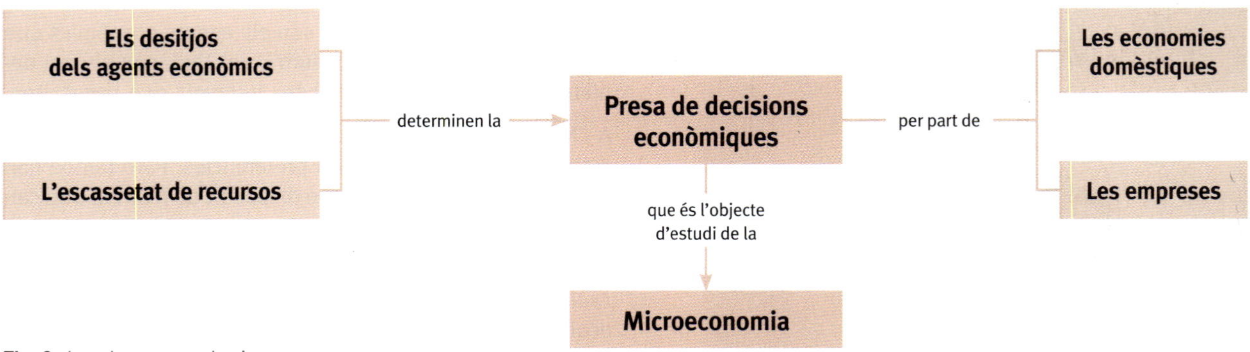

Fig. 2. La microeconomia s'ocupa d'analitzar les decisions dels agents econòmics.

En aquesta unitat ens centrarem en les **economies domèstiques** o **consumidors** i tractarem d'analitzar quines són les decisions fonamentals a les quals s'han d'enfrontar dia a dia. L'empresa serà analitzada en la unitat següent.

2. Visió global de les economies domèstiques

Qualsevol persona, quan actua com a consumidor, pren infinitat de decisions. La major part de les vegades acostuma a fer-ho de manera inconscient, ja que aquestes decisions són molt habituals.

Així, en l'esmorzar, pot decidir si pren sucre o mel. Una nit qualsevol elegeix entre estudiar o veure la televisió. Amb els estalvis de què disposa, es planteja fer un viatge o guardar-los per invertir més endavant, etc.

Difícilment passen uns minuts sense que qualsevol de nosaltres hàgim d'afrontar algun tipus d'elecció.

Aquesta situació es planteja de forma general a un gran grup d'agents econòmics al qual anomenem **economies domèstiques, consumidors** o **famílies,** encara que estiguin formades per un sol individu.

Per analitzar-les millor, podem classificar el conjunt de decisions que adopten les economies domèstiques en tres grans grups: *decisions de consum de béns, decisions de consum/estalvi* i *decisions sobre lleure/renda* (fig. 3).

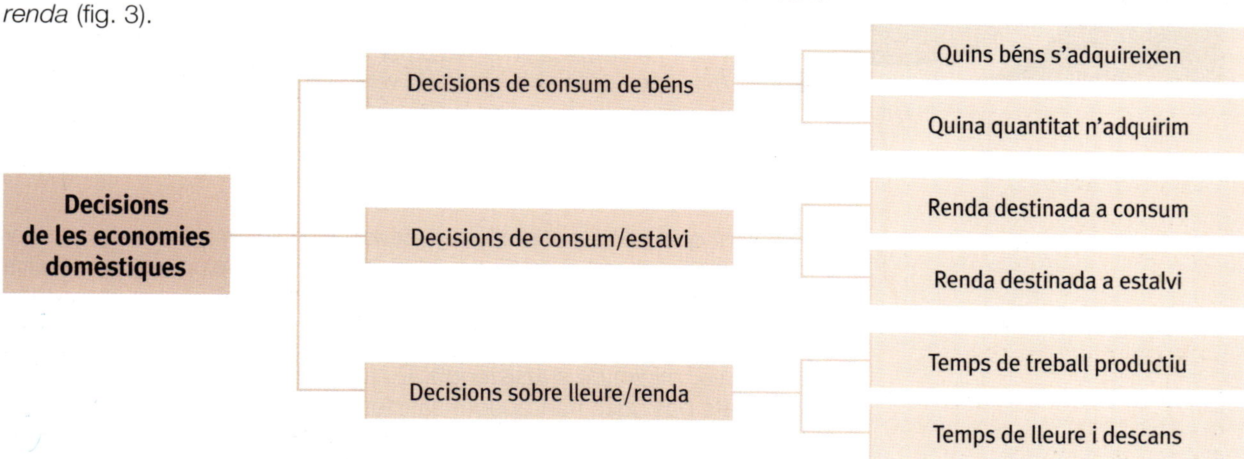

Fig. 3. Classificació de les decisions de les economies domèstiques.

- Les **decisions de consum de béns** són aquelles que tenen com a resultat l'adquisició d'un determinat bé o conjunt de béns, o la contractació d'un servei, és a dir, quins béns comprem i en quina quantitat. Per exemple: comprar sucre o mel per prendre en l'esmorzar.
- Les **decisions de consum/estalvi** són aquelles en les quals els consumidors es plantegen quina part de la seva renda destinen a consum present i quina part estalvien. Per exemple: decidir si fer un viatge o estalviar els diners per tal d'invertir-los.
- Les **decisions sobre lleure/renda** són les que prenen els consumidors sobre el temps que desitgen dedicar a treballar per poder obtenir una renda que els permeti viure, i el temps que dediquen al lleure, és a dir, a aquelles activitats d'esbarjo i descans. Per exemple: estudiar o veure la televisió.

En aquesta unitat ens dedicarem a analitzar les decisions de consum de béns i, a partir d'aquestes intentarem explicar per què comprem uns béns i no altres, i com decidim la quantitat de bé que comprarem. Amb això arribarem a un concepte fonamental en la teoria econòmica: la **funció de demanda.**

3. Decisions de consum de béns

Tots nosaltres adquirim i utilizem un gran nombre de béns i serveis diàriament. Darrere de cadascun d'aquests consums hi ha hagut una **decisió.**

EXEMPLE 1

El senyor Esteve treballa en una entitat bancària. Quan es lleva al matí i es dutxa, utilitza un xampú i un gel de bany. A l'hora d'esmorzar pren un cafè amb llet i algunes galetes. Quan es vesteix per anar a treballar, es posa la roba interior, una camisa, una corbata, un vestit i les sabates. I quan es desplaça, utilitza el seu propi vehicle.

Les **decisions de consum de béns** que ha pres són:

- Per a dutxar-se, ha utilitzat xampú i gel de bany d'una determinada marca. En podria haver utilitzat d'altres.
- Per esmorzar ha pres cafè amb llet i algunes galetes. Podria haver pres suc, torrades, cafè, infusions, etc.
- S'ha vestit amb un determinat tipus de roba. Podria haver utilitzat roba d'una altra classe o el mateix tipus, però d'una altra marca i diferent preu.
- Es desplaça en el seu propi vehicle. Podria haver agafat el transport públic o compartir el vehicle amb un company.

A la vista d'aquest exemple, caldria preguntar-se què és el que ens duu a comprar uns béns i a rebutjar-ne d'altres.

És evident que per a poder viure necessitem consumir aliments, utilitzar roba que ens protegeixi del fred, un habitatge on aixoplugar-nos, un mitjà de transport per a desplaçar-nos, etc.

No obstant això, també és evident que consumim *per damunt del que seria el nivell mínim de subsistència.* És a dir, una vegada que les nostres necessitats bàsiques han quedat satisfetes, seguim consumint aliments, adquirim més roba, comprem un nou habitatge, etc.

Els consums que sobrepassen el nivell mínim de subsistència estan motivats per una sèrie de factors *psicològics* i *sociològics:*

FACTORS PSICOLÒGICS	FACTORS SOCIOLÒGICS
En els actes de consum, tractem de satisfer instints tan bàsics com la *seguretat,* l'afirmació de la nostra *identitat,* l'*autoestima,* etc. El consum d'aliments naturals o l'interès per la vida al camp són decisions condicionades per **factors psicològics.**	Les decisions de consum són motivades, de vegades, per la recerca del *reconeixement* i l'*acceptació* de la societat en què ens desenvolupem. Vestir a l'última moda, viure en un pis de luxe o tenir diversos cotxes són decisions condicionades per **factors sociològics.**

No obstant això, aquests factors, si bé serveixen per a explicar per què consumim per damunt de les nostres necessitats bàsiques, no aclareixen per què quan es materialitza aquest desig de consum, ho fa en uns béns i serveis concrets, i no en altres.

Aquest punt és precisament el que tracta d'explicar la microeconomia quan analitza el comportament o la conducta del consumidor.

Per a això utilitza dos elements fonamentals que analitzarem en els següents apartats de la unitat: les **preferències dels consumidors** i la **restricció pressupostària.**

4. Les preferències dels consumidors

Quan anem a una botiga de roba i ens comprem una caçadora esportiva en lloc d'una jaqueta clàssica, o quan acudim al supermercat i adquirim un batut de xocolata en lloc d'un altre de vainilla, estem revelant les nostres **preferències** (fig. 4).

Fig. 4. La varietat d'oferta de béns permet que el consumidor pugui elegir segons les seves preferències.

De fet, un altre consumidor podria haver pres les decisions contràries a les nostres.

Podem establir múltiples combinacions a partir d'un determinat conjunt de béns, segons les diferents preferències de cada consumidor.

Cadascuna d'aquestes combinacions s'anomena **cistell de béns.**

> Un cistell **de béns** és una determinada combinació de béns que satisfà les necessitats del consumidor.

En analitzar la conducta dels consumidors a l'hora de determinar les seves preferències, partirem de dos supòsits que anomenarem *racionalitat* i *maximització.*

- **Racionalitat.** Imaginem-nos que els *agents econòmics* (els *consumidors,* en aquest cas) són *racionals,* és a dir, procuren triar aquella opció que els sembla més idònia per obtenir la major satisfacció o la menor insatisfacció possibles.
- **Maximització.** Suposem igualment que els agents tracten de *maximitzar* la utilitat dels béns adquirits o la satisfacció que obtenen a partir d'ells. Així, el nostres estudi de la conducta dels consumidors es basa en la **teoria de la preferència revelada.** Aquesta suposa que les economies domèstiques pretenen *maximitzar* la quantitat d'un cistell de béns, condicionades pel pressupost de què disposen.

Per explicar com es configura un determinat cistell de béns, imaginem-nos, per simplicitat expositiva, que només hi ha dos béns al món: peces de roba i aliments.

En aquest cas, el cistell de béns serà una determinada combinació dels dos. Podem tenir poques peces de roba i molts aliments, o pocs aliments i moltes peces, o qualsevol altra combinació.

Aquests cistells poden ser representats fàcilment utilitzant uns eixos de coordenades. En l'eix d'abscisses representarem els aliments, i en l'eix d'ordenades, les peces de roba. D'aquesta manera, cada punt del pla simbolitzarà un determinat cistell de béns (fig. 45).

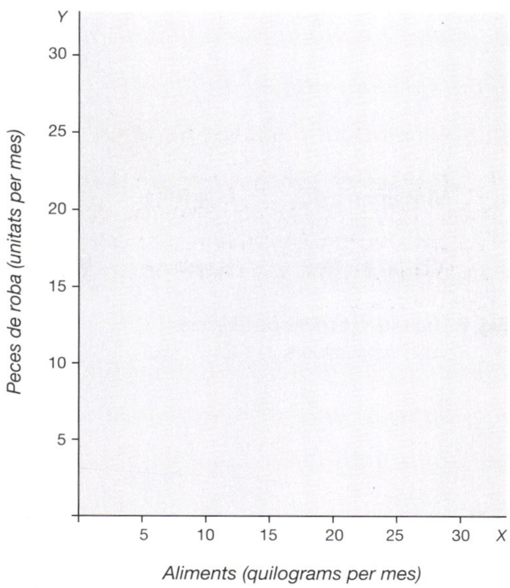

Fig. 5. Cistells de béns. Cada punt del pla representa una determinada combinació d'aliments i peces de roba.

Tanmateix, encara que cada consumidor té gustos que poden ser molt diferents, les **preferències dels consumidors** tenen en comú algunes **característiques** fonamentals que anomenarem de la manera següent: *completesa, transitivitat* i *no-saturació.*

Analitzarem a continuació en què consisteixen i quina importància té cadascuna de les tres característiques esmentades.

4.1. *Completesa*

Aquesta característica suposa que el consumidor sempre pot establir algun tipus de **relació de preferència** entre dos cistells de béns diferents.

EXEMPLE 2

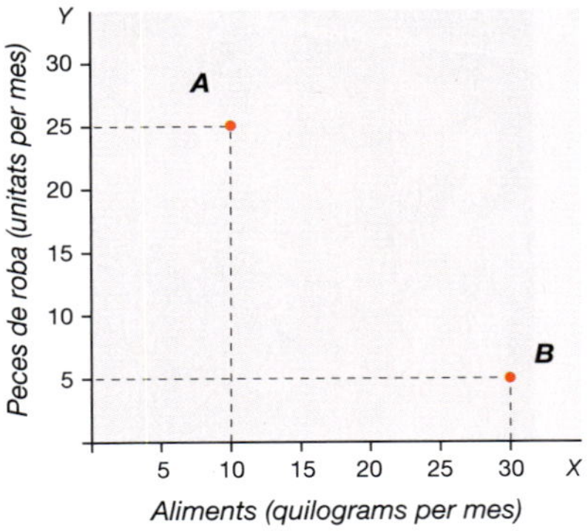

Suposem que tenim dos cistells de béns, que designarem amb les lletres A *i* B. *El cistell* A *està format per una quantitat elevada de peces de roba i pocs aliments. El cistell* B, *contràriament, està format per una major quantitat d'aliments però menor nombre de peces.*

Determina les preferències d'un consumidor amant de la moda, d'un altre aficionat a la cuina i d'un tercer, indiferent a totes dues.

— Un consumidor amant de la moda preferirà el cistell *A* al cistell *B.*

— Un consumidor aficionat a la cuina i no gaire interessat per la passarel·la preferirà, amb força seguretat, el *B* al cistell *A.*

— Un consumidor indiferent elegirà qualsevol dels dos cistells, *A* o *B,* sense que l'importi gaire el seu contingut.

La faula de l'ase de Buridan

S'explica d'aquest ase que va voler menjar i, com que estava situat a la mateixa distància de dos feixos d'alfals, va morir de gana perquè va ser incapaç de decidir quin dels dos feixos preferia.

Les preferències de l'ase **no van ser completes,** d'acord amb la definició que hem donat.

De l'anàlisi de l'exemple anterior, en deduïm que es poden establir **tres tipus** de relacions de **preferència:** el cistell *A* abans que el *B,* el *B* abans que el cistell *A,* o bé *A* i *B* igualment preferits.

Una preferència és **completa** si un consumidor és capaç d'establir alguna d'aquestes tres relacions.

Aquesta característica evita que ens trobem amb consumidors incapaços de reflectir els seus gustos —és a dir, incapaços d'expressar si prefereixen un cistell a l'altre o si tots dos els són indiferents— i, per tant, incapaços d'elegir. No existiran consumidors indecisos.

4.2. *Transitivitat*

Aquesta característica posa de manifest que els consumidors són coherents quan estableixen un **ordre transitiu de preferència** entre diferents béns.

Així, si un individu prefereix viatjar en avió a fer-ho en tren, i al seu torn prefereix desplaçar-se en tren a fer-ho en vaixell, és lògic pensar que preferirà l'avió al vaixell (fig. 6).

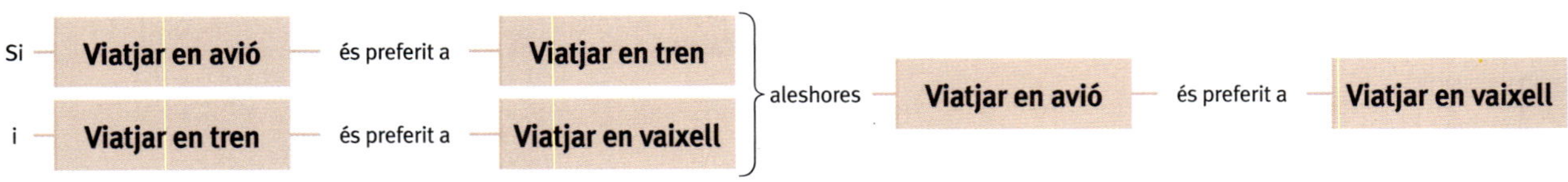

Fig. 6. Transitivitat en les preferències dels consumidors.

4.3. *No-saturació*

Aquesta característica significa que, en general, preferim tenir **més quantitat d'un bé que menys.**

De fet, quan parlem de béns econòmics, ens referim a *béns* i no pas a *mals.* En conseqüència, és raonable pensar que *com més en tinguem, millor.*

Així, si hem d'elegir entre dos cistells de compra amb una mateixa quantitat d'aliments i diferent quantitat de peces de roba, preferirem sempre el que tingui més peces.

5. La corba d'indiferència

Després d'haver vist què són les *preferències del consumidor* i les seves *característiques* fonamentals, estem en disposició d'estudiar l'instrument que utilitzarem per a descriure aquestes preferències: la **corba d'indiferència.**

Una **corba d'indiferència** és el lloc geomètric en què es troben *tots els cistells de béns* que són *igualment preferits* pel consumidor.

5.1. *Procés de construcció*

El concepte de corba d'indiferència pot entendre's molt millor si abordem gràficament el seu **procés de construcció.**

Per a fer-ho, utilitzarem la mateixa simplificació de tipus de béns que en l'apartat anterior: aliments i peces de roba. Així, per a representar els cistells de béns, usem un sistema de coordenades cartesianes.

En l'eix d'abscisses es representen els aliments i en el d'ordenades, les peces.

Tots i cadascun dels infinits punts que estan compresos en aquesta regió, que anomenarem **camp d'elecció,** són diferents cistells de béns, és a dir, diferents combinacions del parell (aliment, peces de roba).

Zones del camp d'elecció

Per tal de determinar les zones en què es divideix el camp d'elecció partirem d'un punt qualsevol, que representa un cistell concret, al qual anomenarem **cistell *W*.**

A partir d'aquest punt, tracem una **recta vertical *r*** que passi per *W* i que sigui paral·lela a l'eix d'ordenades, i una **recta horitzontal *s*** que també passi per *W* i sigui paral·lela a l'eix d'abscisses.

D'aquesta manera, haurem dividit la regió en quatre zones, que designarem, respectivament, com *zona 1, zona 2, zona 3* i *zona 4* (fig. 7).

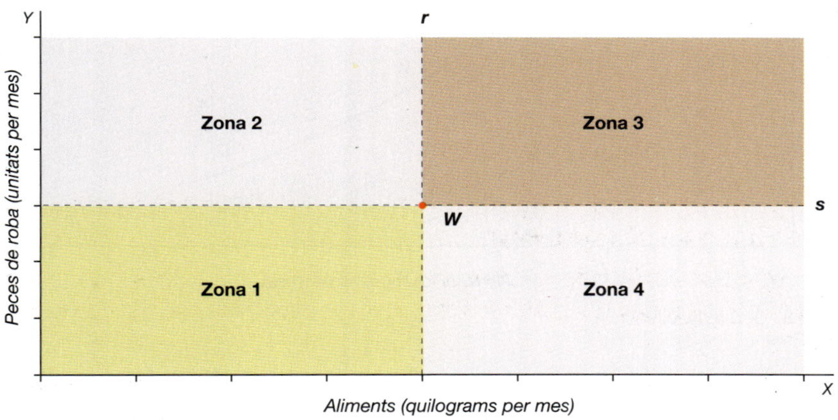

Fig. 7. Zones en què es divideix el camp d'elecció.

Ordre de preferència de les zones

Comparem ara els cistells pertanyents a cadascuna de les zones amb el cistell *W* per determinar l'**ordre de preferència.**

- **Zona 3.** Comparats amb el cistell *W,* tots els cistells que es troben en aquesta zona tenen *més quantitat dels dos béns* o, almenys, més d'un dels dos i igual de l'altre (els que estiguin sobre les rectes *r* i *s).* Com que sabem **com més, millor** *(no-saturació),* podem afirmar sens dubte que **els cistells de la zona 3 són més preferits que el cistell *W.***

- **Zona 1.** Pot aplicar-se el mateix raonament però en sentit contrari: tots els cistells d'aquesta zona tenen *menys quantitat dels dos béns,* o almenys, d'un dels dos, per la qual cosa **els cistells de la zona 1 són menys preferits que el cistell *W.***

- **Zones 2 i 4.** Els cistells d'aquestes zones tenen més peces de roba que el cistell *W* però menys aliments, o més aliments que *W* però menys peces, respectivament.

  En conseqüència, no podem aplicar la condició de no-saturació ja que, en tenir els cistells diferents quantitats de béns, han deixat de ser comparables.

  Tanmateix, el que sí podem afirmar és que els cistells que siguin **igualment preferits** pel consumidor que el cistell *W,* necessàriament **es trobaran en les zones 2 i 4.**

  La raó és senzilla: si els cistells que tenen més dels dos béns són més preferits i els que tenen menys dels dos no ho són tant, aleshores els cistells d'igual preferència necessàriament han de tenir *més d'un dels béns i menys de l'altre.*

Si ara unim tots els cistells pertanyents a les zones 2 i 4 que són igualment preferits al cistell *W,* obtenim la **corba d'indiferència** (fig. 8).

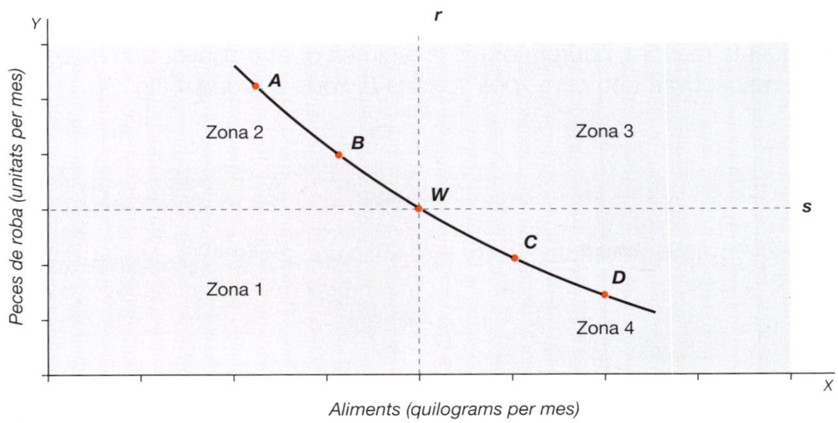

Fig. 8. Corba d'indiferència.

La corba d'indiferència construïda inclou el cistell ***W*** i totes les altres combinacions de béns que siguin indiferents al consumidor, respecte de *W,* representades pels punts ***A, B, C*** i ***D.***

5.2. *Anàlisi d'una corba d'indiferència*

En la construcció de la corba d'indiferència, hem utilitzat les **característiques** fonamentals de les preferències —*completesa, transitivitat* i *no-saturació*— unes vegades de forma explícita i unes altres, de forma implícita.

- **No-saturació.** Aquesta característica ha estat utilitzada de forma explícita en l'apartat anterior per determinar l'*ordre de preferència* de les diferents zones.
- **Completesa.** Si hem pogut establir les preferències del consumidor entre els cistells de les diferents zones, és perquè, durant tota l'anàlisi duta a terme, hem donat per fet que al consumidor *sempre li serà possible establir aquestes relacions de preferència.*
- **Transitivitat.** Si estem dient que al consumidor li seria indiferent preferir l'un o l'altre cistell de béns dels que es troben en la corba d'indiferència, és perquè *tots li reporten una mateixa satisfacció.*

Tenint això en compte, podem redefinir el concepte de **corba d'indiferència.**

Corba d'indiferència és el lloc geomètric de *tots els cistells de béns* que proporcionen al consumidor un **mateix nivell de satisfacció.**

Per tant, els cistells més o menys preferits pel consumidor que el cistell ***W*** no es troben en la mateixa corba d'indiferència. Vegem-ne alguns exemples.

Encara que no sempre és així, a efectes pràctics suposem que les tres característiques de les **preferències** del consumidor es compleixen en tots els casos.

De fet, el seu compliment és el que ens permetrà utilitzar les corbes d'indiferència com a instruments per a descriure les preferències del consumidor.

CISTELLS MÉS PREFERITS

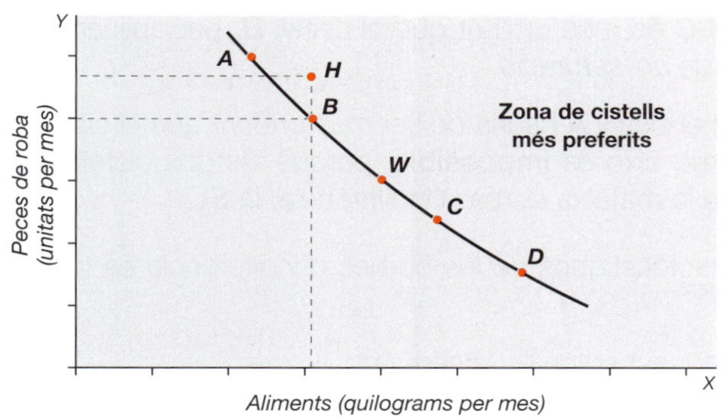

El cistell ***H*** té la *mateixa quantitat d'aliments* que el cistell ***B,*** però més peces de roba. Si tenim en compte la característica de no-saturació, podem afirmar que el cistell ***H*** és més preferit que el cistell ***B.***

Si apliquéssim aquest raonament a qualsevol cistell situat per sobre de la corba d'indiferència, obtindríem el mateix resultat. En conseqüència:

Tots els cistells de béns que es troben **per damunt de la corba d'indiferència** seran cistells **més preferits** que els que els de la corba.

CISTELLS MENYS PREFERITS

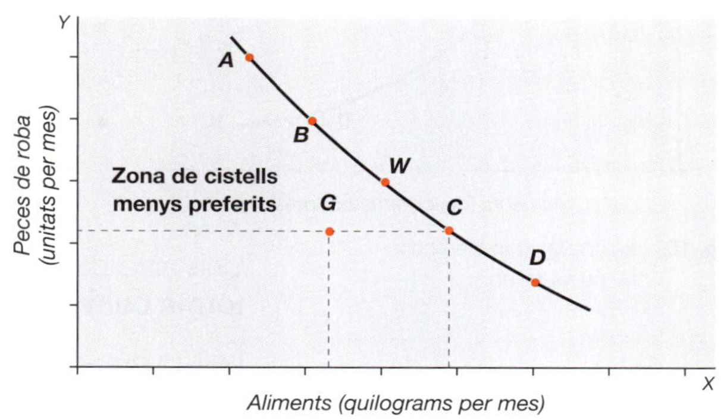

El cistell ***G*** té la *mateixa quantitat de peces de roba* que el cistell ***C,*** però menys *aliments.* Aplicant el mateix raonament, però al revés, diem que el cistell ***G*** és menys preferit que el cistell ***C.***

El mateix passarà si argumentéssim amb qualsevol altre cistell situat per sota de la corba d'indiferència. Per tant:

Tots els cistells de béns que es troben **per sota de la corba d'indiferència** seran cistells **menys preferits** que els que conformen la corba.

5.3. *El mapa de corbes d'indiferència*

El mateix procés utilitzat per a traçar la corba d'indiferència corresponent al cistell ***W*** podria usar-se amb qualsevol altre cistell del pla.

Com que existeixen infinits punts del pla, també existiran *infinites corbes d'indiferència,* ja que per cada punt hi passa necessàriament una d'aquestes corbes.

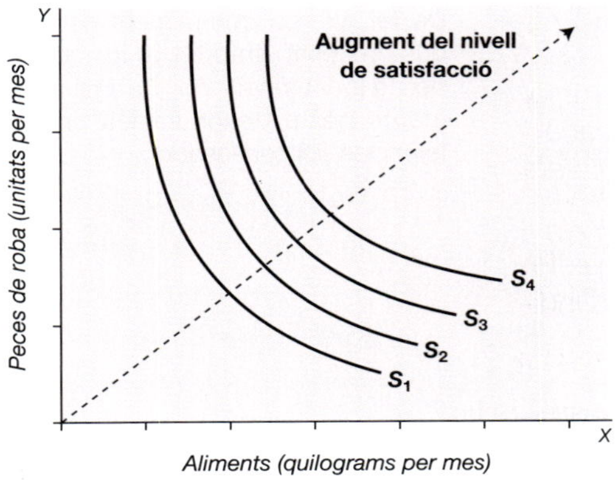

Fig. 9. Mapa de corbes d'indiferència.

El conjunt de corbes d'indiferència corresponents a un parell de béns forma l'anomenat **mapa de corbes d'indiferència** (fig. 9).

En aquest mapa, les corbes d'indiferència se simbolitzen amb la lletra ***S,*** inicial de *satisfacció,* ja que cada corba representa un nivell de satisfacció. Per aquesta raó:

- Tots els cistells pertanyents a una mateixa corba d'indiferència generen el mateix nivell de satisfacció.
- A mesura que ens allunyem de l'origen, el nivell de satisfacció augmenta, ja que anem passant a cistells que tenen més quantitat dels dos béns.

Una de les característiques bàsiques d'aquestes corbes és que **mai no es tallen.** Si dues corbes tinguessin un punt, és a dir, un cistell en comú, s'estaria violant una de les característiques de les preferències: la *transitivitat.*

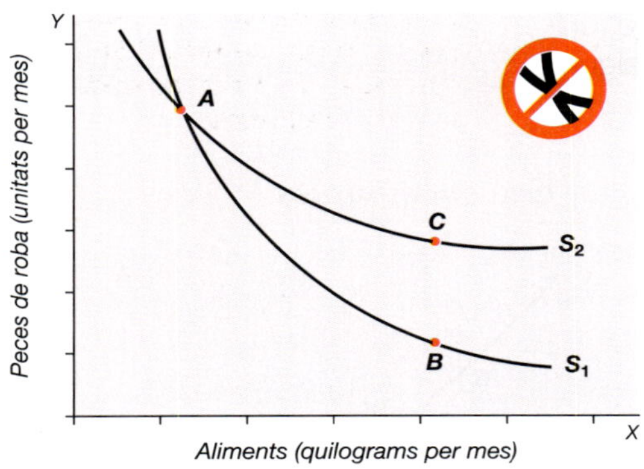

Fig. 10. Les corbes d'indiferència mai no es tallen.

En efecte: suposem que dues corbes, S_1 i S_2, tinguessin un cistell comú: el cistell ***A*** (fig. 10). Si apliquem la transitivitat, hauríem de fer l'argumentació següent:

- Els cistells ***A*** i ***C*** són *igualment preferits* pel fet de pertànyer a la mateixa corba d'indiferència: la S_2.
- El cistell ***C*** és més preferit que el cistell ***B,*** per aplicació del principi de *no-saturació.*
- Per tant el cistell ***A*** hauria de ser *més preferit* que el cistell ***B.*** Tanmateix, això és **impossible,** perquè els dos cistells pertanyen a la mateixa corba d'indiferència: la S_1.

Una altra de les característiques de les corbes d'indiferència és la seva **forma convexa.**

La raó que justifica aquest criteri és la següent:

- Al consumidor li és indiferent situar-se en un punt o en un altre d'una corba determinada, ja que obté idèntica satisfacció de les seves necessitats amb qualsevol combinació de béns.
- No obstant això, quan ens trobem en les zones extremes de la corba, la quantitat de bé abundant al qual s'està disposat a renunciar per aconseguir una unitat més del bé escàs és *més gran* que si ens apropem a la zona central de la corba.

Des del punt de vista econòmic, a aquesta relació entre els béns que formen el cistell s'anomena **relació marginal de substitució,** que en aquest cas és *decreixent.*

6. Restricció pressupostària i recta de balanç

Quan un consumidor decideix adquirir un determinat bé o servei, a més de tenir en compte quines són les seves preferències, ha de considerar *si disposa de prou diners* per a dur a terme la compra.

En la immensa majoria dels casos és necessari ajustar les preferències a les possibilitats econòmiques. Fins i tot per a un consumidor que fos molt ric, sempre podríem trobar alguna cosa que li resultés excessivament cara. Aquesta idea es coneix amb el nom de **restricció pressupostària,** i es representa mitjançant la denominada **recta de balanç.**

La **recta de balanç** és una línia que representa la **restricció pressupostària** i en la qual es trobaran tots aquells cistells de béns que podem assolir considerant la *renda disponible* i els *preus* dels béns.

La capacitat de consum d'una persona està limitada per la seva **renda disponible** per a ser gastada i pels **preus** relatius dels béns.

Com estem considerant exclusivament les decisions de consum de béns, suposem que els consumidors es gasten tota la seva renda en el període considerat. **No hi ha estalvi** i tampoc no hi ha la possibilitat de demanar un préstec.

Per comprendre l'abast d'aquesta limitació, tornem al nostre món restrictiu en què només existeixen dos béns: *aliments* i *peces de roba.*

Tenint, doncs, en compte la *renda disponible* i els *preus* dels béns, la recta de balanç ve donada per l'equació:

$$M = X \cdot P_X + Y \cdot P_Y$$

on

- M = renda disponible (€)
- X = quantitat d'aliments (kg)
- P_X = preu dels aliments (€/kg)
- Y = quantitat de peces (unitats)
- P_Y = preu de les peces (€/unitat)

Les **decisions de consum de béns** són un grup diferent a les **decisions de consum/estalvi.**

Per aquest motiu, per abordar la seva anàlisi evitarem entrar en les de consum/estalvi. És per això que suposem un estalvi igual a zero, és a dir, que el consumidor es gasta tota la renda.

EXEMPLE 3

Representa la recta de balanç d'un consumidor que disposa d'una renda mensual de 1 000 € suposant que el preu dels aliments és de 5 €/kg i el de peces de roba, de 40 €/unitat.

— L'equació de la recta de balanç, en aquest cas, serà:

$$1\,000 = X \cdot 5 + Y \cdot 40$$

— Si decideix gastar-se tota la seva renda en aliments, $Y = 0$.

$$1000 = X \cdot 5 + 0 \cdot 40 = X \cdot 5 \quad \Rightarrow \quad X = \frac{1\,000}{5} = 200$$

La recta de balanç passa pel punt **(200, 0).**

— Si decideix gastar-se tota la seva renda en peces de roba, $X = 0$.

$$1000 = 0 \cdot 5 + Y \cdot 40 = Y \cdot 40 \quad \Rightarrow \quad Y = \frac{1\,000}{40} = 25$$

La recta de balanç passa pel punt **(0, 25).**

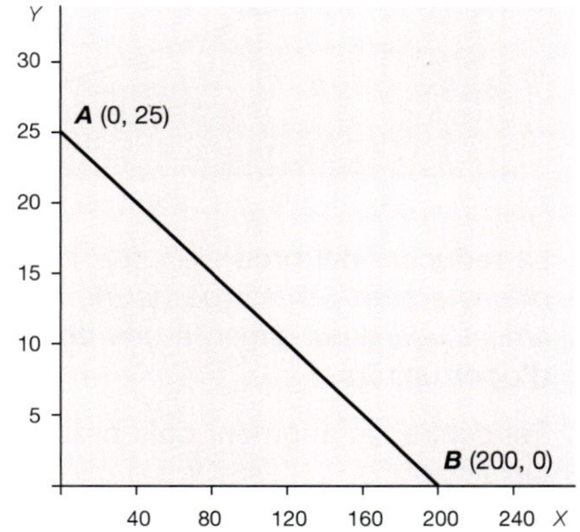

6.1. *Anàlisi de la recta de balanç*

Com ja hem vist, la **recta de balanç** representa totes les possibles combinacions de béns que podem assolir en un moment determinat i per a uns preus i una renda donats.

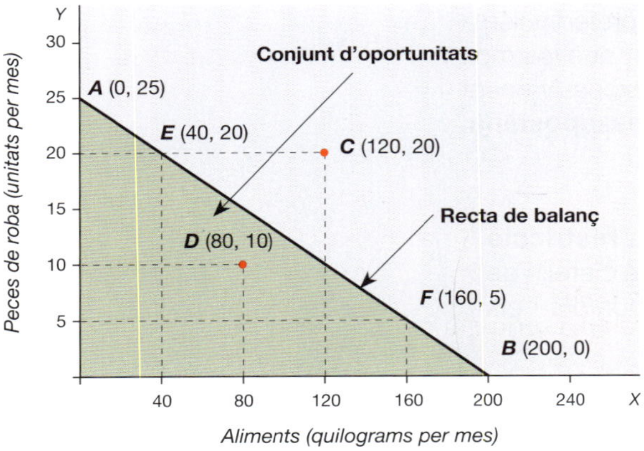

Fig. 11. La recta de balanç delimita el conjunt d'oportunitats.

L'àrea delimitada entre els eixos i la recta de balanç s'anomena **conjunt d'oportunitats** (fig. 11).

- Els cistells que es troben **fora del conjunt d'oportunitats,** com el cistell ***C*** són *inabastables* per al consumidor. Per a uns determinats preus dels béns, la seva renda no és suficientment alta.
- Els que estan **dins del conjunt d'oportunitats,** com el cistell ***D,*** són els que el consumidor pot adquirir *sense arribar a gastar tota la seva renda.*
- Els cistells situats **sobre la recta de balanç** poden ser adquirits sempre que el consumidor gasti *tota la seva renda.* Aquests seran els rellevants per a nosaltres: els cistells ***A, B, E*** i ***F.***

Moviments de la recta de balanç

Vegem què succeeix amb la recta de balanç si es *modifica el preu* d'algun dels béns o *canvia la renda* del consumidor.

MODIFICACIÓ DEL PREU DELS BÉNS

Si el preu dels aliments passa, per exemple, de 5 €/kg a 4 €/kg, el punt de contacte amb l'eix d'abscisses varia:

$$1\,000 = X \cdot 4 + Y \cdot 40$$

$$1\,000 = X \cdot 4 + 0 \cdot 40 = X \cdot 4$$

$$X = \frac{1\,000}{4} = 250$$

La recta de balanç passa ara pel punt **(250, 0).**

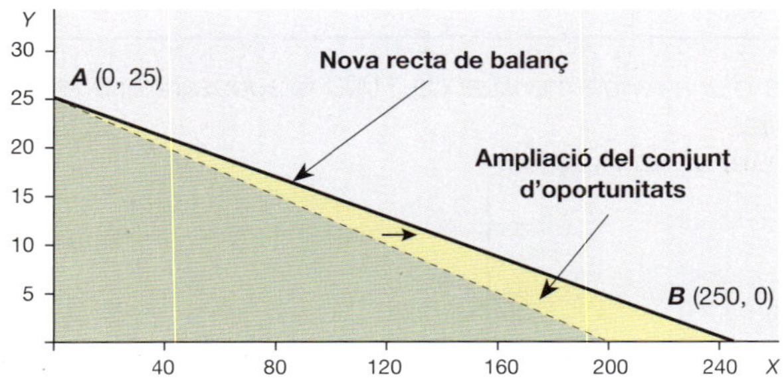

La **reducció del preu** d'un dels béns provoca un *desplaçament de la recta de balanç* cap a la dreta o cap amunt que dóna origen a una **ampliació del conjunt d'oportunitats.**

Per contra, un **augment dels preus** provocaria un desplaçament cap a l'esquerra o cap avall i una **reducció del conjunt d'oportunitats.**

CANVIS EN LA RENDA DEL CONSUMIDOR

Si la renda del consumidor passa, per exemple, de 1 000 € a 1 200 €, els nous punts de contacte amb els eixos seran:

$$1\,200 = X \cdot 5 + Y \cdot 40$$

$$1\,200 = X \cdot 5 \qquad 1\,200 = Y \cdot 40$$

$$X = \frac{1\,200}{5} = 240 \qquad Y = \frac{1\,200}{40} = 30$$

La recta de balanç passarà pels punts **(240, 0)** i **(0, 30).**

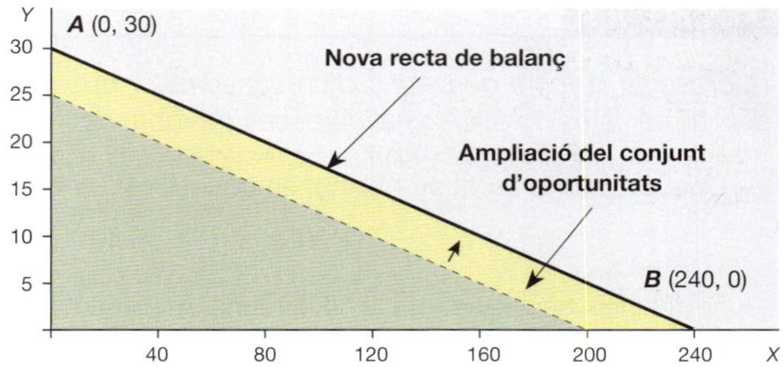

L'**increment de la renda** del consumidor provoca un *desplaçament paral·lel de la recta de balanç cap amunt* que també donaria origen a una **ampliació del conjunt d'oportunitats.**

Contràriament, una **disminució de la renda** provocaria un *desplaçament paral·lel de la recta de balanç cap avall* i una **reducció del conjunt d'oportunitats.**

7. L'equilibri del consumidor

Quan un individu decideix comprar un determinat bé, ha de tenir en compte tant les seves *preferències* com les seves *restriccions pressupostàries.*

- Les **preferències** es representen per mitjà d'un *mapa de corbes d'indiferència.*
- Les **restriccions pressupostàries** es representen per mitjà de la *recta de balanç,* a partir de la qual es determina el *conjunt d'oportunitats.*

Vegem a quines conclusions podem arribar si integrem totes dues representacions en un únic gràfic.

Suposem que tenim el *mapa de corbes d'indiferència* que es mostra en la figura 12 i una determinada restricció pressupostària representada mitjançant la *recta de balanç.*

Els punts ***P, H, L, M*** i ***E*** representen diferents **cistells de béns.**

- El cistell ***P*** no el tindrem en compte perquè, encara que es troba en l'interior del conjunt d'oportunitats, no està situat sobre la recta de balanç, el que indica que *la totalitat de la renda no s'ha emprat en consum.*
- El cistell ***H*** és *inabastable* per al consumidor perquè, encara que està en una corba d'indiferència que li reporta major satisfacció, queda *fora del seu conjunt d'oportunitats.*
- Els cistells ***L*** i ***M*** són inassolibles, ja que es troben sobre la recta de balanç. Tanmateix, el consumidor *no s'hi situarà* perquè, en estar en una corba d'indiferència baixa, proporcionen un *nivell de satisfacció insuficient.*

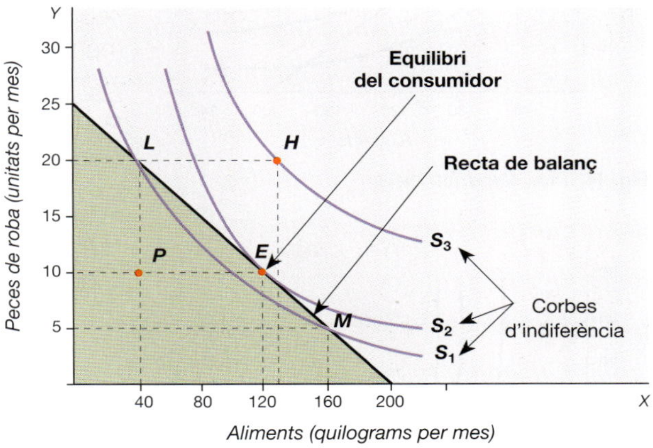

Fig. 12. Mapa de corbes d'indiferència i recta de balanç.

- El cistell ***E*** representa la combinació de béns amb la qual el consumidor aconsegueix obtenir *la major satisfacció possible,* és a dir, el *consum òptim,* que és el millor que es pot obtenir tenint en compte la seva renda limitada i suposant uns preus fixos. Aquest és el cistell que el consumidor ha de demandar.

  Aquest cistell se situa en l'anomenat punt d'**equilibri del consumidor** (fig. 13).

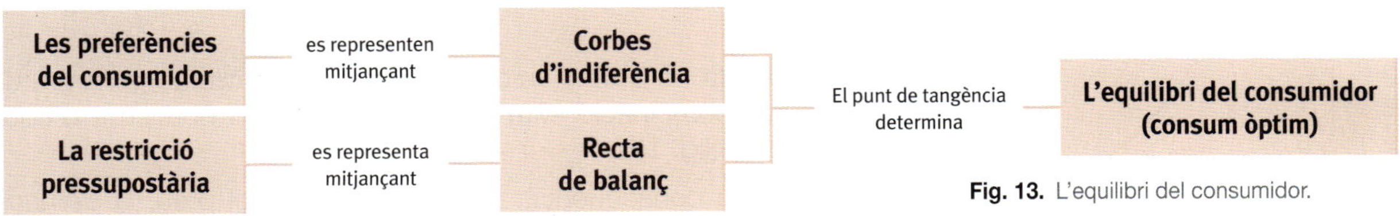

Fig. 13. L'equilibri del consumidor.

> L'**equilibri del consumidor** és el **punt de tangència** de la *corba d'indiferència més alta possible* amb la *recta de balanç,* on el consumidor assoleix la màxima satisfacció.

8. La corba de demanda

La demanda d'un bé per part dels consumidors depèn del seu **preu relatiu,** és a dir, del seu augment o disminució en relació amb el d'altres béns.

A fi de representar la **corba de demanda** en el cas d'un univers econòmic reduït a només dos béns, suposarem que **es modifica el preu** d'un bé mentre que *la renda del consumidor i el preu de l'altre bé romanen invariables.*

En aquest cas, la recta de balanç es desplaçarà i donarà lloc, com ja sabem, a una altra de nova.

El consumidor tractarà de situar-se en *la corba d'indiferència més alta que sigui compatible amb la seva nova restricció pressupostària* per tal d'assolir un nou punt d'equilibri, és a dir, un nou consum òptim.

Per tal d'analitzar el comportament de la demanda d'un bé en funció del seu preu, partirem de la situació donada en l'exemple 3: un consumidor amb una renda disponible de 1 000 € assoleix el seu **punt d'equilibri** *E* amb unes quantitats demandades d'aliments ***(X)*** i de peces de roba ***(Y).***

Els preus d'aquests béns són, respectivament, $P_X = 5$ €/kg i $P_Y = 40$ €/unitat. Els punts **(0, 25)** i **(200, 0)** representen les combinacions extremes dels dos béns (fig. 14).

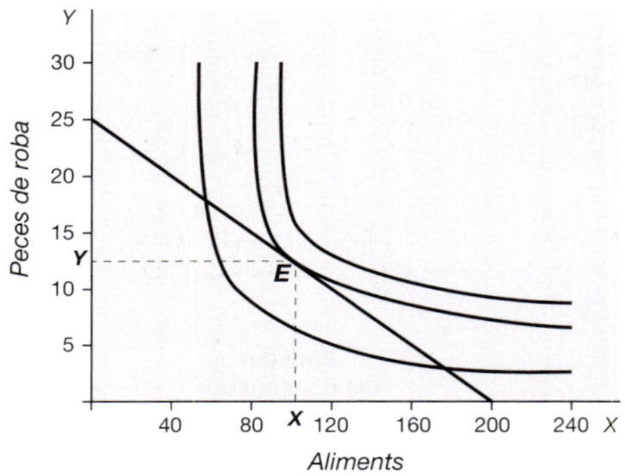

Fig. 14. Punt d'equilibri inicial.

- Si es produeix un **augment del preu** dels aliments, per exemple $P_X = 8$ €/kg, es modificarà el punt de contacte de la recta de balanç amb l'eix *X:*

$$1\,000 = X \cdot 8 + Y \cdot 40$$

$$1\,000 = X \cdot 8 + 0 \cdot 40 = X \cdot 8 \Rightarrow X = \frac{1\,000}{8} = 125$$

La recta de balanç es desplaçarà *cap a l'esquerra* i generarà un nou cistell extrem **(125, 0)** i un nou punt d'equilibri, ***E'*** (fig. 15).

Observem que aquest nou punt implica una **disminució de la demanda** d'aliments, ja que $X' < X$.

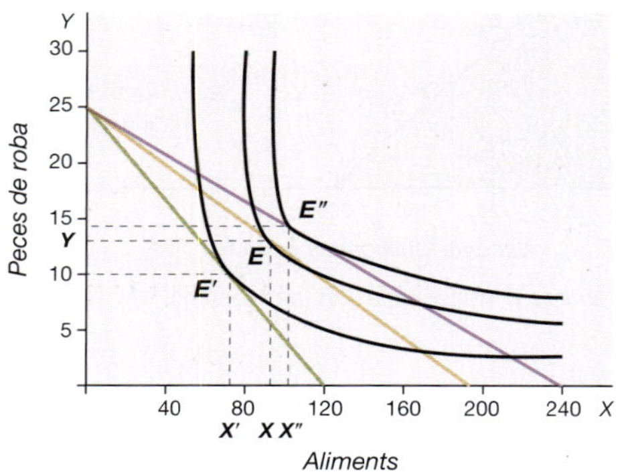

Fig. 15. Evolució del punt d'equilibri quan es modifiquen els preus.

- Si, per contra, es produeix una **disminució del preu,** per exemple $P_X = 4$ €/kg, també es modificarà el punt de contacte de la recta de balanç amb l'eix *X:*

$$1\,000 = X \cdot 4 + Y \cdot 40$$

$$1\,000 = X \cdot 4 + 0 \cdot 40 = X \cdot 4 \Rightarrow X = \frac{1\,000}{4} = 250$$

La recta de balanç es desplaçarà *cap a la dreta i* generarà una nova combinació extrema **(250,0)** amb un nou punt d'equilibri, ***E''*** (fig. 15).

Com a conseqüència de la disminució del preu, *la demanda augmentarà,* ja que s'observa que $X'' > X$.

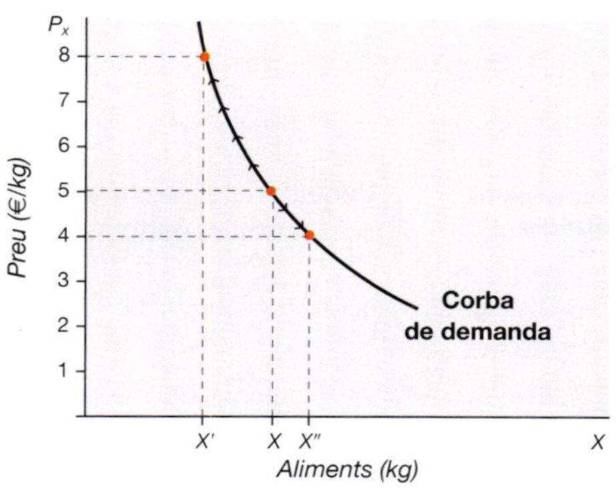

Fig. 16. Corba de demanda d'aliments.

En representar els diferents *preus* que assoleixen els aliments i les diferents *quantitats* que se'n demanden, obtenim la **corba de demanda** d'aliments (fig. 16).

Passarà el mateix si es produeix una modificació en el preu de les peces de roba sense que variï el preu dels aliments? Observem-ho.

- Si es produeix un **augment del preu** de les peces de roba, de manera que ara $P_Y = 50$ €/unitat, es modificarà el punt de contacte de la recta de balanç amb l'eix *Y*:

$$1\,000 = X \cdot 5 + Y \cdot 50$$

$$1\,000 = 0 \cdot 5 + Y \cdot 50 = Y \cdot 50 \Rightarrow Y = \frac{1\,000}{50} = 20$$

  La recta de balanç es desplaçarà *cap a avall* i generarà un nou cistell extrem **(0, 20)** i un nou punt d'equilibri, ***E'*** (fig. 17).

  Com en el cas anterior, observem que aquest nou punt implica també una **disminució de la demanda** de peces de roba, ja que $Y' < Y$.

- Si es produeix una **disminució del preu,** per exemple $P_Y = 25$ €/unitat, igualment es modificarà el punt de contacte de la recta de balanç amb l'eix *Y*:

$$1\,000 = X \cdot 5 + Y \cdot 25$$

$$1\,000 = 0 \cdot 5 + Y \cdot 25 = Y \cdot 25 \Rightarrow Y = \frac{1\,000}{25} = 40$$

  La recta de balanç es desplaçarà *cap a a dalt* i generarà un altre nou cistell extrem **(0, 40)** i un nou punt d'equilibri, ***E"*** (fig. 17).

  En el nou punt d'equilibri, la demanda de peces de roba augmenta, ja que $Y'' > Y$.

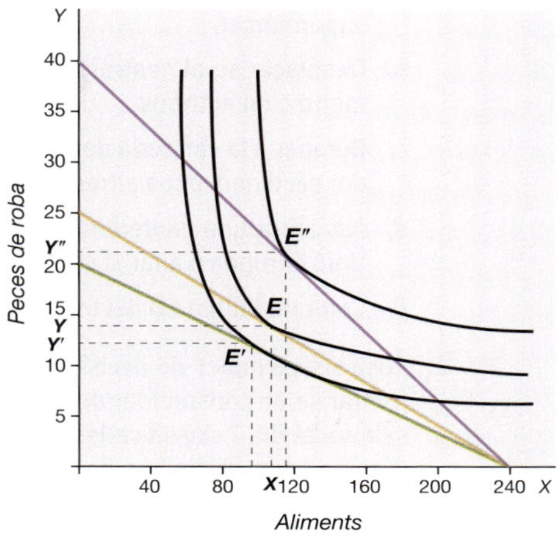

Fig. 17. Evolució del punt d'equilibri quan es modifiquen els preus de les peces.

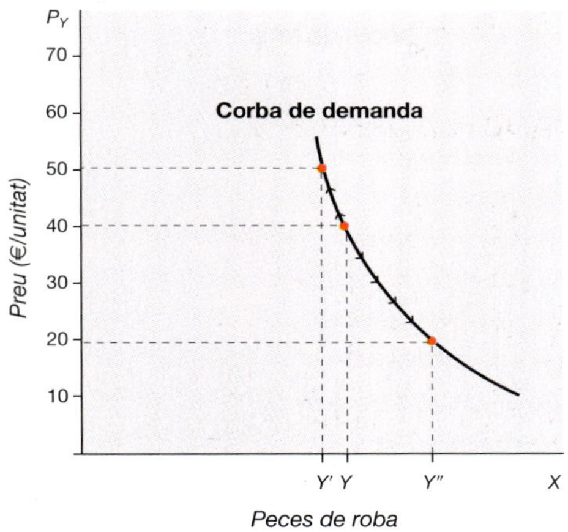

Fig. 18. Corba de demanda de peces de roba.

Si ara representem els *preus* que assoleixen les peces de roba i les *quantitats* demandades, obtenim la **corba de demanda** de peces de roba (fig. 18) que, com es pot observar és molt semblant a la que hem obtingut abans per als aliments.

A partir de l'anàlisi de les dues corbes obtingudes, podem enunciar la **llei de la demanda.**

> La **quantitat demandada** d'un bé **augmenta** quan **disminueix** el seu preu, sempre que la renda disponible i el preu dels altres béns es mantinguin inalterats.

La clàusula ceteris paribus

La quantitat demandada d'un bé depèn de molts factors, com ara el seu *preu,* el preu d'*altres béns relacionats,* la *renda* dels demandants, etc. Per aquest motiu, si la quantitat demandada varia, pot ser degut a més d'una causa.

En conseqüència, quan es pretén analitzar la relació entre la demanda d'un bé i el seu preu, caldrà suposar que **la resta dels factors roman constant.**

Aquest supòsit s'utilitza freqüentment en la teoria econòmica i rep el nom de clàusula ***ceteris paribus.***

1. Indica de quin tipus són les decisions següents i justifica la teva elecció.
   - *a)* Confeccionar una llista d'aliments per anar al supermercat.
   - *b)* Desplaçar-se al centre de la ciutat en taxi, en metro o en autobús.
   - *c)* Berenar a la cafeteria del centre escolar o guardar els diners per a altres usos.
   - *d)* Assistir a una conferència sobre el futur de la Unió Europea o anar al cinema amb els amics.
   - *i)* Comprar l'últim CD del teu grup favorit.

2. Posa sis exemples de decisions a les quals pot enfrontar-se un consumidor des que es lleva fins que se'n va al llit, i classifica-les en decisions de consum de béns, decisions de consum-estalvi i decisions de lleure-renda.

3. Explica què és un cistell de béns, posa tres exemples i representa'ls gràficament.

4. La figura següent representa el camp d'elecció d'una economia amb dos tipus de béns: aliments i peces de roba.

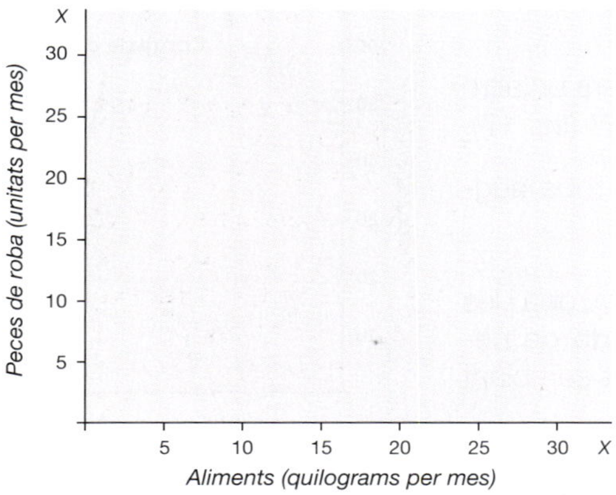

Representa els cistells *M, N, P* i *Q* d'acord amb les dades que apareixen en la taula següent.

CISTELL	ALIMENTS (kg/mes)	PECES DE ROBA (unitats/mes)
M	15	15
N	10	30
P	25	5
Q	25	15

   - *a)* Compara els cistells *M, N* i *P,* i raona quin preferirà un consumidor llaminer.
   - *b)* Aplica la transitivitat als cistells anteriors i determina l'ordre de preferència en el cas d'un consumidor vanitós.
   - *c)* Compara els cistells *P* i *Q,* i determina el seu ordre de preferència en qualsevol cas. Justifica la teva resposta.

5. Aplica la transitivitat de les preferències als cistells de béns *A, B* i *C* en cadascun dels casos següents:
   - *a)* El cistell *A* és preferit al *B* i aquest és indiferent al *C.*
   - *b)* El cistell *A* és indiferent als *C* i aquest és preferit al *B.*

6. Justifica la impossibilitat del supòsit següent:

   «El cistell A *és preferit al* B, *aquest és indiferent al* C, *i el* C *és preferit al cistell* A.»

7. Tria quatre béns de consum i justifica les teves preferències envers aquests.

8. Justifica per què dues corbes d'indiferència no poden tallar-se.

9. Explica què és la *relació marginal de substitució* i quina relació té amb la forma que adopten les corbes d'indiferència.

10. Representa la restricció pressupostària d'un consumidor que disposa d'una renda de 200 € i que consumeix taronges i tomàquets, els preus dels quals són, respectivament, 4 €/kg i 2 €/kg.
    - *a)* A partir d'aquesta situació, representa un augment del preu de les taronges d'1 €/kg.
    - *b)* A partir de la situació inicial, representa un augment de la renda en 100 €.
    - *c)* A partir de la situació inicial, representa una caiguda en el preu dels tomàquets de 0,5 €/kg.
    - *d)* A partir de la situació inicial, representa un augment de la renda de 100 €, un augment del preu de les taronges de 2 €/kg i un augment del preu dels tomàquets d'1 €/kg.

11. Seguint amb l'exemple anterior, dibuixa el mapa de corbes d'indiferència i representa el consum òptim inicial i la variació d'aquest consum que té lloc en cadascun dels subapartats. Verifica el compliment de la llei de la demanda.

12. Explica per què el consum òptim té lloc en el punt de tangència entre una corba d'indiferència i la recta de balanç que representa la restricció pressupostària.

13. Analitza la frase següent i corregeix-la si cal:

    «La corba de demanda de les bicicletes augmenta quan disminueix el preu de l'alumini amb què es fabriquen.»

14. Un estudiant de Batxillerat es planteja anar a veure una nova pel·lícula que acaben d'estrenar, però no pot perquè ha acudit a un concert del seu grup favorit i, a més a més, es vol comprar l'últim disc que han editat.
    - — Explica aquesta situació des del punt de vista de les preferències dels consumidors i la restricció pressupostària.

■ **15.** El gràfic següent representa el punt d'equilibri d'un consumidor que distribueix tota la seva renda disponible entre dos béns, *X* i *Y*.

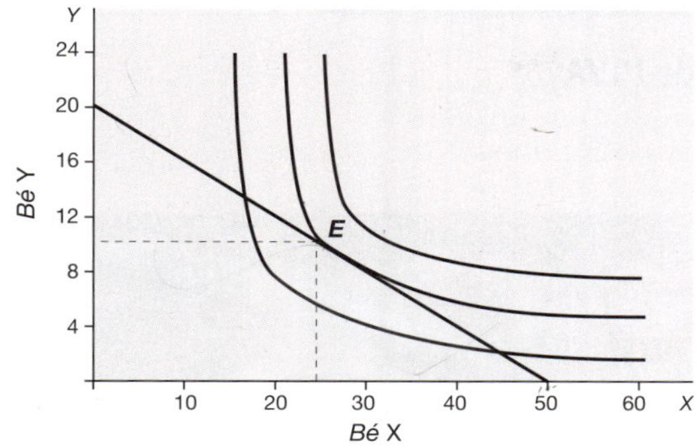

a) Determina el preu del bé *Y* i la renda disponible del consumidor si el preu del bé *X* és de 32 € per unitat.

b) Determina, a partir del gràfic, la quantitat de béns de cada classe que adquireix el consumidor en el punt d'equilibri.

c) Representa la nova recta de balanç en el cas que els preus experimentin un increment simultani del 25 %.

Indica, en aquest cas, quin serà el nou punt d'equilibri i quines quantitats de cadascun adquirirà el consumidor.

d) Representa ara la recta de balanç si el consumidor incrementa la seva renda en un 20 %.

Com en el cas anterior, indica el nou punt d'equilibri i les quantitats consumides de cada bé.

■ **16.** Determina si les següents afirmacions són vertaderes o falses. Raona la teva resposta en el cas de les vertaderes i corregeix les que siguin falses.

a) La microeconomia és la part de la ciència econòmica que estudia la manera com els agents econòmics trien en condicions d'escassetat.

b) Quan en economia es parla d'escassetat només ens referim a l'escassetat de recursos materials.

c) Les preferències dels consumidors són les diferents combinacions de béns que poden adquirir tenint en compte la seva renda disponible.

d) La transitivitat és una propietat que compleixen les preferències del consumidor, segons la qual, si el cistell *A* és preferit al *B* i el *B* és preferit al *C*, el cistell *C* serà preferit al cistell *A*.

i) La corba d'indiferència és el lloc geomètric de tots els cistells de béns que li proporcionen al consumidor un mateix nivell de satisfacció.

f) Els cistells de béns que es troben per damunt d'una corba d'indiferència són menys preferits que els que pertanyen a la corba.

g) Quan es modifiquen els preus dels béns o canvia la renda del consumidor, les corbes d'indiferència es desplacen però la recta de balanç roman invariable.

■ **17.** Llegeix l'article que apareix a continuació i respon les qüestions següents.

a) Quin efecte té sobre l'equilibri del consumidor el fet de consumir una marca blanca?

b) Quin altre factor s'ha de tenir en compte en la decisió de compra, a més de la qualitat i el preu d'un producte determinat?

Revista d'economia

Les marques blanques són fins a quatre vegades més barates

Així ho constata un estudi d'una important organització de consumidors

En el seu últim estudi, elaborat sobre un total de 123 productes en sis cadenes de supermercats i hipermercats, l'associació de consumidors Facua recull que els preus de les marques blanques són fins a quatre vegades menors que els d'un producte d'una marca líder.

El quadre següent reflecteix les diferències que poden arribar a assolir alguns articles.

ARTICLE	MARCA LÍDER	MARCA BLANCA
Refresc de cola 2 L	1,36 €	0,30 €
Bric de llet 1 L	0,94 €	0,48 €
Llauna de cervesa 33 cl	0,50 €	0,22 €
Suc de taronja 1 L	0,90 €	0,49 €

FACUA recomana als consumidors que prenguin les seves decisions de compra basant-se en el preu i la qualitat dels productes, a més del nivell de satisfacció que els provoqui el gust de cada variant o marca, sense deixar-se manipular per les campanyes publicitàries desenvolupades per diferents marques i col·lectius empresarials, ja que, segons explica, intenten confondre sobre el terme «marca», suggerint que les blanques són de menor qualitat.

Expansión, 15 de setembre de 2009

Revista d'economia

Així és la llista de la compra amb la nova pujada de l'IVA

Les economies domèstiques, les més danyades

Quant ens costarà a partir d'avui omplir el carret d'anar a comprar? La temuda pujada de l'IVA ja és aquí. Des d'avui els productes als quals s'aplicava el 7% i el 16% d'IVA tenen un increment de l'1% i del 2%, respectivament.

Però, com afecta això a les malparades butxaques dels espanyols? El nostre diari ha fet la compra un dia abans de la pujada i un dia després, amb aquesta ja aplicada. Vegem quant s'ha incrementat el carret.

Una barra de pa, un litre de llet o un quilo de tomàquets costen avui el mateix que ahir ja que els anomenats productes de *primera necessitat* —arròs, ous, pa, fruites o hortalisses—, que es graven amb el 4% de l'IVA, no experimenten cap increment.

El *tipus reduït*, que s'eleva del 7% al 8%, s'aplica a la resta d'aliments en general, al transport de viatgers, als serveis d'hoteleria, a les entrades d'espectacles, o als habitatges.

Altres productes que també es poden adquirir en un supermercat passen del 16% al 18%.

Això fa que un carret, format per 16 productes amb el 8 % d'IVA, sis amb el 18% i dos amb el 4%, que costava 98,86 € el passat dia 28 de juny, avui costi 99,93 €. L'increment d'1,07 € correspon a l'IVA.

Vegem ara com s'incrementa el preu producte per producte.

Un paquet de sis ampolles de refresc de cola de dos litres costava 6,86 €, dels quals 0,44 € corresponen al 7% d'IVA. Avui paga 0,51 € (8% d'IVA) per la qual cosa el seu preu en caixa passarà a ser 6,93 €.

Un paquet de quatre iogurts es pagarà avui a 0,96 €, un cèntim més del que costava ahir.

Un quilo de sucre, que costava 84 cèntims, ara es pagarà a 85 cèntims.

Mig quilo de carn picada, que fins ara es pagava a 3,56 €, avui ja costa 3,59 €.

Un litre de lleixiu costarà cinc cèntims més. I així una infinitat de productes.

Set cèntims, un cèntim, cinc cèntims semblen quantitats insignificants, però si s'analitza un carret complet o la sèrie de carrets que s'adquireixen al llarg de l'any, les carteres comencen a tremolar.

Segons la Confederació Espanyola d'Organitzacions de Mestresses de Casa, Consumidors i Usuaris, l'impacte mitjà per a les economies domèstiques de la pujada de l'IVA serà de més de 350 € anuals. Així, cada família haurà de destinar com a mínim 30 € més per arribar a final de mes comprant el mateix. I això sense tenir en compte la pujada dels preus.

A més del carret d'anar a comprar, les begudes alcohòliques i el tabac, que passen del 16% al 18%, suposaran un increment mitjà per família, d'uns 12 € a l'any. El mateix increment experimentaran els productes de neteja i de higiene personal.

Els combustibles, el transport i altres serveis seran les partides que més notaran la pujada de l'impost, segons aquest organisme. El combustible, que passa del 16% al 18%, suposarà una despesa addicional mitjana d'uns 85 € a l'any, mentre que en el transport, que passa del 6% al 8%, la despesa creix en 43 €.

Amb aquesta pujada de l'IVA, l'Estat calcula que ingressarà anualment 5 150 milions d'euros més. Aquest any, com la pujada s'aplica des de l'1 de juliol, l'ingrés serà de 1 900 milions.

Malgrat els números, els comptes, les pujades, els maldecaps per arribar a final de mes, *el que sumo* i *el que resto*, el 70% del comerç assumirà part de la pujada de l'IVA per mantenir unes vendes ja danyades per la crisi.

Així, alguns hipermercats han decidit descomptar, durant tot el mes de juliol, l'equivalent a l'increment de l'IVA en la segona unitat de cada compra. Altres cadenes certificaran davant de notari —diuen— la congelació de les seves tarifes actuals. En general, els grans magatzems no tenen intenció de repercutir la pujada en els preus de forma immediata.

D'una altra banda, gràcies al fet que la pujada de l'IVA coincideix amb l'inici del període de rebaixes, no serà fins a dins d'un parell de mesos quan les butxaques dels consumidors notin realment l'increment, encara que l'última paraula la seguiran tenint els comerciants que poden decidir si pujar l'IVA al comprador o assumir ells el cost i mantenir-los com fins ara.

El Mundo, 1 de juliol de 2010

1 La microeconomia estudia:

a) El comportament global de l'economia.

b) El comportament individual dels agents econòmics.

c) Els conceptes ètics i les normes que regeixen l'activitat econòmica.

d) Les característiques dels principals sistemes econòmics, passats i presents.

2 Les decisions dels consumidors que tenen com a resultat l'adquisició d'un determinat bé o un conjunt de béns, o la contractació d'un servei, reben el nom de:

a) Decisions de consum de béns.

b) Decisions de consum/estalvi.

c) Decisions de lleure/renda.

d) Preferències del consumidor.

3 Per a analitzar el comportament d'un consumidor, s'ha de tenir en compte:

a) Les seves preferències i la restricció pressupostària a què està sotmès.

b) Les seves preferències en matèria de consum de béns i serveis.

c) La renda disponible en cada moment.

d) El mapa de corbes d'indiferència.

4 La característica de les preferències del consumidor segons la qual aquest sempre pot establir una relació comparativa entre dos cistells de béns s'anomena:

a) Comparativitat.

b) Transitivitat.

c) Completesa.

d) No-saturació.

5 La corba d'indiferència uneix cistells de béns:

a) De preferència creixent per al consumidor.

b) De preferència decreixent per al consumidor.

c) Igualment preferits pel consumidor.

d) Inassolibles per al consumidor. Per això són indiferents per a ell.

6 Els punts situats a la dreta d'una corba d'indiferència representen:

a) Cistells més preferits pel consumidor que els de la corba.

b) Cistells menys preferits pel consumidor que els de la corba.

c) Cistells inassolibles per al consumidor, atès el seu nivell de renda.

d) Cistells ineficients en els quals el consumidor no es gasta tota la seva renda.

7 Les corbes d'indiferència solen tenir forma convexa perquè:

a) S'acostumen a representar d'aquesta manera.

b) Indiquen que el consumidor es gasta tota la seva renda quan adquireix un cistell de béns.

c) La relació marginal de substitució entre els béns que formen un cistell és creixent.

d) La relació marginal de substitució entre els béns que formen un cistell és decreixent.

8 La recta de balanç és:

a) Una línia que uneix entre si totes les corbes que formen el mapa de corbes d'indiferència.

b) Una línia que representa la restricció pressupostària del consumidor, tenint en compte la seva renda disponible i els preus dels béns.

c) Una línia que assenyala el punt d'equilibri al qual tendeix el consumidor.

d) Una línia que uneix els cistells de béns que són igualment preferits pel consumidor.

9 Si disminueix el preu d'un dels béns que desitja adquirir un consumidor, la recta de balanç:

a) Es queda invariable, perquè no s'ha modificat la renda disponible del consumidor.

b) Es desplaça cap a l'esquerra o cap avall, reduint el conjunt d'oportunitats.

c) Es desplaça cap a la dreta o cap a dalt, ampliant el conjunt d'oportunitats.

d) Es queda invariable però el cistell de béns es desplaça al llarg de la recta.

10 Si s'encareix un producte, la seva demanda:

a) Augmenta.

b) Disminueix.

c) Roman invariable.

d) Depèn dels preus dels altres béns.

11 El punt de tangència entre una determinada corba d'indiferència i la recta de balanç s'anomena:

a) Equilibri del consumidor.

b) Relació marginal de substitució.

c) Preferència transitiva.

d) Restricció pressupostària.

12 Per analitzar la relació entre la demanda d'un bé i el seu preu, suposem que tots els altres factors romanen constants. Aquesta hipòtesi s'anomena:

a) Restricció pressupostària.

b) Clàusula *ceteris paribus*.

c) Relació marginal de substitució.

d) Teoria de la preferència revelada.

5 L'empresa: producció, ingressos i costos

COMPETÈNCIES ESPECÍFIQUES

Competència en cultura econòmica i dialèctica

Determinar les raons que justifiquen l'existència de les empreses.

Identificar i distingir tecnologies tècnicament eficients i econòmicament eficients.

Distingir entre productivitat total, productivitat mitjana i productivitat marginal, i calcular-les en casos senzills.

Reconèixer els rendiments a escala com la forma d'analitzar el comportament de la producció a llarg termini.

Distingir i calcular el cost total, el cost mitjà i el cost marginal en casos senzills.

Distingir entre ingrés total, ingrés mitjà i ingrés marginal, i calcular-los en casos senzills.

Competència en raonament econòmic i modelització

Representar la tecnologia de l'empresa mitjançant un mapa d'isoquantes.

Explicar en què consisteix la minimització de costos i establir gràficament el punt òptim de l'empresa.

Determinar gràficament els llindars de rendibilitat d'una empresa i el nivell de producció que en permet la maximització dels beneficis.

■ Cadena de muntatge d'automòbils.

ORGANITZACIÓ DELS CONTINGUTS

L'empresa: producció, ingressos i costos

INTRODUCCIÓ

- Les empreses són les grans protagonistes de la microeconomia, ja que exerceixen la funció d'òrgan central o element coordinador entre producció i consum.

La productivitat és l'objectiu principal de l'activitat d'una empresa. Depèn de l'ús que es doni als factors de producció i de la tecnologia utilitzada en el procés.

Els costos i els ingressos d'una empresa determinaran l'existència o no de benefici final. La seva anàlisi és fonamental per a optimitzar la producció. De fet, no sempre és cert que un increment indefinit de la producció genera un augment de beneficis.

Els conceptes de cost i ingrés marginal ens serviran per a determinar quin és el nivell de producció que permet assolir l'objectiu fonamental de les empreses, l'obtenció del màxim benefici.

1. Naturalesa de l'empresa

Fig. 1. L'emmagatzematge i la distribució de béns i serveis són activitats empresarials.

Al llarg d'un dia d'activitat normal, les persones solen utilitzar diferents tipus de béns i serveis que no produeixen. Per obtenir-los, acudeixen a organitzacions encarregades de la seva producció de forma eficient. Aquestes organitzacions són les **empreses.**

> L'**empresa** és una unitat organitzativa dedicada a la **producció** de béns i serveis.

Entenem per **producció** qualsevol activitat que serveix per a acostar un bé o servei a la satisfacció d'una necessitat. Així doncs, la **fabricació** *(transformació material),* el **transport** *(transformació en l'espai),* l'**emmagatzematge** *(transformació en el temps)* i la **comercialització** *(prestació de serveis)* són **activitats de producció** (fig. 1).

L'empresa és una forma d'organització relativament moderna. No ha existit sempre tal com l'entenem avui.

Les principals **raons** de l'existència de les empreses són el *control de la producció,* la *provisió de fons* i la *disminució de costos.*

- El **control de la producció.** La producció necessita ser *controlada, gestionada* i *supervisada.*

  Per a fer-ho, l'empresa té unes persones que la representen i que s'encarreguen de prendre les decisions. Aquests individus són els *directius,* i han de decidir quins béns i serveis elaborar i quina combinació de factors de producció s'ha d'escollir per tal de dur-ho a terme.

- La **provisió de fons.** L'empresa ha de reunir els *fons* que necessita per produir.

  Antigament, les grans inversions necessàries per tal de dur a terme les activitats de producció eren finançades pels grups socials més adinerats, però en l'actualitat, la major part dels fons prové dels *beneficis* obtinguts per grans empreses o de *préstecs* procedents d'un gran nombre d'estalviadors.

- La **disminució de costos.** Probablement, la raó que més influeix a l'hora d'organitzar-se en empreses sigui la possibilitat d'aprofitar la disminució dels costos de la producció quan augmenta el volum d'aquesta.

  Quan això ocorre, diem que ens trobem en una economia d'escala. És el cas de la producció de l'acer o la fabricació d'automòbils.

Si no existissin les economies d'escala ni l'especialització en el treball, no seria rendible elaborar els productes en empreses. Cada individu podria produir els seus propis béns i serveis.

L'empresa és un agent econòmic que **pren decisions** sobre *quins béns produir, en quina quantitat i amb quines característiques i qualitat, com produir-los,* i *com, quan i on vendre'ls.*

Generalment, l'empresa pretén **maximitzar els beneficis,** però com sabem, hi ha **altres objectius** com ara *aconseguir una determinada quota de mercat, prestar serveis o produir béns socialment necessaris, crear riquesa a la zona,* etc.

1.1. *El benefici en l'empresa*

Si, com acabem d'indicar, l'empresa pretén **maximitzar els beneficis,** haurà de dur a terme dues accions fonamentals.

- En primer lloc, haurà de seleccionar les *proporcions i quantitats de factors* que li permetin **minimitzar els costos.**
- Una vegada establerts els costos, elegirà el *nivell de producció* que faciliti **maximitzar els ingressos.**

La presa en consideració de les dues accions ens permet introduir el concepte de **benefici.**

> El **benefici** és la diferència entre els **ingressos** de l'empresa i els **costos** dels béns i serveis que produeix o distribueix.

Benefici = Ingressos − Costos

- Els **ingressos** de les empreses són el resultant de vendre la producció als preus del mercat. Depenen bàsicament de la forma de la corba de demanda del bé. Per això, els determinants dels ingressos són les *quantitats* demandades i els *preus del producte.*
- Els **costos** són els que necessàriament incorren en la producció per l'ús dels factors. Depenen dels *preus dels factors* i de la *productivitat* d'aquests, és a dir, de la quantitat de producte obtingut per unitat de factor emprat.

Si els costos superen els ingressos, es diu que hi ha *pèrdues* o *beneficis negatius.*

Convencionalment, el terme **benefici** o **benefici econòmic** és utilitzat pels economistes a fi de referir-se als *beneficis extraordinaris,* que són els que excedeixen dels *beneficis normals.*

- El **benefici extraordinari** atreu empreses al mercat. És un nivell de beneficis *incentivador o atractiu.*

  Si el benefici extraordinari és *positiu,* atraurà empreses al mercat mentre se situï per damunt del benefici normal. Però si és *negatiu,* amb el temps, les empreses sortiran del mercat o tancaran.

- En canvi, el **benefici normal** és aquell nivell de beneficis que és *suficient* per a induir les empreses a mantenir-se *en la producció.*

  Per tant, el benefici normal serà aquell que fa que el mercat ni s'expansioni ni es contregui, és a dir, que *el nombre d'empreses no augmenta ni disminueix.*

L'**activitat** essencial de l'empresa pot resumir-se en tres punts.

- En primer lloc, **comprarà** els factors de producció.
- A continuació, els utilitzarà per a **produir** béns i prestar serveis.
- Finalment, es dedicarà a **vendre** els productes obtinguts.

Per això, al llarg d'aquesta unitat estudiarem la **producció,** els **costos** que aquesta genera i els **ingressos** que poden obtenir-se.

Beneficis i iniciativa empresarial

Els **beneficis normals** estan relacionats amb un dels factors de producció proposats per Alfred Marshall: la **iniciativa empresarial.**

Com ja sabem, es defineix com *la capacitat per a reunir i organitzar els factors productius amb la finalitat de produir béns* mitjançant tecnologies cada vegada millors o més desenvolupades.

La seva valoració està segons les **condicions de risc** que comporta l'empresa. Per això es considera normal, per exemple, un benefici d'un 15 % en un forn o d'un 100 % en joieria.

La **iniciativa empresarial,** juntament amb el grau de **desenvolupament tecnològic,** permeten que els països segueixin una trajectòria de creixement cap a nivells de desenvolupament i benestar cada cop més grans.

2. Dimensió temporal de la producció

A l'hora d'estudiar l'empresa com a unitat productora de béns i serveis, el primer que hem de tenir en compte és el **període de temps** considerat per l'empresa per tal d'adoptar les seves decisions.

Tenint en compte aquest període de temps, podem dividir el conjunt de **factors de producció** (terra, treball i capital) en *fixos* i *variables.*

- Els **factors de producció fixos** són els que l'empresa adquireix per a ser utilitzats durant un període llarg de temps. Les seves modificacions requereixen elevats costos i molt de temps per a dur-les a terme. És el cas de l'anomenat *capital fix* (els edificis, la maquinària, les instal·lacions, etc.) i de la *terra* que, com ja sabem, s'acostuma a englobar dins del factor *capital.*

- Els **factors de producció variables** són aquells la modificació dels quals pot dur-se a terme en qualsevol moment, perquè el seu cost és menor. És el cas del *capital circulant* i del *treball.*

Malgrat això, en la realitat, *cap factor de producció no és fix o variable en si mateix.* Aquesta és una característica que se li atribueix segons el període de temps que estiguem considerant i que pot ser a *molt curt termini,* a *curt termini,* a *llarg termini* o a *molt llarg termini.*

- A **molt curt termini,** *tots els factors són fixos,* perquè el període de temps considerat és tan petit que l'empresa no té marge per a modificar-los: no es poden construir nous edificis, ni comprar maquinària, ni acomiadar o contractar nous treballadors, etc.

  Això fa que *el nivell de producció no es pugui modificar.*

- A **curt termini,** comencen a aparèixer *alguns factors variables,* mentre que d'altres segueixen sent fixos.

  Encara que el període de temps que estem considerant no és gaire llarg, és el suficient perquè puguin ser modificats factors com ara el treball.

  Així, l'empresa pot contractar o acomiadar treballadors, amb la qual cosa *varia el nivell de producció.*

- A **llarg termini,** *tots els factors es consideren variables,* és a dir, l'empresa pot variar la quantitat de qualsevol factor: pot construir nous edificis, comprar o vendre terra, augmentar o disminuir la plantilla de treballadors o variar el consum de primeres matèries i energia.

  En aquest període de temps és habitual que *es modifiqui significativament el nivell de producció.*

- A **molt llarg termini,** *tots els factors són variables* i, a més, es pot *canviar la tecnologia utilitzada* en el procés de producció.

  Les empreses experimenten *grans canvis en el nivell de producció* quan es comtemplen a molts anys vista.

Ho veurem millor en un exemple concret.

EXEMPLE 1

Una empresa productora de blat utilitza per a dur a terme la seva producció els tres factors productius: terra, treball i capital. Un inesperat fenomen climatològic afecta altres empreses productores de blat de manera que se'n perd la colllita.

Analitza la resposta d'aquesta empresa en un període a molt curt, a curt, a llarg i a molt llarg termini.

Si la collita de la nostra empresa no ha patit cap dany, és previsible que aquesta vegi augmentada la seva demanda de blat. La resposta de l'empresa a aquesta demanda dependrà del període de temps considerat:

A **molt curt termini,** l'empresa no pot produir més blat, ja que *tots els factors* (terra, treball i capital) són *fixos:* no pot ampliar la superfície conreada ni contractar més personal ni adquirir nova maquinària que faci la feina més eficient.

Per tant, només podrà respondre de dues maneres:

- *Venent la seva producció normal i el blat que tingui acumulat,* amb el que incrementarà els seus beneficis.
- Augmentant el preu del blat perquè hi ha molta demanda i no té pràcticament competidors en el mercat.

A **curt termini,** l'empresa podrà *modificar alguns factors variables,* és a dir, aquells el cost d'ajustament dels quals sigui molt baix o nul, però no podrà fer-ho amb els fixos.

- Probablement *contractarà més treballadors* per tal d'incrementar el ritme de collita, tractament i comercialització del blat.
- Però *no podrà utilitzar més terra ni adquirir més maquinària* perquè el cost d'aquests factors és molt més elevat.

A **llarg termini,** podrà *modificar tots els factors,* ja que s'han convertit en *variables.* Així:

- *Adquirirà més terra* per tal de destinar-la a la producció de blat.
- *Renovarà i ampliarà la maquinària* destinada a les tasques agrícoles i probablement *ampliarà els seus magatzems* per poder acumular el blat.
- *Contractarà nous treballadors* per a dedicar-los a les diferents tasques de producció: feines agrícoles, maneig de maquinària, gestió de magatzems, distribució, comercialització, etc.

A **molt llarg termini** l'empresa podrà dur a terme les mateixes modificacions indicades en l'apartat anterior i, a més, *millorar la tecnologia* de manera que la producció de blat resulti més eficient. Per exemple:

- Pot *substituir la maquinària* per una altra més moderna.
- Pot *robotitzar* els processos d'envasament i emmagatzematge del blat, de manera que es redueixi la mà d'obra necessària per a aquestes feines.
- Pot *informatitzar* els procediments de distribució i venda.
- Pot *recórrer a les noves tecnologies* per a tenir una bona posició en el mercat.
- Pot, fins i tot, *obrir nous mercats* en l'àmbit internacional si la quantitat de producte supera el que és capaç d'absorbir el mercat local o nacional.

3. La tecnologia

Al llarg de la història, cada societat ha disposat d'un *conjunt de coneixements* que li han permès obtenir els béns econòmics d'una forma millor que en el passat.

En cada època, els éssers humans disposen de tots els coneixements tècnics acumulats fins aleshores. Això els permet triar entre diferents **tecnologies** o mètodes de producció.

La **tecnologia** és el conjunt de coneixements tècnics que permet a les empreses aconseguir una combinació òptima de factors de producció per a l'obtenció de béns econòmics.

Cada empresa pot utilitzar diferents tecnologies per elaborar un bé o servei. Cadascuna implica una determinada combinació de factors.

Des del punt de vista econòmic, a fi d'elegir una tecnologia és necessari prendre en consideració els conceptes d'*eficiència tècnica* i *eficiència econòmica.*

- Una tecnologia és **tècnicament eficient** si se n'obté *la màxima producció* a partir d'unes quantitats determinades de factors.

  Per tant, una tecnologia és *tècnicament més eficient que una altra* si per a obtenir la mateixa producció fa servir, com a màxim, *la mateixa quantitat d'un dels factors i menor quantitat d'un altre.*

- Una tecnologia és **econòmicament eficient** si permet elaborar els béns i serveis amb *costos mínims* dels factors de producció que utilitza.

  En conseqüència, un procés de producció és *econòmicament més eficient que un altre* si, per a obtenir la mateixa producció, *el cost monetari dels factors que utilitza és menor.*

Les empreses han d'escollir la tecnologia que permeti la **màxima producció** *(eficiència tècnica)* amb el **mínim cost** *(eficiència econòmica).*

Eficàcia i eficiència

Cal no confondre **eficàcia** amb **eficiència.**

Una tecnologia és **eficaç** si aconsegueix assolir *els objectius proposats* utilitzant els factors de producció al seu abast.

Una tecnologia és **eficient** si, a més, els assoleix *en el seu grau màxim i amb el mínim cost.*

Tota tecnologia eficient és eficaç. Per contra, *no tota tecnologia eficaç arriba a ser eficient.*

EXEMPLE 2

Una empresa automobilística pretén introduir un nou model especialment dissenyat per a consumir poc. La producció d'aquest nou cotxe pot dur-se a terme mitjançant tres tecnologies diferents: A, B *i* C.

A partir de les dades de la taula, determina la tecnologia que hauria de seleccionar l'empresa per elaborar-lo.

TECNOLOGIA	A	B	C
HORES DE TREBALL	50	100	125
HORES DE MÀQUINA	100	50	125
COST HORA DE TREBALL	15 €	15 €	15 €
COST HORA DE MÀQUINA	20 €	20 €	20 €
COST TOTAL	2375 €	2500 €	4375 €
UNITATS	1	1	1

— Des del punt de vista de l'**eficiència tècnica,** les tecnologies ***A*** i ***B*** són similars perquè, encara que ***A*** necessita el doble d'hores de màquina que ***B,*** requereix la meitat d'hores de treball; i encara que ***B*** necessita el doble de treball, utilitza la meitat de capital. Malgrat això, la tecnologia ***C*** és tècnicament ineficient, perquè necessita més hores de treball i més hores de capital que les tecnologies ***A*** i ***B.*** En conseqüència, la ***C*** queda descartada.

— Des del punt de vista de l'**eficiència econòmica,** si l'empresa utilitza la tecnologia ***A,*** aconsegueix elaborar el cotxe amb 2375 € de cost. No obstant això, si utilitza la ***B,*** suporta un cost de 2500 €. En conseqüència, descartarà la tecnologia ***B.***

Per tant, l'empresa escollirà la **tecnologia *A,*** ja que és **la més eficient** des dels punts de vista *tècnic* i *econòmic.*

3.1. *Representació de les tecnologies: les isoquantes*

El procés de selecció d'una tecnologia pot analitzar-se amb més claredat a través d'una representació gràfica.

Per a fer-ho, cal suposar que **les tecnologies es poden desenvolupar a qualsevol escala.** És a dir, atès que la informació disponible fa referència a *un únic bé,* podem calcular les mateixes dades per a la producció de més d'un.

Així, en l'exemple anterior, per a la producció d'un cotxe amb la tecnologia *A* es necessita la combinació de 50 unitats del factor treball i 100 unitats de capital. Per això, si es dupliquen o tripliquen els factors emprats, obtindrem dos o tres cotxes, respectivament.

El mateix ocorre amb les altres tecnologies.

Tenint en compte aquest raonament, podem confeccionar la taula que apareix al marge.

TECNOLOGIA	HORES DE TREBALL	HORES DE MÀQUINA	UNITATS PRODUÏDES
A	50	100	1
	100	200	2
	150	300	3
B	100	50	1
	200	100	2
	300	150	3
C	125	125	1
	250	250	2
	375	375	3

Taula 1.

A partir de les dades de la taula que corresponen a combinacions de factors *tècnicament eficients* (en aquest cas, només les tecnologies ***A*** i ***B*),** podem obtenir una representació gràfica.

- En l'*eix d'abscisses* es col·loca la **quantitat de treball** utilitzada per l'empresa.
- En l'*eix d'ordenades* situarem la **quantitat de capital.**

D'aquesta manera, els punts del pla representaran combinacions determinades de capital i treball.

Cada tecnologia es representa mitjançant una recta que surt de l'*origen de coordenades.* A mesura que ens hi allunyem, les quantitats de factors utilitzats i el volum de producció associat seran majors.

Si unim les combinacions de factors que representen la mateixa quantitat de producte, obtenim una línia que rep el nom d'**isoquanta.**

> La **isoquanta** és el lloc geomètric de les combinacions de factors *tècnicament eficients* que permeten d'obtenir la mateixa quantitat de producte.

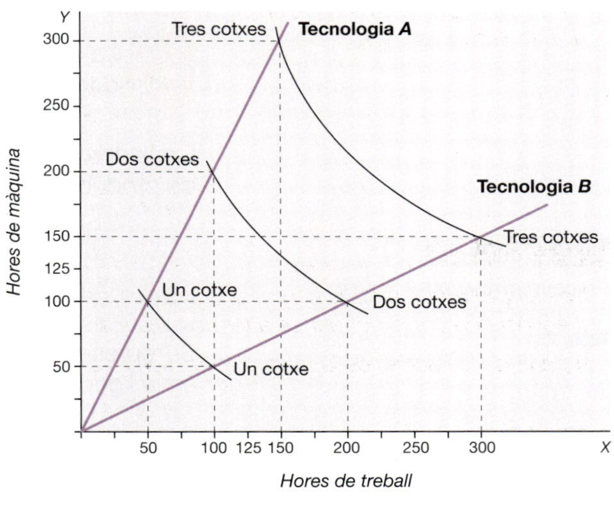

Fig. 2. Mapa d'isoquantes.

El conjunt d'isoquantes s'anomena **mapa d'isoquantes** (fig. 2). Les corbes que les representen són **convexes** i **mai no es tallen entre si** ja que, en cas contrari, existiria una combinació de treball i capital que estaria associada a dos nivells de producció diferents, cosa que, evidentment, és impossible.

Els mapes d'isoquantes constitueixen la representació gràfica de la tecnologia de l'empresa.

4. La funció de producció

El mapa de corbes isoquantes és la representació gràfica de l'evolució de la producció en relació amb els factors emprats per a obtenir-la. Aquesta evolució també ve reflectida mitjançant la **funció de producció.**

> La **funció de producció *f*** és la relació que existeix entre la quantitat màxima de producció que pot obtenir-se i els factors necessaris per a fer-ho amb una tecnologia concreta.

$X = f(K, L)$ on

- X = quantitat màxima de producte obtingut
- K = quantitat de capital invertit
- L = quantitat de treball utilitzat
- f = relació entre X i els factors K i L

En el cas de la **producció a curt termini,** el **capital *(K)*** és sempre un *factor fix,* mentre que el **treball *(L)*** és un *factor variable.*

En conseqüència, el procés de producció es durà a terme utilitzant una determinada quantitat del factor fix (el *capital),* combinada amb successives quantitats del factor variable (el *treball).*

Per analitzar amb més detall el comportament de la funció de producció, hem de distingir entre **producció total, productivitat mitjana, productivitat marginal** i **productivitat global.**

4.1. *Producció total*

> La **producció total *(PT)*** és el nombre total d'unitats de producte que s'obtenen en utilitzar els factors productius.

Considerem, per exemple, el cas d'una empresa productiva la funció de producció de la qual s'ajusta a la taula següent.

NRE. DE TREBALLADORS *(L)*	0	1	2	3	4	5	6	7	8	9	10
PRODUCCIÓ TOTAL *(PT)*	0	10	22	36	52	70	90	98	104	108	110

Taula 2.

Si representem les dades en un gràfic, obtenim la corba que apareix en la figura 3.

La clàusula *ceteris paribus*

Per analitzar la funció de producció d'aquesta empresa, només hem tingut en compte l'evolució del **factor treball *L*** *(variable)* mentre que el **factor capital *K*** el considerarem *fix.*

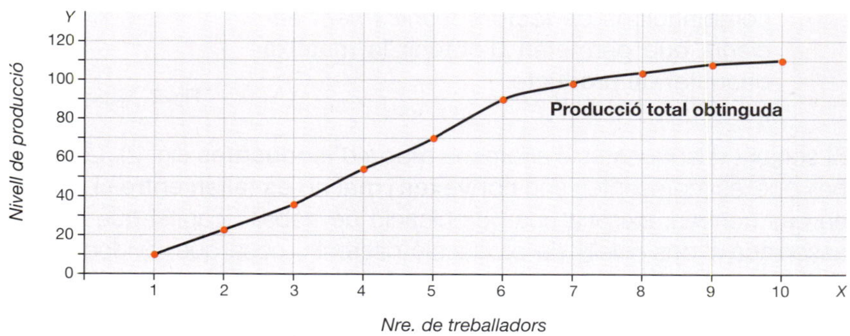

Fig. 3. Evolució de la producció total d'una empresa.

4.2. *Productivitat mitjana*

L'anàlisi de la representació gràfica de la producció total ens aporta informació rellevant.

— En l'interval [1, 6] la corba és **còncava,** el que indica que *la productivitat creix progressivament,* el que significa que sis treballadors produeixen més de sis vegades el que un sol.

— En l'interval [6, 10], en canvi, és **convexa,** és a dir, *la productivitat creix a menor ritme:* un increment en el nombre de treballadors no produeix un increment igual en la producció.

Punt d'inflexió

En anàlisi matemàtica, el punt en el qual una funció passa de *còncava* a *convexa* o viceversa s'anomena **punt d'inflexió.**

Així doncs, la funció que representa la **producció total** té un *punt d'inflexió* en el punt **(6, 90).**

Aquest canvi en el ritme de producció, associat a sis treballadors, es veu molt millor si prenem en consideració la producció que s'obté de cadascun dels treballadors en cada cas, és a dir, la **productivitat mitjana.**

La **productivitat mitjana *(PMi)*** és el quocient entre la *producció total* (PT) i el *nombre d'unitats* (L) utilitzades de cada factor.

$$PMi = \frac{PT}{L}$$

Si apliquem la fórmula a la taula anterior, podrem apreciar l'evolució d'aquesta dada.

NRE. DE TREBALLADORS *(L)*	0	1	2	3	4	5	6	7	8	9	10
PRODUCCIÓ TOTAL *(PT)*	0	10	22	36	52	70	90	98	104	108	110
PRODUCTIVITAT MITJANA *(PMi)*	0	10	11	12	13	14	15	14	13	12	11

Taula 3.

Si analitzem la productivitat mitjana de l'empresa, en relació amb el factor productiu *treball,* observem el següent:

— En l'interval [1, 6], a mesura que aportem nous factors productius al procés, la funció és **creixent.**

— En l'interval [6, 10], els últims factors aportats provoquen un **decreixement** de la funció.

Ho veurem millor si observem el gràfic de la funció (fig. 4).

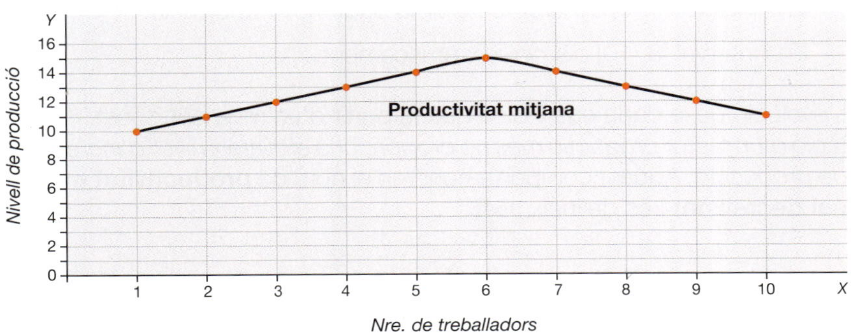

Fig. 4. Evolució de la productivitat mitjana.

Màxim i mínim

En anàlisi matemàtica, el punt en què una funció passa de *creixent* a *decreixent* s'anomena **màxim,** i si passa de *decreixent* a *creixent,* **mínim.**

La funció que representa la **productivitat mitjana** té un *màxim* en el punt **(6, 15).**

4.3. *Productivitat marginal*

A l'hora de posar en funcionament el seu sistema productiu, les empreses han de tenir en compte l'aportació deguda a l'últim factor productiu incorporat, és el que es coneix amb el nom de **productivitat marginal.**

La **productivitat marginal *(PMg)*** és l'augment que experimenta la *producció total* (Δ PT) amb l'increment d'una unitat de factor productiu (Δ L).

$$PMg = \frac{\Delta PT}{\Delta L}$$

La veurem millor si a la taula 2 hi afegim una fila que especifiqui l'aportació de cada treballador a la producció total.

NRE. DE TREBALLADORS *(L)*	0	1	2	3	4	5	6	7	8	9	10
PRODUCCIÓ TOTAL *(PT)*	0	10	22	36	52	70	90	98	104	108	110
PRODUCTIVITAT MARGINAL *(PMg)*	0	10	12	14	16	18	20	8	6	4	2

Taula 4.

La representació gràfica que resulta és la següent (fig. 5):

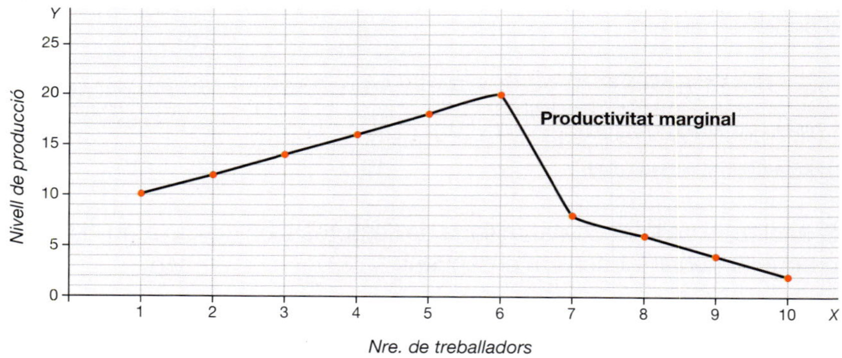

Fig. 5. Evolució de la productivitat marginal d'una empresa.

Observem que, a mesura que s'incrementa el factor productiu *treball,* la producció marginal varia:

— En l'interval [1, 6] *s'incrementa* amb cada nova aportació.

— En l'interval [6, 10] *disminueix* bruscament.

L'evolució de la dada ens indica que, a partir d'un moment donat, *l'aportació d'un factor productiu més no proporciona el mateix nivell d'increment de producció.* Aquest comportament rep el nom de **productivitat marginal decreixent** i es defineix així:

La **productivitat marginal decreixent** és la propietat per la qual la producció marginal d'un factor *disminueix* a mesura que *augmenta* la quantitat aportada a la producció d'aquest factor.

EXEMPLE 3

Un agricultor és propietari d'una extensió de vinyes i disposa de maquinària agrícola adequada per treballar-hi. Quan arriba la verema, contracta un determinat nombre de jornalers perquè recullin la collita. Durant uns quants anys, ha compilat dades del nombre de persones contractades i la producció diària obtinguda, amb les quals ha confeccionat la taula següent:

NRE. DE TREBALLADORS *(L)*	1	2	3	4	5	6	7	8	9	10	11	12
PRODUCCIÓ TOTAL EN Kg *(PT)*	560	1 232	2 016	2 912	3 920	5 040	6 272	6 720	7 056	7 280	7 392	7 392

Completa la taula amb les dades de la productivitat mitjana i la productivitat marginal. A partir dels resultats obtinguts, determina el nombre òptim de treballadors que haurà de contractar per tal de maximitzar la productivitat.

Apliquem les fórmules de la productivitat mitjana i la productivitat marginal i resulta:

NRE. DE TREBALLADORS *(L)*	1	2	3	4	5	6	7	8	9	10	11	12
PRODUCCIÓ TOTAL EN Kg *(PT)*	560	1 232	2 016	2 912	3 920	5 040	6 272	6 720	7 056	7 280	7 392	7 392
PRODUCT. MITJANA *(PT/L)*	560	616	672	728	784	840	896	840	784	728	672	616
PRODUCT. MARGINAL *(ΔPT/ΔL)*	–	672	784	896	1 008	1 120	1 232	448	336	224	112	0

Les productivitats mitjana i marginal creixen en l'interval [1, 7] i decreixen en l'interval [7, 12]. El **màxim** se situa en el punt $L = 7$. Per tant, el nombre òptim de treballadors que haurà de contractar l'agricultor és **7.**

4.4. *Productivitat global*

Les empreses també estan interessades a conèixer la relació que hi ha entre el *valor dels productes* obtinguts i el *cost dels factors* de producció emprats. Aquesta relació s'anomena **productivitat global.**

La **productivitat global *(PG)*** és el quocient entre el valor monetari de la producció en un període determinat i el valor monetari dels recursos necessaris emprats.

$$PG = \frac{\text{Valor producció}}{\text{Cost recursos}}$$

Per tal de calcular-la s'ha de tenir en compte que els recursos utilitzats són heterogenis i, per tant, caldrà valorar-los en *unitats monetàries.* A més, per establir comparacions entre productivitats diferents utilitzarem *preus constants* (valor real) per a eliminar l'efecte nominal.

EXEMPLE 4

Una empresa ha obtingut una producció de 4 100 unitats d'un producte el preu de venda del qual és de 20 €. Per a fer-ho, ha emprat 400 hores de treball, a 60 € l'hora, 40 unitats de material A, *amb un cost unitari de 135 €, i 712 unitats de material* B, *amb un cost unitari de 5 €.*

Determina la productivitat global.

Apliquem directament la fórmula de la productivitat global.

$$PG = \frac{4\,100 \text{ unitats} \cdot 20 \text{ €/unitat}}{400 \text{ h} \cdot 60 \text{ €/h} + 40 \text{ unitats} \cdot 135 \text{ €/unitat} + 712 \text{ unitats} \cdot 5 \text{ €/unitat}} = 2{,}49 \text{ €}$$

La productivitat global és **2,49 €.**

4.5. *La llei dels rendiments decreixents*

Si tenim en compte, doncs, els conceptes exposats de la producció total, la productivitat mitjana i, sobretot, la productivitat marginal, estem en condicions de deduir la **llei dels rendiments decreixents.**

Abans d'enunciar-la, reflexionarem al voltant del comportament de la funció de producció de l'apartat anterior.

- En analitzar la taula, comprovem que, si en l'empresa treballa **una única persona** ($L = 1$), aquesta haurà de dur a terme totes les tasques de producció, des de la manipulació de la primera matèria fins al trasllat del producte acabat al magatzem.

  La quantitat de producte obtingut té un valor determinat que, en aquest cas, és $PT_1 = 10$.

- A mesura que es van afegint persones al procés de producció, poden repartir-se la feina, amb la qual cosa la producció *augmentarà progressivament.*

  Segons les dades de la taula, el nombre òptim de persones que poden treballar en el procés és **sis** ($L = 6$). En aquest punt, la producció assoleix el valor $PT_6 = 90$ i es produeix la **inflexió** de la corba.

- Si es continuen afegint persones al procés de producció, s'observa que la seva aportació a l'increment del producte és inferior que la dels anteriors. La producció total segueix creixent però *cada cop ho fa més lentament.* Això es deu al fet que les possibilitats de dividir la feina són cada vegada menors.

- Si continuéssim incorporant força de treball a la producció, l'excessiu nombre de persones utilitzades arribaria a *entorpir* el procés de producció fins al punt de disminuir la producció total. La productivitat marginal podria arribar a ser negativa.

Això és el que subratlla la **llei dels rendiments decreixents.**

> A curt termini, tenint en compte uns factors de producció **fixos** i a partir d'un determinat nivell de producció, a mesura que **s'augmenten** els factors de producció variables, l'aportació que cada unitat afegida fa al total *(productivitat marginal)* és cada cop **menor.**

La llei de rendiments decreixents és una **regularitat empírica** àmpliament observada. Però com que no es tracta d'una llei matemàtica invariable pot no complir-se en alguns casos excepcionals.

Aquest comportament de la funció de producció constitueix un element molt important en l'anàlisi dels nivells de pobresa de determinats països superpoblats d'Àsia i l'Àfrica.

Si prenem com a exemple l'agricultura, observem que, en aquests països, *el nombre de treballadors per unitat de terra és molt elevat* i, en conseqüència, els rendiments unitaris són molt baixos i, en alguns casos, fins i tot negatius.

Productivitat i especialització

«L'important treball de fer un agulla queda dividit en unes divuit operacions diferents, les quals són desenvolupades en algunes fàbriques per uns altres divuit obrers tot i que, en altres, un únic home desenvolupi de vegades dues o tres operacions. Deu obrers podien fer cada dia més de quaranta-vuit mil agulles. En canvi, si cadascun dels obrers hagués treballat de manera separada i independent, de segur que no hagués pogut fer vint o, potser, ni una única agulla al dia.»

Adam Smith
Visita a la fàbrica d'agulles.

4.6. *Els rendiments d'escala*

Del que hem dit anteriorment es dedueix que, si es vol seguir augmentant progressivament la producció d'una empresa, haurà de fer-se *incrementant alhora la quantitat de capital i de treball.* Això només podrà dur-se a terme **a llarg termini,** canviant l'*escala* o grandària de l'empresa.

Per tant, a diferència de les productivitats, els **rendiments d'escala** s'enquadren en un context de llarg termini.

Els **rendiments d'escala** mesuren la variació de la producció total quan s'augmenten *tots els factors* de forma proporcional.

Cal distingir **tres tipus** de rendiments d'escala: *constants, creixents* i *decreixents.*

- Els **rendiments d'escala constants** es produeixen quan un augment proporcional de tots els factors productius genera un augment *en la mateixa proporció* del nivell de producció final.

  Això significa que, si **dupliquem** la quantitat de factors es **duplica** la producció final.

  Aquesta característica s'aprecia fàcilment quan s'analitza el **mapa d'isoquantes:** la *distància entre les corbes* es manté *constant* quan es produeixen canvis iguals en l'escala (fig. 6).

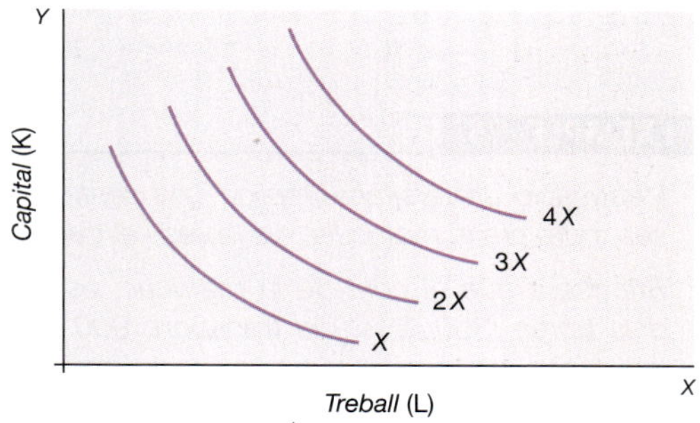

Fig. 6. Mapa d'isoquantes en el cas de rendiments d'escala constants.

- Els **rendiments d'escala creixents** es produeixen quan un augment proporcional de tots els factors genera un augment *en una proporció* més gran del producte obtingut.

  O el que és el mateix: si **dupliquem** la quantitat de factors, la producció obtinguda és **més gran del doble.**

  En el **mapa d'isoquantes** s'obseva que *les corbes estan cada cop més pròximes* (fig. 7), ja que l'increment constant de la producció requereix un increment cada vegada menor en els factors.

  Aquests tipus de rendiments s'anomenen **economies d'escala.**

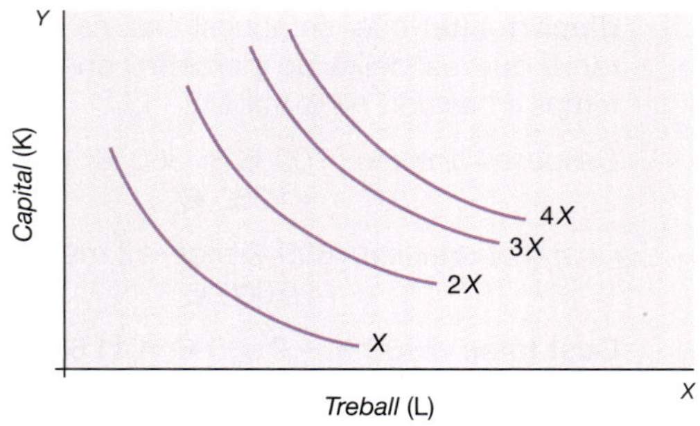

Fig. 7. Mapa d'isoquantes en el cas de rendiments d'escala creixents.

- Els **rendiments d'escala decreixents** es produeixen quan un augment proporcional de tots els factors productius genera un augment de la producció final *en menor proporció.*

  Per tant, si **dupliquem** la quantitat de factors, la producció obtinguda és **menor del doble.**

  En aquest cas, *les isoquantes estan cada vegada més allunyades entre si,* ja que l'increment constant de la producció requereix una aportació cada cop més gran de factors (fig. 8).

  Aquests tipus de rendiments s'acostumen a anomenar **diseconomies d'escala.**

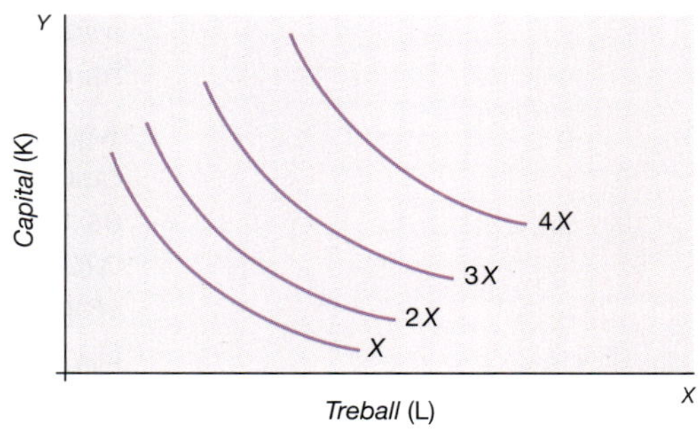

Fig. 8. Mapa d'isoquantes en el cas de rendiments d'escala decreixents.

5. Els costos de producció

Els economistes no solen ocupar-se de l'*eficiència tècnica* de la tecnologia aplicada al procés de producció, sinó de la seva **eficiència econòmica.** És a dir, seleccionen les combinacions de factors de producció tenint en compte els **costos.**

5.1. *Cost econòmic i cost comptable*

Abans de començar l'anàlisi d'aquest important concepte econòmic, hem de distingir entre els seus significats *comptable* i *econòmic.*

- Des del punt de vista **comptable,** els costos inclouen únicament les *transaccions monetàries,* és a dir, les quantitats pagades pels factors o per l'adquisició d'un bé o servei.
- Des del punt de vista **econòmic,** es tenen en compte *tots els costos,* independentment que reflecteixin o no transaccions monetàries. És a dir, s'inclou el **cost d'oportunitat.**

EXEMPLE 5

L'educació universitària implica una sèrie de despeses, com ara la matrícula, els llibres i el transport.

Suposant que el cost de la matrícula és 700 €, el dels llibres, 360 €; el del transport, 900 €; i el salari mínim interprofessional és, aproximadament, de 800 € al mes, calcula el cost anual d'estudiar a la universitat.

— Per a calcular el cost econòmic d'estudiar a la universitat, cal sumar les **despeses directes** i el **cost d'oportunitat** que, en aquest cas, és la remuneració que es deixa de percebre en dedicar el temps a l'estudi i no al treball.

Despeses directes: 700 € + 360 € + 900 € = = 1 960 €

Cost d'oportunitat: 800 €/mes · 12 mesos = = 9 600 €

Cost total: 1 960 € + 9 600 € = **11 560 €**

EXEMPLE 6

Una empresa de fabricació de mobles es planteja l'adquisició d'una furgoneta per al repartiment dels seus productes.

Proposa diferents costos d'oportunitat als quals es pot enfrontar en efectuar aquesta operació i explica la diferència entre el seu cost comptable i el seu cost econòmic.

— Com que l'empresa té recursos limitats, si en dedica una part a l'adquisició d'una furgoneta, assumeix el **cost d'oportunitat** de no assignar aquests recursos a altres opcions, com ara *adquirir primeres matèries* per a la producció (taulers), *renovar la maquinària* o *invertir els diners* en productes financers per a obtenir interessos.

— El **cost comptable** considerarà només el *preu de la furgoneta,* però el **cost econòmic** contemplarà *el preu* i el cost de la millor alternativa existent, és a dir, el *cost d'oportunitat.*

5.2. *Cost d'oportunitat*

Un dels **errors** més freqüents en economia és considerar que *determinats factors tenen cost zero* perquè són propietat de l'empresa i no hi ha necessitat d'adquirir-los.

Aquest supòsit és fals perquè el factor la propietat del qual ja es té (maquinària, terrenys, planta baixa, edifici,...) hauria de tenir un **rendiment,** és a dir, s'ha de considerar el lloguer del factor com a *rendiment del capital* i aquest cost s'ha d'afegir al cost dels factors de la producció emprats.

Ho veurem millor amb un exemple: suposem el cas d'un **treballador autònom** que desenvolupa el seu treball en *un local que és de la seva propietat* i té un empleat. Com que no paga lloguer de cap tipus, presenta al final de l'exercici els comptes que apareixen a continuació (taula 5).

EXERCICI 2011			
Ingressos totals			100 000 €
Costos totals:	Primeres matèries Salaris	45 000 € 30 000 €	
Total costos anuals			75 000 €
Benefici obtingut			**25 000 €**

Taula 5. Els comptes teòrics del treballador autònom.

El que aquesta persona no ha comptabilitzat són els conceptes d'*interessos del capital* invertit (el que obtindria si llogués el local de la seva propietat) i *salari de l'empresari* (el que guanyaria en un altre lloc desenvolupant aquesta mateixa activitat).

Els seus comptes reals haurien de ser els següents (taula 6):

EXERCICI 2011			
Ingressos totals			100 000 €
Costos totals:	Primeres matèries Salaris	45 000 € 30 000 €	
Cost d'oportunitat:	Interessos del capital Salari de l'empresari	30 000 € 30 000 €	
Total dels costos anuals:			135 000 €
Benefici obtingut			**−35 000 €**

Taula 6. Els comptes reals del treballador autònom.

Com es pot observar, els *teòrics beneficis* s'han convertit en **pèrdues reals.**

Arribats a aquest punt, podem definir el concepte de **cost d'oportunitat** des d'un altre punt de vista.

El **cost d'oportunitat** és el valor que es podria haver obtingut amb una dedicació diferent dels recursos.

Per tant, la **valoració** dels factors productius haurà de fer-se segons els seus corresponents *costos d'oportunitat.* En aquest sentit, s'ha de tenir en compte que el cost d'oportunitat d'un factor és, en cada moment, el seu **preu de mercat** i no el preu d'adquisició inicial, ja que si el propietari d'un factor desitja desfer-se d'aquest a aquest preu és perquè ho considera com *la millor alternativa.*

Si no hi ha una alternativa real per a l'ús d'un determinat factor productiu, aleshores, i només en aquest cas, podem considerar que *el seu cost d'oportunitat és zero.*

Externalitats negatives

Un altre tipus de costos els estudiarem sota la denominació d'**externalitats negatives.**

S'originen en el cas d'empreses la producció de les quals pugui estar perjudicant la resta de la societat (fums, aigües residuals contaminades, deixalles no tractatades, etc.).

El tractament dels residus suposa una **despesa** per part de l'empresa en elements que redueixin l'impacte ambiental, la qual cosa provocarà un **menor benefici** de l'empresa.

En la unitat 3 hem definit el **cost d'oportunitat** com *el valor de la millor alternativa possible a què es renuncia quan es dediquen els factors productius a una activitat concreta.*

Com s'aprecia, es tracta del *mateix concepte* però expressat de *forma diferent.*

5.3. *La producció a curt termini i els costos derivats*

El **cost de producció** és, com hem vist, la suma de tots els costos dels elements utilitzats en el procés productiu, és a dir, els *costos totals de l'empresa.* Però, a més, s'ha de considerar també un altre element: la **producció a curt termini,** amb una especial consideració als *costos marginals.*

Per a entendre el concepte de **cost,** suposem que l'empresa a la qual hem fet referència en la taula 2, desenvolupa la seva activitat en una nau industrial *arrendada;* té dos tipus de treballadors: *fixos* i *eventuals;* ha adquirit la maquinària per a la producció amb un *préstec,* que encara no està pagat al banc; i utilitza *primeres matèries* i *subministraments energètics.*

En aquesta situació, molt comuna en tot tipus d'empreses, concorren dos **tipus bàsics** de costos: *costos fixos* i *costos variables.*

- Els **costos fixos *(CF)*** són els que *no depenen del volum de producció.* A aquest grup pertanyen el *lloguer de la nau,* el *salari dels treballadors fixos,* els *impostos* i l'*amortització del préstec* obtingut per a l'adquisició de maquinària.

  Generalment se solen definir com **costos generals** o *costos irrecuperables.*

  En la taula, apareixeran com una fila de *valor constant,* ja que els costos fixos sempre tenen el mateix valor, encara que l'empresa no produeixi res.

NRE. DE TREBALLADORS *(L)*	0	1	2	3	4	5	6	7	8	9	10
PRODUCCIÓ TOTAL *(X)*	0	10	22	36	52	70	90	98	104	108	110
COSTOS FIXOS *(CF)* (MILERS D'€)	80	80	80	80	80	80	80	80	80	80	80

Taula 7.

- Els **costos variables *(CV)*** són els que assumeix l'empresa per la quantitat de béns produïts i, per tant, *depenen directament de la quantitat produïda:* a major producció, major cost.

  En aquest grup s'integren el *cost de les primeres matèries i dels recursos energètics* emprats en la producció, i els *salaris dels treballadors eventuals.*

  La fila que els representa en la taula té *valor creixent,* perquè els costos variables depenen del volum de producció.

NRE. DE TREBALLADORS *(L)*	0	1	2	3	4	5	6	7	8	9	10
PRODUCCIÓ TOTAL *(X)*	0	10	22	36	52	70	90	98	104	108	110
COSTOS FIXOS *(CF)* (MILERS D' €)	80	80	80	80	80	80	80	80	80	80	80
COSTOS VARIABLES *(CV)* (MILERS D'€)	0	70	150	220	275	310	340	370	440	510	595

Taula 8.

A partir d'aquests, podem definir els conceptes de **cost total, cost mitjà** i **cost marginal.**

El cost total

El **cost total *(CT)*** és el valor de *tots els elements emprats en el procés productiu* per tal d'aconseguir una determinada quantitat de producte.

S'obté sumant els *costos fixos* ***(CF)*** i els *variables* ***(CV).***

$$CT = CF + CV$$

La seva evolució segueix una trajectòria semblant a la dels costos variables, com es pot observar en la figura 9.

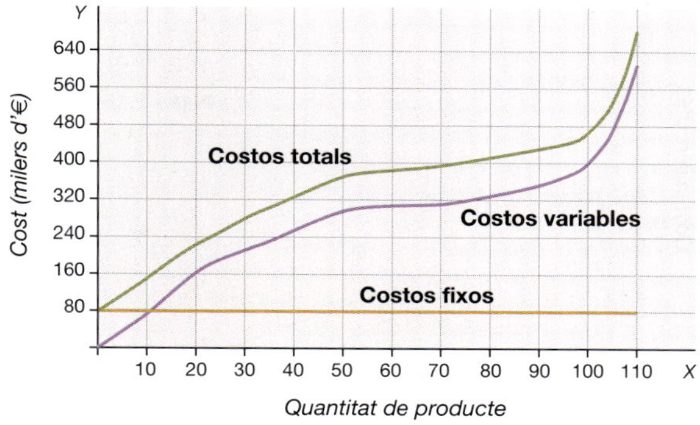

Fig. 9. Evolució dels costos fixos i variables, i del cost total.

NRE. DE TREBALLADORS *(L)*	0	1	2	3	4	5	6	7	8	9	10
PRODUCCIÓ TOTAL *(X)*	0	10	22	36	52	70	90	98	104	108	110
COSTOS FIXOS *(CF)* (MILERS D'€)	80	80	80	80	80	80	80	80	80	80	80
COSTOS VARIABLES *(CV)* (MILERS D'€)	0	70	150	220	275	310	340	370	440	510	595
COSTOS TOTALS *(CT)* (MILERS D'€)	80	150	230	300	355	390	420	450	520	590	675

Taula 9.

El cost mitjà

El **cost mitjà *(CMi)*** és el cost total que correspon a cada unitat produïda.

S'obté dividint el cost total ***(CT)*** pel nombre d'unitats produïdes ***(X).*** Podem distingir entre *cost fix mitjà* ***(CFMi)*** i *cost variable mitjà* ***(CVMi).***

$$CMi = \frac{CT}{X} = \frac{CF + CV}{X} = CFMi + CVMi$$

El *cost fix mitjà* descendeix de manera gradual mentre que el *variable* i el *total* comencen decreixent i després creixen (fig. 10).

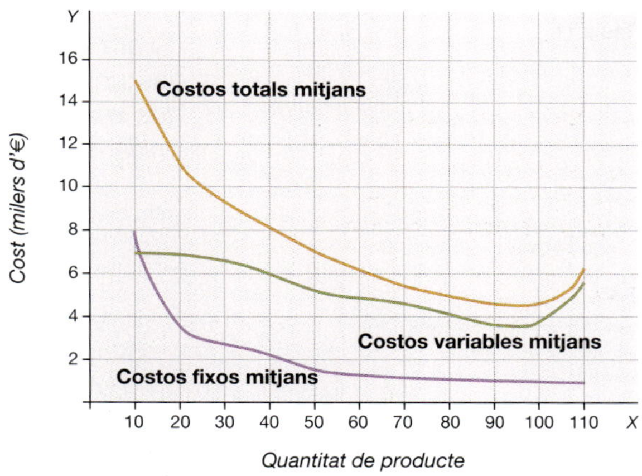

Fig. 10. Evolució dels costos mitjans fixos, variables i totals.

NRE. DE TREBALLADORS *(L)*	0	1	2	3	4	5	6	7	8	9	10
PRODUCCIÓ TOTAL *(X)*	0	10	22	36	52	70	90	98	104	108	110
COSTOS FIXOS *(CF)* (MILERS D'€)	80	80	80	80	80	80	80	80	80	80	80
COSTOS VARIABLES *(CV)* (MILERS D'€)	0	70	150	220	275	310	340	370	440	510	595
COSTOS TOTALS *(CT)* (MILERS D'€)	80	150	230	300	355	390	420	450	520	590	675
COSTOS FIXOS MITJANS *(CFMi)*	–	8	3,64	2,22	1,54	1,14	0,89	0,82	0,77	0,74	0,73
COSTOS VARIABLES MITJANS *(CVMi)*	–	7	6,82	6,11	5,29	4.43	3,78	3,78	4,23	4,72	5,41
COSTOS TOTALS MITJANS *(CMi)*	–	15	10,46	8,33	6,83	5,57	4,67	4,60	5,00	5,46	6,14

Taula 10.

El cost marginal

> El **cost marginal *(CMg)*** és l'increment de *costos* que es produeix en incrementar la producció en una unitat.

Es calcula dividint l'*increment del cost total* **(Δ*CT*)** entre l'*increment d'unitats produïdes* **(Δ*X*).**

$$CMg = \frac{\Delta CT}{\Delta X}$$

El *cost marginal* descendeix inicialment fins a assolir un mínim i després creix amb extraordinària rapidesa (fig. 11).

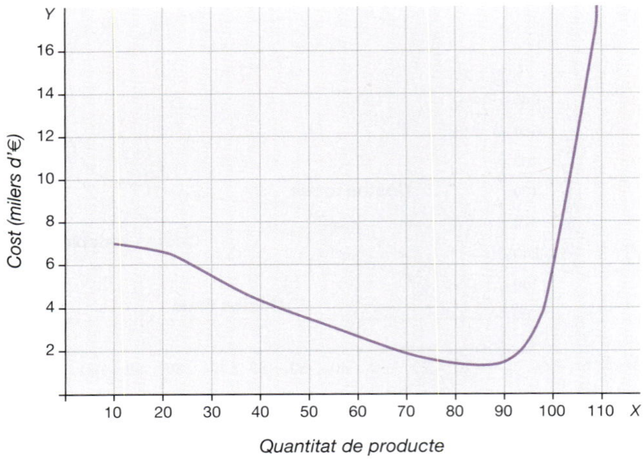

Fig. 11. Evolució dels costos marginals.

NRE. DE TREBALLADORS *(L)*	0	1	2	3	4	5	6	7	8	9	10
PRODUCCIÓ TOTAL *(X)*	0	10	22	36	52	70	90	98	104	108	110
COSTOS TOTALS *(CT)* (MILERS D'€)	80	150	230	300	355	390	420	450	520	590	675
INCREMENT DE COSTOS (Δ*CT*)	–	70	80	70	55	35	30	30	70	70	85
INCREMENT DE PRODUCCIÓ (Δ*CT*)	–	10	12	14	16	18	20	8	6	4	2
COSTOS MARGINALS *(CMg)*	–	7	6,67	5	3,44	1,94	1,5	3,75	11,67	17,5	42,5

Taula 11.

Si ara confeccionem un **gràfic** amb els costos mitjans i marginals segons les unitats de treball emprades podem observar que *la corba de costos marginals talla les de costos variables mitjans i la de costos totals mitjans pel seu punt més baix* (fig. 12).

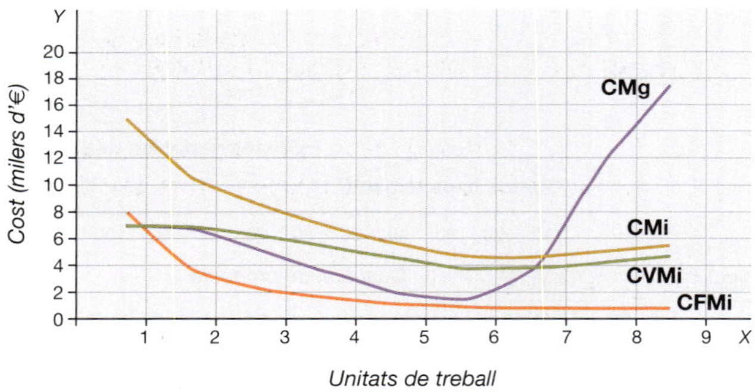

Fig. 12. Gràfic comparatiu de costos.

L'explicació és la següent:

- Quan *el cost marginal és inferior al cost mitjà,* si es produeix una unitat més, el cost mitjà disminueix.
- Però quan *el cost marginal és superior al cost mitjà,* si es produeix una unitat més, el cost mitjà augmenta.
- Per tant, quan el cost marginal és igual al cost mitjà, és a dir, en el punt de contacte entre les dues corbes, el cost mitjà ni disminueix ni augmenta. Es tracta, doncs, del **punt mínim.**

Interpretació matemàtica de cost marginal

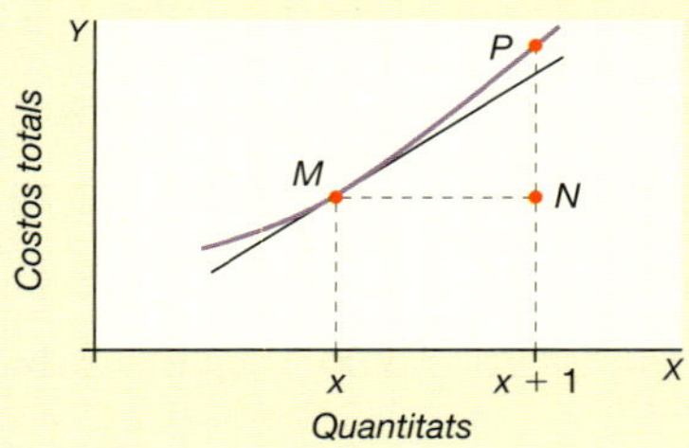

Entre dues unitats consecutives de producció, ***X*** i ***X* + 1,** el **cost marginal** ve donat per l'expressió:

$$CMg = \frac{\Delta CT}{\Delta X} = \frac{P - N}{N - M}$$

Si la distància entre ***X*** i ***X* + 1** es va reduint progressivament, arribarà un moment en què el quocient coincidirà amb el **pendent de la tangent** a la corba de cost total en un punt donat.

5.4. *La regla del cost mínim*

Per tal de minimitzar els costos de producció, s'ha de prendre en consideració la **regla del cost mínim,** que es formula de la manera següent.

> Per a obtenir un nivell donat de producció amb el menor cost possible, una empresa ha de comprar factors fins que el **producte marginal per unitat monetària** que gasta en cada factor de producció sigui el mateix.

$$\frac{\textbf{Producte marginal de } L}{\textbf{Preu de } L} = \frac{\textbf{Producte marginal de } A}{\textbf{Preu de } A}$$

Això significa que cap empresa sensata no esperaria *minimitzar els costos* elegint una combinació dels factors maquinària i treball de tal manera que *no fossin iguals els seus productes físics marginals.*

Vegem-ho amb un exemple:

EXEMPLE 7

En una empresa, la maquinària té un cost de 6000 €, la unitat de treball costa 10 €/hora i els productes marginals de la màquina i la feina tenen el mateix valor: 200 €.

Analitza la situació d'eficiència de l'empresa i proposa alguna solució de millora.

Si calculem la relació entre el producte marginal i el cost dels dos factors de producció, ens trobarem amb el següent:

$$\frac{\text{Producte marginal maquinària}}{\text{Preu maquinària}} = \frac{200\text{ €}}{6000\text{ €}} = 0{,}033$$

$$\frac{\text{Producte marginal treball}}{\text{Preu treball}} = \frac{200\text{ €}}{10\text{ €}} = 20$$

Es tracta d'una situació d'**ineficiència.** Per tal de corregir-la, l'empresa ha d'intentar **reduir la quantitat de maquinària** (el producte marginal augmentarà) i **augmentar la de treball** (el producte marginal disminuirà) fins a buscar situacions de combinació eficient de factors.

En reduir la quantitat de màquines, podrem aconseguir que el producte marginal de la maquinària s'elevi, per exemple, fins a 12000 €. I en augmentar la quantitat de treball aportat, podem reduir el producte marginal d'aquest factor fins a 20 €. En aquesta nova situació tindrem:

$$\frac{\text{Producte marginal maquinària}}{\text{Preu maquinària}} = \frac{12000\text{ €}}{6000\text{ €}} = 2$$

$$\frac{\text{Producte marginal treball}}{\text{Preu treball}} = \frac{20\text{ €}}{10\text{ €}} = 2$$

Aquesta combinació de factors és clarament **eficient,** ja que els productes marginals per euro de maquinària i treball són iguals, per la qual cosa l'empresa **minimitza** els seus costos de producció.

Una aplicació d'aquest principi és la **regla de substitució.**

> Quan baixa el preu d'un factor, mentre el dels altres es manté constant, les empreses es poden beneficiar **substituint** els factors que mantenen el seu preu pel que ara és més barat.

6. Els ingressos

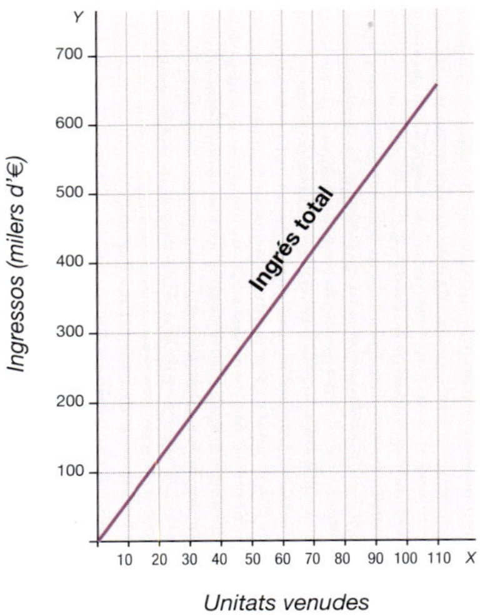

Fig. 13. Representació gràfica de l'ingrés total.

Els **ingressos** fan referència a la quantitat monetària que l'empresa obté per la venda dels seus béns i serveis.

De la mateixa manera que passa amb les productivitats i els costos, per analitzar els ingressos d'una empresa, hem de distingir l'*ingrés total*, l'*ingrés mitjà* i l'*ingrés marginal.*

Ingrés total

L'**ingrés total *(IT)*** és la quantitat monetària que l'empresa obté en vendre *tots els elements produïts*.

S'obté multiplicant el nombre *d'unitats venudes* ***(X)*** pel *preu* de cadascuna ***(P),*** suposant que *totes les unitats de producte es venguin al mateix preu.*

$$IT = X \cdot P$$

Així, si l'empresa dels apartats anteriors ven la seva producció a un preu unitari de **6 000 €,** l'evolució del seu ingrés total serà una **funció lineal,** tal com apareix en la figura 13.

NRE. DE TREBALLADORS *(L)*	0	1	2	3	4	5	6	7	8	9	10
PRODUCCIÓ TOTAL *(X)*	0	10	22	36	52	70	90	98	104	108	110
INGRESSOS TOTALS *(IT)* (MILERS D'€)	0	60	132	216	312	420	540	588	624	648	660

Taula 12.

Ingrés mitjà

L'**ingrés mitjà *(IMi)*** és l'ingrés que l'empresa obté per cada unitat produïda.

S'obté dividint l'ingrés total ***(IT)*** pel nombre d'unitats venudes ***(X).***

$$IMi = \frac{IT}{X}$$

Si totes es venen al mateix preu, resulta evident que l'ingrés mitjà coincidirà amb el preu unitari ***(IMi* = *P* = 6 000 €).**

Ingrés marginal

L'**ingrés marginal *(IMg)*** és l'increment d'*ingressos* que obté l'empresa en incrementar les *unitats* venudes.

Es calcula dividint l'increment d'ingressos totals entre l'increment del nombre d'unitats venudes.

$$IMg = \frac{\Delta IT}{\Delta X}$$

Com en el cas anterior, si el preu és el mateix, l'ingrés marginal també coincidirà amb aquest ***(IMg* = *P* = 6 000 €).**

7. L'estratègia de l'empresa

Si ens fixem en la tipologia de béns i serveis que ofereixen, les empreses poden ser molt diferents entre si. Però totes posseeixen un element comú al qual anomenem **funció objectiu.**

> La **funció objectiu** de qualsevol empresa és sempre *maximitzar els beneficis.*

Les empreses han de determinar el seu volum de producció òptim, és a dir, aquell que **maximitza el benefici.** Per a fer-ho, s'estudia de manera seqüencial, ja que no es poden maximitzar els beneficis si prèviament no es **minimitzen els costos.**

Com a conseqüència, en primer lloc estudiarem la *minimització de costos* per a un determinat nivell de producció i posteriorment analitzarem el nivell òptim de producció que *maximitza beneficis.*

7.1. *Minimització de costos*

Suposem una empresa que produeix un únic bé ***X,*** perfectament **divisible,** mitjançant la utilització de dos factors productius també perfectament divisibles: el *capital* ***K,*** i el *treball* ***L.*** El preu del capital és el *tipus d'interès* ***r,*** i el del treball és el *salari* ***w.***

Amb aquestes dades, l'empresa es pregunta com produir la quantitat ***X**** amb el *mínim cost possible,* tenint en compte els preus dels factors.

Sabem que la **isoquanta** associada al nivell de producció ***X**** indica les combinacions de factors *tècnicament eficients* amb les quals es pot produir X*. Malgrat això, desconeixem la combinació de factors *econòmicament eficients* que minimitza el cost de producció. Per això necessitem introduir el concepte de **línia d'isocost.**

> Una **línia d'isocost** és el lloc geomètric de totes les combinacions de factors que l'empresa pot adquirir amb un cost total determinat.

L'equació de la **família d'isocostos** és la següent:

$$C = w \cdot L + r \cdot K$$

on

- C = cost de producció de X
- w = preu del factor treball L
- L = quantitat de treball utilitzat
- r = preu del factor capital K
- K = quantitat de capital invertit

La resolució gràfica del problema és senzilla. Es representa la isoquanta associada al nivell de producció X^* i les diferents línies d'isocostos (fig. 14).

Amb la isocost C_1 no es pot obtenir X^*, però sí amb C_2 i C_3. La isocost $\mathbf{C_2}$ serà l'elegida perquè reflecteix el mínim cost amb què es pot assolir X^*. El punt de tangència s'anomena **punt d'equilibri.**

> El **punt d'equilibri** o **punt òptim** de l'empresa ve donat pel *punt de contacte* entre la **isoquanta** associada al nivell de producció previst i la línia d'**isocost** que hi és tangent.

Béns divisibles i indivisibles

Un **bé divisible** és aquell que es pot fraccionar. És el cas del ciment o la farina: podem produir qualsevol quantitat sencera o fraccionària.

Un **bé indivisible,** contràriament, és aquell la unitat mínima del qual no es pot fraccionar, com els electrodomèstics o les eines: han de produir-se unitats senceres i completes.

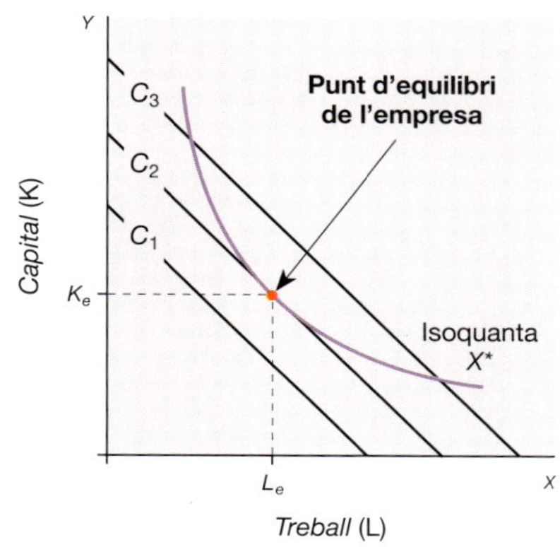

Fig. 14. Representació gràfica del punt d'equilibri de l'empresa.

7.2. *Maximització de beneficis*

Una vegada determinat el punt d'equilibri, l'empresa ha de triar el nivell de producció que **maximitza els seus beneficis,** que, com ja sabem són la diferència entre els **ingressos totals *(IT)*** i els **costos totals *(CT)*** de producció

Per a fer-ho, representarà els costos totals *(CT)* i els ingressos totals *(IT)* sobre els mateixos eixos (fig. 15). L'anàlisi del gràfic obtingut ens permet arribar a algunes conclusions.

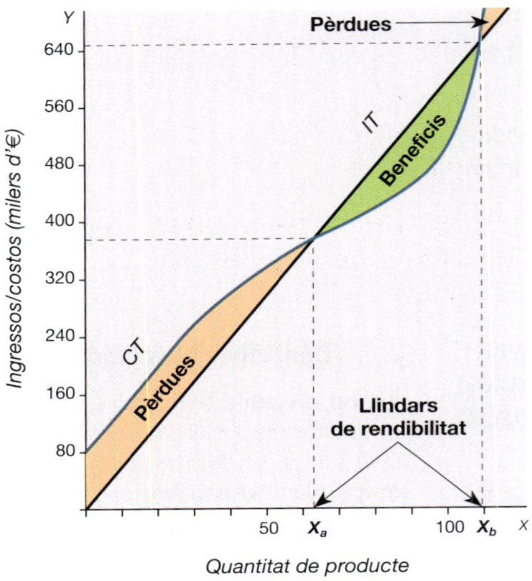

Fig. 15. Llindars de rendibilitat i zones de beneficis i pèrdues d'una empresa.

- A causa de la variabilitat del cost total, existeixen dos punts, X_a i X_b, en els que *els costos coincideixen amb els ingressos* ***(CT = IT).*** Reben el nom de **punts morts** o **llindars de rendibilitat.**

> El **punt mort o llindar de rendibilitat** és el volum de producció *X* en el qual l'empresa genera un **benefici nul.**

- Quan *la corba de costos se situa per damunt de la recta d'ingressos,* aleshores ***CT*** > ***IT*** i l'empresa genera **pèrdues.**

  Això ocorre quan la producció és *més petita que* X_a, o *més gran que* X_b.

- Quan *la corba de costos se situa per sota de la recta d'ingressos,* aleshores ***CT*** < ***IT*** i l'empresa obté **beneficis.**

  Això ocorre quan la producció se situa *entre els llindars de rendibilitat,* X_a *i* X_b.

Per obtenir el màxim benefici, l'empresari ha de determinar el nombre d'unitats de producció que li permeti obtenir una major diferència entre ingressos i costos. Per a fer-ho, procedirà a **comparar** els *ingressos marginals* ***(IMg)*** i els *costos marginals* ***(CMg).***

- Quan ***IMg*** > ***CMg,*** *l'ingrés marginal és superior al cost marginal:* per l'última unitat venuda s'obté un ingrés més gran que el seu cost. Com a conseqüència, existeix un **benefici.**

  L'empresari **augmentarà la producció** mentre que per cada nova unitat venuda ingressi més del que costa la seva producció.

- Quan ***IMg*** < ***CMg,*** *l'ingrés marginal és inferior al cost marginal:* per cada unitat venuda s'obté un ingrés inferior al seu cost. Així, l'empresa **redueix els beneficis** si produeix aquestes unitats.

  L'empresari **reduirà la producció** quan la producció d'una nova unitat de producte li suposi un cost més gran que l'ingrés obtingut per la seva venda.

- Quan ***IMg*** = ***CMg,*** l'ingrés marginal i el cost marginal coincideixen: per l'última unitat venuda s'obté un ingrés idèntic al cost. Aquesta situació permet **maximitzar beneficis.**

  L'empresari **estabilitzarà la producció** quan arribi el moment en què, per cada unitat venuda, s'ingressi el mateix que costa produir-la.

EXEMPLE 8

Els costos diaris de producció d'una fàbrica d'electrodomèstics s'ajusten a la taula següent:

UNITATS DE TREBALL *(L)*	1	2	3	4	5	6	7	8	9	10
UNITATS DE PRODUCCIÓ *(X)*	10	25	45	65	80	90	95	100	105	110
COSTOS FIXOS (MILERS D'€)	15	15	15	15	15	15	15	15	15	15
COSTOS VARIABLES (MILERS D'€)	7	12	16	19	24	29	34	41	50	61

a) *Calcula els costos totals, mitjans i marginals, i els ingressos totals per cada unitat de treball, suposant que la producció es ven totalment a un preu de 600 €/unitat.*

b) *Representa en uns eixos de coordenades els costos totals i els ingressos totals, i determina els llindars de rendibilitat de l'empresa.*

c) *Analitza i comenta els resultats que s'obtenen en el gràfic anterior.*

d) *Compara els costos i els ingressos marginals, i determina el nivell òptim de producció.*

a) Apliquem les fórmules que ens permeten obtenir els **costos totals *(CT)*,** els **costos mitjans *(CMi)*** i els **costos marginals *(CMg)*,** i els **ingressos totals *(IT)*** i organitzem les dades en forma de taula.

UNITATS DE TREBALL *(L)*	1	2	3	4	5	6	7	8	9	10
UNITATS DE PRODUCCIÓ *(X)*	10	25	45	65	80	90	95	100	105	110
COSTOS FIXOS (MILERS D'€)	15	15	15	15	15	15	15	15	15	15
COSTOS VARIABLES (MILERS D'€)	7	12	16	19	24	29	34	41	50	61
***CT* (MILERS D'€)**	22	27	31	34	39	44	49	56	65	76
***CMi* (MILERS D'€)**	2,2	1,08	0,69	0,52	0,49	0,49	0,52	0,56	0,62	0,69
***CMg* (MILERS D'€)**	–	0,33	0,20	0,15	0,33	0,60	1,20	1,40	1,80	2,20
***IT* (MILERS D'€)**	6	15	27	39	48	54	57	60	63	66

b) Si representem els punts ***(X, CT)*** i ***(X, IT)*** sobre uns mateixos eixos de coordenades, obtenim el gràfic de la figura 16.

c) Si l'empresa produeix per sota de 54 unitats diàries (X_a), generarà pèrdues, ja que, encara que els costos variables són baixos, la incidència dels costos fixos fa que el cost total superi els ingressos totals.

Si l'empresa produeix per damunt de 103 unitats diàries (X_b), també obtindrà pèrdues. En aquest cas, l'augment dels costos per sobre dels ingressos es deu a la incidència dels costos variables.

L'empresa obtindrà beneficis quan produeixi un nombre d'unitats que oscil·li entre 54 i 103. En aquest interval, els ingressos són sempre superiors als costos.

d) Com que es tracta d'una situació de preu unitari constant, els ingressos marginals són iguals a l'esmentat preu: ***IMg* = 600 €.**

De les dades de la taula es dedueix que ***IMg* = *CMg*** quan ***X* = 90.** Aquest és el **nivell òptim de producció.** A partir d'aquest punt, el cost marginal de fabricar una unitat més superarà l'ingrés marginal i l'empresari veurà disminuït el seu marge de benefici.

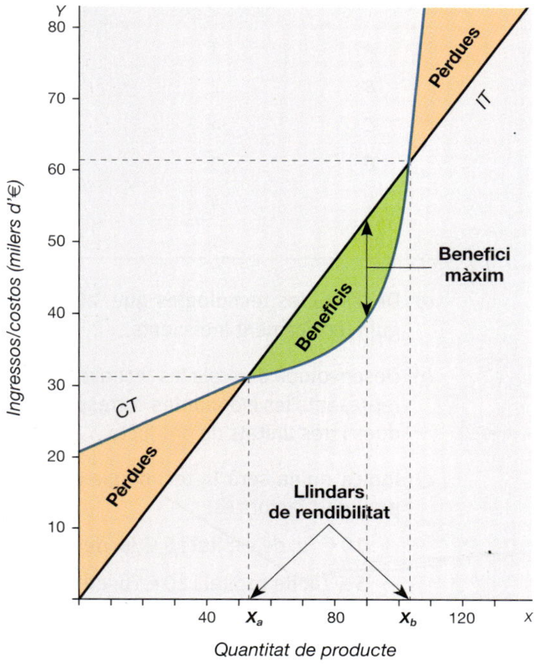

Fig. 16. Representació dels llindars de rentabilitat i del benefici màxim.

ACTIVITATS PROPOSADES

■ **1.** Defineix què és una empresa i enumera tres raons que puguin justificar la seva existència.

■ **2.** Enumera les principals formes de finançament que permeten a les empreses obtenir els fons necessaris per a dur a terme la seva activitat productiva.

■ **3.** Relaciona el concepte de *benefici* amb el d'*ingrés* i el de *cost*.

■ **4.** Estableix la diferència entre *benefici extraordinari* i *benefici normal*.

■ **5.** Explica com pot influir la introducció de noves tecnologies en el temps de fabricació d'un producte. Posa un exemple concret.

■ **6.** Una empresa disposa de tres tecnologies per tal d'elaborar una unitat de producte.

TECNOLOGIA	*A*	*B*	*C*
HORES DE MÀQUINA	20	10	5
HORES DE TREBALL	20	5	10

a) Descarta les combinacions tècnicament ineficients i explica per què ho són.

b) Representa gràficament les tecnologies tècnicament eficients (isoquantes).

■ **7.** Per a fabricar una unitat de producte, una empresa disposa de diverses tecnologies, representades en la taula següent.

TECNOLOGIA	UNITATS DE CAPITAL	UNITATS DE TREBALL
A	3	3
B	2	4
C	4	2
D	3	4
E	4	3
F	1	5

a) Descarta les tecnologies que, al teu parer, siguin tècnicament ineficients.

b) Desenvolupa a escala les tecnologies eficients i representa les isoquantes corresponents a una, dues i tres unitats de producte.

c) Indica quina serà la tecnologia escollida si el preu dels factors és:

— 10 €/u. de capital i 5 €/u. de treball.

— 5 €/u. de capital i 10 €/u. de treball.

d) Determina els preus de cadascun dels dos factors perquè la tecnologia *B* resulti eficient econòmicament.

■ **8.** Suposem que les empreses industrials d'un determinat país tenen un problema de baixa productivitat i que aquesta és inferior a la de la resta de la competència en els mercats internacionals.

— Tracta d'explicar el concepte de productivitat i proposa alternatives raonables per tal d'incrementar la productivitat de les empreses del sector sense que això suposi una reducció de les jornades de treball.

■ **9.** Una empresa té una determinada plantilla de treballadors amb els quals obté la producció que es reflecteix a continuació.

TREBALLADORS *(L)*	UNITATS PRODUÏDES *(X)*
1	500
2	1200
3	2000
4	2900
5	3800
6	5100
7	5500
8	6050
9	6175
10	6180

a) Confecciona una taula de dades en què es reculli la *producció total*, la *productivitat mitjana* i la *productivitat marginal*.

b) Representa la funció de producció en uns eixos de coordenades.

c) Determina el nombre òptim de treballadors que haurà de contractar perquè la productivitat mitjana sigui màxima.

* ■ **10.** Explica en què es basa la *llei dels rendiments decreixents*.

■ **11.** Raona quina evolució patirà la producció d'un determinat bé en cas de *rendiments constants d'escala*, de *rendiments creixents d'escala*, i de *rendiments decreixents d'escala*, respectivament.

■ **12.** El propietari d'un restaurant de Sabadell decideix renovar les instal·lacions de la cuina, ampliar el local i contractar nous cambrers. Explica, des del punt de vista dels rendiments d'escala, cadascun dels supòsits següents.

a) Els clients aprecien la millora i incrementen la seva assistència al restaurant.

b) Els clients aprecien la millora, incrementen la seva assistència i, a més, porten nous clients.

c) Els clients no aprecien la millora i mantenen el seu ritme habitual d'assistència al restaurant.

* PAU

■ **13.** Explica les diferències entre *productivitat d'un factor* i *productivitat global* de l'empresa.

* ■ **14.** Explica què s'entén per *cost variable de producció.*

■ **15.** Un petit comerç de Girona es planteja l'adquisició d'una nova màquina enregistradora el preu de mercat de la qual és de 4 000 €. Se sap que el tipus d'interès que estan pagant les entitats bancàries als estalviadors és del 5 %.

— Indica quin seria el cost d'aquesta operació per a un economista i justifica la teva resposta.

* ■ **16.** Defineix els conceptes de *cost mitjà* i *cost marginal* i explica com evolucionen si augmentem la producció d'un bé sense incrementar el factor capital.

— Indica quina relació té aquesta evolució amb la llei dels rendiments decreixents.

■ **17.** Comenta la frase següent:

«Els costos mitjans de l'empresa van disminuint de mica en mica a mesura que es va incrementant el nombre d'unitats produïdes.»

■ **18.** Una empresa pot usar els mètodes de producció següents per a l'obtenció de 10 unitats de producte.

TECNOLOGIA	UNITATS DE TREBALL	UNITATS DE CAPITAL
A	10	20
B	15	15
C	15	20
D	9	25
E	21	26

a) Si el preu de la unitat de treball és 100 € i el del capital, 200 €, calcula els costos dels mètodes tècnicament eficients, i descobreix quin és el mètode econòmicament més eficient.

b) Determina quina és la productivitat mitjana del treball i del capital dels mètodes *B* i *D*.

c) Si cada unitat de producte es ven a 1 000 €, calcula el benefici en el mètode *C*.

■ **19.** Representa en un gràfic l'evolució dels costos fixos, els costos variables i els ingressos d'una empresa, suposant que es ven tota la producció al mateix preu unitari.

a) Assenyala en el mateix gràfic la posició dels punts que representen els conceptes de llindar de rendibilitat de l'empresa i justifica suficientment l'elecció.

b) Indica quin és el punt òptim de producció i relaciona aquest punt amb l'evolució de l'ingrés marginal.

■ **20.** Confecciona un gràfic on es represente el punt d'equilibri d'una empresa.

— Utilitza els conceptes d'*isoquanta* i d'*isocost*.

■ **21.** Una societat ha realitzat unes vendes de 1 000 unitats d'un producte a un preu de 200 €/unitat, amb uns costos fixos de 40 000 € i uns costos variables de 80 000 €.

a) Defineix el concepte de punt mort o llindar de rendibilitat i indica en quin tipus d'unitats s'acostuma a expressar.

b) Calcula el punt mort de la societat i analitza els resultats obtinguts.

* ■ **22.** Un fabricant de jaquetes de nens té llogat un local per 300 € i pot disposar de les següents tecnologies.

TECNOLOGIA	*A*	*B*
TREBALL (HORAS/MES)	24	30
TELA (METRES/MES)	45	40
JAQUETES PRODUÏDES AL MES	120	120

a) Calcula el cost fix, el cost variable, el cost total i el cost mitjà o unitari de cada tecnologia si el cost de l'hora és 60 €, i el cost del metre de tela és 18 €.

b) Si el fabricant ven totes les jaquetes a un preu de 50 € cadascuna, calcula el benefici de cada tecnologia.

■ **23.** Una empresa de productes de gran competència en el mercat té uns costos fixos de 125 000 € i uns costos variables unitaris de 35 €. A causa de problemes de competència en el mercat, ha hagut de baixar els preus de venda del seu producte des de 80 €/unitat fins a 65 €/unitat.

a) Calcula quantes unitats haurà de vendre per a assolir el llindar de rendibilitat.

b) Representa gràficament les dues situacions i raona el canvi de comportament.

■ **24.** Els costos fixos de producció d'un taller de confecció pugen a 1 000 € mensuals. Els costos variables s'ajusten a la taula següent.

X (UNITATS)	10	20	30	40	50
CV (€/UNITAT)	420	330	270	215	180
X (UNITATS)	60	70	80	90	100
CV (€/UNITAT)	151	140	145	165	190

El preu unitari de les peces és de 200 €.

a) Calcula els costos totals, mitjans i marginals, i els ingressos totals per a cada nivell de producció i representa'ls en uns eixos de coordenades.

b) Analitza el gràfic i determina el llindar de rendibilitat i el nivell òptim de producció.

* PAU

Revista d'economia

Volkswagen comprarà el 20 % de Suzuki

Es complementarà la capacitat de producció i distribució de les dues empreses

Només tres dies després de tancar la compra del 49,9 % de Porsche, tal com està previst en el seu procés de fusió, el Grup Volkswagen va tancar ahir una aliança industrial i accionarial amb Suzuki per la qual prendrà el 19,9 % del capital d'aquesta i es convertirà en el seu primer accionista. L'operació suposarà a Volkswagen un desemborsament de 1 710 milions d'euros, encara que no li donarà el control de Suzuki, que *«seguirà sent independent»*. Per a fer-ho, necessitaria, segons la legislació japonesa, superar el 33,4 %, una possibilitat que tampoc no es descarta en el futur.

L'acord també contempla que Suzuki inverteixi 850 milions en accions de Volkswagen, encara que el moment i el preu al qual es tancarà aquesta segona part estan per definir. Així mateix, destinarà uns altres 765 milions a sanejar el seu deute i millorar la seva posició financera.

Una vegada aprovat per les autoritats, el nou escenari permetrà a les dues companyies assolir *«importants economies d'escala»* ja que *«compartiran peces, components i tecnologia»* va assenyalar el president de l'empresa japonesa.

Amb els números a la mà, la seva producció conjunta es quedaria només 200 000 vehicles per sota de la de Toyota, líder mundial. Una realitat que encaixa perfectament amb l'objectiu declarat del grup alemany de desbancar Toyota d'aquesta posició de privilegi, encara que hagi hagut d'endarrerir del 2015 al 2018 la data prevista. El 2008, Toyota va fabricar 9,23 milions de vehicles de tot tipus, pels 6,43 de Volkswagen i els 2,62 milions de Suzuki.

Aquest important múscul fabril, la seva posició consolidada a Europa (on és líder) i a Amèrica del Sud més tota la seva capacitat tecnològica és el que aportarà Volkswagen al fabricant japonès que, tot i la seva declaració d'independència, necessita un soci fort des que va sortir de l'òrbita de General Motors.

I de fet, portava temps en negociacions amb Fiat, empresa amb la qual ja manté acords puntuals (en cotxes i en motors).

Amb aquesta operació, Suzuki obre a Volkswagen les portes del sucós mercat indi, on és líder de vendes amb molta diferència, i millora la seva posició en altres països emergents amb gran potencial, com ara Rússia, gràcies a un producte que coneix amb detall i la demanda del qual explotarà: els *microcotxes*.

En canvi, no té molt més que aportar als alemanys al Japó i la Xina. En aquest últim país Volkswagen porta uns quants anys implantada —més del 13 % de la seva producció mundial surt d'allà— i és, com al Japó, el constructor occidental millor col·locat, amb prop del 20 % de les vendes.

L'oportunitat de l'aliança va quedar abonada per les pujades que van experimentar les accions dels dos fabricants. Sobretot, les de Suzuki, que van tancar la jornada amb una alça del 3,49 %, deixant el seu preu un 15 % per sobre del que s'ha acordat que pagarà Volkswagen per cadascun dels seus títols. Els de l'empresa alemanya van experimentar una pujada molt més suau: un 0,7 %.

En termes de capitalització, el grup germànic val prop de 29 000 milions d'euros, tres vegades més que Suzuki.

Encara que sigui anecdòtic, el pacte ara assolit va tenir un tímid antecedent a començament de la dècada dels anys 90, quan es va plantejar la possibilitat de fabricar a la planta de Seat a Martorell un petit turisme, desenvolupat per Suzuki i que s'anomenaria «Rose». Alguns enginyers japonesos van arribar a treballar a Espanya en el projecte, que va ser cancel·lat des d'Alemanya abans que arribés a néixer.

El pacte confirmat entre Volkswagen i Suzuki segueix el que s'entreveu entre PSA i Mitsubishi. Totes dues van anunciar la setmana passada que *«estudien ampliar la seva actual col·laboració, fins i tot a l'extrem d'una aliança estratègica»*. En aquesta, la part francesa invertiria 2 300 milions d'euros per adquirir fins al 50 % de la japonesa.

Curiosament, aquests moviments són el contrapunt als que s'han succeït els últims anys i que van posar fi, o van limitar dràsticament, la política expansionista al Japó dels antigament anomentats *tres grans* de Detroit: Ford, General Motors i Chrysler.

El Mundo, 14 de desembre de 2009

1 El benefici d'una empresa és:

a) El resultat de multiplicar les unitats produïdes pel seu preu de mercat.

b) El valor monetari de l'última unitat produïda.

c) La diferència entre ingressos i costos.

d) La diferència entre els costos de producció i els ingressos obtinguts.

2 El capital circulant i el treball es consideren, generalment:

a) Factors de producció fixos.

b) Factors de producció variables.

c) Factors de producció marginals.

d) Indicadors de la productivitat.

3 Una tecnologia que permet obtenir la màxima producció a partir d'unes quantitats determinades de factors és:

a) Productiva per a l'empresa.

b) Eficaç en els seus objectius.

c) Tècnicament eficient.

d) Econòmicament eficient.

4 La línia que representa les combinacions de factors tècnicament eficients que permeten obtenir la mateixa quantitat de producte s'anomena:

a) Isoquanta.

b) Isocost.

c) Corba d'indiferència.

d) Restricció pressupostària.

5 Si en el mapa d'isoquantes obervem que les corbes estan cada cop més pròximes, diem que representen:

a) Rendiments constants d'escala.

b) Rendiments creixents d'escala.

c) Rendiments decreixents d'escala.

d) Una realitat inexistent, perquè les isoquantes sempre es troben a la mateixa distància.

6 La productivitat global és:

a) El nombre total d'unitats de producte que s'obtenen en utilitzar els factors productius d'una manera eficient.

b) El quocient entre el valor monetari de la producció i el valor monetari dels recursos emprats.

c) El quocient entre la producció total i el nombre d'unitats usades de cada factor.

d) L'augment que experimenta la producció total amb l'increment d'una unitat de factor productiu.

7 *«Si augmentem la quantitat d'un factor de producció, mantenint fixes les quantitats dels altres, l'aportació que cada unitat afegida fa al total és cada vegada menor.»*

Aquest principi s'anomena:

a) Clàusula *ceteris paribus*.

b) Regla del cost mínim

c) Regla de substitució.

d) Llei dels rendiments decreixents.

8 Un cost que no depèn del nivell de producció obtingut s'anomena:

a) Cost fix.

b) Cost variable.

c) Cost unitari.

d) Cost marginal.

9 Quan tota la producció d'una empresa es ven al mateix preu, la representació dels ingressos totals té forma de:

a) Corba convexa.

b) Corba còncava.

c) Línia recta.

d) Mapa d'isoquantes.

10 La línia que representa totes les combinacions de factors que l'empresa pot adquirir amb un cost total donat s'anomena:

a) Isoquanta.

b) Isocost.

c) Corba d'indiferència.

d) Restricció pressupostària.

11 El llindar de rendibilitat d'una empresa és:

a) El nivell de producció que permet maximitzar els beneficis.

b) El nivell de producció que permet minimitzar els costos.

c) El nivell de producció en què el benefici és nul perquè s'igualen ingressos i costos.

d) El nivell de producció que ha de mantenir l'empresa de forma constant.

12 Una empresa ha d'augmentar la seva producció:

a) Quan $IMg > CMg$.

b) Quan $IMg < CMg$.

c) Quan $IMg = CMg$.

d) Quan assoleix el llindar de rendibilitat.

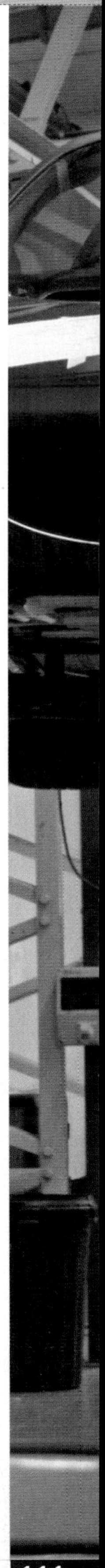

6 El mercat: oferta i demanda

COMPETÈNCIES ESPECÍFIQUES

Competència en cultura econòmica i dialèctica

Identificar els factors que afavoreixen les relacions d'intercanvi.

Distingir oferta i demanda de l'individu en el mercat.

Enumerar les variables de les quals depenen l'oferta i la demanda, i com poden afectar a aquestes.

Conèixer els problemes que planteja l'assignació de recursos econòmics escassos, per tal de tractar de satisfer les necessitats presents de la societat i preveure-les.

Analitzar la clàusula *ceteris paribus* per a l'anàlisi econòmica de l'oferta i la demanda.

Entendre el funcionament de la demanda agregada i el seu gràfic.

Diferenciar, conèixer i entendre com es produeixen els desplaçaments i quin n'és el significat.

Comprendre el concepte d'elasticitat aplicat a l'oferta i la demanda.

Competència en raonament econòmic i modelització

Traçar la corba d'oferta i demanda, així com conèixer el significat dels diferents punts que la formen.

Explicar el concepte d'equilibri de mercat i les seves conseqüències.

■ Lloc de venda d'aliments en un mercat.

ORGANITZACIÓ DELS CONTINGUTS

El mercat: oferta i demanda

INTRODUCCIÓ

- El punt de trobada entre les economies domèstiques i les empreses està constituït pel mercat.

Els consumidors demanden béns i serveis per satisfer les seves necessitats de consum i ofereixen els seus factors productius a les empreses. Aquestes, al seu torn, demanden factors i ofereixen béns i serveis a canvi d'un determinat preu.

D'altra banda, les empreses es veuen enfrontades als problemes bàsics de l'economia: què, com, i per a qui produir. Per tal de respondre aquestes preguntes s'ha de tenir en compte els diferents agents econòmics i les seves decisions individuals que, al final del procés, es convertiran en col·lectives.

El mercat juga un paper indispensable en les nostres economies, ja que segueix sent l'instrument bàsic d'intercanvi perquè les empreses, juntament amb l'Estat, han de prendre les decisions de producció i assignació dels recursos.

En aquesta unitat analitzarem els diferents mecanismes de fixació de preus i el funcionament lliure del mercat.

1. El mercat i els seus elements

Fig. 1. En el mercat, el preu és el punt d'equilibri entre compradors i venedors.

Per què és necessari l'**intercanvi** de béns i serveis? La resposta a aquesta pregunta, com ja sabem, radica en la necessitat d'*especialització de la producció.* El consumidor, encara que també sigui productor, necessita adquirir béns que no produeix, afavorint i millorant amb això el sistema d'intercanvi.

Per tant, el mercat *no és un lloc físic* —encara que en determinades situacions sí ho sigui— sinó un concepte abstracte que aglutina tot el conjunt d'operacions referides a un determinat bé, tant d'oferta com de demanda, de compra o de venda.

Les persones interessades a adquirir béns —els *compradors, demandants* o *adquirents— han de posar-se en contacte amb els posseïdors d'aquests béns —els venedors* o *oferents—.* Aquest contacte es produeix en el **mercat** i és allà on, a través d'un sistema de *preus,* arriben a un punt de trobada que els permet realitzar les transaccions de forma satisfactòria (fig. 1).

> El **mercat** és un mecanisme mitjançant el qual els *compradors* i els *venedors* determinen de forma conjunta la quantitat de producte que s'intercanviarà i el seu *preu.*

De la definició anterior es dedueix que en qualsevol mercat hi ha tres **elements bàsics:** els *compradors,* els *venedors* i els *preus* (fig. 2).

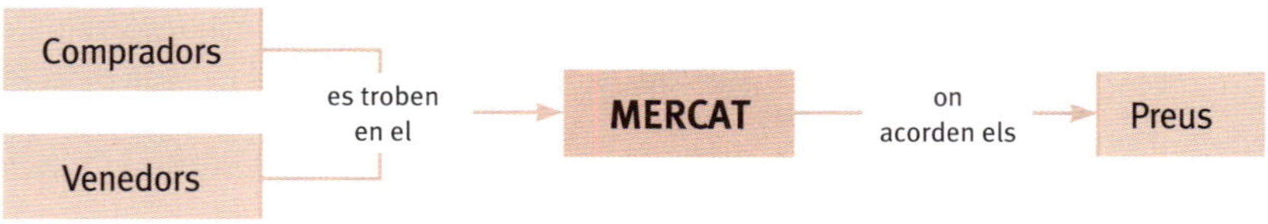

Fig. 2. Elements bàsics del mercat.

- Els compradors, també anomenats *demandants* o *adquirents,* són els agents econòmics que desitgen adquirir els productes. Depenent del tipus de mercat hi ha diferents tipus de demandants.
  - Si parlem del *mercat de béns i serveis,* els demandants són les economies domèstiques, el sector públic i, en determinat sentit, les empreses.
  - Si parlem del *mercat de factors,* els demandants són les empreses.
- Els **venedors,** també coneguts com a *oferents,* són agents econòmics que desitgen vendre el seu producte. Com en el cas anterior, hi ha diferents tipus d'oferents depenent del mercat.
  - En el *mercat de béns i serveis,* els oferents són les empreses, tant públiques com privades.
  - En el *mercat de factors,* els oferents poden ser altres empreses i, en alguns casos, les economies domèstiques.
- Els **preus** constitueixen l'element que fa possible l'intercanvi, és a dir, permeten unir els desitjos dels compradors i els venedors en un determinat mercat.

1.1. *L'assignació de recursos en el mercat*

L'assignació dels recursos en el mercat està molt relacionada amb els **beneficis extraordinaris.**

- Si una empresa d'un determinat sector obté uns *elevats beneficis,* atraurà empreses d'altres sectors menys rendibles a aquest mercat. Aquest fet provocarà que, en aquests sectors, es deixin d'assignar els recursos que les empreses sortints absorbien.
- De la mateixa manera, podríem analitzar aquest fet a la inversa, és a dir, des del punt de vista del sector econòmic que s'abandona.

En els dos casos, els **preus** de mercat, així com les quantitats de béns demandades o ofertes, tendiran a estabilitzar-se fins que s'obtinguin el que coneixem com a **beneficis normals.**

A partir d'aquest moment, les empreses podran romandre i seguir mantenint-se en el mercat, o bé optar per buscar altres mercats que ofereixin alternatives de beneficis més elevats. Aquest moviment de les empreses entre diferents mercats provoca, per tant, una **reassignació de recursos.**

Totes aquestes situacions compleixen les teories del mercat pel que fa al concepte d'intercanvi de béns. Però, a més, es compleix la *funció d'assignació de recursos econòmics* entre els diferents mercats de béns i serveis.

Perquè el mercat sigui eficient, a més de complir la funció anterior, s'han de donar una sèrie de condicions fonamentals:

- Un *mercat de* **competència perfecta.**
- Una **oferta** amb la millor qualitat de producte possible.
- Una **reducció de costos** per a les empreses, principalment a causa de la millora de la tècniques productives.

Adam Smith sostenia que el mercat posseeix un *sistema d'autoregulació* que, sense cap necessitat d'intervenció per part de l'Estat, tendeix a estabilitzar els nivells de competència i a garantir els millors nivells de producte per al consumidor. D'aquesta manera, el mercat s'adapta de manera natural fins a aconseguir els millors preus.

«En la mesura que qualsevol individu intenta invertir el seu capital en una activitat perquè la seva producció aconsegueixi el màxim valor, qualsevol individu necessàriament treballa per fer que l'ingrés anual d'una societat sigui el màxim possible. És veritat que per regla general ell ni intenta promoure l'interès general ni sap en quina mesura l'està promovent. En preferir dedicar-se a una activitat més que a una altra, ell només persegueix la seva pròpia seguretat, i en orientar aquesta activitat de manera de produir un valor màxim, ell només busca el seu propi benefici. [...] En perseguir el seu propi interès, freqüentment fomentarà el de la societat molt més eficaçment que si de fet intentés fomentarlo.»

Adam Smith. *La riquesa de les nacions*

En la pràctica, totes aquestes condicions mai no s'arriben a complir del tot. Per aquest motiu, i perquè els desajustos del mercat no arribin a perjudicar empreses i consumidors, està prou justificada la intervenció de l'Estat.

El mercat de telefonia mòbil

A finals dels anys vuitanta del segle passat, l'*oferta* de telèfons mòbils era molt reduïda, per la qual cosa la *demanda* no estava totalment satisfeta. És a dir, existia **excés de demanda.**

Davant aquesta situació, les empreses productores de telèfons mòbils *van incrementar el preu* del receptor i amb això van provocar una **disminució de la demanda.**

Al mateix temps, la pujada del preu va fomentar la producció de telèfons mòbils, ja que les empreses van contemplar la possibilitat d'*augmentar els seus beneficis.* D'aquesta manera, es va produir un **increment de l'oferta** del producte.

L'increment del preu va provocar que **la quantitat demandada i l'oferta coincidissin** i s'assolira l'equilibri entre els desitjos dels demandants i els dels oferents.

2. La demanda

Els compradors acudeixen al mercat perquè desitgen adquirir els béns i serveis que s'hi ofereixen. Els seus desitjos de compra constitueixen el que s'anomena **demanda.**

La **demanda** d'un bé és la quantitat d'aquest que es desitja adquirir en unes condicions determinades.

Per tal d'analitzar la demanda, cal distingir dues **categories:** la *demanda individual* i la *demanda de mercat.*

- La **demanda individual** fa referència a la quantitat de bé que *un únic consumidor* estaria disposat a adquirir en les condicions que estableix el mercat.
- La **demanda de mercat** o **demanda agregada** engloba la quantitat de bé que *el conjunt de consumidors* estaria disposat a comprar.

2.1. *La demanda individual*

La quantitat demandada per un consumidor depèn de diverses **variables.** Les més significatives són: el *preu del bé,* el *preu dels altres béns,* la *renda* i els *gustos* del consumidor.

- El **preu del bé** és *inversament proporcional a la quantitat demandada.*

  Així, a mesura que el *preu* d'un bé *descendeix,* la *quantitat* que un consumidor estarà disposat a demandar *augmenta.* I al contrari, si el *preu augmenta,* la *quantitat* demandada *disminueix.*

- El **preu dels altres béns** influeix sobre la demanda del consumidor de forma diferent segons que es tracti de *béns substitutius* o de *béns complementaris.*

  — En el cas de **béns substitutius,** si el *preu* d'un *augmenta,* disminuirà la seva demanda i es produirà un *augment paral·lel de la demanda del bé substitutiu.*

  — En el cas de **béns complementaris,** si el *preu* d'un bé *augmenta,* es produirà una *disminució de la demanda* del bé en qüestió i, en conseqüència, de *tots els béns complementaris que hi estan associats.*

- La **renda** del consumidor determina la quantitat de diners que aquest destina a comprar. La seva relació amb la quantitat demandada depèn del tipus de bé considerat, segons que es tracti de *béns inferiors, béns normals* o *béns de luxe.*

  En concret, el consum de **béns inferiors** *disminueix* a mesura que *augmenta la renda* del consumidor; la demanda de **béns normals** *augmenta en una proporció semblant* a l'augment de la renda del consumidor; i la demanda de **béns de luxe** *augmenta en proporció superior* a l'augment de la renda del consumidor.

- Els **gustos** o preferències del consumidor influeixen de manera determinant en la demanda *amb independència del seu preu o del preu dels altres béns.*

Tipus de béns

Segons la relació que s'estableix entre els diferents tipus de béns, podem distingir entre béns *substitutius* i béns *complementaris.*

- Dos béns són **substitutius** quan *el consum d'un substitueix el consum de l'altre.* És el cas d'un DVD i una memòria USB, o d'una samarreta de cotó i una altra de polièster.
- Dos béns són **complementaris** quan el consum d'un duu associat el consum de l'altre. És el cas dels automòbils i la gasolina, o de les rentadores i el detergent.

Segons la valoració dels consumidors, podem distingir entre béns inferiors, béns normals i béns de luxe.

- Els béns **inferiors** són els que satisfan les necessitats bàsiques de l'ésser humà, com el pa o les patates.
- Els béns **normals** són els que es consumeixen habitualment sense que el seu ús no tingui cap significació social, com els electrodomèstics, la roba o el calçat.
- Els béns **de luxe** són aquells el consum dels quals s'associa a una determinada situació de privilegi social. És el cas de les joies, determinats perfums, roba de marca, vehicles, etc.

2.2. *Funció de demanda i corba de demanda*

La **funció de demanda** recull la relació entre la quantitat demandada d'un bé **(X_d)** i les variables de les quals aquesta depèn.

$$X_d = f\,[P, (p_1, ..., p_n), M, \text{gustos}, ...]$$

on

X_d = quantitat demandada del bé
P = preu del bé que es demanda
$p_1, ..., p_n$ = preus dels altres béns
M = renda del consumidor

Si totes les variables es modifiquen simultàniament, l'estudi de la funció es complica de forma extraordinària. Per a evitar-ho, s'analitza únicament la relació entre *la quantitat demandada del bé* i *una sola variable independent,* aplicant la clàusula ***ceteris paribus*** que, com ja sabem, consisteix a mantenir fixes les altres variables.

D'aquesta manera podem obtenir **funcions de demanda específiques.** Les més comunes són la *funció de demanda-preu,* la *funció de demanda-renda* i la *funció de demanda creuada.*

FUNCIÓ DE DEMANDA-PREU	FUNCIÓ DE DEMANDA-RENDA	FUNCIÓ DE DEMANDA CREUADA
Relaciona la quantitat demandada d'un bé amb *el seu preu.*	Relaciona la quantitat demandada d'un bé amb *la renda del consumidor.*	Relaciona la quantitat demandada d'un bé amb *el preu d'un altre bé.*
$X_d = f\,[P, \overline{(p_1, ..., p_n), M, \text{gustos}, ...}]$	$X_d = f\,[M, \overline{P, (p_1, ..., p_n), \text{gustos}, ...}]$	$X_d = f\,[p_1, \overline{P, (p_2, ..., p_n), M, \text{gustos}, ...}]$

(La barra que apareix en las fórmules sobre les variables significa que es fixen com a constants.)

A partir d'ara, quan parlem de *funció de demanda,* farem referència a la **funció de demanda-preu.**

Corba de demanda

La representació gràfica de la **funció de demanda** dóna lloc a la **corba de demanda** (fig. 3). Per a traçar-la, procedim de la manera següent:

- Partim de la demanda d'una quantitat de bé X_1 al preu P_1. D'aquesta manera obtenim el punt ***A.***
- Si el preu s'eleva fins a P_2, el consumidor reaccionarà reduint o fins i tot anul·lant les seves compres. En conseqüència, la quantitat demandada disminuirà fins al valor X_2. Així obtenim el punt ***B.***
- Contràriament, si el preu del bé disminueix fins a P_3, la demanda individual augmentarà fins a X_3, amb el que obtenim el punt ***C.***
- Unint els punts ***A, B*** i ***C*** obtenim una corba a la qual anomenem **corba de demanda.**

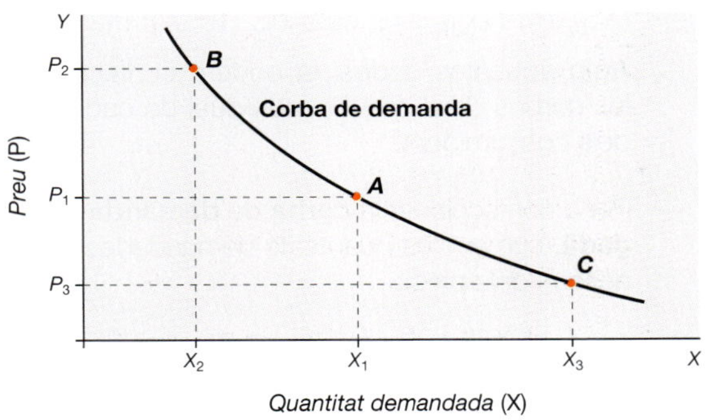

Fig. 3. Corba de demanda.

> La **corba de demanda** d'un bé és el lloc geomètric dels punts que indiquen les diferents quantitats d'aquest bé que un consumidor està disposat a comprar a diferents preus.

La corba de demanda obtinguda és **decreixent.** Això indica que *la demanda d'un bé varia en relació inversa amb el seu preu.*

2.3. *La demanda de mercat o demanda agregada*

En **matemàtiques,** la variable *independent* es representa en l'eix ***X*** i la *dependent,* en l'eix ***Y.***

En **economia** es representen a l'inrevés: la *independent* (el **preu**) en l'**eix *Y,*** i la *dependent* (la **quantitat demandada)** en l'**eix *X.***

Aquesta convenció es deu a Alfred **Marshall,** el qual va comprovar que, d'aquesta manera, resultava més fàcil i intuïtiu comprendre les relacions entre les dues variables.

La funció de demanda que hem presentat és una funció *individual,* ja que es construeix a partir de les preferències i la renda d'un consumidor concret.

Per a representar la demanda del conjunt de consumidors s'utilitza, en canvi, la **corba de demanda del mercat.**

> La **corba de demanda de mercat** és el lloc geomètric dels punts que indiquen les diferents quantitats que els consumidors estan disposats a comprar a diferents preus.

Per tal d'obtenir-la s'han d'*agregar* les corbes de demanda de tots els individus del mercat, és a dir, s'han de sumar les quantitats demandades de cada bé per cada preu.

Aquesta agregació s'ha d'efectuar sota dos supòsits bàsics:

- El **preu** ha de ser *el mateix per a tots els consumidors.*
- La **quantitat demandada** per cada consumidor *no depèn de la quantitat que demanden els altres.*

EXEMPLE 1

Un producte determinat té únicament dos consumidors, A *i* B.

— *Al preu* P_1, A *i* B *en demanden 15 i 10 unitats respectivament.*

— *Si el preu disminueix fins a* P_2, A *i* B *estaran disposats a comprar-ne 25 unitats cadascun.*

Representa la corba de demanda del mercat d'aquest producte.

— Confeccionarem, en primer lloc, les **corbes de demanda individuals.**

Per al consumidor *A,* ve donada pels punts (X_{1A}, P_1) i (X_{2A}, P_2), és a dir, $(15, P_1)$ i $(25, P_2)$.

Per al consumidor *B,* ve donada pels punts (X_{1B}, P_1) i (X_{2B}, P_2), és a dir, $(10, P_1)$ i $(25, P_2)$.

Amb aquestes dades, ja podem confeccionar les corbes de demanda individual de cadascun dels consumidors.

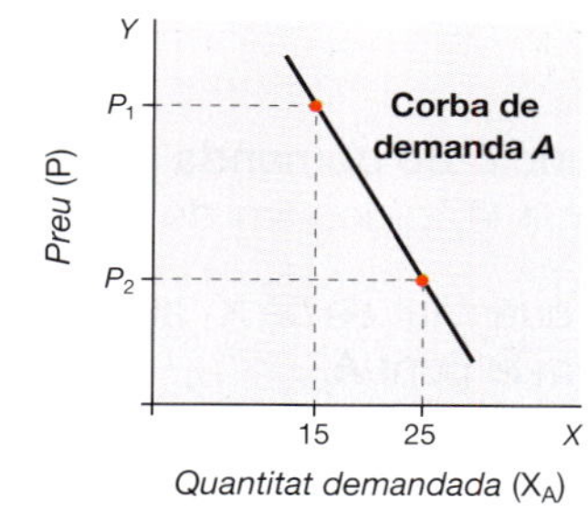

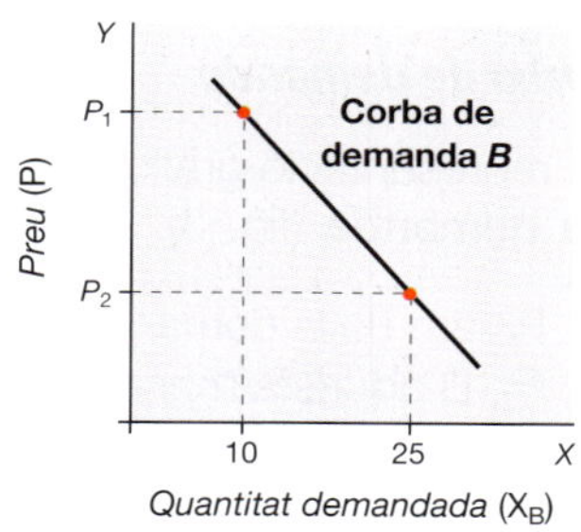

— Per a confeccionar la **corba de demanda agregada,** sumem les quantitats demandades a cadascun dels preus.

$$X_1 = X_{1A} + X_{1B} = 15 \text{ u.} + 10 \text{ u.} = 25 \text{ u.}$$

$$X_2 = X_{2A} + X_{2B} = 25 \text{ u.} + 25 \text{ u.} = 50 \text{ u.}$$

A partir d'aquestes dades, determinem els punts pels quals passarà l'esmentada corba, que són (X_1, P_1) i (X_2, P_2), és a dir, $(25, P_1)$ i $(50, P_2)$.

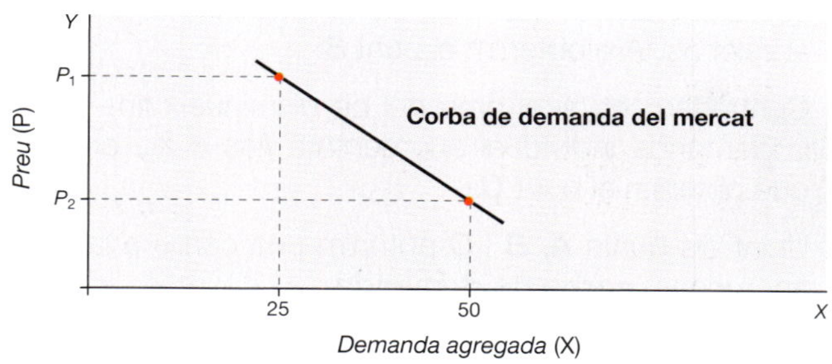

Com s'aprecia en l'exemple anterior, en els manuals d'economia és freqüent representar les **corbes de demanda** mitjançant **línies rectes.**

Aquesta simplificació es duu a terme amb la finalitat de facilitar la seva anàlisi gràfica i matemàtica.

2.4. *Modificacions de la demanda agregada*

Com ja hem indicat, la **corba de demanda** que representa la **funció de demanda-preu** està relacionada amb dues variables, la *quantitat demandada* i el *preu del bé,* mentre que la resta de factors es mantenen *teòricament* constants.

Però, en la *pràctica,* els altres factors no es mantenen constants, i això provoca que la corba pugui patir **desplaçaments,** que poden ser *cap a la dreta* o bé *cap a l'esquerra.*

- Els desplaçaments **cap a la dreta** (fig. 4), que representen una **expansió de la demanda,** poden ser causats per diferents factors, com:
  - Un *increment dels preus dels béns substitutius.*
  - Una *disminució de la renda* dels consumidors, en el cas de béns inferiors.
  - Un *increment de la renda* dels consumidors, en el cas de béns normals o de luxe.
  - Un canvi positiu en les *preferències* dels consumidors.

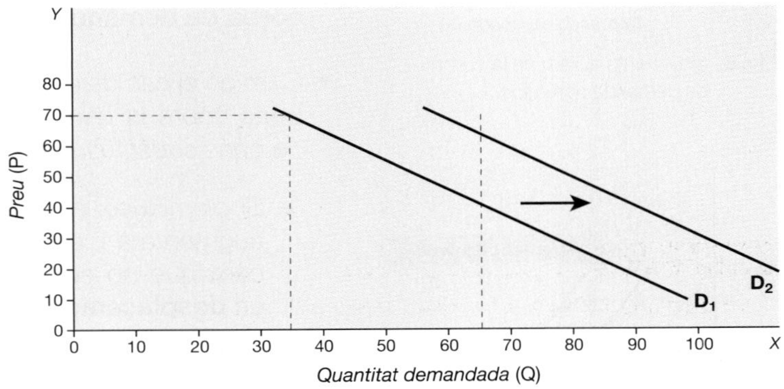

Fig. 4. Desplaçament de la corba de demanda cap a la dreta.

- Els desplaçaments **cap a l'esquerra** (fig. 5), que representen una **retracció de la demanda** poden ser causats per altres factors, o bé pels contraris dels anteriors, és a dir:
  - Un *increment dels preus d'un bé complementari.*
  - Un *increment de la renda* dels consumidors, en el cas de béns inferiors.
  - Una *dismunició de la renda* dels consumidors, en el cas de béns normals o de luxe.
  - Un canvi negatiu en les *preferències* dels consumidors.

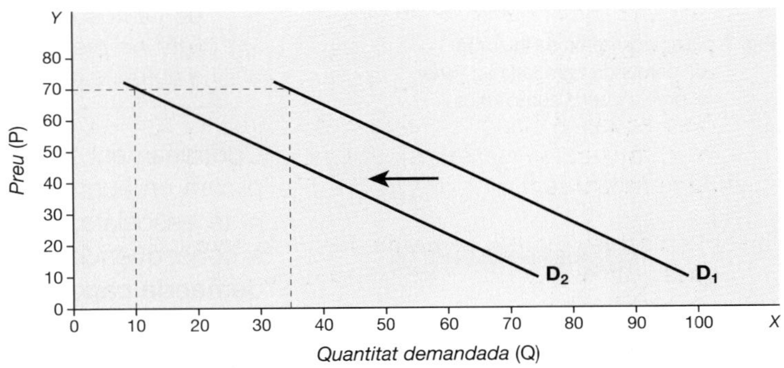

Fig. 5. Desplaçament de la corba de demanda cap a l'esquerra.

En tot cas, cal remarcar que estem utilitzant un **model simplificat** on prenem en consideració dues variables de les quals només una es modifica.

En el mercat real això no és exactament així i, per tant, ens podem trobar que els **resultats reals** (funció de demanda real en un mercat real i amb empreses reals) presenten **algunes variacions respecte del model.** Però aquest segueix sent útil per tal d'explicar el comportament del mercat en línies generals.

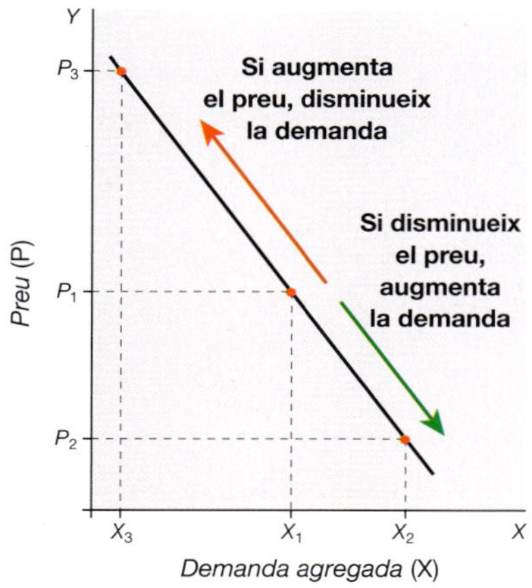

Fig. 6. Moviments al llarg de la corba de demanda agregada.

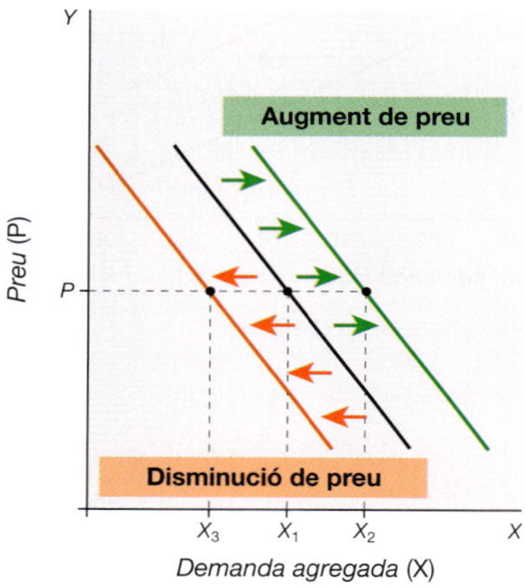

Fig. 7. Desplaçaments de la corba de demanda agregada en variar el preu de béns substitutius.

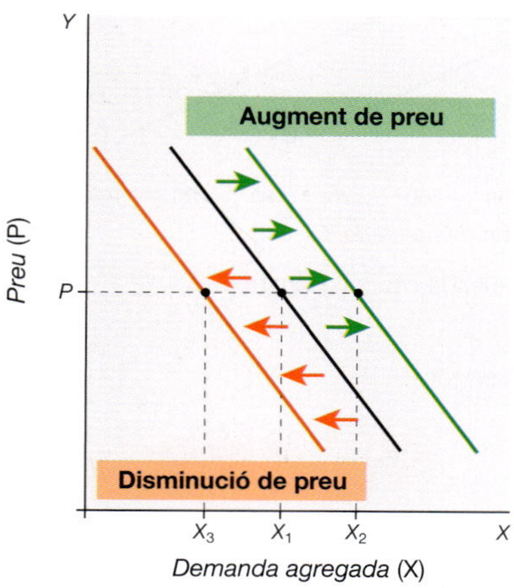

Fig. 8. Desplaçaments de la corba de demanda agregada en variar el preu de béns complementaris.

Moviments i desplaçaments de la corba de demanda agregada

Com que la **demanda de mercat** s'obté mitjançant la *suma de les demandes individuals* dels consumidors, les **variables** que hi influeixen seran les mateixes.

En el cas de la **corba de demanda agregada,** les variables que influeixen són el *preu del bé* i el *preu d'altres béns relacionats.*

- Quan el **preu d'un bé** *disminueix* des de P_1 fins a P_2, la demanda agregada *augmentarà* des de X_1 fins a X_2.

  Contràriament, si el preu *augmenta* des de P_1 fins a P_3, es produirà una *disminució de la demanda agregada* des de X_1 fins a X_3.

  En els dos casos diem que s'ha produït un **moviment al llarg de la corba de demanda** (fig. 6).

- Com en el cas de la demanda individual, la influència del **preu d'altres béns** sobre la demanda d'un de concret varia segons que es tracti de béns *substitutius* o *complementaris.*

  — Si *disminueix el preu* d'un **bé substitutiu,** la demanda d'aquest augmentarà i, en conseqüència, disminuirà la del bé analitzat, encara que no en varïi el preu. Com a conseqüència, es produirà un **desplaçament de la corba de demanda cap a l'esquerra.**

  — Per la mateixa raó, si *augmenta el preu* d'un bé substitutiu, es produirà un **desplaçament de la corba cap a la dreta** (fig. 7).

EXEMPLE 2

Explica com afectarà a la demanda de bitllets de metro un increment de preu dels bitllets d'autobús urbà.

— Com que el metro i l'autobús urbà són **béns substitutius,** si el preu de l'autobús augmenta, *augmentarà també la demanda de bitllets de metro,* ja que els usuaris tendiran a substituir el servei d'autobús urbà pel del metro.

— Contràriament, la *disminució del preu* d'un **bé complementari** implicarà un augment en el consum d'aquest i de tots els béns que hi té associats, encara que no hagin variat els seus preus. Com a conseqüència, es produeix un **desplaçament de la corba de demanda cap a la dreta.**

— Seguint el mateix raonament, l'*augment del preu* d'un bé complementari provocarà un **desplaçament de la corba cap a l'esquerra** (fig. 8).

EXEMPLE 3

Explica com afectarà a la demanda de rentavaixelles un augment de la tarifa de l'aigua.

— Com que els rentavaixelles i el subministrament d'aigua corrent són **béns complementaris,** si es produeix un augment de la tarifa d'aigua, la demanda d'aquest bé disminuirà, i també *disminuirà la demanda de rentavaixelles* encara que no hagi variat el seu preu.

Sobre els desplaçaments de la **corba de demanda agregada** també influiran el *nivell de renda* i els *gustos i preferències del consumidor.*

- Sabem que, com més gran sigui el **nivell de renda** d'un individu, més gran serà la seva capacitat de consum, i per tant, de demanda.

  Malgrat això, i com en el cas de la demanda individual, cal distingir entre la demanda de béns *normals,* la de béns *inferiors* i la de béns *de luxe.*

  — Quan augmenta la renda mitjana dels consumidors, el nombre d'unitats demandades dels anomenats **béns normals** acostuma a incrementar-se.

  Per tant, es produeix un *desplaçament de la corba de demanda del bé cap a la dreta* (fig. 9).

  — Pel mateix raonament, es produirà un *desplaçament de l'esmentada corba cap a l'esquerra* quan es redueixi el nivell d'ingressos dels seus consumidors perquè disminuiran les adquisicions del bé, mentre totes les altres variables es mantenen constants.

  — Un comportament semblant es produeix pel que fa als **béns de luxe,** encara que, en aquest cas, *els desplaçaments a la dreta i a l'esquerra són més acusats.*

  — Contràriament, quan es tracta de **béns inferiors,** els desplaçaments de la corba de demanda s'inverteixen, és a dir, si augmenten les rendes, disminueix la demanda de béns inferiors, mentre que, contràriament, si disminueixen les rendes, augmenta la demanda d'aquest tipus de béns.

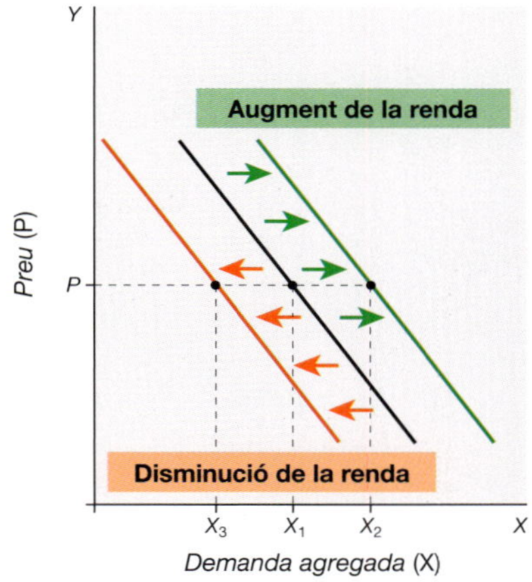

Fig. 9. Desplaçaments de la corba de demanda agregada quan varia la renda dels consumidors.

EXEMPLE 4

Explica com afectarà a la demanda de llegums, de roba esportiva i de joies un augment de la renda dels consumidors.

— Com que els llegums es consideren **béns inferiors,** si es produeix un augment de la renda dels consumidors, la demanda d'aquests productes *disminuirà.*

— La roba esportiva s'integra dins dels **béns normals.** En conseqüència, la seva demanda *augmentarà* amb l'augment de la renda.

— La demanda de joies, que són **béns de luxe,** *s'incrementarà en una proporció més gran* que ho fa el nivell de renda dels consumidors.

- Ja hem vist que, a escala individual, els **gustos o preferències** de cada consumidor influeixen de manera directa en la seva demanda de béns. A tots no ens agrada la mateixa música o els mateixos colors, models, sabors...

  A escala de mercat, les variacions en els gustos determinaran que les corbes de demanda dels béns afectats es desplacin cap a la dreta o cap a l'esquerra segons que augmenti o disminueixi el seu consum, com a conseqüència de canvis positius o negatius en les preferències dels consumidors (fig. 10).

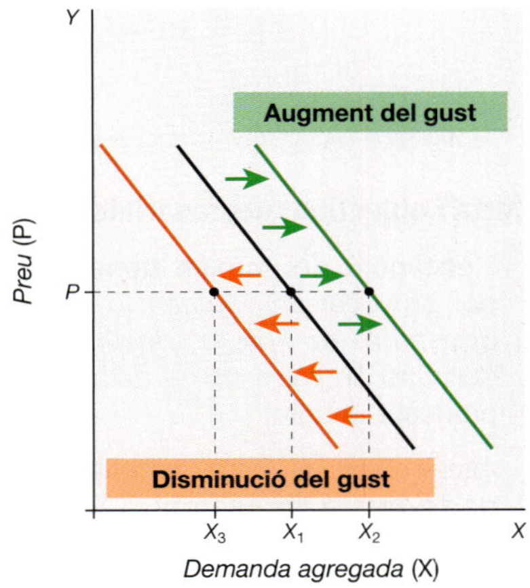

Fig. 10. Desplaçaments de la corba de demanda agregada quan varien les preferències dels consumidors.

3. L'oferta

En el mercat de béns i serveis, cada empresa ofereix els seus productes als consumidors. Els seus desitjos de venda constitueixen el que s'anomena l'**oferta.**

> L'**oferta** de béns és la quantitat de béns i serveis que s'estaria disposat a vendre en unes determinades condicions.

També aquí podem distingir dues **categories** diferents d'oferta: l'*oferta individual* i l'*oferta de mercat o agregada.*

- L'**oferta individual** fa referència a la quantitat de productes que *una única empresa estaria disposada a vendre* en les condicions que estableix el mercat.
- L'**oferta agregada** o *oferta de mercat* representa el *total de producció que les empreses estan disposades a generar i vendre* durant un període determinat de temps.

3.1. *L'oferta individual*

La quantitat oferta d'un bé també depèn d'un conjunt de **variables.** Entre les quals podem destacar el *preu del bé,* el *preu d'altres béns,* els *costos dels factors de producció,* la incorporació de *noves tecnologies* i els *objectius empresarials.*

- El **preu del bé,** a diferència del que ocorre en el cas de la demanda, determina de manera directa la quantitat oferta.

  Així, si el preu *augmenta,* la quantitat oferta també *augmentarà.* Contràriament, si el preu *disminueix,* també ho farà la quantitat oferta.

- El **preu d'altres béns** determina una variació de l'oferta de sentit contrari, independentment que es tracti de béns *substitutius* o *complementaris.*

  — Si *augmenta* el preu d'un bé **substitutiu,** l'empresa tendirà a *disminuir* l'oferta del bé en qüestió i a dedicar-se a produir un altre de demanda més gran.

  — Si augmenta el preu d'un bé **complementari,** la seva demanda disminuirà i també la del bé en qüestió. En conseqüència, l'empresa tendirà també a *disminuir* l'oferta.

- Els **costos dels factors de producció** també influeixen sobre l'oferta d'un bé de manera inversa: si *augmenten,* l'empresa veurà disminuir els seus beneficis i, en conseqüència, es plantejarà *disminuir* la producció per tal de minimitzar els seus costos.

- El nivell tecnològic amb què treballa l'empresa, contràriament, influeix sobre l'oferta de manera directa.

  La incorporació de **noves tecnologies** suposa un augment en la producció, una disminució de costos i un *augment de l'oferta.* Contràriament, la utilització de *tecnologies ineficients* incrementa els costos i provoca una *disminució de l'oferta.*

- Els **objectius empresarials** són de diversa naturalesa i tenen diferent influència sobre l'oferta.

Oferta i objectius empresarials

L'**obtenció del màxim benefici** pot provocar *un augment o una disminució de l'oferta,* depenent del cost i l'ingrés marginal de cada producte elaborat.

Altres objectius, com l'**ampliació de la quota de mercat** o l'**eliminació d'algun competidor,** poden fer *variar l'oferta en sentit creixent o decreixent* amb la finalitat d'assolir-los.

3.2. *Funció d'oferta i corba d'oferta*

La **funció d'oferta** recull la relació entre la quantitat oferta d'un bé, X_o, i les variables de les quals depèn.

$$X_o = f[P, (p_1, ..., p_n), (w_1, ..., w_n), \text{tecnologia, objectius...}]$$

on

X_o = quantitat oferta d'un bé
P = preu del bé que s'ofereix
$p_1, ..., p_n$ = preus d'altres béns
$w_1, ..., w_n$ = costos dels factors

Tal com vam fer amb la demanda, centrarem la nostra atenció en la relació entre *la quantitat oferta d'un bé* i *una única variable,* i aplicarem la clàusula ***ceteris paribus*** a la resta de les variables.

D'aquesta manera, es poden obtenir **funcions d'oferta específiques,** que relacionen la quantitat oferta d'un bé amb una variable, mentre totes les altres es mantenen constants.

La més important és la **funció d'oferta-preu,** que relaciona la quantitat oferta d'un bé amb el seu preu P.

$$X_o = f[P, \overline{(p_1, ..., p_n), (w_1, ..., w_n), \text{tecnologia, objectius...}}]$$

La línia recta situada sobre totes les variables excepte el preu P indica que aquestes es mantenen constants en virtut de la clàusula ***ceteris paribus.***

Aquesta serà la **funció d'oferta** que analitzarem a partir d'ara.

Corba d'oferta

La representació gràfica de la funció d'oferta dóna lloc a la **corba d'oferta** (fig. 11). Per representar-la, procedirem de la següent manera:

— Suposem que una empresa que produeix un determinat bé ofereix X_1 unitats d'aquest al preu P_1. D'aquesta manera s'obté el punt ***A.***

— Si el preu del bé augmenta fins a P_2, s'incrementaran els ingressos i, amb aquests, el benefici de l'empresa. Per això, l'empresa estarà interessada a oferir una major quantitat de producte, X_2. Així obtenim el punt ***B.***

— Contràriament, quan el preu del bé disminueix fins a P_3, els beneficis també ho faran i l'empresa disminuirà la seva oferta fins a situar-se en el valor X_3, amb el que obtenim el punt ***C.***

— Finalment, si unim els punts ***A, B*** i ***C*** tenim representada la **corba d'oferta** del bé que analitzem.

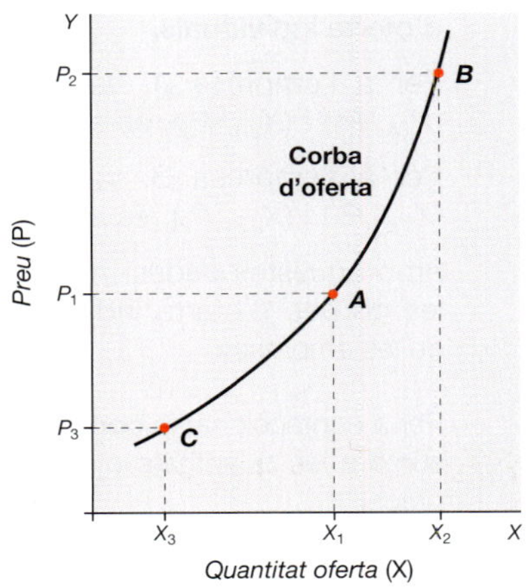

Fig. 11. Corba d'oferta d'un bé.

La **corba d'oferta** d'un bé és el lloc geomètric dels punts que indiquen les quantitats d'aquest bé que l'empresa està disposada a oferir a diferents preus.

La corba d'oferta obtinguda és **creixent.** Això indica que l'oferta d'un bé varia en relació directa amb el seu preu. *A un preu més gran, més quantitat oferta, i a l'inrevés.*

3.3. *L'oferta de mercat o oferta agregada*

Tal com ja sabem, l'oferta individual fa referència a la quantitat de productes que una empresa en concret estaria disposada a vendre a un determinat preu.

Si volem englobar l'oferta del total d'empreses, hem d'usar la ***corba d'oferta de mercat.***

La **corba d'oferta de mercat** és el lloc geomètric dels punts que reflecteixen les quantitats d'un producte que el total d'empreses estan disposades a oferir a diferents preus.

Per obtenir-la s'*agreguen* les corbes d'oferta de totes les empreses, és a dir, se sumen les quantitats ofertes per les empreses per cada preu.

Aquesta agregació pot efectuar-se sota dos supòsits bàsics:

- El **preu** ha de ser *el mateix per a totes les empreses* del mercat.
- La **quantitat oferta** per cada empresa *no depèn de la quantitat que ofereixen les altres.*

EXEMPLE 5

Un producte determinat és fabricat únicament per dues empreses, A *i* B.

— *Al preu* P_1, A *i* B *ofereixen 20 i 30 unitats respectivament.*

— *Si el preu augmenta fins a* P_2, A *i* B *estaran disposades a oferir-ne 30 i 50 unitats respectivament.*

Representa la corba d'oferta del mercat d'aquest producte.

— Confeccionarem, en primer lloc, les **corbes d'oferta individuals.**

Per a l'empresa *A,* ve donada pels punts (X_{1A}, P_1) i (X_{2A}, P_2), és a dir, $(20, P_1)$ i $(30, P_2)$,

Per a l'empresa B, ve donada pels punts (X_{1B}, P_1) i (X_{2B}, P_2), és a dir, $(30, P_1)$ i $(50, P_2)$,

Amb aquestes dades, ja podem confeccionar les corbes d'oferta individual de cadascuna de les empreses.

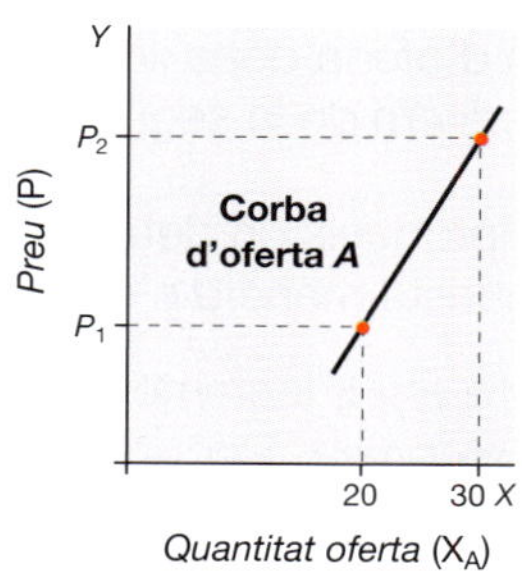

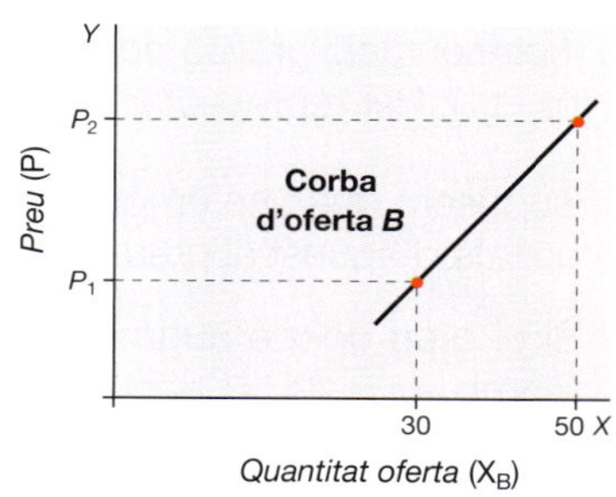

— Per a confeccionar la **corba d'oferta agregada,** sumem les quantitats ofertes a cadascun dels preus.

$$X_1 = X_{1A} + X_{1B} = 20 \text{ u.} + 30 \text{ u.} = 50 \text{ u.}$$

$$X_2 = X_{2A} + X_{2B} = 30 \text{ u.} + 50 \text{ u.} = 80 \text{ u.}$$

A partir d'aquestes dades, determinem els punts pels quals passarà l'esmentada corba, que són (X_1, P_1) i (X_2, P_2), és a dir, $(50, P_1)$ i $(80, P_2)$.

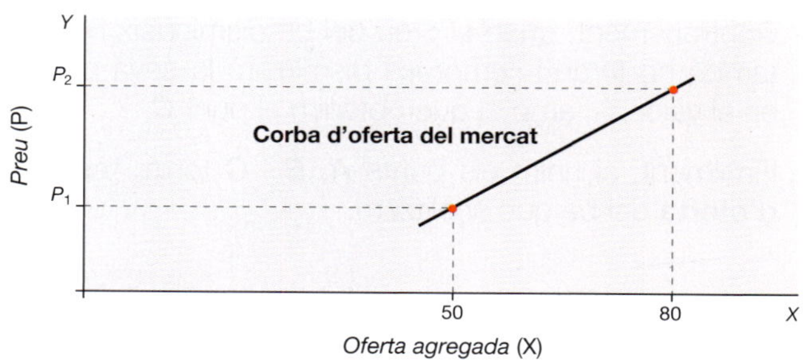

De la mateixa manera que ocorre amb les corbes de demanda, les **corbes d'oferta** es representen mitjançant **línies rectes.**

Aquesta simplificació facilita la seva anàlisi gràfica i matemàtica.

EXEMPLE 6

Les corbes d'oferta de les tres úniques empreses que produeixen un mateix bé en un mercat vénen definides per les funcions següents:

$$X_A = P - 4 \qquad X_B = 2\,P - 7 \qquad X_C = 4\,P - 11$$

Determina el preu mínim al qual s'oferirà el producte en el mercat i representa les corbes d'oferta de cada empresa i la corba d'oferta agregada.

— El preu mínim depèn de la funció d'oferta de cada empresa. Calculem, en cada cas, el preu al qual les empreses ofereixen una única unitat de producte.

$$X_A = 1 \text{ u.} \quad \Rightarrow \quad 1 = P - 4 \quad \Rightarrow \quad P = 5\,€$$

$$X_B = 1 \text{ u.} \quad \Rightarrow \quad 1 = 2\,P - 7 \quad \Rightarrow \quad P = 4\,€$$

$$X_C = 1 \text{ u.} \quad \Rightarrow \quad 1 = 4\,P - 11 \quad \Rightarrow \quad P = 3\,€$$

El **preu mínim** al qual s'oferirà el producte en el mercat serà de **3 €.** A aquest preu només l'**empresa *C*** l'oferirà.

— Per a representar les **corbes d'oferta de cada empresa,** com que es tracta de funcions lineals, només cal determinar dos punts per a cadascuna.

EMPRESA *A*		
X_A	1	10
P	5	14

EMPRESA *B*		
X_B	1	13
P	4	10

EMPRESA *C*		
X_C	1	17
P	3	7

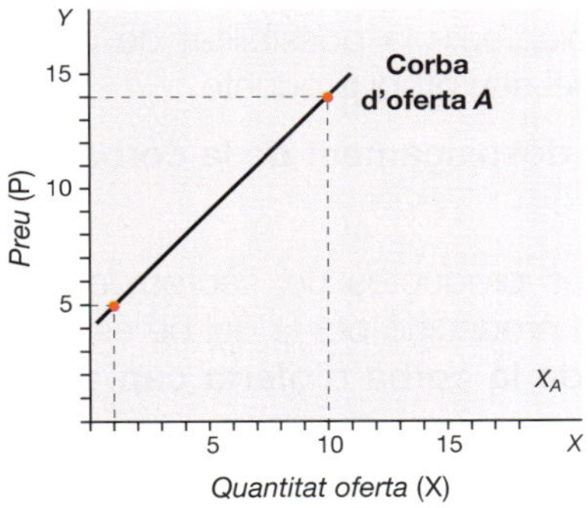

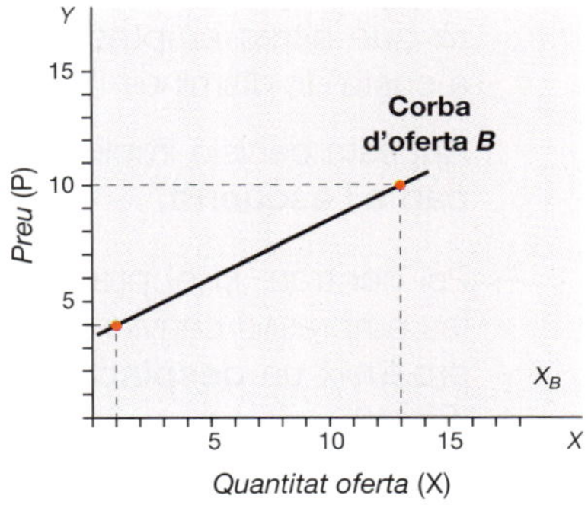

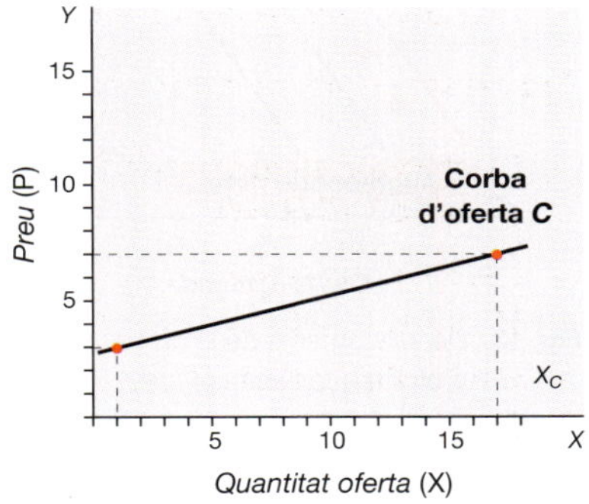

— Per a confeccionar la **corba d'oferta agregada,** calcularem la producció de les diferents empreses a diferents preus, a partir de les equacions de funció, i efectuarem la seva suma.

P	OFERTA INDIVIDUAL			OFERTA AGREGADA
	$X_A = P - 4$	$X_B = 2\,P - 7$	$X_C = 4\,P - 11$	$X_A + X_B + X_C$
3	–	–	1	1
4	–	1	5	6
5	1	3	9	13
7	3	7	17	27
10	6	13	29	48
14	10	21	45	76

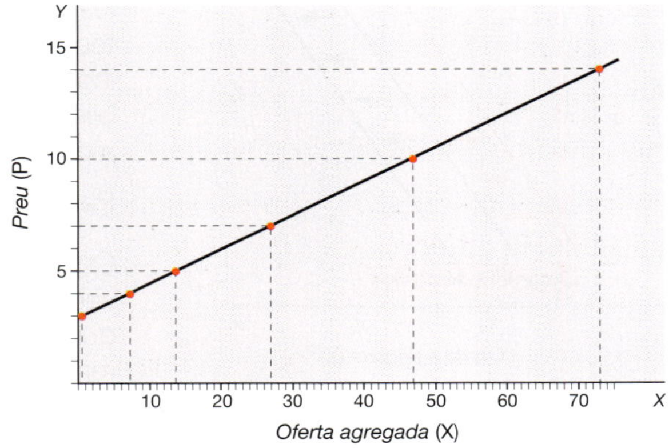

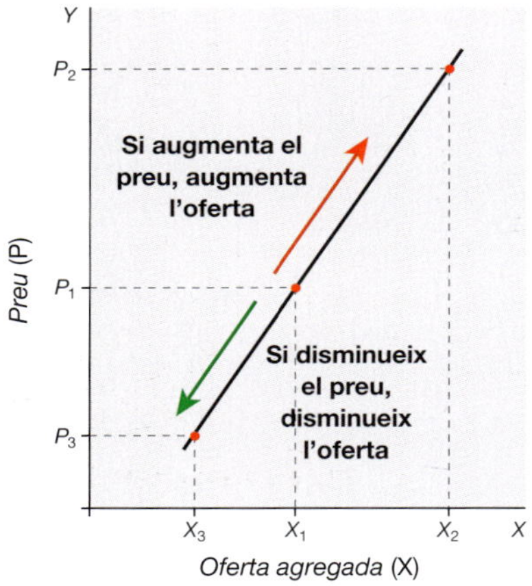

Fig. 12. Moviments al llarg de la corba d'oferta.

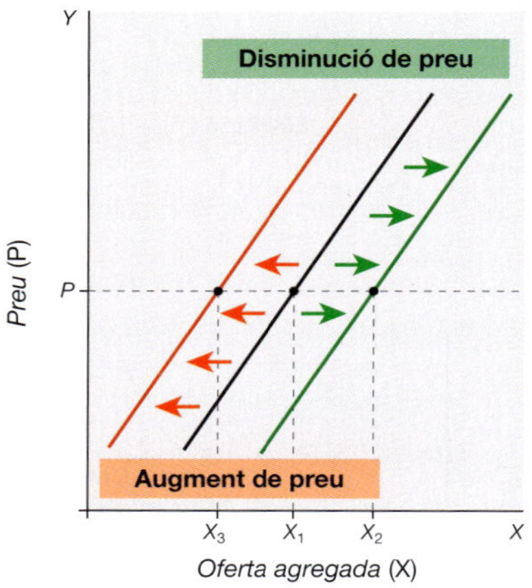

Fig. 13. Desplaçaments de la corba d'oferta quan varia el preu de béns de la mateixa família.

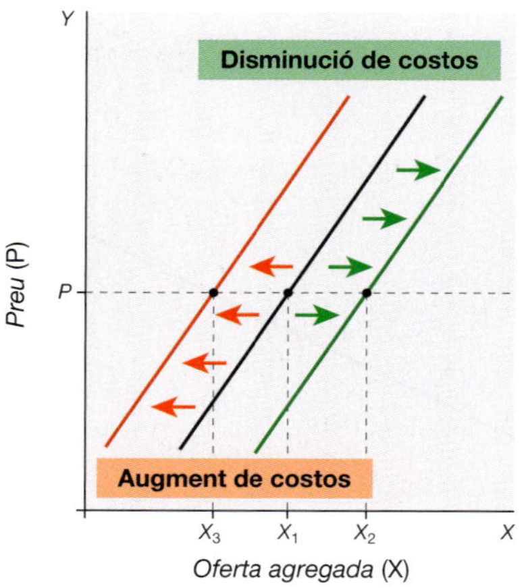

Fig. 14. Desplaçaments de la corba d'oferta quan varien els costos dels factors de producció.

3.4. *Modificacions de l'oferta agregada*

De manera semblant al que ocorria amb la demanda agregada, com que l'**oferta agregada** s'obté mitjançant la *suma de les ofertes de cadascuna de les empreses,* les **variables** que hi influeixen seran les mateixes que les de l'oferta individual: el *preu del bé,* el *preu d'altres béns,* els *costos dels factors de producció,* el *nivell tecnològic* i els *objectius empresarials.* A aquestes s'ha d'afegir el *nombre d'oferents* que existeix en el mercat.

- Quan el **preu del bé** *s'incrementa* des de P_1 fins a P_2, l'oferta agregada *augmentarà* de X_1 fins a X_2.

  Contràriament, si el preu *disminueix* des de P_1 fins a P_3, observarem que es produeix una *disminució* de l'oferta agregada des de X_1 fins a X_3.

  En els dos casos diem que s'ha produït un **moviment al llarg de la corba d'oferta** (fig. 12).

- El **preu d'altres béns** també influeix en l'oferta d'un bé determinat, ja que les empreses s'interessen per produir una major quantitat d'un bé com més alt és el seu preu, amb la finalitat d'obtenir una rendibilitat més gran en les seves activitats.

  Per tant, han d'estar atentes en tot moment als canvis que es produeixen en el mercat en relació amb **béns de la mateixa família,** independentment que aquests siguin *substitutius* o *complementaris.*

  — L'*augment del preu* d'un bé del mateix sector productiu, provocarà que altres empreses es plantegin la possibilitat de produir-lo, a costa de disminuir l'oferta del seu propi producte.

  Aquesta decisió implicarà un **desplaçament de la corba d'oferta cap a l'esquerra.**

  — Pel contrari, si el preu d'altres productes del sector *descendeix,* les empreses canvien la seva producció per la del bé estudiat i es produeix un **desplaçament de la corba d'oferta cap a la dreta** (fig. 13).

- Com ja sabem, els **costos dels factors de producció** són fonamentals a l'hora de calcular els beneficis empresarials.

  — Quan *augmenta* el preu dels factors de producció, els *costos* de les empreses també augmenten. Si el preu de venda dels productes es manté constant, les empreses no incrementaran els seus ingressos i *els seus beneficis disminuiran.* Aquesta pèrdua de rendibilitat es traduirà en una disminució de la quantitat de producte que s'ofereix al mercat.

  Per tant, la corba d'oferta del bé **es desplaçarà cap a l'esquerra.**

  — Quan *disminueix* el preu dels factors de producció, les empreses veuen reduïts els seus costos i estan disposades a oferir una major quantitat de producte a cada nivell de preus, ja que ara és més rendible.

  Com a conseqüència, la corba d'oferta **es desplaçarà cap a la dreta** (fig.14).

- Normalment, la introducció de **noves tecnologies** implica *increments en els nivells de producció,* un major nivell de *qualitat,* i *disminucions en els costos de fabricació* dels béns.

  Amb tecnologies més eficients es poden obtenir *beneficis més grans* encara que no variïn la resta factors que afecten la producció. Com a conseqüència, les empreses estaran disposades a oferir un nombre d'unitats més gran del bé al mateix preu de venda.

  Aquesta millora tecnològica fa que, amb els mateixos factors productius, l'empresa pugui produir major quantitat de béns als mateixos costos, el que suposarà un *increment de l'oferta.*

  Per tant, la implantació de millores tecnològiques en l'empresa suposarà un augment de l'oferta, que es representarà mitjançant un **desplaçament de la corba d'oferta cap a la dreta** (fig. 15).

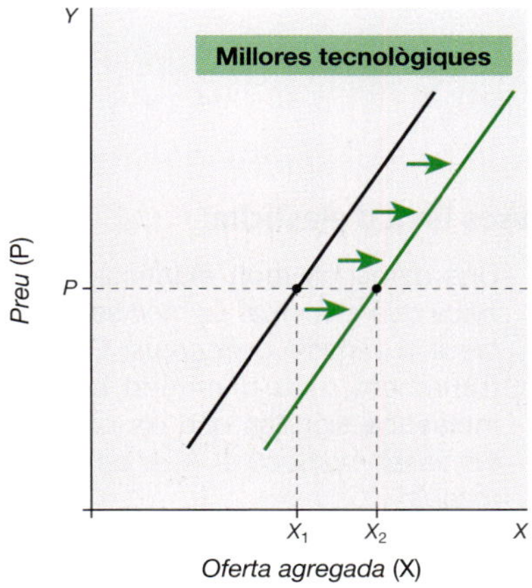

Fig. 15. Desplaçaments de la corba d'oferta si s'incorporen noves tecnologies a la producció.

- Els **objectius empresarials** que els directius de les empreses es marquen són el fruit d'un exhaustiu estudi de la situació de l'empresa, tenint en compte el mercat en què desenvolupa la seva activitat, les expectatives d'obtenció de beneficis, etc. Per tant, influiran en l'oferta que aquestes realitzin.

  Segons el que les empreses considerin prioritari, prendran mesures concretes que repercutiran sobre l'oferta d'aquests béns, augmentant-la o disminuint-la. S'ha de considerar, per tant, que no és el mateix produir per a un *nou mercat* que estigui en període d'expansió o ple creixement que per a un *mercat ja consolidat.*

  — En el cas dels **nous mercats,** on les expectatives empresarials que provoquen són molt elevades, el primer objectiu empresarial sol ser *maximitzar la producció a fi de poder incrementar les vendes.*

  En aquest tipus de mercats acostuma haver-hi moltes empreses la permanència de les quals en el temps és curta ja que, pel joc de la competència, és possible que perdin mercat de tal manera que es vegin obligades a sortir-ne.

  — En els **mercats consolidats,** les empreses que es troben arrelades i consolidades ajusten la seva producció per tal de maximitzar els beneficis empresarials i guanyar la batalla a la competència, que procedeix d'empreses també consolidades o bé de noves empreses que accedeixen al mercat, atretes pels beneficis.

- El **nombre d'oferents,** és a dir, el nombre de productors i venedors que estan disposats a oferir un determinat producte als nivells de preu establerts, també influeix en l'oferta agregada.

  — Si el mercat és atractiu i s'incrementa el nombre d'oferents, l'oferta global *augmentarà* i **la corba d'oferta es desplaçarà cap a la dreta.**

  — Però pel contrari, si el mercat ofereix poques possibilitats de benefici, les empreses sortiran d'aquests, l'oferta *disminuirà* i **la corba d'oferta es desplaçarà cap a l'esquerra** (fig. 16).

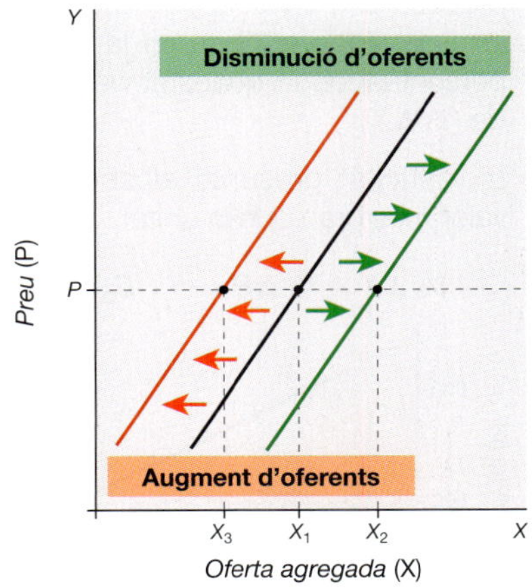

Fig. 16. Desplaçaments de la corba d'oferta quan varia el nombre d'oferents en el mercat.

4. L'elasticitat

En termes generals, l'**elasticitat** mesura *la variació que provoquen els canvis de la variable independent sobre la variable dependent.* Els economistes fan servir aquest concepte a fi de classificar l'oferta i la demanda.

Encara que hi ha diferents mesures d'elasticitat, la més utilitzada és l'**elasticitat-preu.** Mitjançant la qual s'estudia la proporció en què varia la *quantitat oferta o demandada* d'un bé davant les modificacions del seu preu.

Casos límit d'elasticitat

Una demanda **molt elàstica** significa que el mercat és *molt sensible a la variació dels preus.* Contràriament, una demanda **molt inelàstica** significa que *els preus fan variar molt poc el nivell de demanda.*

El cas límit d'aquest tipus de demandes el constitueixen la **demanda perfectament inelàstica,** representada per una *línia vertical,* i la **demanda perfectament elàstica,** representada per una *línia horitzontal.*

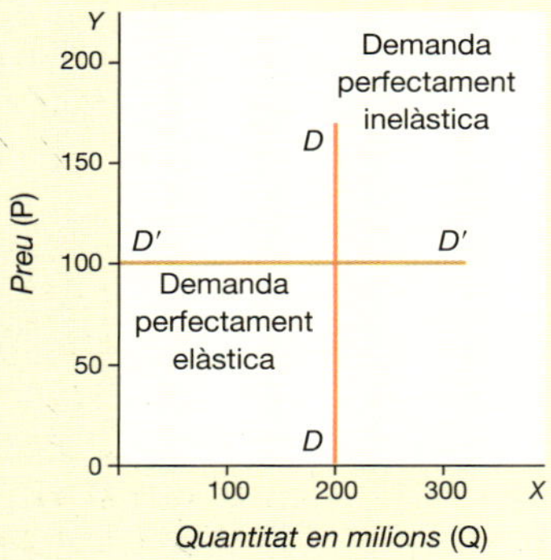

4.1. *L'elasticitat-preu de la demanda*

Les variacions en la quantitat demandada produïdes per canvis en el preu del bé depenen del que s'anomena **elasticitat-preu de la demanda.**

> L'**elasticitat-preu de la demanda (*E_d*)** d'un bé és la variació percentual de la quantitat demandada d'aquest bé davant d'una variació percentual del preu d'aquest.

El seu valor s'obté aplicant la següent fórmula:

$$E_d = -\frac{\textbf{\% variació de quantitat demandada}}{\textbf{\% variació del preu}} = -\frac{\%\,\Delta X}{\%\,\Delta P} = -\frac{\frac{\Delta X}{X}\cdot 100}{\frac{\Delta P}{P}\cdot 100}$$

Segons el valor de l'elasticitat, podem distingir tres **tipus de demanda:** *elàstica, inelàstica* i *d'elasticitat unitària.*

TIPUS DE DEMANDA		
ELÀSTICA	INELÀSTICA	D'ELASTICITAT UNITÀRIA
La demanda és **elàstica** quan una variació percentual del preu (% ΔP) provoca una variació percentual major i de signe contrari en la variació percentual de la quantitat demandada (% ΔX). L'elasticitat presenta aleshores un valor més gran que la unitat.	La demanda és **inelàstica** quan una variació percentual del preu (% ΔP) provoca una variació percentual menor i de signe contrari en la variació percentual de la quantitat demandada (% ΔX). L'elasticitat presenta aleshores un valor més petit que la unitat.	La demanda té **elasticitat unitària** quan la variació percentual en el preu (% ΔP) implica una variació de la quantitat demandada (% ΔX) en la mateixa proporció, encara que amb diferent signe. Com a conseqüència, l'elasticitat serà igual a la unitat.
$\%\,\Delta X > \%\,\Delta P \rightarrow E_d > 1$	$\%\,\Delta X < \%\,\Delta P \rightarrow E_d < 1$	$\%\,\Delta X = \%\,\Delta P \rightarrow E_d = 1$
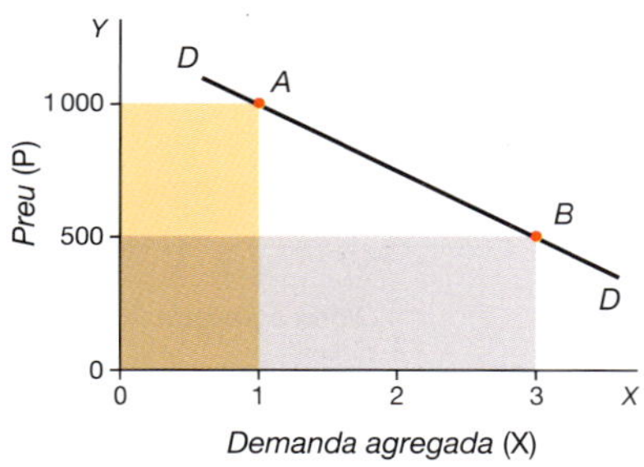	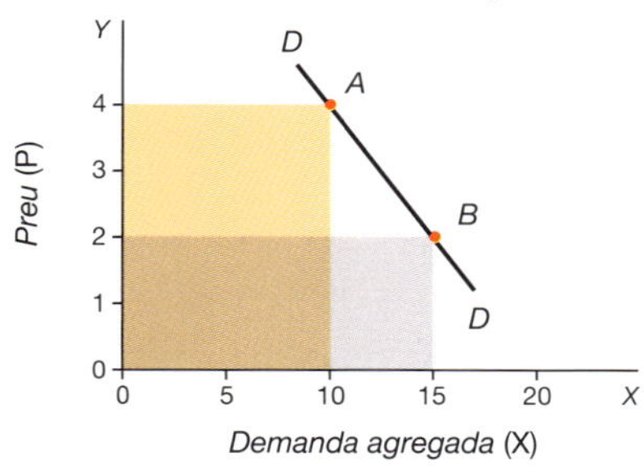	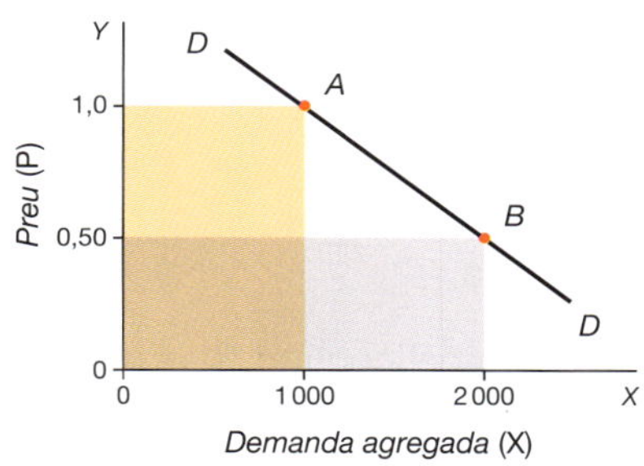

Comportament de l'elasticitat-preu de la demanda

La **demanda** d'un bé en el mercat es modifica en relació inversa amb el seu *preu:* si el preu *augmenta,* la demanda global *disminueix;* i si *descendeix* el preu, el nombre d'unitats demandades s'*eleva.*

Per aquesta raó, en el càlcul de l'elasticitat-preu de la demanda s'incorpora el **signe negatiu.** D'aquesta manera, a l'hora de calcular aquesta magnitud, E_d sempre té valor positiu.

Ho veurem amb més claredat en els exemples següents.

EXEMPLE 7

Al preu de 450 €, el nombre d'unitats d'un determinat bé demandat en el mercat és de 10 500. Si el preu augmenta fins a 504 €, la demanda global descendeix a 10 080 unitats.

Determina si es tracta d'una demanda elàstica, inelàstica o d'elasticitat unitària.

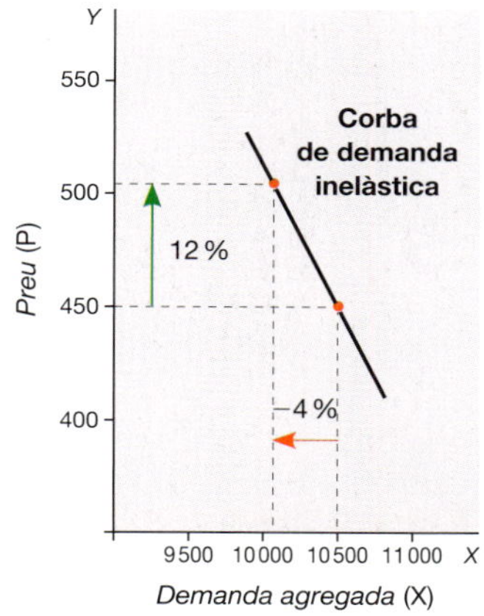

— Dades: $P_0 = 450$ € $P_1 = 504$ € $X_0 = 10\,500$ u. $X_1 = 10\,080$ u.

— Calcularem, en primer lloc, els percentatges de variació del preu i de la quantitat total demandada.

$$\%\,\Delta P = \frac{\Delta P}{P} = \frac{P_1 - P_0}{P_0} = \frac{504 - 450}{450} = \frac{54}{450} = 0{,}12 = \mathbf{12\,\%}$$

$$\%\,\Delta X = \frac{\Delta X}{X} = \frac{X_1 - X_0}{X_0} = \frac{10\,080 - 10\,500}{10\,500} = \frac{-420}{10\,500} = -0{,}04 = \mathbf{-4\,\%}$$

— Un cop conegudes les variacions percentuals, procedim a calcular l'elasticitat-preu de la demanda:

$$E_d = -\frac{\%\,\Delta X}{\%\,\Delta P} = -\frac{-4\,\%}{12\,\%} = -(-0{,}33) = \mathbf{0{,}33}$$

Com que el valor de l'elasticitat obtinguda és *més petit que la unitat* (0,33 < 1) direm que la demanda és **inelàstica.** Si representem gràficament la corba de demanda, apreciem que presenta un *pendent negatiu més gran que la unitat en valor absolut.*

EXEMPLE 8

La quantitat total demandada d'un producte en el mercat és de 26 200 unitats, a un preu de 650 € /unitat. Si el preu passa a ser de 585 € /unitat, la quantitat demandada és de 30 130 unitats.

Determina el tipus de demanda de què es tracta.

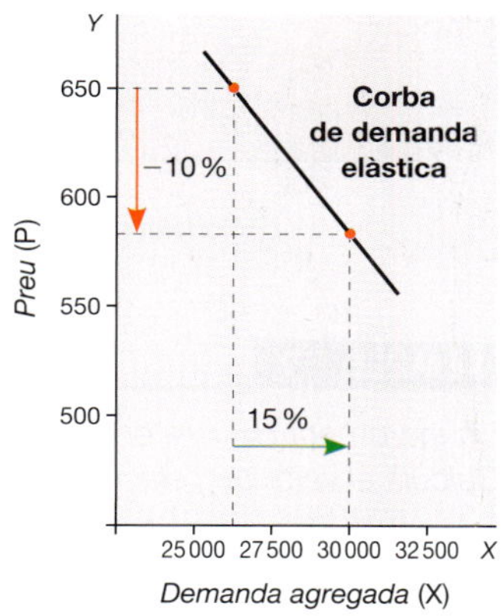

— Dades: $P_0 = 650$ € $P_1 = 585$ € $X_0 = 26\,200$ u. $X_1 = 30\,130$ u.

— Calcularem, en primer lloc, com en el cas anterior, els percentatges de variació del preu i de la quantitat total demandada.

$$\%\,\Delta P = \frac{\Delta P}{P} = \frac{P_1 - P_0}{P_0} = \frac{585 - 650}{650} = \frac{-65}{650} = -0{,}10 = \mathbf{-10\,\%}$$

$$\%\,\Delta X = \frac{\Delta X}{X} = \frac{X_1 - X_0}{X_0} = \frac{30\,130 - 26\,200}{26\,200} = \frac{3\,930}{26\,200} = 0{,}15 = \mathbf{15\,\%}$$

— Una vegada conegudes les variacions percentuals, calculem l'elasticitat-preu de la demanda:

$$E_d = -\frac{\%\,\Delta X}{\%\,\Delta P} = -\frac{15\,\%}{-10\,\%} = -(-1{,}5) = \mathbf{1{,}5}$$

Com que el valor de l'elasticitat obtinguda és més gran *que la unitat* (1,5 > 1) direm que la demanda és **elàstica.** Si representem gràficament la corba de demanda, observem que presenta un *pendent negatiu més petit que la unitat en valor absolut.*

4.2. L'elasticitat creuada de la demanda

La quantitat que es demanda d'un bé no només es mostra sensible davant les modificacions en els preus del mateix bé, sinó també davant les alteracions en els preus de productes complementaris i substitutius.

Una mesura d'aquesta sensibilitat és l'**elasticitat creuada de la demanda** o **demanda dependent.**

> L'**elasticitat creuada E_{yx}** d'un bé ***X*** en relació amb un altre ***Y*** és igual a la variació percentual de la quantitat demandada del primer bé en relació amb la variació percentual del preu del segon.

La fórmula que permet calcular-la és:

$$E_{yx} = \frac{\% \Delta Q_x}{\% \Delta P_y} = \frac{\dfrac{Q_{x_2} - Q_{x_1}}{Q_{x_1}}}{\dfrac{P_{y_2} - P_{y_1}}{P_{y_1}}}$$

L'**elasticitat creuada de la demanda** pot ser *negativa, positiva* o *nul·la.*

TIPUS D'ELASTICITAT CREUADA		
NEGATIVA ($E_{yx} < 0$)	POSITIVA ($E_{yx} > 0$)	NUL·LA ($E_{yx} = 0$)
L'elasticitat creuada és **negativa** quan l'*augment del preu del bé* Y provoca una *reducció en la quantitat demandada del bé* X.	L'elasticitat creuada és **positiva** quan l'*augment del preu del bé* Y provoca *un increment en la quantitat demandada del bé* X.	L'elasticitat creuada és **nul·la** quan *la variació del preu del bé* Y *no provoca canvis* en la quantitat demandada del bé *X.*
Així ocorre quan es tracta de béns **complementaris.**	La demanda es comporta així quan es tracta de béns **substitutius.**	D'aquesta manera es comporta la demanda de béns **independents.**

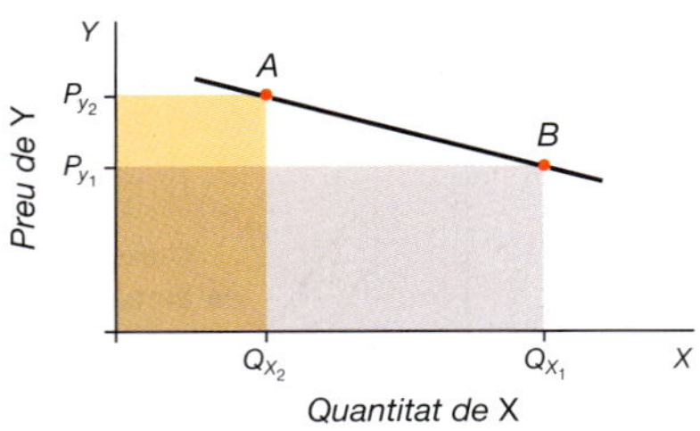

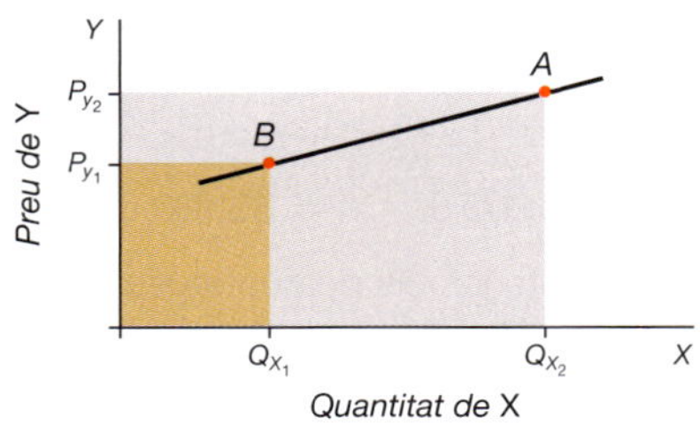

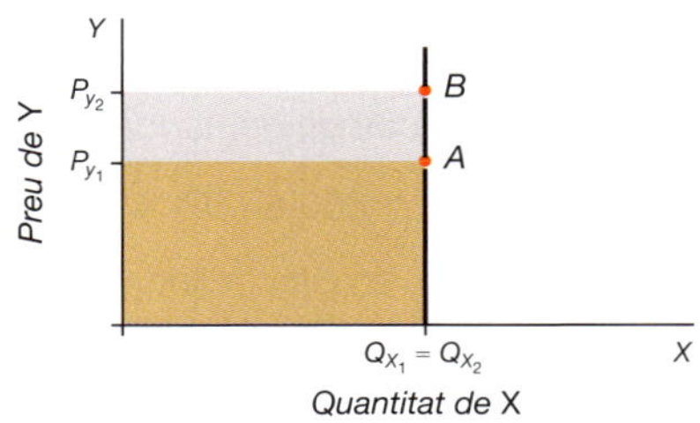

EXEMPLE 9

Un increment del 8 % en la tarifa de telefonia mòbil ha suposat una disminució del 15 % en la demanda de terminals. Calcula el valor de l'elasticitat creuada i determina quin tipus de béns són.

— Dades: $\Delta P_y = 8\,\%$ $\quad \Delta Q_x = -15\,\%$

— Calculem l'elasticitat creuada: $E_{yx} = \dfrac{\Delta Q_x}{\Delta P_y} = \dfrac{-15\,\%}{8\,\%} = \mathbf{-1{,}875}$

L'**elasticitat creuada** té valor **negatiu.** Això significa que les tarifes de telefonia mòbil i els terminals són béns **complementaris.**

4.3. *L'elasticitat-preu de l'oferta*

Quan són els preus els que s'alteren, les empreses tendeixen a respondre al mercat de forma immediata i es decideix en aquest moment quina és la quantitat que s'ha de produir tenint en compte les variacions que la demanda ha sofert davant les modificacions dels preus.

Els augments o les disminucions en la quantitat oferta produïts, respectivament, per augments o disminucions en el preu del bé depenen del que s'anomena **elasticitat-preu de l'oferta.**

> L'**elasticitat-preu de l'oferta (*E_o*)** d'un bé és la variació percentual de la quantitat oferta d'aquest bé davant una variació percentual del preu d'aquest.

Per tant, l'elasticitat-preu serà la *sensibilitat del mercat davant la quantitat oferta a aquest preu.*

L'elasticitat-preu de l'oferta s'obté aplicant una fórmula semblant a la de l'elasticitat-preu de la demanda:

$$E_o = \frac{\text{\% variació de quantitat oferta}}{\text{\% variació del preu}} = \frac{\% \Delta X}{\% \Delta P} = \frac{\frac{\Delta X}{X} \cdot 100}{\frac{\Delta P}{P} \cdot 100}$$

De manera similar a com hem procedit en la demanda, podem distingir tres **tipus d'oferta** segons quin sigui el valor de l'elasticitat: *elàstica, inelàstica* i *d'elasticitat unitària.*

Casos límit d'elasticitat

Els tres extrems de l'oferta els podem representar en el següent gràfic.

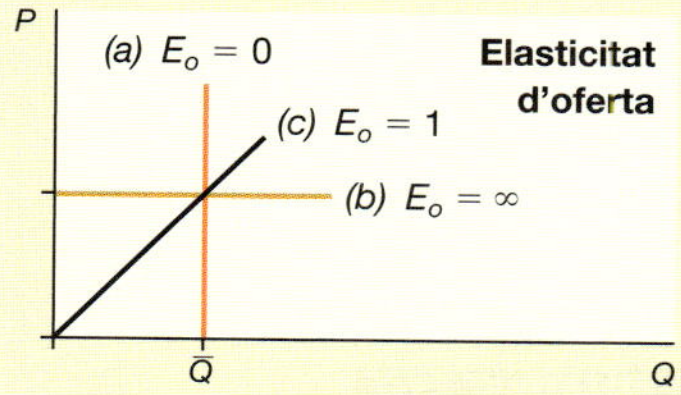

- El primer cas (recta ***a)*** representa una situació d'**elasticitat zero,** que suposa una *oferta fixa de producte.* No hi ha possibilitat de variació de l'oferta, per la qual cosa no li afecta res la variació dels preus.
- El segon cas (recta ***b)*** representa justament el contrari, és a dir, davant d'una variació dels preus, la resposta d'oferta de producte en el mercat tendiria a infinit.
- En el tercer cas (recta ***c)*** una determinada variació en el preu provoca una variació.

TIPUS D'OFERTA

ELÀSTICA	INELÀSTICA	D'ELASTICITAT UNITÀRIA
Una oferta és **elàstica** quan les variacions percentuals del preu (% Δ*P*) provoquen una variació percentual més gran i del mateix signe de la quantitat oferta (% Δ*X*). Per tant, el valor obtingut en l'elasticitat serà més gran que la unitat. $\% \Delta X > \% \Delta P \rightarrow E_0 > 1$ La seva representació gràfica és una línia recta de *pendent positiu i més gran que la unitat.* 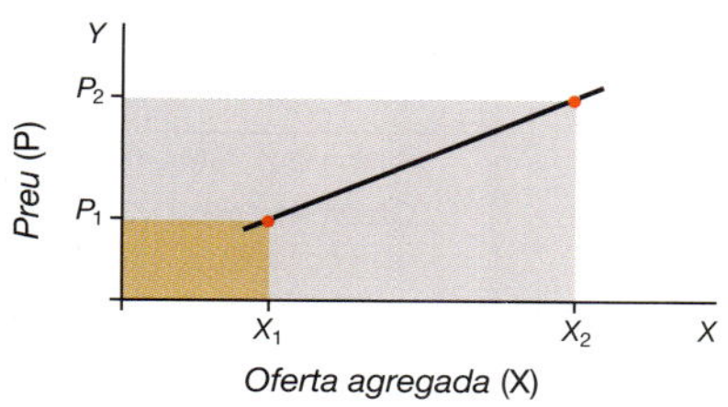 	L'oferta és **inelàstica** quan una variació percentual en el preu (% Δ*P*) suposa una variació percentual menor i del mateix signe de la quantitat oferta (% Δ*X*). Així, el valor que s'obtindrà per l'elasticitat serà més petit que la unitat. $\% \Delta X < \% \Delta P \rightarrow E_o < 1$ La seva representació gràfica és una línia recta de *pendent positiu i més petit que la unitat.* 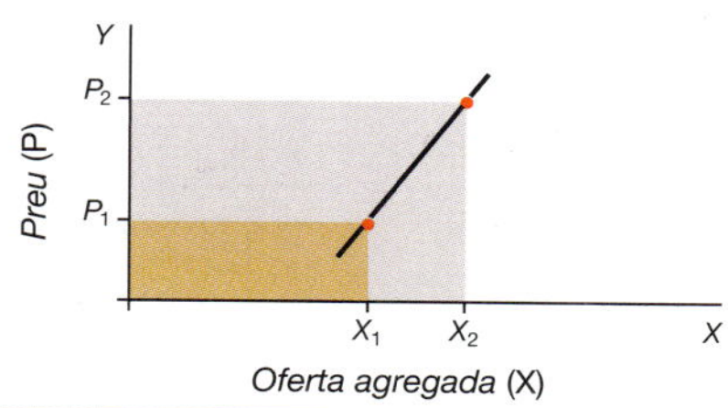 	L'oferta és d'**elasticitat unitària** quan la quantitat oferta (% ΔX) varia exactament en la mateixa proporció que el preu (% Δ*P*). El valor que s'obtindrà aleshores per l'elasticitat serà igual a la unitat. $\% \Delta X = \% \Delta P \rightarrow E_o = 1$ La seva representació gràfica és una línia recta de *pendent positiu i igual a la unitat.* 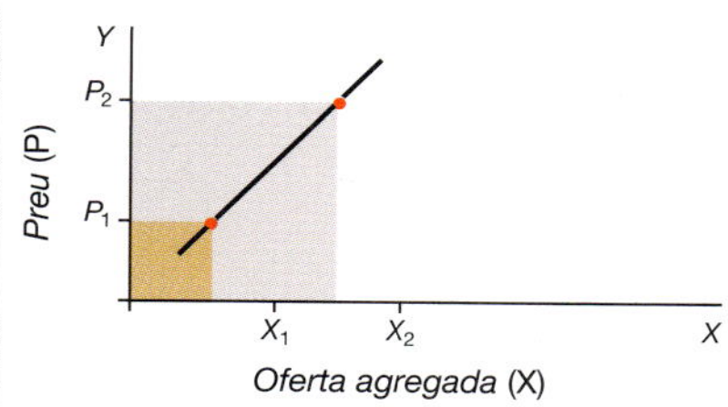

Comportament de l'elasticitat-preu de l'oferta

L'**oferta** de béns en el mercat també varia segons el seu *preu,* però ho fa de forma *directa:* si el preu *augmenta,* el nombre d'unitats ofertes en el mercat s'*incrementarà;* i si el preu del bé *disminueix,* es *reduirà* la seva oferta de manera global.

Per això, la fórmula de l'elasticitat-preu de l'oferta **no presenta el signe negatiu** que apareix en la de la demanda, ja que la quantitat oferta d'un bé i el seu preu varien en el mateix sentit i, per tant, el valor de l'elasticitat-preu de l'oferta, E_o, serà sempre **positiu.**

Com en el cas de la demanda, ho veurem amb claredat en els exemples següents.

EXEMPLE 10

Al preu de 200 €, el nombre d'unitats d'un determinat bé ofertes en el mercat és de 17000. S'ha constatat que, en augmentar el preu fins a 216 €, el volum total d'unitats ofertes és de 19550.

Classifica l'oferta del mercat d'acord amb la seva elasticitat.

— Dades: $P_0 = 200$ € $P_1 = 216$ € $X_0 = 17000$ u. $X_1 = 19550$ u.

— Calcularem, en primer lloc, els percentatges de variació del preu i de la quantitat total oferta.

$$\% \Delta P = \frac{\Delta P}{P} = \frac{P_1 - P_0}{P_0} = \frac{216 - 200}{200} = \frac{16}{200} = 0{,}08 = \mathbf{8\,\%}$$

$$\% \Delta X = \frac{\Delta X}{X} = \frac{X_1 - X_0}{X_0} = \frac{19550 - 17000}{17000} = \frac{2550}{17000} = 0{,}15 = \mathbf{15\,\%}$$

— Un cop conegudes les variacions percentuals, procedim a calcular l'elasticitat-preu de l'oferta:

$$E_o = \frac{\% \Delta X}{\% \Delta P} = \frac{15\,\%}{8\,\%} = \mathbf{1{,}875}$$

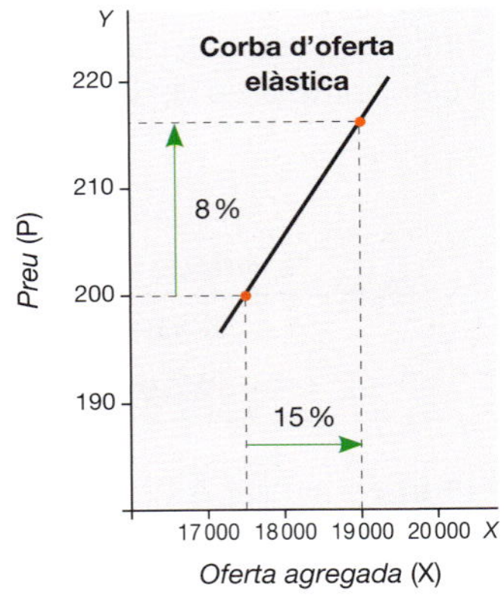

Como que $E_o > 1$ (1,875 > 1) direm que l'oferta és **elàstica.** La seva representació gràfica presenta un *pendent positiu i més gran que la unitat.*

EXEMPLE 11

L'oferta d'un determinat producte en el mercat és de 16200 unitats, a un preu unitari de 1450 €. Si el preu disminueix i queda fixat en 1276 €, la quantitat oferta passa a ser de 15390 unitats.

Determina el tipus d'oferta.

— Dades: $P_0 = 1450$ € $P_1 = 1276$ € $X_0 = 16200$ u. $X_1 = 15390$ u.

— Procedim de la mateixa manera que en l'exemple anterior.

$$\% \Delta P = \frac{\Delta P}{P} = \frac{P_1 - P_0}{P_0} = \frac{1276 - 1450}{1450} = \frac{-174}{1450} = -0{,}12 = \mathbf{-12\,\%}$$

$$\% \Delta X = \frac{\Delta X}{X} = \frac{X_1 - X_0}{X_0} = \frac{15390 - 16200}{16200} = \frac{-810}{16200} = -0{,}05 = \mathbf{-5\,\%}$$

— L'elasticitat-preu de l'oferta serà:

$$E_o = \frac{\% \Delta X}{\% \Delta P} = \frac{-5\,\%}{-12\,\%} = \mathbf{0{,}417}$$

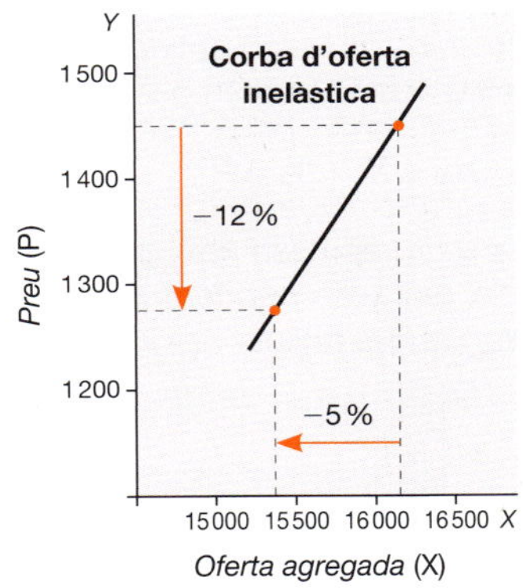

Como que $E_o < 1$ (0,417 < 1) direm que l'oferta és **inelàstica.** La seva representació gràfica presenta un *pendent positiu,* com en el cas anterior, però *més petit que la unitat.*

5. L'equilibri del mercat

La coneguda **llei de l'oferta i la demanda** posa de manifest que els preus s'estableixen en el mercat, a través de l'acció dinàmica que exerceixen l'oferta i la demanda. Aquesta acció ha de conduir el mercat a una situació d'**equilibri.**

Però abans d'arribar-hi, en el mercat es poden donar dues situacions: l'**excés d'oferta** i l'**excés de demanda.**

5.1. *Excés d'oferta*

L'**excés d'oferta** es produeix quan la quantitat oferta per les empreses *(X_1)* supera la quantitat que els consumidors estan disposats a comprar *(X'_1)* a un determinat preu P_1 en un determinat moment. En conseqüència, existeix un excés de producte no venut a aquest preu (fig. 17).

Si en aquest moment les empreses desitgen vendre el seu excés de producte, hauran de reduir el preu. Aquesta reducció té conseqüències diferents sobre les empreses *(oferents)* i sobre els consumidors *(demandants).*

— La disminució del preu no podrà ser suportada per les **empreses** que tinguin uns costos unitaris més elevats que la resta, i es veuran obligades a sortir del mercat. En conseqüència, es produeix un *descens de la quantitat de producte oferta en el mercat.* Aquest descens es representa mitjançant un *moviment al llarg de la corba d'oferta del mercat.*

— D'altra banda, la reducció del preu provoca un augment en la quantitat demandada pels **consumidors.** Aquesta reacció es representa mitjançant un *moviment al llarg de la corba de demanda del mercat.*

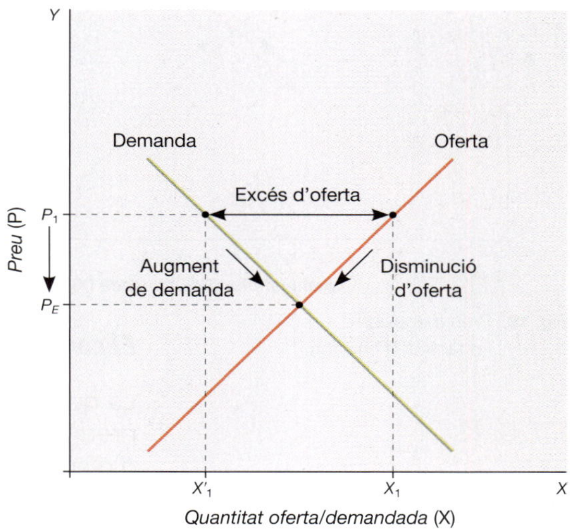

Fig. 17. Situació d'excés d'oferta.

5.2. *Excés de demanda*

L'**excés de demanda,** contràriament, es produeix quan la quantitat demandada pels consumidors *(X'_2)* a un determinat preu P_2 és superior a l'oferta *(X_2)* (fig. 18).

En aquesta situació, com en l'anterior, cal distingir la reacció dels *consumidors* i la de les *empreses.*

— L'augment del preu provoca una *disminució en la demanda,* ja que alguns **consumidors** no estaran disposats a pagar un preu més elevat i renunciaran al bé. D'aquesta manera, es produeix un *moviment al llarg de la corba de demanda* en sentit contrari a l'anterior.

— En augmentar el preu, les **empreses** consideraran més rendible la seva producció i *incrementaran el nombre d'unitats que ofereixen.* També es produirà un *moviment al llarg de la corba d'oferta* de sentit contrari.

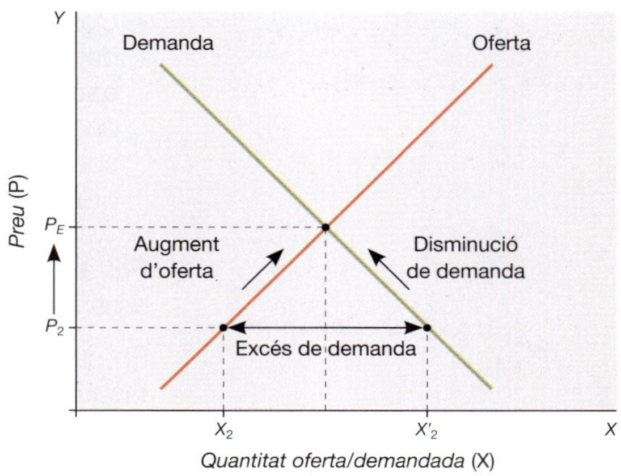

Fig. 18. Situació d'excés de demanda.

5.3. *Situació d'equilibri*

Tant en el cas d'excés d'oferta com en el d'excés de demanda, els moviments al llarg de les corbes d'oferta i demanda continuaran fins a assolir l'**equilibri de mercat.**

L'**equilibri de mercat** es produeix quan s'assoleix un **preu d'equilibri** P_E en què la quantitat oferta i la demandada coincideixen.

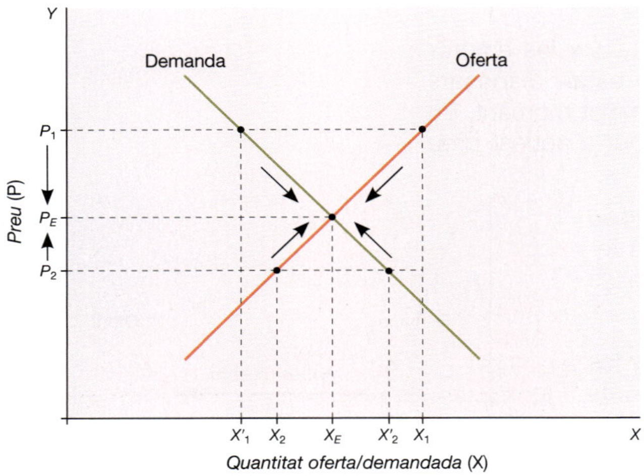

Fig. 19. Preu d'equilibri i quantitat d'equilibri.

El gràfic que representa l'equilibri de mercat (fig. 19) ens permet determinar el *preu d'equilibri* i la *quantitat d'equilibri.*

- El **preu d'equilibri** ***(*P_E*)*** és el que permet la igualtat entre l'oferta i la demanda.
- La **quantitat d'equilibri** ***(*X_E*)*** es pot obtenir indistintament en la corba d'oferta o de demanda a partir del preu d'equilibri.

Hi haurà, per tant, una situació d'**equilibri entre l'oferta i la demanda** quan, a preu de mercat, tots els consumidors adquireixin les quantitats que desitgin i els oferents venguin tota la producció.

El comportament del mercat

La quantitat de producte que s'intercanvia en el mercat a un determinat preu ve determinada, de forma gairebé automàtica, per les forces d'oferta i demanda mitjançant l'alteració de les seves respectives corbes.

- Si el preu és alt, els fabricants oferiran molt més producte del que demanden els consumidors, per la qual cosa es pot produir una **situació excedentària,** és a dir, un *excés de producció* a causa de les quantitats que no poden vendre.

  Per tant, en aquest moment les empreses reduiran les seves produccions i baixaran els preus.

- Contràriament, si el preu resulta ser massa baix, les quantitats demandades seran més grans que les ofertes, per la qual cosa es produirà **escassetat,** és a dir, un *excés de demanda.* La paradoxa es produeix quan, trencant les situacions d'aquest tipus, en tots els mercats alguns consumidors estan disposats a pagar més diners per aquest bé. El preu i la quantitat produïda augmentaran.

Per aquest motiu es diu que els mercats són *el mecanisme que permet organitzar l'activitat econòmica.*

En qualsevol dels sistemes econòmics, els recursos s'han d'assignar a tasques contradictòries. A aquesta finalitat contribueixen les forces més importants del mercat, les de l'**oferta** i la **demanda,** que determinaran a poc a poc la *variació dels preus* apareguts en el mercat i, per tant, els *recursos* que s'hi dediquen.

EXEMPLE 12

Les corbes d'oferta i demanda d'un determinat bé vénen donades per les equacions següents:

$$X_o = 2\,P - 20 \qquad X_d = 180 - 3\,P$$

a) *Representa-les gràficament i calcula el preu d'equilibri del mercat.*

b) *Determina si hi ha excés de demanda o d'oferta en cadascun dels casos següents:*

— *El preu se situa en 50 €.*

— *El preu s'estableix en 35 €.*

a) Com que es tracta de línies rectes, per representar-les només cal obtenir dos punts en cadascuna. A partir d'aquests, s'obté la representació de les corbes d'oferta i demanda.

CORBA D'OFERTA		
P	55	30
X_o	90	40

CORBA DE DEMANDA		
P	45	30
X_d	45	90

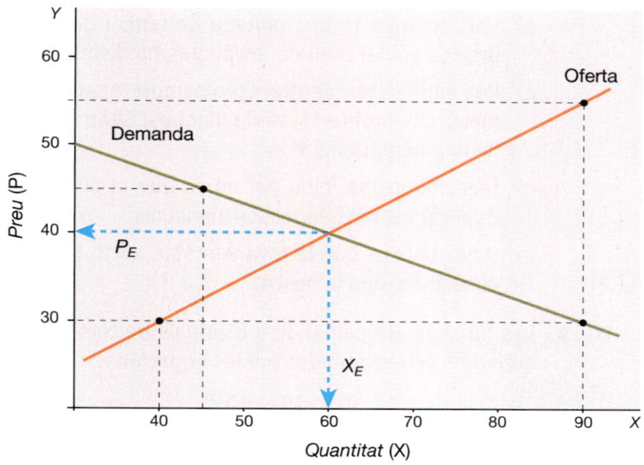

D'acord amb el gràfic, el **preu d'equilibri *(P_E)*** és **40 €,** i la **quantitat d'equilibri *(X_E)*, 60 unitats.**

Si volem obtenir P_E de forma analítica, procedirem a igualar les dues equacions, ja que ha de complir-se que $X_o = X_d$. Després, substituirem el valor obtingut en qualsevol de les equacions i obtindrem X_E.

$$2\,P_E - 20 = 180 - 3\,P_E$$
$$2\,P_E + 3\,P_E = 180 + 20$$
$$5\,P_E = 200$$
$$\mathbf{P_E = \frac{200}{5} = 40\ €}$$

$$X_E = 180 - 3\,P_E$$
$$X_E = 180 - 3 \cdot 40$$
$$X_E = 180 - 120$$
$$\mathbf{X_E = 60\ unitats}$$

b) Per a determinar si existeix excés de demanda o d'oferta en cadascuna de les dues situacions proposades, n'hi ha prou a determinar les quantitats ofertes o demandades a partir de les equacions corresponents i comparar-les.

— Si el preu se situa en 50 €, les quantitats demandades i ofertes seran, respectivament:

$$X_d = 180 - 3 \cdot 50 = 180 - 150 = \textbf{30 unitats demandades}$$
$$X_o = 2 \cdot 50 - 20 = 100 - 20 = \textbf{80 unitats ofertes}$$

Com que el nombre d'unitats ofertes (80) és superior al d'unitats demandades (30), hi haurà **excés d'oferta.** Aquesta situació es produeix perquè el preu de venda (50 €) és **superior** al preu d'equilibri (40 €).

— Si el preu s'estableix en 35 €, obtindrem les quantitats següents:

$$X_d = 180 - 3 \cdot 35 = 180 - 105 = \textbf{75 unitats demandades}$$
$$X_o = 2 \cdot 35 - 20 = 70 - 20 = \textbf{50 unitats ofertes}$$

Com que el nombre d'unitats demandades (75) és superior al d'unitats ofertes (50), hi haurà **excés de demanda.** Aquesta situació es produeix perquè el preu de venda (35 €) és **inferior** al preu d'equilibri (40 €).

ACTIVITATS PROPOSADES

■ 1. Defineix el concepte de mercat i explica la relació que existeix entre els compradors, els venedors i els preus.

* ■ 2. Explica la diferència entre béns substitutius i béns complementaris.

■ 3. Explica quin seria el teu comportament pel que fa a la demanda de béns en cadascun dels casos següents:

a) El preu del teu refresc favorit s'ha incrementat un 10%.

b) Vols comprar-te una raqueta de tenis i descobreixes que el preu de les pilotes ha disminuït.

c) Per anar al teu centre escolar pots agafar el metro o l'autobús i la tarifa d'aquest últim mitjà ha augmentat un 5%.

d) Has trobat una feina per hores que et permet duplicar els teus ingressos mensuals.

e) Descobreixes que la teva veritable afició no és el bàsquet sinó la pesca.

■ 4. Les funcions de demanda individuals de tres consumidors vénen donades per les equacions:

$$X_1 = 101 - 5P$$
$$X_2 = 73 - 4P$$
$$X_3 = 67 - 3P$$

Determina el preu màxim al qual cadascun dels consumidors està disposat a comprar una unitat de bé i confecciona la corba de demanda de mercat formada per aquests tres únics demandants.

■ 5. Confecciona la corba de demanda de mercat d'un bé amb tres consumidors tenint en compte que, a preu P_1, cadascun demandarà, respectivament 15, 20 i 25 unitats; i a preu P_2, la demanda serà de 20, 25 i 30 unitats.

* ■ 6. Raona cap a on es desplaça la corba de demanda d'un bé *X* si es tracta d'un bé inferior.

■ 7. Indica si les següents afirmacions són vertaderes o falses i corregeix les que siguin falses.

a) Si disminueix el preu d'un bé normal, els consumidors tendiran a demandar una major quantitat d'aquest.

b) Si el preu d'un bé disminueix, també ho fa la demanda de tots els béns complementaris.

c) Si s'incrementen les rendes dels consumidors, es produirà sempre un increment de la demanda.

* ■ 8. Distingeix entre funció d'oferta i corba d'oferta.

■ 9. Confecciona la corba d'oferta de mercat d'un bé produït per tres empreses sabent que, a preu P_1, cadascuna oferirà, respectivament 30, 40 i 50 unitats; i a preu P_2, l'oferta serà de 60, 75 i 90 unitats.

* PAU

■ 10. Determina l'efecte de les següents variacions sobre la corba d'oferta de sabates de pell:

a) Les sabates de material sintètic estan de moda i el seu preu ha augmentat considerablement.

b) Disminueix el preu de la pell.

c) Sorgeix una nova sabata que és més cara però que permet adaptar-se al creixement del peu.

d) L'objectiu de les nostres empreses és eliminar del mercat els competidors estrangers.

■ 11. Explica quin efecte produeix la variació en el preu d'un bé sobre la seva corba d'oferta i de demanda.

■ 12. Suposant que el preu d'un bé es manté constant, explica com afecta la modificació d'alguna de les restants variables a l'oferta i a la demanda.

■ 13. Explica les diferències existents entre els desplaçaments de les corbes d'oferta i demanda i els moviments que es produeixen al llarg d'aquestes.

— Explica també quins són els factors que provoquen un moviment o un desplaçament. Utilitza gràfics per a il·lustrar la teva resposta.

* ■ 14. Explica què s'entén per elasticitat-preu de la demanda.

■ 15. Explica què significa que l'elasticitat-preu d'un bé sigui superior a la unitat i fes la representació gràfica de les corbes d'oferta i demanda que corresponen a aquesta mena d'elasticitat-preu.

— Enumera dos tipus més d'elasticitat diferents a l'elasticitat-preu.

■ 16. Partim d'un punt en la corba de demanda on el preu és 10 € i la quantitat demandada és 100 unitats. Si el preu augmenta a 15 €, la quantitat demandada disminueix a 75 unitats.

— Representa la corba de demanda, calcula el valor de l'elasticitat-preu i determina de quin tipus de demanda es tracta.

■ 17. A un preu de 25 €, la quantitat demandada d'un determinat bé és de 250 unitats. Si el preu augmenta a 40 €, la quantitat demandada disminueix a 215 unitats.

a) Calcula el valor de l'elasticitat-preu.

b) Explica de quin tipus de demanda es tracta.

c) Fes la representació gràfica.

■ 18. A un preu de 700 €, la quantitat oferta d'un bé determinat és de 59 200 unitats.

Si el preu augmenta a 750 €, el nombre d'unitats ofertes canvia a 68 080.

— Determina l'elasticitat de l'oferta i el seu tipus.

* ■ **19.** Explica com es classifiquen els béns segons l'elasticitat creuada de la demanda i posa exemples de cada tipus.

■ **20.** Justifica per què la fórmula de l'elasticitat-preu de la demanda incorpora un signe negatiu i, en canvi, l'elasticitat-preu de l'oferta no l'incorpora.

■ **21.** Representa gràficament una corba d'oferta l'elasticitat de la qual sigui nul·la. Raona si aquesta situació pot donar-se en la realitat.

■ **22.** Classifica les afirmacions segons que siguin vertaderes o falses i corregeix les falses.

a) L'elasticitat-preu de l'oferta és positiva perquè, en augmentar el preu del bé, també augmenta la quantitat oferta per les empreses.

b) En alguns casos, l'elasticitat-preu de l'oferta pot resultar negativa. En aquest cas es considerarà sempre el seu valor positiu.

c) El comportament habitual del mercat té en compte una oferta i demanda d'elasticitat unitària. Els comportaments elàstics i inelàstics són una anomalia que es produeix en rares ocasions.

■ **23.** Les quantitats demandades de tres béns diferents, *A*, *B* i *C*, varien de la següent forma segons el preu:

BÉ *A*	PREU	$P_A = 60$	$P_A = 66$
	QUANTITAT	$X_A = 9000$	$X_A = 8100$
BÉ *B*	PREU	$P_B = 60$	$P_B = 75$
	QUANTITAT	$X_B = 11000$	$X_B = 11200$
BÉ *C*	PREU	$P_C = 40$	$P_C = 42$
	QUANTITAT	$X_C = 5000$	$X_C = 4500$

— Descobreix quin és el bé que té una demanda més elàstica i quin el que la té menys elàstica.

* ■ **24.** Defineix l'equilibri del mercat.

a) Explica la diferència entre excedent i escassetat en el mercat i descriu el paper que desenvolupen els preus en l'ajust cap a l'equilibri.

b) Indica quins factors poden modificar una situació d'equilibri.

■ **25.** Les funcions d'oferta i demanda de mercat d'un producte són, respectivament:

$$X_o = 50\,P - 100 \quad X_d = 20\,900 - 100\,P$$

a) Calcula el preu d'equilibri del mercat i la quantitat que s'intercanvia a aquest preu.

b) Explica l'efecte que tindria en el mercat si el preu fos 160 € i si fos 120 €.

■ **26.** Determina les quantitats ofertes i demandades en el cas anterior a preu de 160 € i a preu de 120 €.

■ **27.** Les corbes d'oferta i demanda del mercat d'un determinat bé vénen donades per les equacions següents:

$$X_o = 250 + 25\,P \quad X_d = 2\,750 - 75\,P$$

a) Representa-les gràficament i calcula la quantitat i el preu d'equilibri.

b) Determina l'excés d'oferta o demanda que existeix per a un preu de 9 €.

■ **28.** Les funcions d'oferta i demanda del mercat d'un determinat bé vénen donades per les següents equacions:

$$X_o = 500 + 50\,P \quad X_d = 5\,500 - 150\,P$$

a) Calcula, per mitjans analítics, la quantitat i el preu d'equilibri.

b) Representa gràficament les corbes d'oferta i demanda i comprova que el punt de contacte coincideix amb el preu i la quantitat d'equilibri calculats.

c) Si el preu del bé se situa en 18 €, determina si existeix excés d'oferta o de demanda i en quina quantia. Comprova gràficament el resultat obtingut.

d) Calcula l'elasticitat de l'oferta i la demanda, suposant que el preu de l'article augmentés de 20 a 22 €.

■ **29.** Les funcions d'oferta i demanda de mercat d'un producte són, respectivament:

$$X_o = 850 + 175\,P \quad X_d = 8\,250 - 325\,P$$

a) Calcula el preu d'equilibri del mercat i la quantitat que s'intercanvia a aquest preu.

b) Explica l'efecte que tindria en el mercat si el preu fos 16 € i si fos 12 €.

■ **30.** Explica el concepte d'elasticitat creuada com a concepte de demanda dependent.

* ■ **31.** Les funcions d'oferta i demanda de mercat d'un producte són, respectivament:

$$X_o = 12\,P \quad X_d = 200 - 8\,P + R$$

(X_o és la quantitat oferta; X_d, la quantitat demandada; *P*, el preu unitari; i *R*, la renda disponible.)

a) Representa gràficament les respectives funcions de demanda i d'oferta per al cas que la renda *R* fos igual a zero

b) Calcula quin preu i quina quantitat permeten assegurar l'equilibri del mercat si la renda és igual a 100 €.

c) Si la renda disminueix a 40 €, explica com varia el preu i la quantitat d'equilibri.

d) Calcula l'elasticitat-renda de la demanda amb les dades anteriors.

* PAU

■ **32.** En un diari econòmic va aparèixer publicada la notícia següent:

«En els mesos de setembre i octubre, la baixada en el preu del plàstic utilitzat en la fabricació d'una gran varietat de joguines va fer pensar en un possible descens en el preu d'aquestes per a la campanya de Nadal. Malgrat això, el preu de les joguines va acabar pujant en aquestes dates.»

— Tracta d'explicar què ha ocorregut. Utilitza gràfics d'oferta i demanda.

■ **33.** Indica quin efecte pot tenir sobre l'equilibri de mercat la fixació d'un preu mínim per a un bé per part de les autoritats econòmiques.

— Utilitza gràfics per a justificar la teva resposta.

* ■ **34.** Les funcions d'oferta i demanda de mercat d'un producte són, respectivament:

$$X_o = P - 5$$

$$X_d = 40 - 4P$$

a) Determina analíticament el preu i la quantitat d'equilibri.

b) Dibuixa les corbes d'oferta i demanda, assenyala-hi a sobre el punt d'equilibri del mercat i comprova que coincideix amb el calculat analíticament.

c) Si l'Estat estableix el preu màxim del bé en 6 €, raona si hi haurà excedent de mercat o escassetat i en quina quantitat.

* PAU

Revista d'economia

El preu de l'habitatge experimenta un increment el 2010

Així ho afirma l'informe trimestral de l'Institut Nacional d'Estadística

L'Institut Nacional d'Estadística acaba de publicar el seu informe trimestral on es posa de manifest l'aparent inici de la recuperació del mercat immobiliari, després de gairebé tres anys de caigudes successives en els preus.

Els principals resultats que es deriven de l'informe, i que poden observar-se clarament en el gràfic, són els següents.

La taxa de **variació interanual** de l'*índex general de preus de l' habitatge* se situa en el **−0,9%** en el segon trimestre, dos punts superior a la registrada en el trimestre anterior, que va ser del **−2,9%.**

En el cas de l'habitatge nou, l'increment és de dos punts i mig, ja que passa del **−4,2%** del primer trimestre al **−1,7%** en el segon.

L'habitatge de **segona mà** registra un increment menor, de gairebé punt i mig, i la seva taxa interanual se situa en el 0,0% des del −1,4% del trimestre anterior.

Si contemplem la **variació trimestral,** l'*índex general* experimenta un increment de **+1,6%,** la primera taxa positiva des del tercer trimestre de 2007.

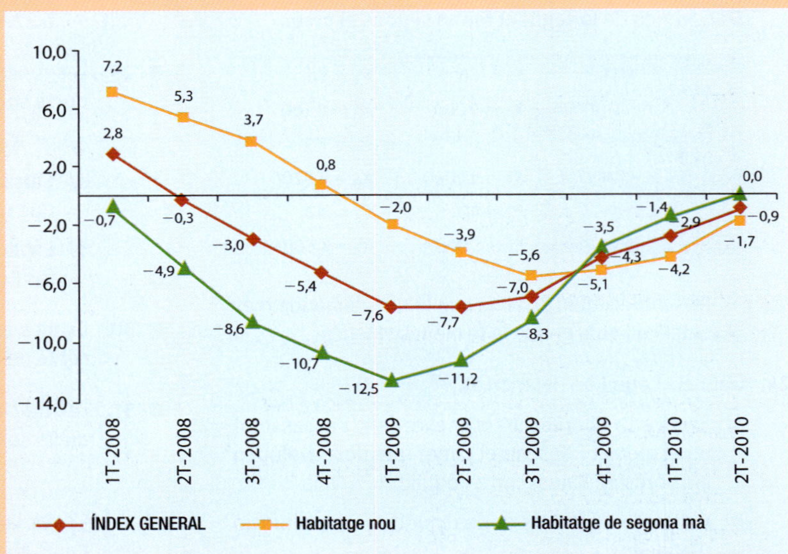

La variació anual de l'índex del preu de l'habitatge augmenta en totes la comunitats autònomes aquest trimestre.

Els increments més grans d'aquesta taxa es produeixen a la Comunitat de Madrid, que puja **3,7** punts respecte del trimestre anterior i se situa en valors positius **(+1,4%),** i el País Basc, que puja 3,4 punts aquest trimestre tot i que encara es troba en valors negatius **(−0,5%).**

Les taxes de variació anual que menys augmenten pel que fa al trimestre anterior són les de Navarra, que puja **0,5** punts i es manté encara en el nivell més baix de l'Estat **(−6,2%),** i les Illes Balears, amb un increment de **0,7** punts.

Extremadura és la que ofereix l'índex més alt, amb un valor de **+3,0%.**

Informe INE
15 de setembre de 2010

AVALUACIÓ

1 El mercat és:

a) El lloc o l'espai físic on es poden intercanviar béns i serveis.

b) L'espai que permet saber quins béns es poden comprar i vendre ajustant els preus a la realitat del moment.

c) La possibilitat d'intercanvi de béns. No és cap lloc físic en si.

d) Un mecanisme mitjançant el qual compradors i venedors determinen conjuntament la quantitat i el preu de cada producte.

2 La demanda d'un bé complementari:

a) Descendeix quan descendeix el preu del bé de referència.

b) Augmenta quan la demanda del bé de referència també augmenta.

c) Augmenta o descendeix depenent de si mateix.

d) Es modifica sempre en sentit contrari a com ho fa el bé al qual complementa.

3 La demanda individual d'un bé depèn:

a) Del preu d'aquest bé. Com més gran sigui el seu preu, menor quantitat es demandarà.

b) De la renda del consumidor. Com més gran sigui la seva renda, major quantitat de bé demandarà.

c) Del tipus de bé de què es tracti. No tots els béns tenen el mateix comportament pel que fa a la seva demanda.

d) Del preu del mateix bé, del preu dels altres béns, de la renda del consumidor, i dels gustos i preferències d'aquest.

4 Els béns inferiors són:

a) Els que no són gaire útils ni necessaris per a la vida del consumidor.

b) Els que no són importants i la demanda dels quals en el mercat sigui baixa.

c) Aquells la demanda dels quals disminueix si la renda del consumidor augmenta.

d) Els que tenen sempre la mateixa demanda, independentment de la renda del consumidor.

5 Es produeixen desplaçaments al llarg de la corba de demanda quan:

a) Augmenta la renda del consumidor i pot pagar preus més grans pel mateix producte.

b) Els preus es modifiquen i el consumidor es desplaça al llarg de la corba per adquirir major o menor quantitat de béns.

c) Els preus dels béns substitutius pugen o baixen.

d) Es modifica el preu d'un bé complementari i el consum de l'altre bé es produeix en sentit contrari.

6 Si el preu d'un bé substitutiu descendeix:

a) La seva demanda augmenta i la demanda del bé al qual substitueix es contreu.

b) També descendirà el preu del bé al qual substitueix, perquè els dos reaccionen sempre en el mateix sentit.

c) El consumidor tendirà a adquirir major quantitat del bé i els preus tendiran a pujar, però el preu d'equilibri no es modificarà.

d) Provoca un desplaçament de la corba d'indiferència cap a la dreta, ja que hi ha una expansió de la demanda.

7 Quan disminueix la renda del consumidor:

a) La demanda es desplaça al llarg de la corba perquè pot adquirir menys quantitat de béns.

b) Augmenta la quantitat demandada de béns inferiors i disminueix la quantitat demandada de béns normals.

c) Es produeix una variació en les seves preferències.

d) Aquest tendirà a adaptar-se al mercat consumint la quantitat de béns que li permeti la seva nova situació econòmica.

8 L'elasticitat creuada de la demanda, coneguda com a *demanda dependent:*

a) Mesura la influència de la variació del preu d'un bé en la demanda d'un altre bé.

b) Mesura la influència dels preus d'un bé en els d'un altre bé.

c) Mesura la quantitat demandada d'un bé amb referència a la quantitat demandada d'un altre bé.

d) Mesura les variacions dels preus i quantitats dels béns que tinguin alguna dependència.

9 L'elasticitat-preu de l'oferta és:

a) La variació percentual de la quantitat oferta d'un bé davant una variació percentual del seu preu.

b) La tendència de les empreses a oferir major quantitat d'un bé quan descendeix el seu preu.

c) La tendència de les empreses a disminuir o eliminar la producció d'un bé quan descendeix el seu preu.

d) La tendència de les empreses a mantenir la producció d'un bé mentre es cobreixen costos.

10 El preu d'equilibri de mercat:

a) Farà que els excedents no puguin sortir al mercat a aquest preu.

b) Permet la igualtat entre l'oferta i la demanda.

c) Impedeix a les empreses produir un bé quan hi ha excés de demanda.

d) El fixen els venedors per tal d'assumir possibles pèrdues pels costos de producció.

7 Tipus de mercats

COMPETÈNCIES ESPECÍFIQUES

Competència en cultura econòmica i dialèctica

Identificar els trets que defineixen el mercat de competència perfecta.

Distingir els elements diferencials entre un mercat de competència perfecta i un de competència imperfecta.

Identificar els factors que poden originar «imperfeccions» en el mercat.

Reconèixer els trets del mercat en una situació de competència imperfecta i assenyalar les diferències fonamentals amb el mercat de competència perfecta.

Distingir el comportament a curt i a llarg termini del mercat de competència imperfecta.

Competència en raonament econòmic i modelització

Justificar el comportament de les empreses en un mercat de competència perfecta.

Descriure les característiques del monopoli, el mercat oligopolista i el de competència monopolística.

Analitzar amb sentit crític la importància dels acords entre empreses oligopolistes per evitar guerres de preus.

■ Mercat immobiliari.

ORGANITZACIÓ DELS CONTINGUTS

Tipus de mercats

INTRODUCCIÓ

- Les diferents estructures de mercat, tant teòriques com reals, han estat àmpliament estudiades pels economistes i han donat lloc a diferents tipus de mercats.

  Analitzarem aquí des de la competència perfecta, en què ningú no pot influir en el mercat, fins al monopoli, en què és un únic agent el qui controla tot el mercat, passant pels mercats de competència imperfecta (oligopolis i situacions de competència monopolística) i analitzarem els seus trets comuns i diferenciats.

  El mercat de competència perfecta es basa en una sèrie de premisses molt difícils de trobar en la vida real, tant pel que fa al gran nombre d'empreses que hi ha en el mercat com per unes formes de diferenciació dels productes una mica peculiars.

1. Estructures de mercat

La teoria econòmica no pot mostrar totes les diferències que es donen en els mercats. Per això, dissenya unes característiques que li permeten situar els trets bàsics de qualsevol mercat en les anomenades **estructures de mercat.**

> Les **estructures de mercat** són diferents característiques que ens permeten recollir les diferències i similituds que hi ha entre les diferents classes de mercat.

Les estructures de mercat que analitzarem són fonamentalment dues: el mercat de **competència perfecta** i el de **competència imperfecta.** En aquest últim s'integren diferents estructures com el *monopoli,* l'*oligopoli* i la *competència monopolista* (fig. 1).

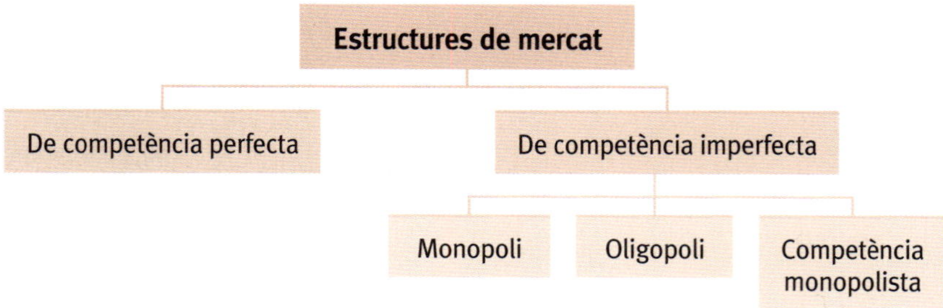

Fig. 1. Estructures de mercat.

Les **característiques** que generalment s'utilitzen per a classificar les estructures de mercat són: el grau de *concentració,* el grau d'*homogeneïtzació,* les *barreres d'entrada,* l'existència d'*informació perfecta* i la *llibertat* d'accés al mercat.

- El grau de **concentració** del mercat fa referència al *nombre d'oferents que hi ha.* Com més gran és el nombre d'oferents en un mercat, *menor* és el seu grau de concentració.
- El grau d'**homogeneïtat** del producte es refereix a les *diferències de qualitat o de disseny.* Quan es diu que el bé produït és *perfectament homogeni* volem indicar que un determinat bé és un substitutiu perfecte del que venen les altres empreses del mercat. No obstant això, en els mercats reals, és difícil trobar productes tan perfectament substitutius.
- Les **barreres d'entrada** són els elements que *dificulten o impedeixen l'entrada* de noves empreses en un mercat.
- L'existència d'**informació perfecta** fa referència a la capacitat dels agents econòmics per a *informar-se de les millors oportunitats de compra i venda* que ofereix el mercat sense cap cost, és a dir, sense emprar molt de temps, diners, esforç, etc. Aquesta característica només es pren en consideració en els mercats de competència perfecta.
- La **llibertat** d'accés al mercat indica la *capacitat de consumidors i productors per a entrar i sortir del mercat.* Aquest factor és essencial per a configurar un tipus de mercat o un altre.

2. El mercat de competència perfecta

El conjunt de característiques que defineixen la competència perfecta no sol trobar-se en cap mercat. Per això es diu que aquesta estructura fa referència a un **tipus ideal de mercat.**

El funcionament del **mercat de competència perfecta** o **mercat competitiu** es basa en quatre **característiques:** *existència de molts oferents, producte homogeni, inexistència de barreres d'entrada* i *existència d'informació perfecta.*

- **Existència de molts oferents.** La presència d'un nombre elevat d'oferents del bé fa que la quantitat produïda per cada empresa sigui massa petita per a influir en el preu de mercat. Per tant, *les empreses accepten aquest preu,* és a dir, el consideren una dada. Per això, es diu que són **preuacceptants.** I, a aquest preu, poden vendre qualsevol quantitat que produeixin.

  — Encara que una empresa incrementi o disminueixi la seva oferta en un percentatge molt elevat, aquesta variació serà insignificant comparada amb la quantitat total intercanviada en el mercat.

  Com a conseqüència, l'actuació de cada empresa no podrà modificar el preu. Per això, en competència perfecta *no es pot competir via preus.*

  — Si una empresa competitiva augmentés el preu, els seus clients deixarien de comprar-li en benefici de les altres. Si, contràriament, l'empresa decidís baixar el preu, acapararia els clients de la resta de les empreses. Però no podria atendre tota la demanda i es veuria obligada a pujar el preu per racionalitzar-la.

  Així doncs, en el mercat de competència perfecta, la **demanda** a la qual s'enfronta l'empresa serà una *línia horitzontal* que representa el *preu d'equilibri.*

  Però l'**oferta** dependrà fonamentalment dels costos de l'empresa, que podrà estar en equilibri i maximitzar beneficis produint la quantitat suficient perquè *el cost marginal sigui igual a l'ingrés marginal.*

  Les corbes d'oferta i demanda es tallen en el punt Q_1, que és la quantitat que l'empresa oferirà al preu d'equilibri P_E (fig. 2).

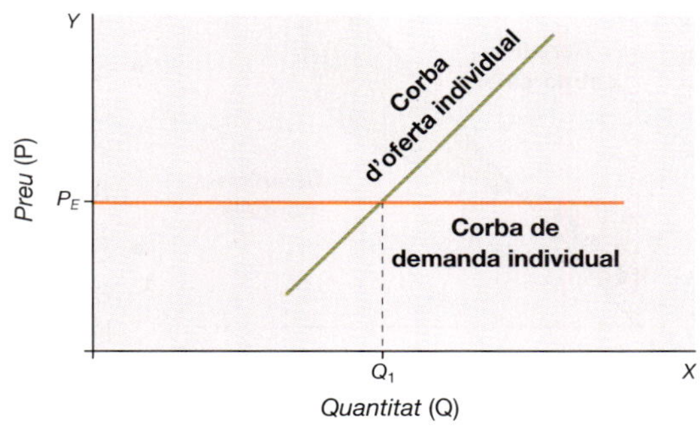

Fig. 2. Equilibri en el mercat de competència perfecta d'una empresa.

- **Producte homogeni.** Cadascuna de les empreses del mercat produeix un bé idèntic. El producte que ven una empresa és substitutiu perfecte del que venen les altres. Per tant, *no es pot competir via marca o via qualitats.*

- **Inexistència de barreres d'entrada** a llarg termini. Si un agent econòmic alliè al mercat vol introduir-se i produir el bé que s'hi *negocia,* pot fer-ho sense incórrer en grans costos.

- **Existència d'informació perfecta.** Tant els consumidors com els productors coneixen les millors oportunitats de compra i venda. A més, aquesta informació és gratuïta.

Preu de mercat

El preu de mercat es determina mitjançant la interacció de la corba d'oferta i la corba de demanda del mercat.

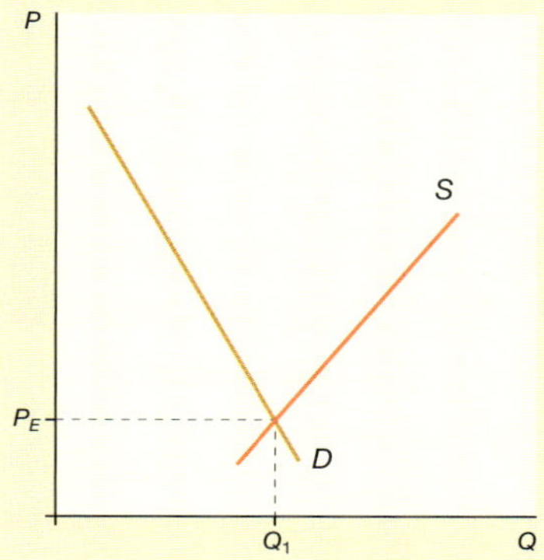

Aquest preu d'equilibri no explica totalment la realitat del mercat de competència perfecta però és perfectament utilitzable.

2.1. *Maximització del benefici en competència perfecta*

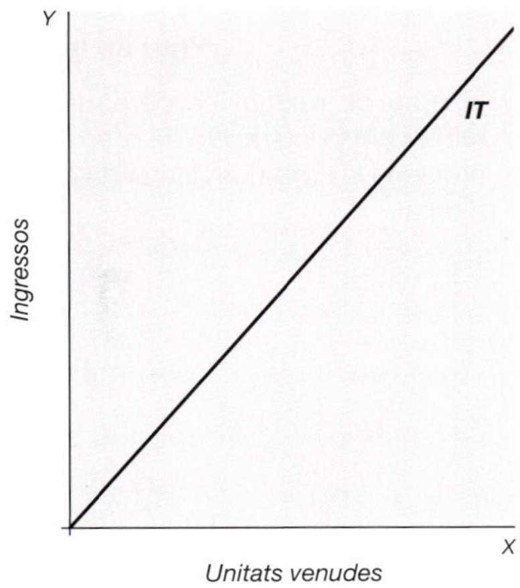

Fig. 3. Representació gràfica de l'ingrés total en competència perfecta.

Ja hem indicat que totes les empreses que s'integrin en aquest tipus de mercat són, en principi, **preuacceptant,** atès que coneixen les pròpies característiques del mercat. Per això, al llarg de la seva activitat, els **ingressos** s'ajustaran a les característiques següents:

- **L'ingrés total és creixent.** Com ja sabem, l'ingrés ve donat per l'expressió:

$$IT = X \cdot P_X$$

  Com que el preu està donat, l'ingrés total augmentarà de forma contínua a mesura que s'incrementa la quantitat produïda. Per tant, es representa mitjançant una *recta creixent de pendent constant* (fig. 3).

- **L'ingrés mitjà i l'ingrés marginal coincideixen amb el preu.** Aquesta característica es dedueix de la mateixa definició d'*ingrés mitjà* i d'*ingrés marginal,* tal com es mostra a continuació.

$$IMi = \frac{IT}{X} = \frac{\cancel{X} \cdot P}{\cancel{X}} \quad \Rightarrow \quad IMi = P$$

$$IMg = \frac{\Delta IT}{\Delta X} = \frac{X_2 \cdot P - X_1 \cdot P}{(X_2 - X_1)} = \frac{\cancel{(X_2 - X_1)} \cdot P}{\cancel{(X_2 - X_1)}} \quad \Rightarrow \quad IMg = P$$

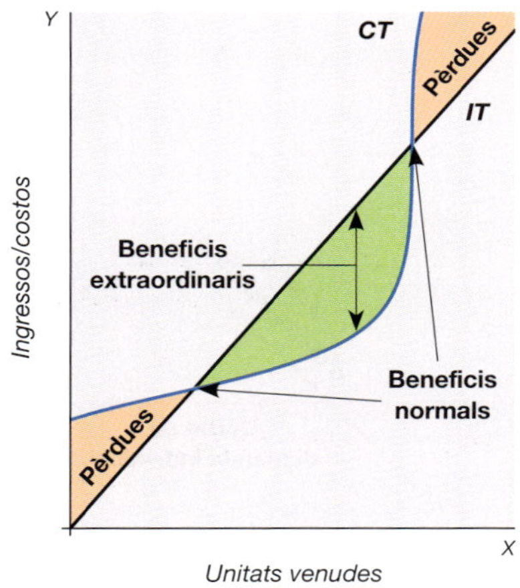

Fig. 4. Beneficis i pèrdues d'una empresa en competència perfecta.

Per a **maximitzar els beneficis,** l'empresa haurà de determinar el nombre d'unitats de producció que li permetin obtenir una major **diferència** entre els *ingressos totals* ***IT*** i els *costos totals* ***CT*** (fig. 4).

En calcular aquesta diferència, es poden donar tres **casos:** que aquesta diferència sigui *igual a zero, més petita que zero* o *més gran que zero.*

- Si $IT - CT = 0$, els beneficis extraordinaris són nuls. Això significa que els empresaris reben únicament la remuneració normal, que està inclosa en els costos totals. Per tant, parlarem de l'existència de **beneficis normals.**
- Si $IT - CT < 0$, significa que l'empresa ha obtingut **pèrdues.** És a dir, els empresaris no han obtingut remuneració i, a més, no han cobert la totalitat dels costos.
- Si $IT - CT > 0$, existeixen **beneficis extraordinaris.** Això significa que es remunera l'empresari per damunt d'allò acostumat, és a dir, que obté la remuneració normal que s'inclou en el cost total i, a més, una remuneració addicional.

La condició que maximitza el benefici en l'empresa es produeix quan *el cost marginal i l'ingrés marginal coincideixen.*

I, com que en competència perfecta, l'ingrés marginal és igual al preu, la maximització del benefici es donarà quan *el cost marginal coincideixi amb el preu.*

$$CMg = IMg = P$$

Així doncs, en **qualsevol estructura de mercat** a curt termini es poden donar les tres situacions anteriors: *beneficis normals, pèrdues i beneficis extraordinaris.*

2.2. *Evolució del mercat de competència perfecta*

Davant d'aquestes situacions, el mercat evoluciona **a llarg termini.** Com que en el mercat de competència perfecta *no hi ha barreres d'entrada,* l'evolució que es produeix és la següent:

- Si *no existeixen beneficis extraordinaris ni pèrdues,* les empreses no es veuran motivades a entrar ni sortir del mercat. Per tant, a llarg termini *es mantenen els beneficis normals.*

- Si *existeixen pèrdues,* algunes empreses tancaran o bé abandonaran el mercat buscant-ne un altre que els reporti beneficis extraordinaris. Això es deu al fet que, en competència perfecta, no existeixen barreres que impedeixin la mobilitat d'empreses.

  L'abandonament de les empreses originarà una disminució de l'oferta en el mercat i, com a conseqüència, un augment del preu del producte, el que desencadenarà en una disminució de les pèrdues. I, quan les pèrdues desapareguin, simultàniament també ho farà l'incentiu de les empreses per sortir del mercat. Per tant, a llarg termini tendirà a produir-se una situació en la qual s'obtindran els *beneficis normals.*

- Si s'observa que en el mercat s'obtenen beneficis extraordinaris, hi haurà empreses que tinguin incentius per entrar-hi i, com a conseqüència, el preu tendirà a disminuir fins que, finalment, els beneficis extraordinaris s'acabin. Per tant, a llarg termini les empreses de competència perfecta obtindran *beneficis normals.*

Com a conseqüència, en competència perfecta, i a llarg termini, només és possible obtenir **beneficis normals.**

EXEMPLE 1

Una empresa ven el seu producte en un mercat de competència perfecta. La seva funció de cost total i la corresponent funció de cost marginal són les següents:

$$CT = 50 + 2X^2 \qquad CMg = 4X$$

Si el preu de mercat és de 40 €, determina: la quantitat que produirà i vendrà l'empresa, el cost total d'obtenció de la quantitat anterior; el cost mitjà i el benefici extraordinari obtingut per la venda.

— Apliquem l'equació que permet maximitzar beneficis en competència perfecta:

$$CMg = P \;\Rightarrow\; 4X = 40 \;\Rightarrow\; X = \frac{40}{4} = \textbf{10 unitats}$$

— Per a trobar el cost total, només cal substituir la quantitat produïda en la funció de cost total.

$$CT = 50 + 2X^2 = 50 + 2\,(10)^2 = 50 + 2 \cdot 100 = \textbf{250 €}$$

— El cost mitjà és el cost per unitat produïda:

$$CMi = \frac{CT}{X} = \frac{250 \text{ €}}{10 \text{ unitats}} = \textbf{25 €/unitat}$$

— Per a calcular els beneficis, s'ha de restar als ingressos obtinguts per la venda de la quantitat produïda el cost necessari per tal de produir-la.

Beneficis $= IT - CT = X \cdot P - 250$ € $= 40$ €/u. $\cdot$ 10 u. $- 250$ € $= 400$ € $- 250$ € $=$ **150 €**

Per maximitzar beneficis, l'empresa ha de produir i vendre **10 unitats** de producte. El seu cost de producció puja a **250 €,** per la qual cosa que el cost mitjà serà de **25 €/unitat.** Amb la venda, l'empresa obtindrà uns beneficis extraordinaris de **150 €** a curt termini.

3. El mercat de competència imperfecta

En la realitat econòmica, els mercats existents no es regeixen per una estructura de competència perfecta, ja que sempre disposen d'alguna **característica** que no es dóna en aquesta estructura.

- Un exemple d'**absència d'oferents** és el cas de Telefónica que, al nostre país, va ser l'únic subministrador de serveis de telefonia fins a l'any 1997. El 1998 va aparèixer un competidor, Retevisión. Amb el pas dels anys, els usuaris d'aquest tipus de serveis han anat diversificant la seva demanda entre moltes companyies.
- En els mercats reals és evident la **falta d'homogeneïtat** de productes: no és habitual trobar productes d'idèntica naturalesa. Pot ser que es tracti de productes similars que compleixen la mateixa funció, però que mantenen diferències (forma, materials, disseny, etc.) que depenen de l'empresa que els hagi produït.
- En molts mercats hi ha diferents tipus de **barreres d'entrada,** que impedeixen que qualsevol empresa hi accedeixi. Un bon exemple d'això és la *patent,* un dret concedit a l'inventor d'un bé o un procés amb el qual se li confereix el dret únic i temporal de la seva explotació en exclusivitat. Els qui vulguin utilitzar aquest bé o procés han de pagar una quantitat estipulada, el que suposa un tipus de barrera d'entrada al nou mercat.

En aquest tipus de mercats una empresa té capacitat per a *alterar els preus de mercat* depenent de la quantitat que produeixi. Per això s'anomenen **de competència imperfecta** o **no competitius.**

Un mercat és de **competència imperfecta** quan algun agent econòmic té la capacitat d'influir en el preu del mercat actuant individualment.

Els mercats de competència imperfecta tenen les següents **característiques:** *major quota de mercat, corba de demanda decreixent* i *existència de barreres d'entrada.*

- **Major quota de mercat.** La quota de mercat d'una empresa en competència imperfecta és molt més gran que en competència perfecta. Com a conseqüència, una empresa en competència imperfecta sí pot afectar el preu, perquè el seu volum de producció pel que fa al total del mercat no serà tan menyspreable com en competència perfecta.
- **Corba de demanda decreixent.** En *competència perfecta,* l'empresa no podia modificar el preu, ja que, encara que variï la producció, el preu seguirà sent el mateix. Aquestes empreses són *preuacceptants* i s'enfronten a una *corba de demanda horitzontal.*

  En competència imperfecta, contràriament, el preu no ve donat. Les empreses poden incrementar-lo o reduir-lo amb només variar la producció, perquè s'enfronten a una *corba de demanda decreixent* (fig. 5).
- **Existència de barreres d'entrada.** Atès que en la majoria dels mercats de competència imperfecta hi ha barreres d'entrada, **a llarg termini** poden existir *beneficis extraordinaris* o *pèrdues.*

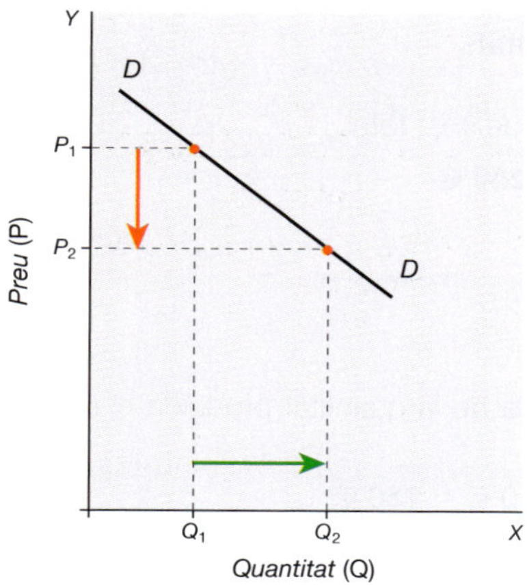

Fig. 5. Corba de demanda d'una empresa en competència imperfecta.

3.1. *El monopoli*

El **monopoli** és un mercat de competència imperfecta on *un únic oferent* proveeix tota la demanda.

Las causes que originen els monopolis poden ser diverses: possessió de patents, controls exclusius d'algun tipus de recurs, concessions administratives en exclusivitat, etc.

Es tracta d'una situació de mercat on realment **no existeix corba d'oferta,** ja que n'hi ha un únic oferent, i per a la determinació de l'equilibri només es considera la *corba de demanda de mercat.*

Com veurem a continuació, l'empresa monopolista no és *preuacceptant* com passava en el mercat de competència perfecta, sinó **preuoferent,** ja que és la mateixa empresa la qui estableix el **preu** que li proporcionarà els majors beneficis.

També podrà determinar la **quantitat** que ha de vendre, però no tan lliurement, perquè dependrà del *preu que hagi fixat,* que provocarà la corresponent *corba de demanda,* a la qual haurà d'ajustar la seva producció.

Característiques del mercat monopolista

Les característiques del mercat monopolista són: *un únic oferent del bé, producte homogeni* i *existència de barreres d'entrada.*

- **Un únic oferent del bé.** En no haver-hi empreses que produeixin substitutius del bé, el monopolista viu una *situació de domini* on pot imposar els preus que més li interessin per tal de maximitzar els beneficis.

  L'empresa pot fixar la **quantitat** que vendrà o el **preu** al qual vendrà cada unitat, *però no les dues variables alhora.* Això es deu al fet que la corba de demanda del mercat suposa una restricció important per al monopolista (fig. 6).

  — Si el monopolista vol col·locar en el mercat una quantitat X_2 superior a la que venia *(X_1)* haurà de disminuir el preu de P_1 a P_2, perquè els consumidors no estaran disposats a pagar més.

  — Si desitja vendre el producte a un preu més elevat *(P_1)* l'empresa no podrà vendre la quantitat X_2, perquè la demanda únicament estarà disposada a adquirir X_1.

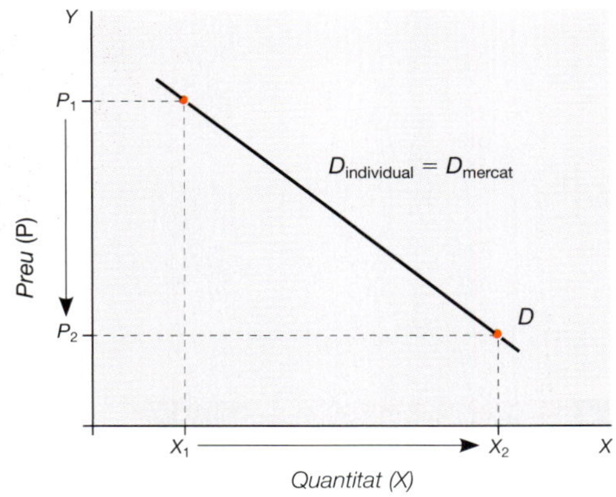

Fig. 6. Corba de demanda d'una empresa monopolista.

- **Producte homogeni.** En existir un únic oferent, *no hi ha substitutius del bé,* ja que només se'n produeix un.

- **Existència de barreres d'entrada.** Aquesta circumstància provoca que cap empresa pugui entrar a formar part del mercat. Com a conseqüència, quan hi hagi beneficis extraordinaris, les empreses que pretenguin introduir-se en el mercat no podran fer-ho.

  Per tant, a diferència del que ocorre en competència perfecta, en el **monopoli** sí pot donar-se una *situació sostinguda de beneficis extraordinaris.*

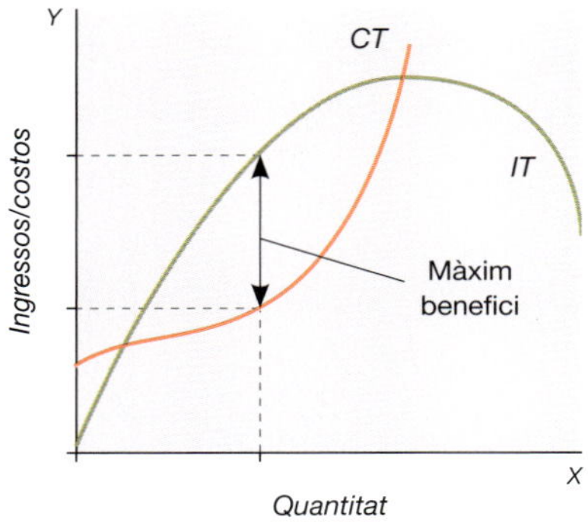

Fig. 7. Corbes d'ingrés total i de cost total en una empresa monopolista.

El màxim benefici en el monopoli

Igual que qualsevol altra, l'empresa monopolista produirà les unitats que li permetin obtenir el **major benefici.**

Aquesta situació es produeix quan *l'ingrés marginal coincideix amb el cost marginal,* que és quan la diferència entre els ingressos totals i els costos totals és màxima.

$$IMg = CMg$$

Malgrat això, a diferència del que passa en el mercat de competència perfecta, *l'ingrés total en l'empresa monopolista no varia de forma constant,* ja que aquesta pot modificar el preu o la quantitat produïda. (fig. 7).

EXEMPLE 2

El producte que ven una empresa monopolista s'ajusta a les següents funcions:

Funció de demanda: $X = 28 - P$ *Cost total:* $CT = 80 + X^2$

Cost marginal: $CMg = 2X$ *Ingrés marginal:* $IMg = 28 - 2X$

Calcula: la quantitat i el preu que permetran a aquesta empresa maximitzar els seus beneficis; l'ingrés total; el cost total; i el màxim benefici que obté.

— La regla del monopolista per a maximitzar beneficis és igualar els costos marginals als ingressos marginals. Per tant:

$$CMg = IMg \Rightarrow 2X = 28 - 2X \Rightarrow 4X = 28 \Rightarrow X = \frac{28}{4} = \mathbf{7\ unitats}$$

Per a calcular el preu que els consumidors estan disposats a pagar per aquesta quantitat d'equilibri, substituïm *X* per aquest valor en la funció de demanda.

$$X = 28 - P \quad \Rightarrow \quad 7 = 28 - P \quad \Rightarrow \quad P = 28 - 7 = \mathbf{21\ €}$$

L'empresa monopolista produeix **7 unitats** del producte i les ven a **21 €** la unitat per maximitzar els seus beneficis.

— Per a determinar l'ingrés total, es multiplica el nombre d'unitats produïdes pel preu al qual es venen.

$$\mathbf{IT} = X \cdot P = 21\ €/\text{unitat} \cdot 7\ \text{unitats} = \mathbf{147\ €}$$

L'**ingrés total** que n'obtindrà l'empresa monopolista per vendre les 7 unitats produïdes puja a **147 €.**

— Per a determinar el cost total, substituirem *X* pel nombre d'unitats produïdes en la funció de cost.

$$\mathbf{CT} = 80 + X^2 = 80 + 7^2 = 80 + 49 = \mathbf{129\ €}$$

El **cost total** que ha d'assumir l'empresa monopolista per tal de produir les 7 unitats puja a **129 €.**

— Per a determinar el benefici que obté l'empresa monopolista, només cal calcular la diferència entre l'ingrés total i el cost total.

$$Benefici = \mathbf{IT - CT} = 147\ € - 129\ € = \mathbf{18\ €}$$

L'empresa monopolista obté un **benefici** extraordinari de **18 €** quan ven les 7 unitats al preu de 21 €.

A diferència del que passa en el mercat de competència perfecta, l'obtenció de beneficis extraordinaris per part d'una empresa monopolista, com la que mostra l'exemple sí és sostenible a llarg termini, ja que hi ha barreres d'entrada que impedeixen que noves empreses entrin en el mercat.

En conseqüència, l'empresa podrà mantenir la situació de màxim benefici de forma indefinida.

El monopoli i el mercat de competència perfecta

A pesar del que s'ha indicat en els apartats anteriors, les estructures de competència perfecta i monopoli tenen **característiques comunes,** entre les quals destaquen l'existència d'un *producte homogeni* i la condició de *maximització del benefici.*

- **Producte homogeni.** En el monopoli, una única empresa fabrica l'únic producte existent en el mercat, mentre que en el mercat de competència perfecta, totes les empreses elaboren productes idèntics.
- **Maximització del benefici.** Per a qualsevol tipus d'empresa i mercats, la condició de maximització de beneficis és ***CMg = IMg,*** encara que l'ingrés marginal és diferent en cada cas.

En canvi, les **diferències bàsiques** entre el monopoli i el mercat de competència perfecta són: el *nombre d'oferents existents en el mercat,* i la *quantitat total produïda i el preu de mercat.*

- **El nombre d'oferents existents en el mercat.** En el monopoli és *un únic oferent* el qui proveeix tota la demanda, mentre que en competència perfecta el *nombre d'oferents és elevat.* Això determina l'existència de diferències entre els dos mercats pel que fa a la *capacitat d'influir* sobre el preu o la quantitat demandada.

  Així, el monopoli pot modificar el preu o la quantitat demandada i per això la *corba de demanda és decreixent.* En canvi, l'empresa en situació de competència perfecta ha de prendre el preu existent en el mercat, perquè *la corba de demanda és horitzontal.*
- **La quantitat total produïda i el preu de mercat.** En situació de monopoli, es cobren *preus més alts* i s'ofereix *menys quantitat de béns o serveis* que quan hi ha competència.

EXEMPLE 3

Una empresa que treballa en un mercat de competència perfecta s'enfronta a les mateixes corbes de costos que l'empresa monopolista de l'exemple anterior, és a dir:

Cost total: $CT = 80 + X^2$ *Cost marginal:* $CMg = 2X$

El preu de mercat també és el mateix: 21 €. Calcula la quantitat que ha de produir per a maximitzar beneficis.

— En competència perfecta, la regla per a maximitzar beneficis és igualar el cost marginal al preu. Per tant:

$$CMg = P \Rightarrow 2X = 21 \Rightarrow X = \frac{21}{2} = \mathbf{10{,}5\ unitats}$$

L'empresa en competència perfecta haurà de produir **10,5 unitats** de producte per tal de maximitzar beneficis (mentre que a l'empresa monopolista de l'exemple anterior només li calia produir 7).

Per aquestes raons, en la immensa majoria de països hi ha un **control sobre els mercats monopolístics** mitjançant lleis, normes o decrets a fi d'evitar la deformació del mercat i l'aparició de monopolis encoberts, i per tal de defensar els consumidors i els mercats de lliure competència.

Lleis antimonopoli

Les **lleis antimonopoli** van destinades a impedir que una certa concentració d'empreses, o l'absorció del mercat per una d'aquestes impedeixi o redueixi de forma notable la **competència** en el mercat.

Tracten de defensar els *drets del consumidor* davant dels possibles abusos de les empreses amb un gran poder de modificació de preus i quantitats en el mercat.

A la **Unió Europea** els monopolis estan *prohibits* i totes les empreses que fins ara controlaven mercats en solitari han hagut de permetre l'accés d'altres. És el cas del subministrament de combustible o d'energia elèctrica, de les xarxes de telefonia, dels serveis de missatgeria, etc.

Malgrat això, encara subsisteixen mercats on opera *una única empresa,* com en el transport ferroviari de llarga distància a Espanya, on RENFE *encara* manté una posició de control absolut.

3.2. *L'oligopoli*

L'**oligopoli** és un mercat de competència imperfecta on un nombre reduït d'empreses controla l'oferta sense arribar a acords entre si.

Les seves principals **característiques** són: *existència de pocs oferents, homogeneïtat del producte* i *existència de barreres d'entrada.*

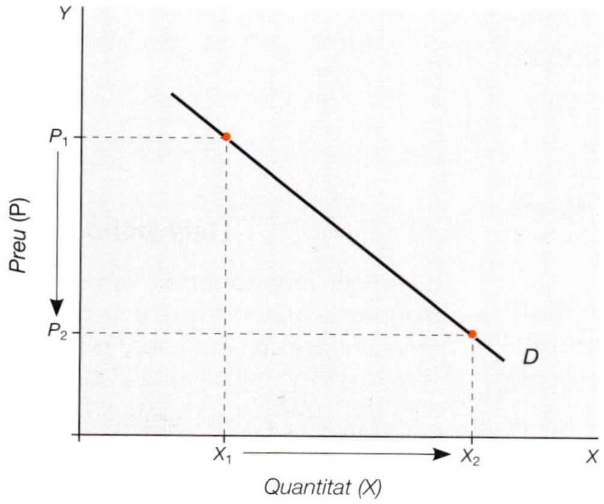

Fig. 8. Corba de demanda d'una empresa oligopolista.

- **Existència de pocs oferents.** La mida de cada empresa és relativament gran pel que fa a l'oferta total del mercat. Per això, en el mercat d'oligopoli, cada oferent pot incidir en el preu variant la seva oferta. Per tant, la *corba de demanda* a què s'enfronta l'empresa és *decreixent* (fig. 8).
  - — Si una empresa augmenta la seva oferta (X_2) només podrà vendre els seus productes a un preu més baix (P_2) perquè l'increment de l'oferta d'una empresa oligopolista no passa inadvertit per al conjunt del mercat.
  - — Si una empresa augmenta el preu de venda del seu producte, perd clients a favor dels seus competidors. Contràriament, si el redueix, aconseguirà augmentar les seves vendes.
- **Producte homogeni.** Les empreses oligopolistes competeixen entre si, ja que hi ha pocs venedors i els articles que elaboren són idèntics o substitutius perfectes.
- **Existència de barreres d'entrada.** En aquest cas, com en el monopoli, la producció es duu a terme en grans empreses, les quals requereixen una inversió molt elevada i tecnològicament experimentada que no pot realitzar qualsevol empresa.

EXEMPLE 4

*En un mercat oligopolista operen cinc empreses —*A, B, C, D *i* E*— la distribució de vendes de les quals es reflecteix en el quadre següent.*

EMPRESA	A	B	C	D	E	Total
VENDES	30 000 000 u.	15 000 000 u.	20 000 000 u.	25 000 000 u.	10 000 000 u.	100 000 000 u.

a) *Determina si un increment del 20 % en la producció de l'empresa* A *variarà el preu de mercat.*

b) *Explica què passaria si* A *disminuís el preu dels seus productes i les altres no ho fessin.*

a) La producció de l'empresa *A* serà: 20 % (30 000 000) = 6 000 000 d'unitats

En conseqüència la producció total serà: 100 000 000 + 6 000 000 = 106 000 000

L'augment percentual de la producció total serà, per tant: $\frac{106\,000\,000 - 100\,000\,000}{100\,000\,000} = 0{,}06 = \mathbf{6\,\%}$

Un increment del 6 % en la producció total es pot considerar **significatiu,** per la qual cosa motivarà la disminució del preu del mercat.

b) Si l'empresa *A* disminueix el preu dels seus productes, i la resta de les empreses no modifica els seus preus, la **demanda** de l'empresa *A* **s'incrementarà** a costa de les altres, ja que captarà gran part dels seus clients.

Maximització de beneficis en l'oligopoli

Les empreses oligopolistes estan interessades a produir la quantitat de bé que els permeti obtenir una *major diferència entre ingressos totals **IT** i costos totals **CT**.*

Aquesta situació, com ja sabem, es donarà quan **l'ingrés marginal sigui igual al cost marginal.**

Però, en aquest mercat, l'equilibri és molt difícil de determinar, ja que *la demanda mai no és estable.*

Altres oligopolis

El **duopoli** és un cas extrem en el qual només dues empreses participen del mercat.

Si es produeix el fet contrari, és a dir, que les empreses són moltes, però els compradors pocs, ens trobem davant d'un **oligopoli de demanda.**

Els acords entre empreses

Si una empresa oligopolista baixa el preu i les altres no el modifiquen, aquesta veurà augmentada la seva demanda i, per tant, els seus ingressos, a costa dels ingressos de les altres.

Aquesta circumstància provoca l'existència d'una dura competència o **guerres de preus** entre les empreses.

Per evitar-ho, les empreses d'un mercat oligopolista adopten acords anomentas **càrtels** per evitar la competència excessiva.

Els **càrtels** són acords entre empreses d'un mercat oligopolista per eliminar o restringir la competència entre si.

Els principals tipus d'acord que duen a terme els càrtels solen basar-se en dos aspectes: les *quantitats* que s'han de produir i els seus *preus* de venda:

- L'**acord de quantitats** consisteix en el repartiment dels percentatges de participació en l'oferta del mercat entre les diferents empreses oferents. En fixar una quantitat a cada empresa, s'evita la competència entre empreses en el mercat.
- L'**acord de preus** consisteix en la fixació del preu de venda a partir del pacte entre les diferents empreses per evitar possibles guerres de preus.

Empreses «innovadores»

Una altra possibilitat d'acord és la creació de la figura d'una empresa que actua com a **innovadora.**

- Si aquesta empresa *puja els preus* i no afecta la demanda, la resta d'empreses la seguirà i es produirà un *augment generalitzat dels preus.*
- Si, contràriament, disminueix la demanda, les empreses *mantindran els seus preus* i l'empresa innovadora haurà de situar el seu al mateix nivell que les altres si no vol ser expulsada del mercat.

EXEMPLE 5

En un mercat oligopolista operen quatre empreses —A, B, C i D— els costos unitaris de fabricació dels quals són, respectivament, 600 €, 550 €, 630 € i 580 €.

a) *Explica què passarà si les empreses arriben a un acord i decideixen fixar el preu de venda en 1 300 €, amb un marge de 100 € per sobre o per sota.*

b) *Explica també la situació en cas d'existir una guerra de preus si l'empresa B decideix vendre a 800 €.*

a) Si hi ha **acord,** la situació podria produir beneficis unitaris a les empreses de prop de 700 €, tal com mostra la taula següent.

EMPRESA	PREU	COST	BENEFICI
A	1 300 €	600 €	700 €
B	1 280 €	550 €	730 €
C	1 350 €	630 €	720 €
D	1 260 €	580 €	680 €

b) Si existeix **guerra de preus,** les empreses es veuran obligades a situar els preus al voltant dels 800 €, amb una dràstica reducció dels seus beneficis.

EMPRESA	PREU	COST	BENEFICI
A	815 €	600 €	215 €
B	800 €	550 €	250 €
C	820 €	630 €	190 €
D	810 €	580 €	230 €

3.3. *El mercat de competència monopolista*

Colònies i perfums

Un exemple de mercat de competència monopolista amb productes molt diferenciats entre si és el de les **colònies** i els **perfums.**

Cada empresa que els elabora incorpora **característiques diferencials** que els identifiquen i els distingeixen: *aroma, fragància, frescor, color, envàs, durabilitat,* etc.

El **mercat de competència monopolista** és un mercat de competència imperfecta amb *gran nombre d'oferents* i *productes molt diferenciats* entre si.

Es tracta de l'estructura de mercat més freqüent: el mercat de les *sabatilles esportives,* el dels *detergents,* el dels *productes alimentaris elaborats,* el dels *automòbils,* el dels *ordinadors,* etc., són exemples de **mercats de competència monopolista.**

El seu nom es deu al fet que existeixen moltes empreses que competeixen venent productes en el mercat, que *no són perfectament substituïbles,* ja que cadascuna ven un producte diferenciat del d'altres mitjançant una **marca.** Per això, cada empresa actua en qualitat de **monopolista** de la marca que produeix.

Es caracteritza, per tant, per l'existència de *molts oferents, productes no homogenis* i *absència de barreres d'entrada.*

- **Existència de molts oferents.** L'oferta de cada empresa és relativament petita comparada amb l'oferta del mercat, però superior a la de competència perfecta.
- **Producte no homogeni.** Els productes existents satisfan la mateixa necessitat, però *no són substitutius perfectes,* ja que hi ha diferents marques, qualitats, estils, dissenys, etc.
- **Absència de barreres d'entrada.** L'única barrera real que es troben les empreses és la *diferenciació del producte.* Això és el que haurà de salvar qualsevol empresa que pretengui entrar en el mercat.

  En aquest tipus de mercat, l'acció individual d'una empresa **sí pot influir en el preu,** ja que cadascuna produeix béns diferenciats.

  Per això, la *corba de demanda* a què s'enfronta una empresa de competència monopolista també és *decreixent* (fig. 9).

  — Si una empresa de competència monopolista augmenta la seva oferta, només podrà vendre a un preu menor.

  — Si l'empresa augmentés el preu, la demanda dels consumidors disminuiria.

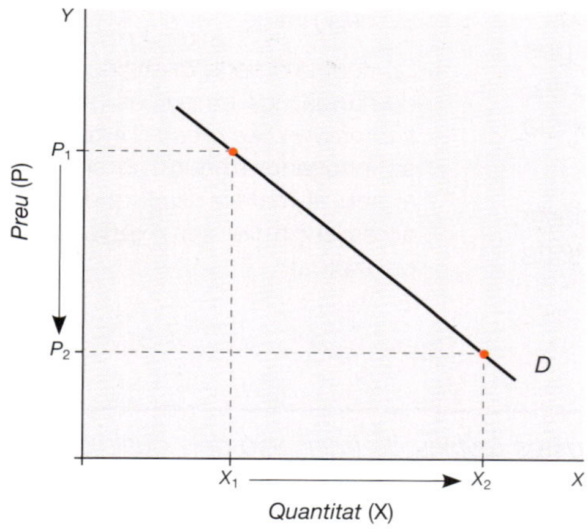

Fig. 9. Corba de demanda d'una empresa oligopolista.

Maximització de beneficis en competència monopolista

De la mateixa manera que qualsevol altra empresa, les que pertanyen a un sistema de competència monopolista produiran les unitats que els permetin obtenir la major diferència entre els ingressos i els costos totals.

Aquesta situació ideal es donarà, per tant, quan l'ingrés marginal coincideixi amb el cost marginal, i això constituirà l'objectiu final d'aquestes empreses.

$$IMg = CMg$$

4. Els errrors del mercat

En les estructures dels mercats reals, sol haver-hi *dificultats* perquè existeixi llibertat efectiva d'entrada i sortida de les empreses.

Aquestes dificultats o **errors del mercat** estan relacionades amb les *barreres d'entrada* i les *externalitats.* Alhora, condicionen l'existència de *serveis públics* i de la *intervenció de l'Estat.*

4.1. *Les barreres d'entrada*

Les **barreres d'entrada** són determinades característiques d'un mercat que *impedeixen l'aparició de noves empreses.* Poden ser degudes a *avantatges en els costos absoluts, avantatges en la diferenciació del producte, requeriments elevats de capital* o *economies d'escala* (fig. 10).

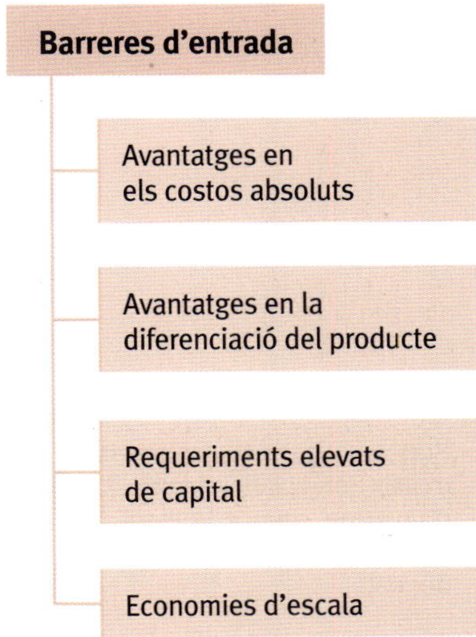

Fig. 10. Factors que impedeixen l'aparició de noves empreses en un mercat.

- **Avantatges en els costos absoluts.** Es produeixen quan les empreses establertes posseeixen tècniques de producció superiors que els permeten produir a un *cost més petit* del que tindria qualsevol empresa que volgués entrar en el mercat.

- **Avantatges en la diferenciació del producte.** Les empreses establertes tenen un avantatge respecte de les potencials entrants, perquè compten amb la *fidelitat dels consumidors.* Això, obligarà les empreses potencials a destinar una quantitat important de capital a publicitat, amb la finalitat de captar clients.

- **Requeriments elevats de capital.** Aquest factor suposa un important obstacle per a les potencials empreses entrants, ja que poden tenir problemes de finançament de les seves inversions a causa de les *dificultats per aconseguir recursos aliens.*

- **Economies d'escala.** Es produeixen quan, en augmentar la capacitat de producció, *disminueix el cost mitjà,* ja que uns mateixos costos administratius i comercials es reparteixen entre més unitats produïdes, la qual cosa permet utilitzar processos de producció més eficients.

  Les empreses poden obtenir economies d'escala mitjançant un *augment de les seves dimensions,* la *introducció de noves tecnologies,* la *millora en l'organització,* el *volum més gran de compres,* la *diversificació del producte,* etc.

  Hi ha **dos tipus** d'economies d'escala: *internes* i *externes.*

  — Les **economies d'escala internes** són les que es donen dins el si d'una empresa. Són el resultat d'una eficàcia més gran causada, per exemple, per l'especialització de la mà d'obra o per una millor tecnificació dels processos productius. Generalment, el mercat pot contenir un nombre petit d'aquestes empreses, ja que tenen una gran capacitat de producció i les seves vendes solen ser elevades.

  — Les **economies d'escala externes** són les que afecten un sector en el seu conjunt. Poden ser ocasionades per la millora en l'accés a una zona industrial, en la formació de mà d'obra especialitzada, etc. En aquest cas, el mercat pot proveir moltes empreses petites.

4.2. *Externalitats*

Els múltiples actes de producció i consum tenen efectes immediats sobre els ciutadans i el conjunt de la societat. Això suposa que hi haurà **efectes secundaris** derivats de la producció i del consum. En aquest cas parlarem d'**externalitats,** que poden ser *negatives* o *positives.*

Entre les **externalitats negatives,** destacarem la *manipulació de preus,* els *efectes econòmics* i els *efectes tecnològics.*

- La possible **manipulació dels preus** per part de les empreses amb cert poder de mercat és una de les externalitats més importants que poden impedir o modificar el funcionament de la competència perfecta.
- D'altra banda, hi haurà **efectes econòmics:** si s'obté una *producció* més gran d'un determinat bé, es produirà una disminució del seu preu i, en conseqüència, *desplaçaments d'aquest bé* en els mercats.
- Altres indústries patiran **efectes tecnològics,** ja que, per obtenir una major producció, podran incrementar, modificar o canviar la tecnologia aplicada als processos productius, la qual cosa provocarà *canvis en l'estructura de costos de les empreses.*

Al servei de tots

Suposem que un ajuntament o el mateix Estat planeja la construcció d'un **gran parc** aprofitant l'antic llit d'un riu el curs del qual ha estat desviat.

Són moltes la persones que es podran beneficiar amb això, i ho faran de diferents maneres: l'*embelliment* de la ciutat, la creació de *grans zones verdes* i de passeig, la planificació de possibles *instal·lacions esportives,* etc.

Hi haurà, evidentment, **beneficiaris directes,** que són els ciutadans que gaudiran del parc, i **beneficiaris indirectes,** que són els qui, encara que no utilitzin el parc, gaudiran de les conseqüències de la creació d'un gran pulmó verd en una zona de la ciutat: *reducció de la contaminació, aire més pur, millora del paisatge urbà,* etc.

Però també hi ha **externalitats positives,** tant per a l'empresa com per al mercat i l'entorn. Entre aquestes destacarem la *reducció de costos unitaris,* l'*increment de qualitats* en el mercat mantenint els mateixos preus, l'aplicació de *tecnologies no contaminants,* etc. Amb totes s'aconsegueix un augment de la producció sense necessitat d'incrementar els factors.

4.3. *Béns i serveis públics*

L'Estat assegura el subministrament de determinats **béns i serveis públics,** que tenen diversos trets diferencials.

- **No hi ha rivalitat** en el seu consum. El seu ús és independent del fet que una o moltes persones els estiguin utilitzant simultàniament. És el cas de la vies de comunicació, els jardins, etc.
- **No hi ha exclusió** en el seu ús. Tots els ciutadans tenen dret a gaudir-ne.
- Alguns són **opcionals,** si el ciutadà pot decidir sobre el seu ús (per exemple, el transport públic), i altres són **no opcionals,** quan no existeix la possibilitat de decisió (per exemple, l'enllumenat públic).

Però produir els béns i serveis públics té un determinat *cost.* A fi de sufragar les despeses, l'**Estat** pot intervenir de dues maneres:

- Encarregant-se **directament** de la seva producció i distribució.
- Contractant *el seu servei a* **empreses privades.**

En qualsevol cas, haurà de **determinar** quina és la *quantitat òptima* de béns i serveis que s'ha de subministrar al ciutadà i **garantir** de manera fiable la seva distribució a tota la societat. Finalment, haurà de **repercutir** els costos que comporta la seva producció a través de fórmules de *recaptació,* com els impostos i els tributs.

4.4. *La intervenció pública o de l'Estat*

Per tal de justificar la intervenció de l'Estat en l'oferta i gestió dels béns públics, començarem per reflexionar al voltant del **dilema del presoner** que s'ofereix a continuació.

El dilema del presoner

Dos malfactors són detinguts i tancats en cel·les diferents perquè no puguin comunicar-se. La policia sospita que han participat en un delicte penat en **deu anys de presó,** però no té prou proves i només pot culpar-los d'un delicte menor, penat en **dos anys de presó.** En parlar amb cadascun d'ells, els assegura que reduirà la seva condemna a la meitat si proporciona les proves per culpar l'altre del delicte més greu.

Les alternatives per a cada presoner són les següents:

1. *«Si sóc lleial i el meu company també, cada un complim dos anys de presó.»*
2. *«Si jo el traeixo, només compleixo un any de presó i el meu company, deu.»*
3. *«Si els dos ens traïm, complim cinc anys de presó cadascun.»*

L'aplicació d'estratègies en aquest joc no dóna resultats òptims. Com que cadascun d'ells no pot conèixer la decisió de l'altre, l'estratègia més segura és trair. Però si tots dos traeixen, el resultat és pitjor que si haguessin optat per no trair.

Es detecta en aquest cas un error en les teories d'**Adam Smith** quan parla de l'actuació de la *mà invisible* en els mercats com a element regulador del mateix, dirigint-nos per un camí equivocat.

En el cas que ens ocupa, la millor estratègia de cada individu, no la més desitjable, és la D: no fer res i esperar que siguin els altres els qui ho facin.

El resultat serà pitjor que si tots els individus en tinguessin cura.

Aquesta situació, un tant catastrofista, fa al·lusió al destí inexorable al qual sembla estar condemnat qualsevol recurs de propietat compartida.

El dilema plantejat respecte de la cura dels béns públics és similar. En aquest cas, apareixeran diverses **opcions** possibles:

- **Opció A:** l'individu *no té cura* dels béns comuns mentre que la resta de la societat *sí que en té.*
- **Opció B:** *tots els ciutadans tenen cura* dels béns comuns.
- **Opció C:** cap ciutadà no es preocupa dels béns públics.
- **Opció D:** l'individu *sí té cura* dels béns comuns mentre que la resta de la societat *no en té.*

Cada ciutadà ha de prendre la seva pròpia decisió, sabent els costos que tindrà per a la resta dels ciutadans.

L'Estat ha de determinar com s'assigna el **cost de manteniment** dels espais comuns, que són de responsabilitat pública, a tots els ciutadans: *qui se n'ha de fer càrrec* de forma que no perjudiqui la resta d'usuaris, o bé, quina serà la matriu de decisions que impliqui el *menor cost d'actuació i d'oportunitat* per a tots els individus

Podem apuntar algunes solucions arriscades davant el problema proposat: convertir els béns públics en béns de *titularitat privada* o bé mantenir-los de *titularitat pública.*

- Si tots els béns públics es converteixen en **propietat privada,** cada família s'assigna el dret a l'*ús exclusiu d'un espai,* el que l'estimularà a cuidar de la seva parcel·la i a explotar els recursos de la forma més eficaç.
- En canvi, si els espais són de **titularitat pública,** les autoritats establiran lleis i normes que regulen l'ús, la cura i el manteniment dels espais comuns, i organitzaran un sistema de vigilància i de sancions per imposar el seu compliment i castigar les infraccions.

Deteriorament i exhauriment dels recursos

L'explotació abusiva de la natura, les activitats de producció i el consum indiscriminat poden dur a l'**exhauriment d'alguns recursos.**

En l'actualitat, el problema ha assolit proporcions alarmants, com és el cas de l'extinció d'espècies vegetals i animals, el deteriorament de l'ecosistema, la sobreexplotació de jaciments miners, etc.

* ■ **1.** Explica quan es diu que una empresa és perfectament competitiva.

* ■ **2.** Representa gràficament la corba de demanda a què s'enfronta una empresa que opera en un mercat perfectament competitiu.

— Explica per què aquesta empresa mai no reduiria el seu preu per sota del nivell de preus d'equilibri del mercat per atreure més clients.

■ **3.** Una empresa que ven un producte en un mercat en competència perfecta té la següent funció de cost total: $CT = 20 + 5X + X^2$

La funció de cost marginal és: $CMg = 5 + 2X$

Si el preu de mercat és 25 €, calcula:

a) La quantitat que produirà i vendrà l'empresa si vol maximitzar beneficis.

b) El cost total.

c) El cost mitjà.

d) El benefici extraordinari que obtindrà per aquesta venda.

■ **4.** Raona si la situació plantejada en l'activitat anterior és a curt o a llarg termini.

— Si es tractés d'una situació a curt termini, explica què ocorreria a llarg termini.

■ **5.** Raona per què, en un mercat competitiu, no és sostenible un equilibri a llarg termini amb beneficis extraordinaris.

* ■ **6.** Partint d'una situació de competència perfecta, comenta com actua el mecanisme en una economia.

* ■ **7.** Suposem que el mercat del pa (bé inferior) és perfectament competitiu.

Analitza els efectes que tenen els canvis que s'esmenten a continuació sobre el preu i la quantitat d'equilibri per a l'oferta i demanda, i descriu el procés general fins a arribar el nou equilibri. Utilitza gràfics en cadascuna de les explicacions.

a) Augmenten els salaris dels treballadors.

b) Augmenta la renda dels consumidors.

c) Es descobreix una llavor més productiva.

* ■ **8.** Defineix què és i com funciona un monopoli.

■ **9.** Una empresa que actua en el mercat com a únic oferent té les següents característiques:

Funció de cost total: $CT = 70 + 4X + X^2$

Funció de cost marginal: $CMg = 2X + 4$

Funció de demanda: $X = 28 - P$

Funció d'ingrés marginal: $IMg = 28 - 2X$

a) Calcula la quantitat i el preu que permetran a aquesta empresa maximitzar els seus beneficis.

b) Calcula l'ingrés i el cost total. Determina el benefici que s'obté.

■ **10.** Una empresa monopolista que ven un producte té les següents característiques:

Funció de cost total: $CT = 60 + X + 3X^2$

Funció de cost marginal: $CMg = 1 + 6X$

Funció de demanda: $X = 161 - P$

Funció d'ingrés marginal: $IMg = 161 - 2X$

a) Calcula la quantitat i el preu que permetran a aquesta empresa maximitzar els seus beneficis.

b) Calcula els beneficis obtinguts i explica el resultat.

■ **11.** Calcula la quantitat oferta per l'empresa anterior si passés a un mercat en competència perfecta on el preu vigent fos el mateix que el calculat.

— Compara els resultats amb els de l'activitat anterior.

* ■ **12.** Defineix què és un mercat de competència imperfecta i posa exemples d'estructures que s'integren en aquest tipus de mercat.

■ **13.** Compara la forma de la corba d'ingrés total del mercat de competència perfecta amb la del mercat en règim de monopoli.

— Explica les diferències i les similituds.

■ **14.** Posa un exemple d'oligopoli en què es posi de manifest la utilitat del dilema del presoner.

— Explica el significat d'aquest dilema quan s'aplica a l'empresa.

■ **15.** Explica les raons que poden dur a diverses empreses, en un mercat d'oligopoli, a arribar a un acord entre si.

■ **16.** Suposa que en un mercat oligopolista una de les empreses decideix variar o preus o quantitats en el mercat.

— Explica quin serà el comportament de la resta d'empreses del mercat.

■ **17.** Esmenta quatre exemples de mercats de competència monopolista que vegis en el teu entorn.

■ **18.** Assenyala les principals diferències entre monopoli i competència monopolística.

■ **19.** Un mercat de competència monopolista té les següents característiques:

Funció de cost total: $CT = 6X^2 + X + 10$

Funció de cost marginal: $CMg = 12X + 1$

Funció de demanda: $X = 400 - 4P$

Funció d'ingrés marginal: $IMg = 100 - 0{,}5X$

a) Calcula la quantitat i el preu que maximitzen els beneficis.

b) Calcula el benefici obtingut.

■ **20.** Assenyala almenys tres exemples de sectors on existeixi algun tipus de barrera d'entrada.

* PAU

Revista d'economia

La CNC carrega contra les petrolieres i critica els preus rècord dels carburants

Informe demolidor contra la poca competència en el sector i els marges rècord que obtenen les petrolieres

La **CNC** (Comissió Nacional de la Competència) ha elaborat un informe demolidor contra l'escassa competència que existeix a Espanya en el sector d'hidrocarburs on critica els amplis marges de què estan gaudint empreses com ara Repsol, Cepsa i altres petrolieres.

La **CNC** ja va elaborar un informe similar el 2008 proposant algunes mesures per augmentar la competència en el sector i així pressionar a la baixa els preus que paga el consumidor final. Ara, ha elaborat un altre document molt més exhaustiu en què inclou deficiències de competència no només a la xarxa de distribució minorista o la xarxa d'oleoductes (que va a càrrec del grup **CLH),** sinó també en l'esquema de refineries que hi ha a Espanya.

El document arriba en un moment en què els preus dels carburants estan tornant a tocar màxims històrics. Segons la comissió, el **PAI** (**P**reu **A**bans d'**I**mpostos) dels carburants d'automoció a Espanya, ha crescut «sensiblement des d'octubre de 2010».

El **PAI** en gasolina 95 a Espanya i en gasoil d'automoció «segueix estant entre els més alts de la UE», diu l'informe. Només el supera Dinamarca i Itàlia en la gasolina 95, per exemple.

Per a la **CNC,** la situació actual de pujada de preu del barril de cru, per les tensions geopolítiques que viu el Magrib, i en especial Líbia, fa que la situació d'Espanya sigui especialment rellevant.

La **CNC** porta a col·lació en el seu informe l'expressió **«els coets i les plomes»** per referir-se al que està passant a Espanya. Quan el preu del barril puja, l'alça de preus es trasllada molt ràpidament al que paguen els usuaris finals, com un coet. Però si el preu del barril baixa, aquest efecte es trasllada de forma molt més lenta al preu final dels usuaris.

***Expansión*, 14 de març de 2011**

Comissions

La Comissió Europea posa en dubte la competitivitat de la banca espanyola

La denúncia de la Comissió Europea sobre les elevades tarifes de la banca espanyola ha despertat indignació en el sector.

La intensa competència entre entitats a Espanya ha dut a una reducció general de les comissions que paguen els clients, encara que es mantinguin residualment els límits màxims.

Una realitat que certifiquen les intenses campanyes de captació de clients del sector. A la sorpresa per aquesta acusació injustificada li ha seguit la curiositat per conèixer les fonts que proveeixen la Comissió en els seus estudis.

No s'ha d'oblidar, que al març, la comissària de Competència va acusar injustificadament les operadores a Espanya de telefonia i Internet de ser les més cares d'Europa.

El lideratge de la banca i les telecomunicacions espanyoles en innovació i competència hauria de fer reflexionar la Comissió Europea sobre si la informació que rep d'Espanya es basa en la realitat. És cert que la competència no és perfecta en el mercat nacional, però també que, almenys en aquests dos sectors, està al capdavant d'Europa.

Expansión
24 de setembre de 2009

Revista d'economia

Aftermarket: la guerra del cafè compatible

Una empresa treu al mercat càpsules perquè puguin ser utilitzades en les cafeteres d'una altra empresa

Un recipient de pocs centímetres i amb cinc grams de cafè dins. Una càpsula envoltada en polèmica que la marca MARCILLA, propietat de la multinacional SARA LEE, va presentar ahir amb tots els honors a la premsa. Per què tant d'enrenou si el mercat ja té desenes de sistemes de cafè en monodosi? Perquè MARCILLA s'atreveix a rebentar l'exclusiu sistema de Nespresso i amenaça tot el seu model de negoci, ja que vendrà les càpsules compatibles amb les cafeteres de NESTLÉ, més barates i en els supermercats, i no en botigues pròpies com en el cas de les autèntiques. Entre l'original i el succedani, milers de milions en joc.

El president de la divisió de la multinacional SARA LEE per al sud d'Europa afirma: «La càpsula l'ha desenvolupada el nostre departament d'innovació i desenvolupament. És nova i diferent».

El seu preu és 2,99 euros cada deu unitats, enfront dels entre 3,30 i 3,90 euros de la marca NESPRESSO. Estarà en milers de supermercats, mentre que les genuïnes només es poden adquirir en 26 botigues i Internet. Si el gust i l'aroma d'unes i altres és igual, és un altre tema.

El Director General de NESPRESSO per a Espanya i Portugal no vol donar detalls sobre si volen demandar la marca o no. «No especularé sobre aquest tema, i no faré comentaris sobre la nostra estratègia legal. El que vull dir és que la competència no és nova per a nosaltres —explica—. En aquests moments ja competim diàriament contra més de 40 sistemes de cafè en porcions a nivell mundial i 15 operen ací a Espanya. Si continuem tenint èxit és perquè dediquem tot el nostre esforç a garantir la màxima qualitat en cada tassa de cafè. Per això, seguim confiant que la nostra oferta de cafè de la més alta qualitat, el nostre servei personalitzat i la nostra exclusiva experiència de marca seguiran conquerint la confiança i l'entusiasme dels nostres socis del CLUB NESPRESSO.

Però el cop pot ser dur per al seu negoci: les càpsules han estat el baló d'oxigen de NESTLÉ en plena crisi. La seva venda a Espanya ha crescut prop del 30 % a l'any i, a tot el món, li va proporcionar a la suïssa 2 530 milions d'euros el 2010.

La discussió per la còpia de càpsules sembla nova, perquè les monodosis són recents en el sector del cafè (suposen a Espanya prop del 17 % del cafè que es ven als supermercats). Però en realitat copiar consumibles per a màquines d'altres té un nom: AFTERMARKET. És el cas, per exemple, d'una de les grans guerres per consumibles dels noranta: la de les impressores.

Els dos tipus de càpsules funcionen en la mateixa màquina, però en aparença són molt diferents. L'original sembla d'alumini i té una pel·lícula d'aquest material que protegeix el cafè. No fa olor. Està tancada hermèticament i és de color. El succedani, no obstant això, és transparent, va en una bosseta i és completament de plàstic. Desprèn una forta olor de cafè i la part posterior és plana i plena d'orificis. «Amb tan poques dades és difícil poder afirmar amb rotunditat res, però crec que NESPRESSO ho tindrà difícil. La forma és diferent, per la qual cosa no sembla vulnerar el disseny industrial. Si el funcionament tècnic no és exacte, encara que l'hàgin patentat, podran fabricar-les —afirma un professor de propietat intel·lectual—. Si fos igual la càpsula seria competència deslleial, perquè significaria que la còpia s'aprofita de la imatge de l'original.»

Aquest expert creu que és positiu que una altra marca trenqui el monopoli de NESPRESSO. «Així és com s'eviten els monopolis —opina—. Aquesta classe de coses obliga les marques a seguir cap endavant. Les estimula a no acomodar-se i a seguir creant. Si la competència volgués esperar-se a realitzar la còpia exacta, també podria deixar passar 20 anys, que és el que dura la patent.»

De moment MARCILLA ja ha convençut gairebé totes les grans cadenes de supermercats perquè hi venguin el seu producte. A França, en un any, han despatxat 175 milions de dosis. Des d'ahir, hi ha sis milions de càpsules d'aquesta marca en establiments espanyols. Valen 1,7 milions d'euros que, si es venen, no s'embutxacarà el fabricant original, que va inventar el seu sistema.

El País
5 de maig de 2011

AVALUACIÓ

1 Les característiques que generalment s'utilitzen per a classificar les estructures de mercat són:

a) El grau de concentració, l'homogeneïtat del producte, les barreres d'entrada, la informació perfecta i la llibertat de mercat.

b) El tipus de producte i el nombre de fabricants i demandants.

c) La quantitat d'oferents i de demandants.

d) La diferenciació del producte, les barreres d'entrada, les externalitats i la quantitat d'oferents i de demandants.

2 Les característiques del mercat de competència perfecta són:

a) Molta informació, molts demandants i oferents, i gran quantitat de productes perfectament diferenciats.

b) Producte homogeni, molts oferents i demandants, i barreres d'entrada.

c) El preu, provocat per les forces d'oferta i demanda, i el producte homogeni.

d) L'absència de barreres d'entrada, llibertat de mercat, perfecta informació, producte homogeni i molts oferents.

3 En el mercat de competència perfecta, les empreses són preuacceptants. Això significa que:

a) Les empreses estableixen el preu que els proporcionarà el màxim benefici.

b) L'Estat fixa els preus per decret per limitar els beneficis de les empreses.

c) La corba de demanda és horitzontal perquè el preu és fix i les empreses no el poden modificar.

d) El preu el fixen els consumidors i les empreses l'han d'acceptar.

4 La maximització de beneficis en un mercat perfectament competitiu es produeix quan:

a) El cost marginal és igual a l'ingrés marginal i, per tant, igual al preu.

b) El cost marginal és igual a l'ingrés marginal, independentment del preu.

c) Una empresa ven tota la seva producció al preu de mercat.

d) L'empresa baixa els preus, augmenta la seva producció i acapara tot el mercat.

5 El mercat dels perfums és:

a) Un mercat de competència perfecta perquè tots els productes competeixen entre si.

b) Un monopoli.

c) Un oligopoli.

d) Un mercat de competència monopolista, perquè els productes estan perfectament diferenciats.

6 Un mercat és de competència imperfecta quan:

a) Els preus vénen determinats per l'oferta o per la demanda.

b) No hi ha llibertat d'entrada i sortida del mercat.

c) Algun agent econòmic té capacitat suficient per a variar el preu del mercat.

d) Existeix la possibilitat d'acords entre empreses que puguin modificar tant els preus com les quantitats i qualitats dels productes.

7 En el mercat del monopoli, l'empresa que actua és preuoferent. Això significa que:

a) Només pot marcar un determinat preu en oferir els seus productes.

b) L'empresa estableix el preu que més beneficis li proporcionarà.

c) L'Estat marca a l'empresa els màxims nivells de preus de venda dels productes que fabriquen sota pena de sanció.

d) L'empresa determina els preus de venda del seu producte després de consultar amb l'autoritat econòmica.

8 Un càrtel és:

a) Una empresa que posseeix tot el procés de producció d'un bé, en detriment de la resta d'empreses del mercat.

b) Una empresa que controla la producció de la resta d'empreses del mercat.

c) Un acord entre les empreses per eliminar o reduir la competència entre si.

d) L'explotació en exclusiva d'un determinat tipus de producte.

9 El mercat de competència monopolista es caracteritza per:

a) L'existència de molts oferents, productes no homogenis i absència de barreres d'entrada.

b) L'existència de pocs oferents que actuen en règim de monopoli.

c) L'existència d'un únic oferent de bé que és qui fixa els preus de mercat.

d) L'existència de molts oferents, productes homogenis i grans barreres d'entrada.

10 El que caracteritza els serveis públics és:

a) Que són de lliure utilització per als ciutadans que paguen els seus impostost.

b) Que la seva lliure utilització està limitada a les persones residents al país.

c) Que són propietat de l'Estat però són gestionats per la iniciativa privada.

d) Que tothom hi té dret i no es pot excloure cap ciutadà de la seva utilització.

8 Retribució dels factors productius

COMPETÈNCIES ESPECÍFIQUES

Competència en cultura econòmica i dialèctica

Distingir les estructures de mercat d'acord amb els seus excedents.

Reconèixer les diferents formes de distribució de la renda que existeixen.

Valorar i conèixer la importància dels mercats pel que fa a l'assignació de la retribució dels factors.

Identificar el concepte d'excedent en els diferents sistemes econòmics.

Competència en raonament econòmic i modelització

Reconèixer que els governs intervenen per corregir els possibles desequilibris pel que fa a la distribució de la renda.

■ Treballs de soldadura en una empresa industrial.

ORGANITZACIÓ DELS CONTINGUTS

Retribució dels factors productius

INTRODUCCIÓ

■ Un dels assumptes més durs de l'economia és, sens dubte, la distribució de la renda. Haurem, per tant, de ser capaços d'avaluar els mecanismes dels mercats pel que fa a la seva eficiència i equitat.

Si el creixement econòmic provoca de forma directa la millora del nivell de vida de la població, serà innegable que aquest creixement pot provocar més i més grans diferències en la distribució de la renda en els mercats. Per tant, es tracta de redescobrir els mercats i tornar a deixar actuar la «mà invisible» que pugui, per ella mateixa, regular la tònica dels mercats en benefici de la majoria dels ciutadans i analitzar la conveniència d'alguns tipus d'intervencionisme estatal.

Parlarem també de l'eficiència i de l'equitat en els mercats competitius. Si entenem per eficiència el moment en què no es pot millorar el benestar d'un ciutadà sense perjudicar el d'un altre, cal destacar que no serà possible garantir resultats que satisfacin tota la societat. Tot i així, si apliquem les teories del *laissez faire,* es poden modificar les possibles assignacions de la distribució de la renda amb la finalitat d'arribar a una equitat social d'aquesta.

En la unitat, per tant, tractarem la relació entre progrés tècnic i excedent, els processos de creixement, de desenvolupament, de pobresa i, a més, els problemes que actualment pateixen alguns països del Tercer Món per tal d'assolir un model econòmic de desenvolupament.

1. La distribució de l'excedent

Els **sistemes econòmics purs,** és a dir, el d'*economia mixta de mercat* i el d'*economia planificada,* s'enfronten als mateixos problemes econòmics. Però cadascun proposa diferents tipus de solucions.

- En el cas de l'**economia planificada,** hi ha una planificació totalment *centralitzada.* Actualment queden molt pocs països que apliquin aquest sistema i, a més, ho fan d'una manera poc estricta: tendeixen a incorporar de mica en mica nous conceptes d'economies de mercat.

  Pel que fa a la *distribució dels excedents,* és el mateix Estat, a través dels seus corresponents **òrgans de planificació,** qui decidirà realitzar una inversió concreta o proposar un estalvi forçós necessari. Així doncs, la possible *acumulació de recursos o producció excedentària* podria suposar un creixement del sistema.

- Per tal de comprendre la visió del mateix problema per part dels sistemes d'**economia de mercat,** i partint del seu concepte inicial, haurem de tenir en compte que, tant les empreses públiques com les privades, necessiten invertir a fi de dur a terme el creixement esperat. Per créixer és necessari *acumular recursos.*

  Però cal també poder determinar **com es distribuirà i absorbirà l'excedent,** i si serà l'**empresa** la que es farà càrrec dels *costos* o és el mateix **mercat** qui en decidirà la *redistribució* d'aquests.

  Hem de tenir en compte que un **mercat perfectament competitiu** és un sistema capaç, pel seu compte, d'aglutinar les necessitats de compradors i venedors. La seva activitat es fonamenta en els següents punts:

  — La *disposició dels compradors a adquirir una determinada quantitat de béns* perquè disposen de la quantitat econòmica necessària per a fer-ho i, a més, ho volen fer.

  — L'*oferta de les empreses,* que està representada pels costos marginals dels béns posats en el mercat.

  En determinades condicions tota aquesta oferta garantirà realment l'**eficiència del mercat,** és a dir, que es menyscabarà les utilitats d'uns consumidors en benefici d'uns altres.

  El sistema d'economia de mercat obeeix un **principi bàsic de la distribució,** segons el qual els propietaris dels factors productius obtenen una **remuneració** pel seu ús igual al **valor afegit** d'aquests quan presten serveis a la producció. Aquest és un principi bàsic per a entendre com s'associa la producció i la distribució de la riquesa, atès que les identifica com dos elements estretament units.

  Com veiem, la remuneració als propietaris dels factors productius (terra, treball i capital), es determina segons la contribució productiva dels serveis que presten. La riquesa d'un país, per tant, serà el **valor net** dels seus *actius tangibles o físics* i dels seus *actius financers.*

Valor afegit

El **valor afegit** és la diferència entre el *valor dels béns produïts* i el *cost de les primeres matèries i altres béns intermedis* utilitzats per a produir-los.

2. El mercat dels factors productius

La idea de tota societat és complir el seu **objectiu econòmic** que, en definitiva, segueix sent la *satisfacció de la major part de la població,* és a dir, l'*augment de l'estat de benestar.*

Per a aconseguir-ho, tractarà de **produir la major quantitat possible de béns i serveis** ja que, si s'incrementa el *nivell de producció* a escala nacional, també ho faran els *nivells de consum,* perquè la retribució dels factors productius estarà en un nivell superior.

Això redundarà en una quantitat d'unitats venudes més gran, perquè o bé hauran augmentat les unitats de consum o bé la renda d'aquestes. Tot plegat es transformarà en una major i millor atenció per a la satisfacció de les necessitats individuals.

D'aquesta manera podem comprovar que hi haurà una **millor distribució de la renda en els mercats,** el que suposarà un creixement econòmic, que es pot donar a *curt* o a *llarg termini.*

- El creixement econòmic **a llarg termini** és difícil de calcular en una societat en constant moviment tecnològic.

- Però sí que és possible analitzar els moviments **a curt termini** de l'economia a fi de considerar-ne el creixement.

  Entre les diferents variables que considerarem estan el *desenvolupament dels mètodes de producció,* la *retribució dels factors* i l'*especialització en el treball.*

  — **Desenvolupament dels mètodes de producció.** L'aplicació de noves tècniques comportarà *més i millor producció,* analitzada en termes de qualitat. Amb l'aplicació de noves tecnologies, per tant, es poden aconseguir productes innovadors o el desenvolupament de noves aplicacions amb una productivitat més gran dels factors emprats.

  — **Retribució dels factors.** Els factors emprats han d'estar suficientment retribuïts perquè la producció no pugui ser frenada per un problema de valoració o de reconeixement econòmic dels factors. Aquesta situació no es dóna en els sistemes d'economia planificada o dirigida, on la *retribució dels factors productius* no és, de cap manera, incentivadora.

  — **Especialització en el treball.** Considerant que la *divisió del treball* afavoreix l'especialització en el mercat, per a determinar la renda dels factors productius caldrà considerar l'*especialització en el treball.*

  El **factor treball,** dins de la retribució dels factors productius, està molt relacionat amb el sistema de fixació dels preus en el mercat i, per tant, **dependrà de l'oferta i la demanda d'aquest factor** dins del mercat. Tindrà, aleshores, diferents moviments fins a trobar un punt d'equilibri, atès que el mateix sistema tendeix generalment a buscar l'equilibri en el mercat de treball tractant, mitjançant l'aplicació de polítiques d'ocupació suficients, que *no hi hagi escassetat o excedent de factors* de forma permanent en el temps.

Per a resoldre els tres problemes fonamentals de l'economia, la societat haurà de procurar que la retribució dels factors productius es dugui a terme segons el **principi d'equitat.**

Una vegada determinada quina és la **renda dels factors productius,** queden resolts també els problemes relacionats amb la *distribució de la renda.*

- Si el mercat *té ben distribuïda la renda,* l'individu que en disposi d'una part, tindrà capacitat per a comprar béns i serveis i permetrà la millora econòmica de part de la societat en perjudici d'una altra part, ja que l'enriquiment difícilment s'acostuma a produir de manera totalment igualitària.

- Alhora, com que existeix creixement econòmic, la *redistribució de la renda* provocarà que determinats grups socials puguin adquirir béns i serveis que anteriorment els eren vetats per preu.

D'aquesta manera s'està solucionant el problema de **per a qui produir** d'una forma gairebé automàtica.

A més, l'empresari, amb l'objectiu d'aconseguir la màxima producció al mínim cost, haurà de prendre la decisió de treure un determinat producte utilitzant els mitjans i les tecnologies adequats. D'aquesta manera es resol el segon problema: **com produir.**

3. El preu dels factors productius

La **demanda de factors productius** s'ha de considerar sempre des d'un doble punt de vista: la *demanda de treball* i la *demanda de la resta de factors.*

- La **demanda de treball** depèn *del seu preu* i de la *demanda de béns o serveis* en el mercat. Així:
  - Si **s'incrementen els preus** de mercat del factor treball, els empresaris hauran de decidir *no contractar més treball* en benefici de la reducció dels costos productius.

    Si es **redueixen els preus** del factor treball —cosa que ocorre molt rarament en l'economia real—, l'empresari podria contractar més treballadors sense incrementar significativament els seus costos.
  - Si **augmenta la demanda de béns,** es necessitaran més factors productius i, per tant, l'empresari demandarà una *major quantitat del factor productiu treball.*

    Contràriament, si **disminueix la demanda de béns** en el mercat, els empresaris *reduiran la demanda de factor treball* i ajustaran el nivell de producció al nivell real de demanda.
- La **demanda de la resta de factors** en el mercat vindrà condicionada per la *demanda de factor treball* i la *demanda de béns o serveis.*

— Si **disminueix la demanda de treball,** *disminuirà també la demanda de la resta de factors,* ja que no podran ser emprats en la producció.

— Si **augmenta o disminueix la demanda de béns,** es produirà un *augment o disminució paral·lels de la demanda de la resta de factors,* ja que l'empresari tendirà a adquirir els necessaris per ajustar la producció a les necessitats del mercat.

Com s'aprecia, les variacions en la demanda de béns influeixen de manera determinant en la **demanda de factors productius.** Això té un **efecte en el mercat** (fig. 1).

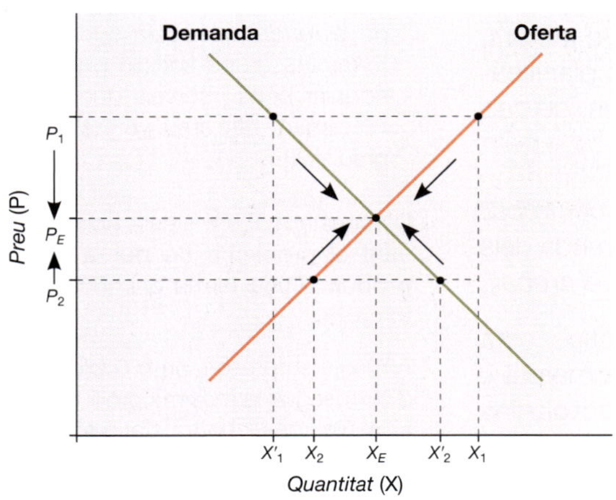

Fig. 1. Les variacions en l'oferta i la demanda determinen el punt d'equilibri del mercat.

- Si s'**incrementa la demanda** de factors productius, els proveïdors de primeres matèries i els prestadors de serveis *vendran també més quantitat.* Això provocarà *desplaçaments en les corbes d'oferta i demanda agregades* que determinaran l'aparició d'un nou punt d'equilibri de mercat: **els preus dels factors augmentaran.**
- Si, contràriament, **disminueix la demanda** de factors productius, perquè el seu preu és elevat (en el cas del treball) o perquè s'ha reduït la demanda de béns i serveis, els desplaçaments de les corbes d'oferta i demanda agregades es produiran en sentit contrari i s'assolirà també un altre punt d'equilibri: **els preus dels factors disminuiran.**

Analitzarem ara el comportament de la *renda de la terra,* el *salari del treball,* els *interessos del capital* i el *benefici de l'empresari.*

3.1. *La renda de la terra*

Com ja sabem, tots els elements de la natura (terra, subsòl, boscos, aigües, animals, etc.) que l'ésser humà utilitza per a produir béns s'integren dins del **factor terra.**

> El **factor terra** engloba tots els **recursos naturals** amb *valor intrínsec, duradors* i *susceptibles d'apropiació.*

La productivitat d'aquest factor dependrà fonamentalment de la seva *qualitat,* de les possibilitats d'*utilització,* única o múltiple, i de la seva *localització.*

Qualsevol recurs inclòs en el **factor terra** té un **propietari o titular,** que pot emprar-lo *directament* com a factor de producció o *arrendar-lo.* En els dos casos, percebrà una determinada quantitat de diners que és el que es coneix com a **renda de la terra.**

> La **renda de la terra** és la quantitat que es percep pel lloguer o la cessió d'explotació dels recursos naturals, o la que finalment s'obtindria en cas d'explotar-los.

Com veiem, el sistema d'economia de mercat no només impera en la indústria i en el comerç, sinó que també ho fa en l'agricultura: les terres, treballades per assalariats, generen un *producte* al mercat i els capitals invertits en la producció agrícola produeixen *beneficis,* igual que en la indústria.

L'*arrendatari* de la terra *paga* cada cert temps, generalment un any, una quantitat determinada de diners al *propietari* de la terra a títol de **renda.** Això significa que, per tal d'obtenir el dret a invertir el seu capital en la terra arrendada, l'empresari ha de *pagar* al propietari.

Si, a més, el propietari ha fet *inversions de capital* en la terra arrendada (obres de reg, vies de comunicació, etc.), el pagament anual ha d'incloure l'*amortització* i els *interessos* del capital invertit.

David Ricardo

David Ricardo (1772-1823) va ser un economista britànic que va formar part de l'anomenada *Escola econòmica clàssica.*

En la seva obra *Principis d'Economia Política* defineix la **renda de la terra** com *«aquella part del producte de la terra que es paga al propietari per l'ús dels poders originals i indestructibles de la terra».*

La teoria de **David Ricardo** afirma que, quan hi ha excessiva abundància de terra fèrtil, la renda de la terra pràcticament desapareix ja que no hi haurà qui vulgui pagar pel seu ús, de la mateixa manera que ningú no pagaria per l'ús de l'aire o dels altres **béns lliures** de la natura.

Funcionament del factor terra

Malgrat la importància del mercat de la terra, s'han estudiat pocs models de funcionament que permetin tenir en compte l'enorme varietat d'*explotacions agrícoles,* el paper de la *incertesa* en la presa de decisions i l'efecte de les diferents *polítiques del govern.*

A diferència d'altres factors productius, la terra és un **factor productiu immòbil, durador i no reproduïble.** El seu preu reacciona en part com el d'un factor productiu, però també com el d'un actiu que permet la reserva de valor.

Podrem dir que, si es produís un augment de preus dels productes agrícoles, podria produir-se un augment en el preu de la terra.

Com que la terra és un factor fix, la seva oferta és **perfectament inelàstica.** Per tant, la corba d'oferta és vertical.

Per a determinar el valor de la renda, hem d'ascendir per la corba d'oferta *S* fins al punt de coincidència amb la corba de demanda *D.*

Aquest punt *E* representa la **renda d'equilibri** del factor terra (fig. 2). Els clàssics anomenen a aquest valor **renda econòmica pura.**

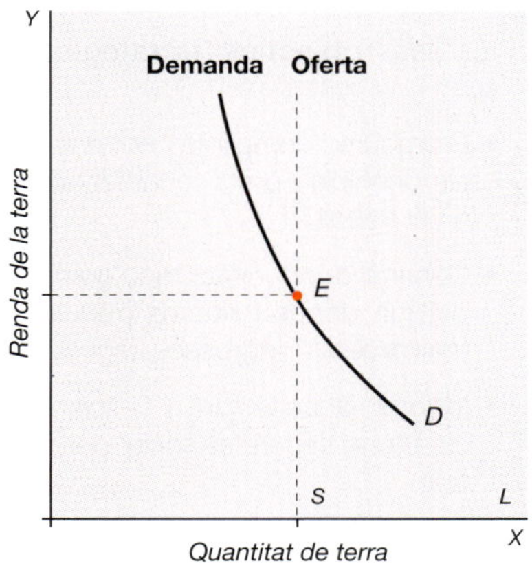

Fig. 2. Renda d'equilibri de la terra.

3.2. *El salari del treball*

Com ja sabem, el **factor treball** és *el factor productiu més important* del sistema econòmic, ja que combina tots els altres elements en el procés de producció.

> El **factor treball** és l'esforç físic i intel·lectual aportat per les persones que intervenen en l'activitat productiva.

Així doncs, en qualsevol sistema econòmic que considerem, la **mà d'obra** es torna *imprescindible* per a alimentar el procés de producció de les empreses. Per aquest motiu, s'estableix una relació laboral entre treballador i empresari segons la qual, aquest té l'obligació de **remunerar** aquest treball.

Al llarg de la història, aquesta **remuneració** s'ha dut a terme de diferents maneres, com *permutes* o *retribució en espècies.* En l'actualitat, la forma més habitual de retribució és a través del **salari** que es percep en unitats monetàries.

> El **salari** és la retribució obtinguda a canvi de la prestació d'un esforç intel·lectual o la realització d'una tasca física, és a dir, de la capacitat de treball.

El salari és, per tant, el **preu** del treball, és a dir, la contraprestació econòmica a canvi de la qual els treballadors estan disposats a oferir el seu esforç.

Com que es tracta d'un preu de mercat, el **salari d'equilibri** és aquell en què oferents i demandants de treball acorden establir la relació laboral.

En aquest sentit, l'**Organització Internacional del Treball (OIT)** defineix el salari de la manera següent:

> El **salari** és *«el guany avaluat en efectiu, fixat per acord o per la legislació, i degut per un ocupador a un empleat en virtut d'un contracte de treball, escrit o verbal, per la tasca que aquest últim hagi efectuat o hagi d'efectuar, o pel servei que hagi prestat o hagi de prestar».*

Components bàsics del salari

El salari percebut pel treballador està format principalment per dos **elements:** el *salari base* i els *complements al salari.*

- El **salari base** és la quantitat mínima que s'ha de pagar a cada treballador per la seva presència en el lloc de treball i per un rendiment normal.

  La quantia es fixa per *disposició legal,* per *conveni col·lectiu* o per determinats *acords privats* entre el treballador i l'empresa.

- Els **complements** al salari poden incloure diferents tipus d'*incentius i bonificacions* que es poden concedir al treballador per compensar la seva dedicació i el seu especial esforç, o per l'increment de la productivitat, o per la millora de la qualitat dels béns o serveis produïts.

L'OIT

OIT és la sigla de l'**Organització Internacional del Treball,** una agència fundada el 1919, després de la I Guerra Mundial, i integrada el 1946 en l'Organització de Nacions Unides.

Té la seva seu a Ginebra (Suïssa) i agrupa governs, empresaris i treballadors amb la finalitat de dignificar les condicions de treball en qualsevol lloc del món.

Els seus **objectius estratègics** són:

- Promoure i complir les normes i els principis i drets fonamentals en el treball.
- Generar oportunitats més grans perquè dones i homes puguin tenir treball i ingressos dignes.
- Millorar la cobertura i l'eficiència d'una seguretat social per a tots.
- Enfortir el tripartisme i el diàleg social.

Altres components

També poden formar part del salari altres conceptes, com els *beneficis socials* o les *càrregues socials.*

- Els **beneficis socials** engloben una sèrie de serveis i prestacions de tot tipus que solen concedir moltes empreses al marge de les retribucions pagades. Se solen concedir a treballadors d'alt rang el saber fer *(know-how)* dels quals es reconeix com un valor afegit extraordinari a la seva capacitat de treball.

- Sota el concepte de **càrregues socials** s'engloba una sèrie de pagaments que realitza l'empresa en nom del treballador per tal d'eximir-lo d'aquest pagament, com les assegurances obligatòries de malaltia, d'accident, d'invalidesa o de mort, els impostos laborals a Hisenda, etc.

  Encara que no són percebuts pel treballador, graven la seva prestació en una quantia important, encara que més petita que la que ha de suportar l'empresa.

Els *salaris,* els *complements* i els *beneficis i càrregues socials* que componen la retribució del factor treball són recollits en el **marc legal** general o bé en els diferents **convenis col·lectius** per protegir els interessos tant dels treballadors com dels empresaris.

Interpretació del concepte de salari

Per tal d'entendre completament el concepte de salari cal contemplar-lo també des de diferents punts de vista: *legal, social, jurídic i econòmic.*

- Des del punt de vista **legal,** el salari ve determinat per l'Estatut dels Treballadors, que considera salari la *totalitat de les retribucions del treballador.* El concepte legal de salari pot contemplar-se des d'un criteri *positiu* i un altre *negatiu.*
  - **Criteri positiu:** es considera salari la totalitat de les *percepcions econòmiques, en diners o en espècie,* per la prestació professional dels serveis laborals per compte d'altri, que retribueixin la feina, sigui quina sigui la forma de remuneració, i fins i tot els períodes de descans computables com de treball.
  - **Criteri negatiu:** es consideren salari també les quantitats percebudes pel treballador en concepte d'*indemnitzacions o bestretes* per les despeses realitzades com a conseqüència de la seva activitat laboral, les *prestacions i indemnitzacions* de la Seguretat Social i les *indemnitzacions* corresponents a trasllats, suspensions o acomiadaments.

- Des del punt de vista **social,** el salari suposa l'*obligació de remunerar la feina* perquè el treballador pugui cobrir les seves necessitats i les de les persones que hi convisquin.

- Des del punt de vista **jurídic,** el salari és la *contraprestació econòmica per part de l'empresari* del dret d'adquisició de la prestació de serveis realitzada pel treballador.

- Des del punt de vista **econòmic,** el salari és *el cost del factor treball* que ha de ser calculat per l'empresari ja que repercuteix en la formació del preu final del producte.

El salari com a ingrés

Per al treballador, el salari s'ha d'entendre com un **ingrés** amb el qual podrà satisfer les seves necessitats individuals.

Amb aquest ingrés podrà prendre decisions de *consum de béns,* de *consum-estalvi* o de *lleure-renda.*

3.3. *L'interès del capital*

Des del punt de vista de la retribució dels factors productius, és necessari tornar a distingir entre *capital financer* i *capital físic,* com ja vam fer en unitats anteriors.

El capital financer

El **capital financer** està format pels *recursos financers* (diners o crèdits) dels quals es disposa per iniciar una activitat productiva.

Com indica la definició, es tracta d'un **recurs,** necessari per a adquirir altres béns, però *no es considera factor de producció* perquè ni produeix béns ni presta serveis.

Els **recursos financers** es poden destinar a la *inversió* o a l'*estalvi.*

- La **inversió** consisteix en l'*adquisició de béns de capital* amb els quals s'espera obtenir unes riqueses majors.
- L'**estalvi** consisteix a *dipositar els diners en actius financers* pels quals es rep una determinada quantitat de diners anual. Aquesta quantitat rebuda és el que anomenarem **interès,** i el seu rendiment percentual depèn del *tipus d'interès.*

El **tipus d'interès** és el preu pel qual l'individu deixa immobilitzats els seus diners durant un període de temps.

Interès nominal i interès real

El **tipus d'interès real** és aquell que es rep com a rendiment del que s'ha invertit.

El **tipus d'interès nominal** és el rendiment monetari de cada unitat invertida.

Si al tipus d'interès nominal li restem la *taxa d'inflació,* obtenim una xifra aproximada al tipus d'interès real.

El capital físic

El **capital físic** està format pels elements que han estat prèviament obtinguts per l'activitat productiva i no s'utilitzen per al consum final.

Aquest capital *sí que es considera factor de producció* i, per això, s'adquireix en els **mercats de factors,** tant en règim de *compra* com d'*arrendament.*

Els béns de capital són béns duradors que poden produir, al llarg de la seva vida útil, un *rendiment econòmic* del capital financer invertit en aquests.

Aquest rendiment, una vegada quantificat, permet determinar el que s'obté per cada unitat monetària invertida. A aquest resultat se l'anomena **taxa de rendiment.**

La **taxa de rendiment** d'un bé de capital és el percentatge de benefici del capital financer invertit en l'operació d'adquisició o lloguer.

Cada inversió realitzada en un bé de capital tindrà, per tant, una determinada taxa de rendiment. I com que una empresa *no sol invertir en un únic bé de capital,* haurà de conèixer les vertaderes taxes de rendiment de cadascun dels béns abans de procedir a invertir en aquests.

Risc del capital

Quan es preveu que es produirà un **alça generalitzada dels preus,** els tipus d'interès, a més de contenir la part corresponent dels interessos del capital, inclouen també la part proporcional de l'anomenat **risc de capital.**

Això implica que l'inversor espera cobrar una quantitat més gran per l'assumpció d'aquest risc imprevist.

A més, inclou el que s'anomena **esperança,** és a dir, una prima per l'increment previst de l'interès, provocat per l'alça de preus.

Contràriament, en els **períodes de depressió,** la taxa d'interès es compondrà únicament de l'**interès del capital** i, eventualment, d'una *prima* pel risc que s'assumeix en prestar els diners que els individus deixen en dipòsit en les entitats bancàries.

3.4. *El benefici de l'empresari*

A més dels elements anteriors, els economistes han de tenir en compte un altre factor de la renda: *el benefici de l'empresari.*

> El **benefici empresarial** és la diferència comptable entre ingressos totals i despeses totals.

Aquest benefici està format per molts **elements,** entre els quals destaquen el *rendiment implícit del capital* del propietari i la *retribució de l'empresari* pel risc de possibles pèrdues de capital que com a tal assumeix.

L'empresari no ha de repartir tots els seus ingressos derivats del lloguer del capital en forma de *dividends* per als treballadors i accionistes, sinó que ha de quedar-se amb una part d'aquests amb l'objectiu d'*adquirir més capital.*

Encara que els beneficis no es distribueixin ni es reparteixin de forma efectiva entre treballadors i accionistes de l'empresa, també els afavoreixen, tant a curt com a llarg termini.

Això succeeix perquè *els ingressos no distribuïts augmenten el capital de l'empresa,* per la qual cosa tendiran a incrementar el nivell de producció d'aquesta i, per tant, incrementaran també els futurs nivells d'ingressos.

El creixement del nivell de producció i del nivell d'ingressos tendeixen sempre a incrementar *el valor de l'empresa en el mercat.* Malgrat això, totes aquestes modificacions afecten el concepte de **remuneració del capital,** ja que aquesta remuneració s'efectua amb relació al valor del seu *producte marginal.*

El benefici per l'assumpció de riscos

La part de beneficis no distribuïda pretén cobrir, encara que només sigui de forma parcial, el risc que comporta qualsevol inversió de capital efectuada per l'empresari.

És difícil determinar, en un moment donat, si l'empresa és molt sensible o poc sensible a l'activitat o als cicles econòmics, és a dir, si els seus beneficis poden fluctuar de forma significativa segons que la producció agregada disminueixi o s'incrementi de forma espectacular.

Com que els beneficis de les empreses estan sotmesos a molts tipus de risc, les accions de les empreses han d'oferir, per tant, una **prima** important a fi de poder atreure així els possibles inversors que no desitgin arriscar, o simplement que no puguin o no desitgin diversificar les seves inversions i vulguin assegurar-les contra aquests riscos.

D'altra banda, no es pot ignorar que si part dels beneficis de l'empreses hi queden reinvertits en aquestes, provocant d'aquesta manera un creixement tant de la producció com de la valoració de l'empresa en el mercat, es contribueix enormement al *creixement de les produccions internes del país.*

4. Progrés tècnic i excedent

Si consultéssim les dades del **PIB** de tots els països del món, obtinguéssim la seva *renda per càpita* en uns quants anys consecutius i les classifiquéssim de més gran a més petita, ens trobaríem davant d'una llista amb les característiques següents:

- Al *capdavant de la llista* ens trobaríem amb els **grans països industrialitzats** que constitueixen l'anomenat Primer Món, amb petites variacions d'ordre d'un any a un altre.
- Les *últimes posicions* les ocuparien els països amb **producció interior molt baixa,** és a dir, els que integren el Tercer Món, i també amb lleugeres variacions d'ordre.

Per tal d'analitzar aquesta situació s'ha de considerar també les **taxes de creixement** dels diferents països, és a dir, *les variacions percentuals en la producció d'un any a un altre.* Aquesta dada proporciona informació molt interessant al voltant del teixit econòmic de cada país.

- D'una banda, descobriríem l'existència d'**economies emergents,** les taxes de creixement de les quals estan *per sobre de les dels països més industrialitzats,* el que significa que els països més rics del món no seguiran sent-ho indefinidament.
- D'altra banda, comprovaríem que algunes variacions de la taxa de creixement als països menys rics poden fer que, encara que no se situïn al capdavant del creixement, almenys *no estiguin condemnats a romandre sempre en la pobresa.*

4.1. *Creixement econòmic i productivitat*

Una altra dada molt important que haurem de tenir en compte és la **productivitat** de cada país, és a dir, *la quantitat de béns o de serveis que és capaç de produir aquest país en una unitat de temps determinada.*

Aquest nova dada ens ajudarà a conèixer la posició relativa de cada país en el món, ja que les **grans diferències** entre els països i, per tant, els seus nivells de vida, les marquen la seva *capacitat de produir béns i serveis.*

La **productivitat** depèn fonamentalment de dos elements: el *capital humà* i els *mitjans de producció.*

- El **capital humà,** és a dir, la *qualificació* dels treballadors i la seva *formació,* els permetrà poder afrontar reptes de noves formes de producció però avançades tècnicament, amb les quals es pugui assolir un **increment de la productivitat.**
- Els **mitjans de producció** adequats són els que permeten mantenir el nivell de producció. Si la distribució sectorial de l'ocupació i de la producció no es produeix, la societat s'estanca i el seu nivell de creixement passa a ser nul.

  Per aquest motiu considerarem els **coneixements tecnològics** com un element bàsic en el *creixement a llarg termini,* que és el que realment interessa a l'economia dels països.

El PIB

El **PIB (Producte Interior Brut)** mesura dues variables econòmiques molt importants alhora: la *producció total* (despesa total en béns i serveis), d'una banda, i la *retribució dels factors* (renda), de l'altra.

El creixement econòmic en els clàssics

Les teories tradicionals diuen que hi ha tres factors productius: *terra, treball* i *capital,* i que la clau del creixement econòmic és l'acumulació de capital resultant de la inversió dels beneficis dels capitalistes.

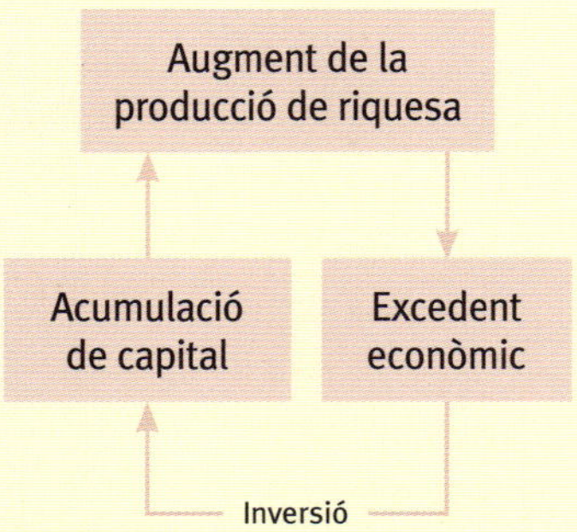

Per tant, aquests beneficis dependran de la distribució del valor afegit o renda que s'obté en la producció, i el creixement econòmic s'acabarà frenant per la progressiva disminució de l'acumulació de capital.

Però els seus plantejaments no van poder contemplar la possibilitat d'una variable que ha influït perquè això no es produís: el progrés tecnològic.

Els màxims exponents d'aquestes teories van ser **Adam Smith, Thomas Malthus** i **David Ricardo.**

4.2. *Creixement econòmic i distribució de l'excedent*

Les teories del creixement econòmic estudien tant els *factors* que el fan possible com el *procés* pel qual té lloc.

Com hem vist, el **creixement econòmic** es basa fonamentalment en el *creixement de la productivitat de manera sostinguda i constant.* No es tracta, per tant, de tenir grans creixements en un any i nuls en els següents.

El creixement de la productivitat provocat per les **innovacions tecnològiques** comporta uns canvis estructurals en els sistemes de producció de béns i serveis. Això fa que les societats hagin d'adaptar-se, socialment i políticament, a aquests ritmes de creixement amb la finalitat de cobrir les **noves expectatives** de productors i consumidors. Caldrà tenir en compte que aquest és un fenomen localitzat i circumscrit a una determinada zona o país.

Els **criteris de distribució de l'excedent** sempre són complexos, però els reduirem a quatre: *espacial, personal, sectorial* i *salarial.*

- Criteri **espacial:** l'excedent es distribueix d'acord amb les *zones, regions, províncies,* etc.
- Criteri **personal:** la distribució de l'excedent depèn de la *població.* Així, una zona amb molts habitants veurà reduïda la seva *renda per càpita* mentre que una zona poc poblada gaudirà d'una *renda per càpita* superior.
- Criteri **sectorial:** la renda ha de ser distribuïda entre els diferents *sectors productius* (primari, secundari i terciari).
- Criteri **salarial:** la distribució es fa mitjançant la retribució dels factors en forma de *salaris, rendes, interessos* o *beneficis.*

Teoria del decreixement

L'esgotament de l'*estoc* de capital és un perill permanent si se segueix mantenint el sistema devastador que hi ha en les actuals economies industrialitzades.

Alguns autors són partidaris de la **teoria del decreixement.** Aquesta teoria afirma que, si entenem el **creixement** com l'*augment del consum dels diferents agents econòmics* (amb la conseqüent pressió i repercussió sobre els recursos naturals i ambientals), el **decreixement** sorgirà com un *respir per al medi ambient,* donada la insostenible situació viscuda en els nostres temps.

4.3. *Subdesenvolupament i pobresa*

El **subdesenvolupament** és una situació molt difícil de definir i encara més de precisar. Però sí és fàcil d'identificar.

> El **subdesenvolupament** és una de les *etapes* que travessen els països en el seu progrés envers l'estat de benestar.

No obstant això, aquesta idea d'«etapa» dins d'un procés té molts detractors que opinen que el subdesenvolupament pot no arribar a superar-se mai.

El subdesenvolupament està molt relacionat amb el concepte de **pobresa.**

> La **pobresa** és la situació que impossibilita l'accés als recursos a fi de satisfer les necessitats físiques i psíquiques bàsiques i comporta un deteriorament del nivell i qualitat de vida de les persones.

La pobresa ha de ser entesa com *el resultat de l'aplicació d'un determinat model econòmic i social* en un territori i en un temps determinats en què una sèrie d'agents econòmics queden exclosos dels beneficis totals o parcials de l'esmentat model econòmic.

A aquests sectors exclosos d'aquests beneficis els anomenem generalment **pobres** (fig. 3).

Fig. 3. La pobresa és una conseqüència de l'aplicació de determinats models econòmics i socials.

5. Problemes dels països del Tercer Món

El terme *Tercer Món* va ser creat en els anys cinquanta per fer referència als *països d'Àsia, Àfrica i Amèrica Llatina que es trobaven poc avançats tecnològicament* i amb unes economies dependents fonamentalment de l'exportació de productes agrícoles i primeres matèries.

Molts d'aquests països es van independitzar de les potències colonials europees, van organitzar les seves respectives polítiques en la **Conferència de Bandung,** el 1955, i van constituir el **Moviment de països no alineats.** Va sorgir així el **Tercer Món,** de països no alineats, com a contrapunt a les nacions desenvolupades capitalistes, del **Primer Món,** i als països alineats al voltant de l'antiga URSS, coneguts com a **Segon Món.**

En l'actualitat, el concepte de Tercer Món s'ha anat buidant cada vegada més de contingut en un doble sentit, *polític* i *econòmic.*

- **Políticament,** perquè el bloc soviètic ha desaparegut.
- **Econòmicament,** perquè en aquelles zones han emergit nous països industrialitzats com Taiwan, Corea del Sud o els països petrolífers d'Orient Mitjà.

Fig. 4. Als països subdesenvolupats el sector agrícola és molt important però està poc modernitzat.

Malgrat això, el terme se segueix utilitzant per a designar els **països subdesenvolupats.** Es tracta de països que tenen uns **indicadors** que els caracteritzen. Són els següents:

- **Renda per càpita molt baixa i alimentació pobra.** Aquests dos elements estan molt relacionats ja que una renda per càpita molt baixa sol anar acompanyada d'una alimentació insuficient. Generalment, en aquests països, *la dieta alimentària és inferior a les 2000 quilocalories diàries,* amb absència gairebé total de proteïnes i altres nutrients, cosa que provoca seriosos problemes, sobretot per al creixement dels nens.
- **Predomini del sector agrícola,** sense mecanització ni modernització dels sistemes de conreus (fig. 4). Aquest fet provoca unes conseqüències socials importants, entre les quals destaquen una *dependència total del medi natural* i un ús elevat de *mà d'obra i força de treball infantil.*
- **Alt creixement demogràfic.** La taxa de natalitat sol estar *per damunt del 2 % anual.*
- **Escassetat d'infraestructures.** No solen disposar d'una xarxa de transports moderna, ni d'organització estadística, etc.
- **Nivell mínim d'industrialització.** La poca indústria que hi ha sol ser de tipus extractiu *(mineria)* o amb una gran necessitat de mà d'obra. Això comporta una *gran dependència de l'exterior* pel que fa a tecnologia i comercialització dels productes.
- **Nivell elevat d'analfabetisme.** Actualment, en alguns països del Tercer Món encara persisteixen *alts índexs d'analfabetisme* que impedeixen l'aplicació de qualsevol programa de desenvolupament.
- **Mancança de quadres dirigents** en l'Administració i de tècnics en la producció.

5.1. *Causes de l'endarreriment*

La Revolució Industrial es va desenvolupar al llarg del segle XIX i va assolir la majoria de països d'Europa Occidental, els EUA i els que constituïen l'imperi britànic (Canadà i Austràlia, entre d'altres).

Però els països que van arribar a l'any 1900 sense haver iniciat la seva industrialització es van trobar amb algunes dificultats.

- Una **complexitat tècnica** que va impossibilitar l'assimilació dels processos industrials.
- La dificultat del **clima,** ja que que els avenços tècnics de la Revolució Industrial van ser fàcilment aplicables a la zona temperada, però no a la tropical ni a l'equatorial.
- La **densitat de població.** Es constata la dificultat d'industrialitzar països amb densitats de població molt altes en relació amb la de les nacions europees de principi del segle XX.

Aquests problemes, lluny de solucionar-se amb el pas del temps, semblen augmentar, a causa dels **obstacles** als quals s'han d'enfrontar aquests països: l'*obstacle demogràfic,* l'*obstacle tècnic* i la *desaparició de les barreres del transport.*

- **L'obstacle demogràfic.** Una taxa d'*augment de la població,* entre un **2,6 %** i un **2,7 %,** fonamentalment en la població agrícola, suposa que els recursos humans es multipliquen per 13 al llarg d'un segle. Aquest ritme absorbeix bona part de les inversions.

  D'altra banda, l'*alta natalitat* provoca un augment desorbitat de la població en edat escolar, el que comporta altres necessitats d'inversió.

- **L'obstacle tècnic.** En els orígens de la Revolució Industrial la simplicitat de la tècnica permetia la seva assimilació de forma gairebé immediata. En contrast, la *complexitat de la tècnica actual* suposa uns nivells de preparació que estan molt lluny de les possibilitats dels països del Tercer Món.

  A més, els béns d'equip exigeixen la instal·lació de *grans unitats de producció,* un altre factor que contribueix al fet que els països subdesenvolupats depenguin de l'exterior per a l'adquisició de la seva maquinària.

  Per aquest motiu els països del Tercer Món estan orientant-se cap a diverses formes de *producció artesanal* (fig. 5).

- **La desaparició de la barrera del transport.** En conjunt, els preus de cost del transport han descendit en una proporció de 20 a 1, la qual cosa ha suprimit la *barrera protectora de la distància.*

  La possibilitat de *traslladar articles amb costos baixos* constitueix un greu perjudici per a les nacions menys industrialitzades, ja que aquestes *importen l'equip agrícola* en lloc de fabricar-lo.

  D'altra banda, és freqüent que països amb grans riqueses mineres *comprin la maquinària* als països industrials i els venguin després el mineral a un preu molt baix perquè manquen d'indústries de transformació. Tot plegat contribueix a incrementar les diferències entre països rics i països pobres.

Fig. 5. L'artesania és una activitat productiva molt habitual als països en vies de desenvolupament.

Països rics i països pobres

El 1980, al capdavant dels països pel que fa a renda per càpita es trobava la Unió dels Emirats Àrabs amb 30 000 dòlars de renda, mentre que l'últim era Bhutan, amb 80 dòlars.

El 1997, Luxemburg figurava com a país més ric, amb 37 000 dòlars, i Mauritània apareixia com un dels més pobres.

Aquestes xifres ens porten a la conclusió que les diferències entre països rics i pobres són abismals i, a més, no deixen d'augmentar. Alguns països pobres, com Mauritània, han vist empitjorar greument la seva situació els últims anys.

1. Esmenta un país desenvolupat i un altre subdesenvolupat de cada continent. Explica las característiques de cadascun i raona la teva elecció.
2. Enumera els factores que ens permeten classificar els països com a desenvolupats o subdesenvolupats.
3. Busca algun article de la premsa recent en què es puga veure el tipus de desenvolupament que presenta un país determinat.
4. En els mercats de capitals es produeixen constantes pujades i baixades del preu dels diners.
   — Indica a qui perjudiquen i a qui beneficien.
5. S'acostuma a dir que la remuneración del factor terra és un usdefruit o un lloguer.
   — Explica àmpliament aquest concepte.
6. * Explica què es el creixement econòmic, com es mesura, en què consisteix el creixement a curt termini i a llarg termini i quins són els determinants del creixement.
7. Busca una notícia de premsa on es vegin reflectits de manera clara els efectes positius del creixement econòmic i del desenvolupament.
8. Busca ara una altra notícia en els diaris on es reflecteixi els efectes negatius del subdesenvolupament i de la pobresa.
9. En l'àmbit laboral, l'Estat afavoreix, de manera explícita, determinats col·lectius.
   — A quins col·lectius hauria d'ajudar?
   — Creus que és positiva aquesta ajuda? Indica per què.
   — Les ajudes han de ser puntuals o permanents? Justifica la teva resposta.
10. En el mercat de factor productiu *treball,* de què depèn l'oferta i la demanda de treball en un país?
11. Els increments de salaris, són sempre bons? Per què?
    — Analitza quines conseqüències negatives i positives tenen per a la societat.
12. Accedeix a la pàgina web de l'INE.

    www.ine.es

    — Esbrina quina es la distribució de la renda i de la riquesa a Catalunya.
    — D'acord amb les dades obtingudes, dóna la teva opinió sobre la distribució analitzada.
13. Explica la diferència entre tipus d'interés nominal i tipus d'interés real.
14. Explica com funciona el mercat de capital.
15. Raona quins efectes té el fet que, en un país, es produeixi un envelliment lent de la població.
    — Justifica quin és el significat d'aquest fet.
16. Reflexiona i opina si la llei del salari mínim és bona o dolenta, és a dir, és perjudicial o beneficiosa per als treballadors.
17. **Treball d' investigació**

    Tria un país del món, busca informació i elabora un informe en què s'explique quin ha estat el desenvolupament humà i social del país en els darrers 50 anys.

    — Quan l'hagis acabat, exposa'l a la resta dels teus companys. Si pots, utilitza les TIC.

* PAU

Revista d'economia

Mans Unides denuncia que hi ha més de 700 milions d'analfabets al món

Les dues terceres parts dels analfabets adults al món són dones

Mans Unides ha mostrat preocupació pel compliment dels Objectius del Mil·lenni en un context actual de *«més de 700 milions d' analfabets»* i ha advocat per l'educació com a mitjà *«per al desenvolupament i l' eradicació de la pobresa»* coincidint amb el Dia Internacional de l'Alfabetització que se celebra aquest dimecres, segons informa l'organització en un comunicat.

En aquest sentit, l'ONG ha assenyalat que *«tot i que l' alfabetització és un dret humà essencial per al desenvolupament, al món hi ha encara uns 776 milions d' adults que no són capaços de llegir o escriure, als quals cal sumar molts milions de persones els escassos coneixements dels quals els impedeixen comprendre els documents escrits, coneguts com a analfabets funcionals».*

L'organització també ha advertit que *«seguint la tendència actual»* no es compliran els Objectius del Mil·lenni, el termini es compleix d'aquí a cinc anys. A més, l'organització ha assenyalat que, segons dades de la UNESCO, *«les dues terceres parts dels analfabets adults que hi ha al món són dones».*

***El Mundo*, 13 setembre del 2010**

AVALUACIÓ

1 Es consideren sistemes econòmics purs:

a) El sistema d'economia planificada i el sistema d'economia de mercat.

b) El sistema d'economia tradicional i el sistema d'economia planificada.

c) Només el sistema d'economia tradicional.

d) Només el sistema d'economia de mercat.

2 Una societat assoleix el seu objectiu econòmic quan:

a) Contribueix a la millora constant dels beneficis socials que rep el ciutadà.

b) S'assoleix l'estat de benestar encara que per a això hagi d'incrementar la taxa impositiva als seus contribuents, en benefici de tota la societat.

c) Aconsegueix la satisfacció de la major part de la població, tractant de produir la quantitat més gran possible de béns i serveis.

d) Modifica constantment els mètodes de producció de manera que s'aconsegueix augmentar o millorar aquesta, en termes de qualitat.

3 Les variables que s'han de considerar en el desenvolupament a curt termini són:

a) El desenvolupament i la modificació constant dels mètodes de producció, la retribució suficient dels factors emprats, l'especialització productiva i els objectius de l'empresari.

b) La inversió en investigació i desenvolupament, la incentivació dels factors de producció i les expectatives de l'empresari.

c) La demanda de treball en el mercat, perquè d'aquesta depèn el consum.

d) L'evolució de la funció de demanda dels mercats de treball i de factors.

4 La renda de la terra:

a) És la quantitat que es percep pel lloguer o cessió d'explotació de recursos naturals.

b) Inclou també els animals i els corrents d'aigua amb què es produeix la força motriu.

c) És la superfície total del factor terra.

d) És la que prové de la producció de la natura.

5 El terme capital físic es refereix:

a) Al capital social d'una empresa.

b) A l'aportació de recursos econòmics que fa l'empresari.

c) Al conjunt de béns tangibles i duradors produïts que, a més, s'utilitzen com a part del procés productiu.

d) Al diners, a les accions i a les inversions, és a dir, a tot el que considerem com a realitzable a curt termini.

6 Entenem com interès del capital:

a) Els rendiments bancaris que produeixen els capitals invertits en dipòsits.

b) Les rendes que s'obtindrien en el mercat dels diners si el que s'ha invertit en l'empresa s'hagués fet d'una altra manera o a un interès més gran.

c) Els beneficis de l'empresari.

d) Tots els recursos que constitueixen el capital financer.

7 El creixement econòmic es basa en:

a) El creixement de la productivitat, les innovacions tecnològiques i l'adaptació d'aquestes als ritmes de creixement.

b) L'increment del PIB, el nivell d'exportacions i l'increment de la renda nacional.

c) El creixement sostingut de la producció d'un país.

d) El nivell creixent de la taxa d'ocupació que provoca una producció i un nivell de consum més gran.

8 La retribució de l'empresari és:

a) El sou que se li assigna per dur la direcció tècnica, humana i social de l'empresa.

b) El benefici que produeix l'empresa.

c) Una part dels beneficis que contempla l'assumpció de riscos i el rendiment del capital aportat.

d) La part de beneficis no distribuïts per l'empresa, després que l'empresari ha deduït les despeses d'aquests beneficis.

9 Els indicadors que caracteritzen els països subdesenvolupats són:

a) Rendes per habitant molt baixes, subalimentació, excessiu creixement demogràfic, escasses infraestructures, i elevades taxes d'analfabetisme.

b) Nivell de pobresa elevat, grans taxes de natalitat, nivell tecnològic insuficient i mancança de polítiques socials i econòmiques adequades.

c) Mancança de quadres dirigents, escàs nivell d'educació, alta dependència exterior i manca de recursos interiors.

d) Dirigents totalitaris, població empobrida i escàs nivell sanitari, educatiu i tecnològic.

10 Considerem com a obstacles al desenvolupament:

a) Els que fan que les empreses no arribin a col·locar la seva producció en el mercat.

b) L'obstacle demogràfic, l'obstacle tècnic i la desaparició de les barreres del transport.

c) El nivell cultural, el tipus de govern, la taxa de natalitat i el nivell d'industrialització.

d) La capacitat adquisitiva dels individus, la quantitat de productes existents en el mercat i el nivell tecnològic del país.

9 Macromagnituds

■ Contenidors preparats per a l'exportació.

COMPETÈNCIES ESPECÍFIQUES

Competència en cultura econòmica i dialèctica

Classificar les macromagnituds segons que es refereixin al nivell de preus, a la producció o a l'ocupació.

Definir el producte interior brut i assenyalar-ne les característiques més importants.

Competència en raonament econòmic i modelització

Explicar en què consisteix la inflació i reconèixer alguns dels seus efectes.

Calcular l'índex de preus de consum i la taxa d'inflació a través de models senzills.

Distingir entre PIB a preus de mercat i PIB a cost de factors i calcular-los a partir de dades senzilles.

Justificar el flux circular de la renda des del punt de vista dels consumidors, de les empreses i del sector públic.

Distingir entre macromagnituds nominals i reals, i calcular-les a partir de dades senzilles.

Distingir els tipus de desocupació i definir les taxes percentuals que hi estant relacionades.

ORGANITZACIÓ DELS CONTINGUTS

Macromagnituds

INTRODUCCIÓ

- Després d'haver fet un recorregut pel camp de les actuacions individuals dels agents econòmics i els seus intercanvis en els mercats, ara els observarem des d'una nova perspectiva.

El sector públic passa a ser ara l'agent econòmic de més importància, encara que també entrin en joc les economies internacionals, els països estrangers, els intermediaris financers, les institucions internacionals, etc.

Tots els conceptes vistos fins al moment ens ajudaran a analitzar de forma global la realitat econòmica, la seva situació i la seva evolució.

Aquest és l'objectiu de la macroeconomia: estudiar els problemes econòmics des d'un punt de vista global.

Les principals variables econòmiques que estudiarem en aquest bloc són la renda, la producció, l'ocupació i la inflació.

A fi de conèixer aquestes variables s'empren una sèrie d'indicadors econòmics amb els quals poder estudiar l'evolució temporal de les macromagnituds.

1. La macroeconomia

La **realitat econòmica** és un *gran sistema.* Els seus membres o agents econòmics es relacionen entre si per poder satisfer les seves necessitats.

- L'actuació de cadascun *repercuteix en la marxa global de l'economia.* Així, quan els consumidors gasten els seus diners, la demanda general de l'economia augmenta.
- De la mateixa forma, *l'economia afecta moltes vegades les decisions dels agents.* Per exemple, quan el nivell general de preus augmenta, els consumidors poden comprar menys béns i serveis, en el cas que els seus ingressos segueixin sent els mateixos.

Per aquest motiu, la **ciència econòmica** ha d'estudiar el comportament individual dels agents i analitzar les seves interrelacions i els resultats que impliquen. Per a fer-ho, dins de l'anomenada **economia positiva** hi ha dos grans blocs: la **microeconomia,** que analitza les decisions dels diferents agents a escala individual, i la **macroeconomia,** *que* estudia l'evolució general de l'economia (fig. 1).

L'economia positiva

es divideix en dos blocs

Microeconomia — que analitza — El comportament individual dels agents econòmics

Macroeconomia — que analitza — L'evolució general de l'economia

Fig. 1. Divisió de l'economia positiva.

> La **macroeconomia** és la part de la ciència econòmica que estudia el comportament de l'economia sota una perspectiva globalitzadora, sense entrar en l'anàlisi dels comportaments individuals dels diferents agents econòmics.

1.1. *Les macromagnituds*

En la realitat econòmica actual es produeixen gran quantitat de canvis i variacions: en els *preus,* en els nivells de *producció,* en les *taxes de desocupació,* etc.

Per tal de conèixer l'evolució d'aquests aspectes econòmics al llarg dels anys, cal establir uns *criteris de mesura* anomenats *magnituds macroeconòmiques* o **macromagnituds.**

> Les **macromagnituds** són l'instrument que els economistes utilitzen per a poder determinar quina és la situació en què es troba una economia.

La realitat econòmica

Els economistes poden centrar-se en l'anàlisi de l'economia en el seu conjunt o en l'anàlisi del comportament de cada agent econòmic. Però, en tot cas, han de tenir en compte que els dos aspectes conformen una mateixa **realitat econòmica.**

Al llarg d'aquesta unitat analitzarem diferents macromagnituds referides als *preus,* a la *producció* i a l'*ocupació* (fig. 2).

Macromagnituds

referides als **preus**:
- Nivell general de preus
- Índex de preus de consum
- Índex de preus industrials
- Índex de preus agrícoles

referides a la **producció**:
- Producte Interior Brut
- Producte Nacional Brut
- Renda Nacional
- Renda Personal Disponible

referides a l'**ocupació**:
- Taxa de desocupació
- Taxa d'activitat
- Taxa de dependència

Fig. 2. Classificació de les macromagnituds.

2. Els preus i la inflació

Un objectiu fonamental de la macroeconomia és l'estudi del *nivell general de preus* i del seu creixement, que s'anomena *inflació.*

A qualsevol agent econòmic li interessa conèixer el creixement dels preus. Per a fer-ho, s'utilitza una macromagnitud anomenada **nivell general de preus.**

> El **nivell general de preus (NGP)** és una mesura global dels preus dels diversos béns i serveis en un moment determinat.

Quan el nivell general de preus augmenta, es produeix el fenomen conegut amb el nom d'**inflació.**

> La **inflació** és un augment *general* i *sostingut* dels preus en l'economia d'un país.

Perquè puguem parlar de l'existència d'inflació, ha tractar-se d'un augment **general** dels preus, és a dir, la pujada ha d'afectar, en major o menor grau, un bon nombre de béns o serveis. No n'hi ha prou que augmenti el preu d'un únic bé.

D'altra banda, la inflació suposa un increment **sostingut** dels preus, és a dir, un procés dinàmic i continuat. No es considerarà inflació una pujada estacional i aïllada dels preus.

La inflació és un fenomen que afecta tots els agents econòmics. Si és elevada, els seus **efectes negatius** es fan notar de diferent forma. En destaquem els següents.

- *Perjudica els individus que no augmenten els seus ingressos al mateix ritme que ho fan els preus.* La inflació és desfavorable per als qui perceben rendes fixes o d'escassa variació (salaris, pensions, lloguers, etc.), ja que els increments en el nivell general de preus redueixen la seva capacitat de compra.
- *Perjudica els individus que disposen d'una determinada quantitat de fons estalviats.* Per això, en èpoques d'inflació és recomanable l'adquisició de béns que no perdin valor o que l'incrementin. És el cas dels habitatges, els terrenys i les joies (fig. 3).
- *Beneficia els deutors i perjudica els creditors.* La persona que presta una quantitat de diners (el creditor) tindrà la possibilitat de comprar menor quantitat de béns en el moment de la devolució que en l'instant en què va dur a terme el préstec.
- *Disminueix la competitivitat exterior dels productes del país.* En incrementar-se els preus dels productes del país més que els dels productes estrangers, disminueixen les exportacions i amb això es beneficien les importacions.

Per a calcular la inflació s'utilitzen diverses macromagnituds. La més important és l'**índex de preus de consum,** del que ens ocuparem a continuació. Altres utilitzades són l'*índex de preus industrials* i l'*índex de preus agrícoles.*

Inflació i deflació

La dinàmica de l'economia d'un país determina habitualment un *augment dels preus de béns i serveis.* En aquest sentit, es parla d'**inflació.**

No obstant això, en algunes ocasions, *el nivell general de preus descendeix* i la inflació resulta llavors negativa. En aquest cas, la variació dels preus suposa un procés de **deflació.**

Fig. 3. En períodes d'inflació s'incrementa l'adquisició de béns que no perden valor amb el temps, com l'or.

2.1. *L'índex de preus de consum (IPC)*

Com ja hem indicat, la macromagnitud més utilitzada per a mesurar el nivell general de preus és l'anomenat **índex de preus de consum.**

> L'**índex de preus de consum (IPC)** determina el nivell general de preus tenint en compte únicament els preus dels béns i serveis adquirits directament pels consumidors i que s'inclouen en un determinat cistell de béns.

Com que seria impossible tenir en compte el preu de *tots* els béns i serveis que estan a la disposició del consumidor, a l'hora de calcular l'IPC es procedeix de la manera següent:

— S'elabora una llista amb els béns i serveis que es consumeixen amb una major freqüència. Així queda constituït el **cistell de béns i serveis** amb el qual es treballarà.

— S'esbrinen els **preus mitjans de mercat** dels béns i serveis seleccionats en el període considerat **(P_1, P_2, P_3, ..., P_n)** i es comparen amb els preus que tenien en el període que es pren com a referència **(P_1^0, P_2^0, P_3^0, ..., P_n^0).** La variació s'expressa en *tant per un.*

$$\frac{P_1}{P_1^0}\ ;\ \frac{P_2}{P_2^0}\ ;\ \frac{P_3}{P_3^0},\ ;\ ...\ ;\ \frac{P_n}{P_n^0}$$

— Se selecciona una mostra de famílies que siguin *representatives* del conjunt de la població espanyola i se'ls fa una enquesta anomenada *enquesta de pressupostos familiars.* A partir d'aquesta es descobreix el **percentatge mitjà de la renda** que es destina a cadascun dels béns i serveis del cistell **(g_1, g_2, g_3, ..., g_n).**

Amb les dades obtingudes, l'**IPC** es calcula de la manera següent:

$$\text{IPC} = g_1 \cdot \frac{P_1}{P_1^0} + g_2 \cdot \frac{P_2}{P_2^0} + g_3 \cdot \frac{P_3}{P_3^0} + ... + g_n \cdot \frac{P_n}{P_n^0}$$

A partir de l'IPC podem calcular la *taxa d'inflació.*

> La **taxa d'inflació** o *taxa de creixement de l'IPC,* és la mesura de la variació del nivell general de preus.

Per a determinar-la, només cal comparar l'IPC d'un període de temps determinat (IPC_t) amb el del període de temps immediatament anterior (IPC_{t-1}). Per norma general, **l'IPC de l'any que es pren com a referència sempre val 100.**

Per a expressar-la en termes percentuals, cal que dividim l'increment de l'IPC entre el valor que tenia en el període anterior i multiplicar el resultat per 100. L'expressió matemàtica és la següent:

$$\text{Taxa d'inflació (període } t) = \frac{IPC_t - IPC_{t-1}}{IPC_{t-1}} \cdot 100$$

Crítiques sobre el càlcul de l'IPC

Hem vist com els béns i serveis que componen l'índex de preus al consum estan **ponderats,** és a dir, s'aplica a cada preu un percentatge de renda.

Malgrat això, de vegades ocorre que aquesta ponderació es manté en vigor durant un període de temps en què pot haver canviat la importància que els diferents béns i serveis tinguin en el consum d'una família, amb la qual cosa l'IPC pot no reflectir la incidència real dels preus en les economies domèstiques.

També es critica fins a quin punt les famílies seleccionades per a elaborar l'enquesta de pressupostos familiars són realment representatives del conjunt de la societat.

L'IPC de l'any de referència sempre val 100, ja que els preus dels béns i serveis es comparen amb ells mateixos i la variació sempre és igual a 1.

$$\frac{P_1^0}{P_1^0} = \frac{P_2^0}{P_2^0} = \frac{P_3^0}{P_3^0} = ... = \frac{P_n^0}{P_n^0} = 1$$

En conseqüència, en multiplicar els percentatges que es destinen a cada bé per la unitat i sumar-los, el resultat sempre serà 100.

$$g_1 \cdot 1 + g_2 \cdot 1 + g_3 \cdot 1 + ... + g_n \cdot 1 = 100$$

EXEMPLE 1

Suposem una economia en què els consumidors adquireixen únicament tres béns i serveis: aliments, habitatge i roba. La part de la renda que destinen les famílies a aquests béns i serveis és la següent: 40 % a aliments, 40 % a habitatge i 20 % a roba. Els preus dels béns han evolucionat com indica la taula adjunta.

BÉ	ANY 0	ANY 1	ANY 2
1. Aliments	400 €	350 €	450 €
2. Habitatge	600 €	800 €	1 000 €
3. Roba	1 000 €	1 200 €	1 100 €

a) *Calcula l'IPC de l'any 1 i de l'any 2 prenent com a referència les dades de l'any 0.*

b) *Determina la taxa d'inflació de cada any respecte de l'anterior.*

Comenta en els dos casos els resultats obtinguts.

a) Per calcular l'**IPC** de cada any, apliquem la fórmula corresponent, partint de les dades que coneixem.

$$\mathbf{IPC_1} = 40 \cdot \frac{350\text{ €}}{400\text{ €}} + 40 \cdot \frac{800\text{ €}}{600\text{ €}} + 20 \cdot \frac{1\,200\text{ €}}{1\,000\text{ €}} = \mathbf{112{,}33}$$

$$\mathbf{IPC_2} = 40 \cdot \frac{450\text{ €}}{400\text{ €}} + 40 \cdot \frac{1\,000\text{ €}}{600\text{ €}} + 20 \cdot \frac{1\,100\text{ €}}{1\,000\text{ €}} = \mathbf{133{,}67}$$

L'IPC de l'any 1 s'ha incrementat respecte del de l'any 0 tot i el descens en el preu dels aliments. El mateix ocorre en l'any 2, encara que en aquest cas el preu que disminueix és el de la roba.

Això es deu al fet que el que importa és l'efecte *general,* és a dir, el que resulta del fet que alguns preus pugin i altres baixin.

b) Per calcular la **taxa d'inflació (TI),** apliquem també la fórmula adequada a partir de les dades obtingudes en l'apartat anterior i tenint en compte que l'IPC de l'any 0 és 100.

$$\mathbf{TI_1} = \frac{\mathbf{IPC_1 - IPC_0}}{\mathbf{IPC_0}} \cdot 100 = \frac{112{,}33 - 100}{100} \cdot 100 = \mathbf{12{,}33\,\%}$$

$$\mathbf{TI_2} = \frac{\mathbf{IPC_2 - IPC_1}}{\mathbf{IPC_1}} \cdot 100 = \frac{133{,}67 - 112{,}33}{112{,}33} \cdot 100 = \mathbf{19\,\%}$$

Observem que la *taxa d'inflació de l'any 1 és més petita que la de l'any 2.* Això significa que, en els dos anys, el nivell general de preus ha crescut, però el creixement experimentat en l'any 2 (19 %) ha estat més gran que en l'any 1 (12,33 %). Per tant, es diu que la *inflació ha augmentat.*

És molt important distingir entre les **variacions de la taxa d'inflació** i la de **deflació.**

- Quan *la taxa d'inflació d'un període és més gran que la del període immediatament anterior,* diem que **la inflació ha augmentat.**
- Contràriament, quan *la taxa d'inflació és més petita que la del període immediatament anterior,* diem que **la inflació ha disminuït.**
- En canvi, quan *la taxa d'inflació resulta negativa,* diem que s'ha produït un fenomen de **deflació.**

2.2. *Altres índexs de preus*

L'**índex de preus industrials (IPI)** tracta d'analitzar l'evolució dels preus dels *béns industrials* produïts en una determinada economia.

És un indicador molt interessant des del punt de vista de la competitivitat entre els països desenvolupats, ja que el sector industrial és fonamental en aquestes economies.

L'**índex de preus agrícoles (IPA)** recull el nivell mitjà dels *preus percebuts pels agricultors.*

Des de fa anys, els béns agrícoles han anat reduint el seu preu. Per millorar el nivell de vida de les persones que viuen d'aquest sector, s'ha intentat compensar aquestes caigudes de preus mitjançant subvencions i transferències des del sector públic.

3. El nivell de producció

La macroeconomia

estudia

El nivell de producció

utilitzant diferents

Macromagnituds

com ara

- Producte interior brut
- Producte nacional brut
- Renda nacional
- Renda personal disponible

Fig. 4. Macromagnituds associades al nivell de producció.

La variació en el nivell de **producció** pot mesurar-se mitjançant diverses macromagnituds, com el **producte interior brut,** el **producte nacional brut,** la **renda nacional** i la **renda personal disponible** (fig. 4).

3.1. *El producte interior brut (PIB)*

Una de les macromagnituds més importants per a determinar el nivell de producció és el **producte interior brut.**

> El **producte interior brut (PIB)** és el **valor monetari** de tots els béns i serveis **finals** que es produeixen a l'interior d'un país durant un **període de temps,** independentment de l'origen dels factors de producció emprats.

D'aquesta definició destaquem tres aspectes importants:

- És un **valor monetari,** el que significa que els béns i serveis han de ser transformats en unitats monetàries per poder sumar-los.

  Per exemple, si a Espanya es produeixen i consumeixen durant un any 200 000 kg de pomes, a un preu mitjà de 2 €/kg, i 100 000 kg de peres, a 2,4 €/kg, per calcular la producció total no es poden sumar els quilograms de pomes i els de peres: és imprescindible valorar aquests quilograms en unitats monetàries:

  Pomes: 200 000 kg · 2 €/kg = 400 000 €

  Peres: 100 000 kg · 2,4 €/kg = 240 000 €

  La producció total serà la suma de la producció de pomes i peres *valorades en unitats monetàries:*

  400 000 € + 240 000 € = 640 000 €

  Per tant, el valor de la producció total serà de **640 000 euros.**

- Inclou únicament els béns i serveis **finals,** és a dir, no es tenen en compte els béns i serveis *intermedis.*

  Aquest és el cas del procés d'elaboració del pa a partir de blat.

  — En primer lloc, el blat és comprat per una empresa farinera, que el transforma en farina.

  — Posteriorment, la farina és comprada per la indústria fornera, que la transforma en pa.

  — Finalment, els consumidors adquireixen el pa a preu de mercat.

  Si es comptabilitzés cadascuna de les compres (la de blat, la de farina i la de pa), estaríem sumant els costos tres vegades. Per això, el PIB inclou únicament el bé final, és a dir, el **pa.**

- Té lloc a l'interior d'un país **durant un període de temps,** que habitualment sol ser d'**un any.**

  És a dir, el PIB és una variable que està modificant-se de forma *contínua* al llarg del temps.

Béns finals i béns intermedis

Els béns i serveis **finals** són els adquirits directament pels consumidors i que no són revenuts ni transformats posteriorment.

El *pa,* un *televisor* o un *automòbil* són béns finals.

Els béns i serveis **intermedis** o *de producció* són els que s'adquireixen per ser revenuts o transformats posteriorment.

Així, la *farina* és un bé intermedi en la producció de pa, els *components electrònics* ho són en el cas d'un televisor, *i els pneumàtics* o la *tapisseria interior* que s'utilitzen en la producció d'un automòbil.

PIB nominal i PIB real

Com veurem a continuació, un dels mètodes de càlcul del PIB utilitza el referent dels *preus de mercat.*

Però els preus no són estables. Com hem vist en l'apartat anterior, el **nivell general de preus** sol presentar una tendència creixent a la qual anomenem **inflació.**

Per això, si el PIB augmenta pot ser a causa de dos factors:

- O bé han *pujat els preus dels béns* per efecte de la inflació, sense que hagi augmentat la producció i s'observa un **increment nominal del PIB.**
- O bé s'ha *produït una quantitat de béns i serveis més gran,* la qual cosa comporta un **increment real del PIB.**

Per tal de resoldre el problema, hem de distingir entre dos conceptes: el **PIB nominal** i el **PIB real.**

> El **PIB nominal** és el que es mesura en *preus corrents* dels béns i serveis en el mercat.
>
> El **PIB real** es calcula en *preus constants,* prenent un any determinat com a referència.

El **PIB real** permet corregir les desviacions en l'estimació de la producció d'un país provocades pels canvis en els preus dels béns i serveis.

El deflactor del PIB

Per tal d'obtenir el valor d'un bé o servei en termes reals, s'utilitza un factor anomenat **deflactor del PIB.**

> El **deflactor del PIB** és un factor percentual que relaciona el PIB nominal amb el PIB real.

Per obtenir-lo, només cal dividir el PIB nominal entre el PIB real i multiplicar el resultat per 100, tal com indica la fórmula següent.

$$\text{Deflactor del PIB} = \frac{\text{PIB nominal}}{\text{PIB real}} \cdot 100$$

D'aquesta manera es pot eliminar l'efecte de la inflació sobre un bé o servei. Així, si volem conèixer el valor de mercat d'un bé en *preus constants,* n'hi ha prou de dividir el preu corrent de mercat en *unitats monetàries corrents* entre el *deflactor del PIB.*

$$\text{Preu constant} = \frac{\text{Preu corrent}}{\text{Deflactor del PIB}} \cdot 100$$

El **deflactor del PIB** és un índex de preus molt més ampli que l'**IPC,** que hem vist en l'apartat anterior, ja que aquest només conté determinats béns i serveis mentre que el deflactor els inclou tots.

3.2. *Càlcul del PIB*

Per al càlcul del PIB poden usar-se tres mètodes: el **mètode de la despesa,** el **mètode de l'ingrés o de la renda** i el **mètode de la producció o del valor afegit** (fig. 5).

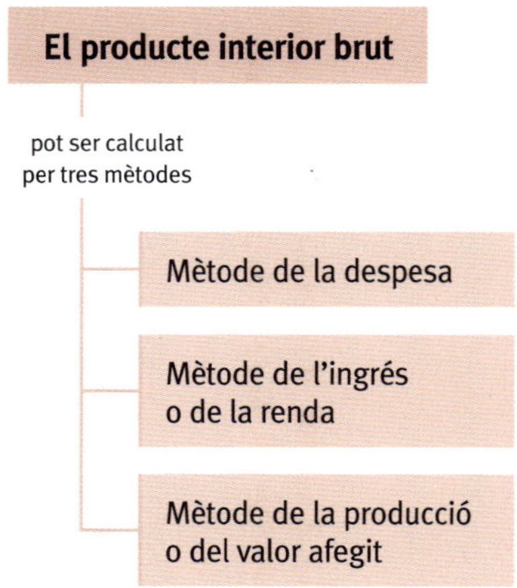

Fig. 5. Mètodes de càlcul del PIB.

Mètode de la despesa

Aquest mètode consisteix a sumar totes les **despeses realitzades** pels diferents **agents econòmics,** és a dir, els *consumidors,* les *empreses,* el *sector públic* i el *sector exterior.* El producte interior obtingut per la suma de les despeses en béns i serveis rep el nom de **producte interior brut a preu de mercat (PIB_{pm}).**

Segons l'agent econòmic que fa la despesa, podem distingir entre el *consum privat,* la *inversió,* la *despesa pública* i les *exportacions* i *importacions.*

- El **consum privat *(C)*** és el realitzat pel conjunt de *consumidors* en comprar els béns i serveis *finals.*

  És el cas, per exemple, del consum d'aliments que realitzen les economies domèstiques.

- La **inversió *(I)*,** també anomenada *formació bruta de capital,* és la despesa efectuada per les *empreses* en adquirir els anomenats *béns de capital,* com ara maquinària, edificis i equipaments.

- La **despesa pública *(D)*** és l'efectuada pel *sector públic* quan adquireix béns i serveis produïts per altres empreses, tant si es tracta de béns finals per al consum com de béns de producció.

- Les **exportacions *(X)*** són la despesa que les empreses i els consumidors *estrangers* efectuen en comprar els nostres productes. Aquests es consideren en tot cas com a béns finals perquè, encara que s'utilitzin per a produir altres béns, la seva transformació no repercuteix en l'economia del país d'origen.

  Contràriament, les **importacions *(M)*** quantifiquen la despesa que el nostre país efectua en adquirir béns i serveis procedents de països estrangers. Aquesta quantitat es té en compte com un *sumand negatiu* a l'hora de calcular el PIB (fig. 6).

Fig. 6. Components que intervenen en el càlcul del PIB a preu de mercat.

En conseqüència, el **PIB a preu de mercat (PIB_{pm})** pot calcular-se a partir de l'equació següent:

$$PIB_{pm} = C + I + D + X - M$$

Mètode de l'ingrés o de la renda

Aquest mètode consisteix a sumar els *ingressos* o *rendes* percebuts pels consumidors com a contraprestació per aportar els seus factors de producció (terra, treball i capital) al procés productiu. El producte interior obtingut per la suma d'aquestes rendes o ingressos rep el nom de **producte interior brut a cost de factors (PIB$_{cf}$).**

Les rendes o els ingressos dels consumidors s'agrupen en dues grans categories: la *remuneració d'assalariats* i l'*excedent brut d'explotació.*

- La **remuneració d'assalariats** és el *sou* que reben els treballadors a canvi d'oferir el seu treball. En aquest grup s'inclouen també els *treballadors no residents,* és a dir, els qui viuen en altres països i vénen a treballar al país de referència.
- L'**excedent brut d'explotació** inclou els *lloguers, interessos* i *beneficis* que corresponen al pagament de diferents factors de producció com ara edificis, diners prestats i treball dels empresaris (fig. 7).

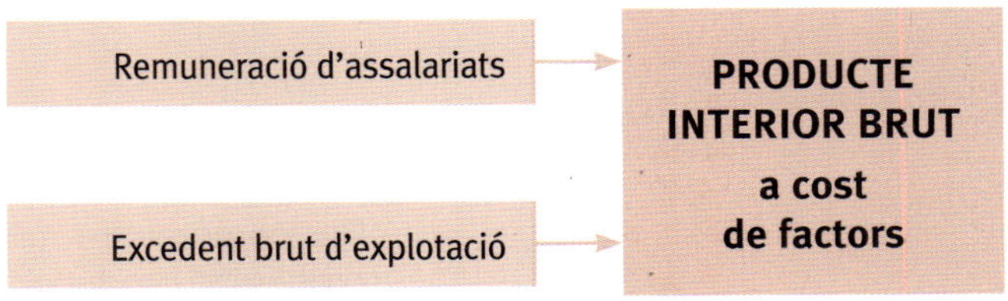

Fig. 7. Components que intervenen en el càlcul del PIB a cost de factors.

Sumant els conceptes s'obté el **PIB a cost de factors.**

$$\mathbf{PIB_{cf} = Remuneració\ d'assalariats + Excedent\ brut\ d'explotació}$$

A fi d'establir la relació entre el **PIB a preu de mercat** i el **PIB a cost de factors** s'han de considerar dos nous conceptes: els *impostos indirectes* i les *subvencions.*

- Els **impostos indirectes** són recaptats pel sector públic. No tenen relació directa amb el contribuent però graven el preu dels béns i serveis, com l'IVA. Han de ser *afegits al PIB a cost de factors,* ja que el preu de mercat els inclou.
- Les **subvencions** són transferències del sector públic a les empreses. Al contrari que els impostos, han de ser *deduïdes del PIB a cost de factors,* ja que es tracta de quantitats que redueixen el cost real de la producció (fig. 8).

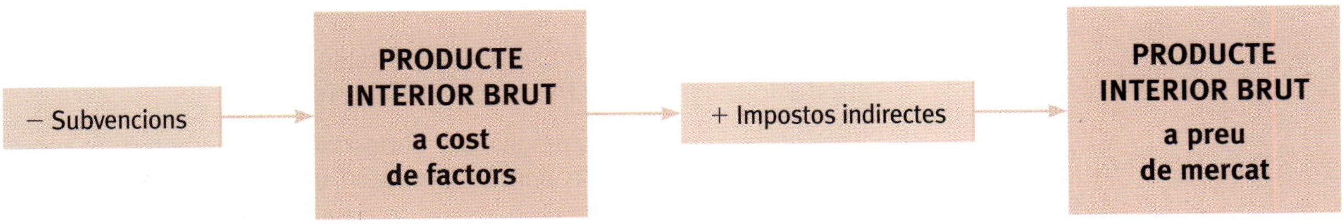

Fig. 8. Relació entre el PIB a cost de factors i el PIB a preu de mercat.

Per tant, si del **PIB a cost de factors** en restem les *subvencions* i hi sumem els *impostos indirectes,* obtindrem el **PIB a preu de mercat** (fig. 8).

$$\mathbf{PIB_{cf} + Impostos\ indirectes - Subvencions = PIB_{pm}}$$

Valor afegit

El **valor afegit** és la diferència que existeix entre el preu de venda d'un bé (sense tenir en compte els impostos indirectes) i el cost dels béns intermedis adquirits per a la seva producció.

Així, si una empresa de producció de farina compra blat per valor de 50 € i ven la farina per valor de 125 €, el valor afegit serà:

VA = 125 € − 50 € = **75 €**

Mètode de la producció o del valor afegit

Per al càlcul del PIB és molt important **evitar la doble anotació,** és a dir, *comptabilitzar dues vegades* els mateixos elements de producció.

Aquest error es produeix quan s'inclou el preu final d'un bé i també el dels factors emprats en la seva producció: el preu del pa i el de la farina usada per a fabricar-lo, el preu d'un vehicle i el de les peces utilitzades en el seu muntatge, etc.

A fi d'evitar-ho, es calcula el PIB pel mètode del **valor afegit,** és a dir, el *valor incorporat als articles en el seu procés de fabricació.* Aquest mètode consisteix a sumar el cost de producció dels béns i serveis finals al valor afegit que generen totes les activitats productives que es realitzen en un país.

Per aquest mètode s'obté també el **PIB a cost de factors.**

$$PIB_{cf} = VA_A + VA_B + VA_C + ... + VA_n$$

Per comprendre millor aquest mètode de càlcul considerem el cas del procés de producció de pa.

PROCÉS DE PRODUCCIÓ DE PA

En el procés de producció de pa intervenen tres empreses: una empresa agrícola *A,* subministradora de la primera matèria (el blat), una empresa farinera *B,* que transforma el blat en farina, i una empresa fornera *C,* que produeix pa i el comercialitza.

L'empresa agrícola *A,* productora de blat, obté una producció valorada en 50 € sense utilitzar cap bé intermedi.	L'empresa farinera *B* compra a l'empresa *A* tota la seva producció de blat. Després de transformar-la en farina, n'obté una producció valorada en 125 €.	L'empresa fornera *C* compra la farina a *B* i produeix pa per valor de 150 €. Aquest és el preu final del pa, abans dels impostos.

Els preus de *cost,* els de *venda* i el *valor afegit* en cada cas s'arrepleguen en la taula següent:

PREU COST	PREU VENDA	PREU COST	PREU VENDA	PREU COST	PREU VENDA
0	50 €	50 €	125 €	125 €	150 €
VALOR AFEGIT		VALOR AFEGIT		VALOR AFEGIT	
VA_A = 50 € − 0 = 50 €		VA_B = 125 € − 50 € = 75 €		VA_C = 150 € − 125 € = 25 €	

El preu final del pa, com s'indica en la taula, és de **150 €.** Aquesta és l'aportació del procés al PIB a cost de factors.

Si ara sumem els valors afegits per cadascuna de les activitats productives, comprovem que la suma coincideix amb el preu final del bé *pa.*

Suma de valors afegits =

$$= VA_A + VA_B + VA_C =$$

= 50 € + 75 € + 25 € = **150 €**

Per tant, per a calcular el $\mathbf{PIB_{cf}}$ es poden considerar, o bé *només els béns finals* o bé *la suma dels valors afegits* per totes les activitats de producció necessàries per a obtenir-los.

3.3. *El producte nacional brut (PNB)*

El **producte nacional brut** és un altre indicador del nivell de producció d'una economia.

> El **producte nacional brut (PNB)** és el valor monetari de tots els béns i serveis **finals** que es produeixen durant un període de temps **utilitzant factors de producció nacionals,** independentment del fet que aquests factors estan localitzats dins o fora de les fronteres del país de què es tracti.

Constitueix una macromagnitud que freqüentment *es confon* amb el **producte interior brut (PIB).** Per a distingir-les amb claredat, cal tenir en compte el següent:

El **PNB** recull la producció **nacional** de béns i serveis mentre que el **PIB** recull la producció de béns i serveis que té lloc a l'**interior** d'un país. Com a conseqüència:

- Els béns i serveis produïts per **empreses espanyoles situades en altres països formen part del PNB,** *però no del PIB.*

  Per exemple: les rendes obtingudes per una empresa espanyola hotelera que estigui localitzada al Carib entraran a formar part del **PNB** perquè es tracta de *rendes de factors nacionals a l'estranger* **(rfne).** Malgrat això, *no es computaran en el PIB,* ja que s'han obtingut fora de les nostres fronteres.

- Contràriament, els béns i serveis produïts per **empreses estrangeres que es trobin al nostre país, no entraran en el còmput del PNB,** *però sí en el del PIB.*

  És el cas de les multinacionals de l'automòbil establertes a Espanya: les seves rendes es comptabilitzen en el **PIB,** ja que es tracta de *rendes de factors estrangers obtingudes en el propi país* **(rfen),** però *no formaran part del PNB* per tractar-se de capital estranger (fig. 9).

Empreses participades

Si en una empresa espanyola situada a l'estranger participa *capital estranger,* la part de rendes corresponent a aquesta participació *no es computa ni el el PIB ni en el PNB,* ja que es tracta de capital estranger produint en territori estranger.

Contràriament, si en una empresa estrangera situada a Espanya participa *capital espanyol,* les rendes obtingudes, corresponents a la participació espanyola, *es computen tant en el PIB com en el PNB,* ja que es tracta de capital espanyol que produeix rendes en territori espanyol.

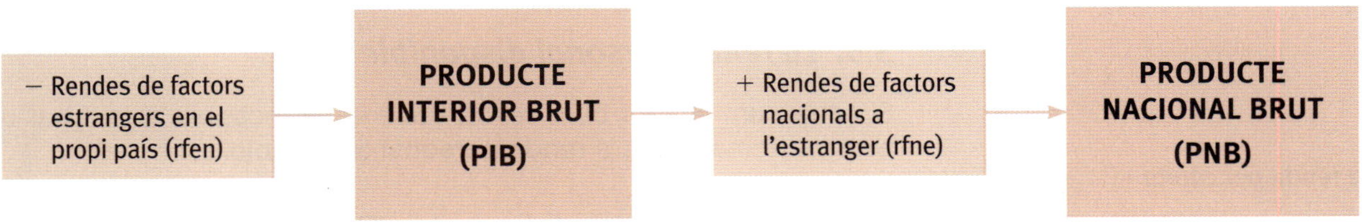

Fig. 9. Relació entre el PIB i el PNB.

Per tant, per a calcular el **producte nacional brut (PNB),** caldrà afegir al valor dels béns i serveis finals produïts al país **(PIB)** el valor de les *rendes dels factors nacionals a l'exterior* **(rfne),** i deduir el valor de les *rendes dels factors de producció estrangers produïts en el propi país* **(rfen).**

$$PNB = PIB + rfne - rfen$$

3.4. *La renda nacional*

Magnituds brutes i netes

Si del valor del conjunt de béns i serveis que produeix una economia deduïm el valor dels béns que es destinen a substituir el capital deteriorat (és a dir, les *amortitzacions)* obtenim les corresponents magnituds netes. Així:

PIB − amortització = PIN

PNB − amortització = PNN

Els béns i serveis generats en una economia no només es destinen a satisfer les necessitats dels consumidors. Una part d'aquests s'empra en el *manteniment del capital físic.* Aquesta operació es coneix amb el nom d'**amortització.**

Per tal de determinar el valor net de la producció que queda a disposició dels consumidors s'usa una nova macromagnitud anomenada **renda nacional.**

La **renda nacional** o **renda nacional neta (RN)** és la suma de les remuneracions pagades als factors de producció nacionals durant un període de temps. Inclou sous i salaris, lloguers, interessos i beneficis.

La **renda nacional (RN)** s'obté a partir del **producte interior brut** en qualsevol de les seves dues modalitats: a *cost de factors* **(PIB_{cf})** o a *preu de mercat* **(PIB_{pm}).**

CÀLCUL DE LA RENDA NACIONAL (RN) A PARTIR DEL PIB_{cf}	CÀLCUL DE LA RENDA NACIONAL (RN) A PARTIR DEL PIB_{pm}
— Determinem el **PIB a cost de factors (PIB_{cf})** utilitzant el *mètode de l'ingrés o de la renda.* $\text{Remuneració d'assalariats} + \text{Excedent brut d'explotació} = PIB_{cf}$ — Determinem el **PNB a cost de factors (PNB_{cf})** tenint en compte les rendes dels factors nacionals a l'exterior *(rfne)* i les dels factors estrangers en el país *(rfen).* $PIB_{cf} + rfne - rfen = PNB_{cf}$ — Deduïm les *amortitzacions* i obtenim la **renda nacional (RN),** també anomenada **producte nacional net a cost de factores (PNN_{cf}).** $PNB_{cf} - \text{amortitzacions} = PNN_{cf} = RN$	— Calculem el **PIB a preu de mercat (PIB_{pm})** pel *mètode de la despesa.* $C + I + D + X - M = PIB_{pm}$ — A partir d'aquesta dada, determinem el **PNB_{pm}.** $PIB_{pm} + rfne - rfen = PNB_{pm}$ — Deduïm les *amortitzacions* i obtenim el *producte nacional net a preu de mercat* **(PNN_{pm}).** $PNB_{pm} - \text{amortitzacions} = PNN_{pm}$ — Restem els *impostos indirectes* i hi afegim les *subvencions* i obtenim el **producte nacional net a cost de factors (PNN_{cf})** o **renda nacional (RN).** $PNN_{pm} - \text{Impostos indirectes} + \text{Subvencions} = PNN_{cf} = RN$

3.5. *La renda personal disponible*

La renda *per càpita*

La **renda *per càpita (RC)*** és el resultat de dividir la *renda nacional **(RN)*** entre el *nombre d'habitants* d'un país.

$$RC = \frac{RN}{\text{Nre. habitants}}$$

Pel mateix procediment, també es pot obtenir el *PIB per càpita,* el *PNB per càpita,* la *RPD per càpita,* etc.

Si coneguem el valor de la *renda nacional,* és possible determinar una altra macromagnitud: la **renda personal disponible.**

La **renda personal disponible (RPD)** és aquella de què disposa efectivament el consumidor per tal de realitzar el seu consum i estalvi.

S'obté restant, entre d'altres, els *impostos directes* i els *pagaments a la Seguretat Social* de la renda nacional, i sumant les *transferències* que efectua el sector públic (subsidis de desocupació, beques, pensions, etc.) i altres ingressos, com els *interessos* de Deute Públic.

RPD = RN − Impostos directes − Pagaments a la SS + Transferències

4. El flux circular de la renda

Hem vist que el PIB pot calcular-se indistintament des del punt de vista dels *ingressos* (salaris, lloguers, beneficis, interessos) com de les *despeses* (consum privat, inversió, despesa pública, exportacions i importacions).

El funcionament d'un sistema econòmic té la seva base fonamentalment en els moviments tant de béns i serveis com de diners, i aquests fluxos mostren les relacions existents entre els diferents agents econòmics.

Això s'explica si es té en compte que, tant els béns i serveis produïts per les empreses com els factors productius, estan sotmesos a un *procés constant d'intercanvi.* Aquest procés es coneix amb el nom de **flux circular de la renda.**

El **flux circular de la renda** és el conjunt d'intercanvis que tenen lloc entre els agents econòmics.

A fi de simplificar l'explicació, suposem una economia *tancada,* que no té relacions comercials ni financeres amb altres països. En aquestes circumstàncies, només tindrem tres tipus d'agents econòmics: els *consumidors, les empreses* i el *sector públic.*

La figura 10 reflecteix el flux circular de la renda en aquest sistema. Hi distingirem dos tipus de mercat: el *mercat de béns i serveis* i el *mercat de factors.*

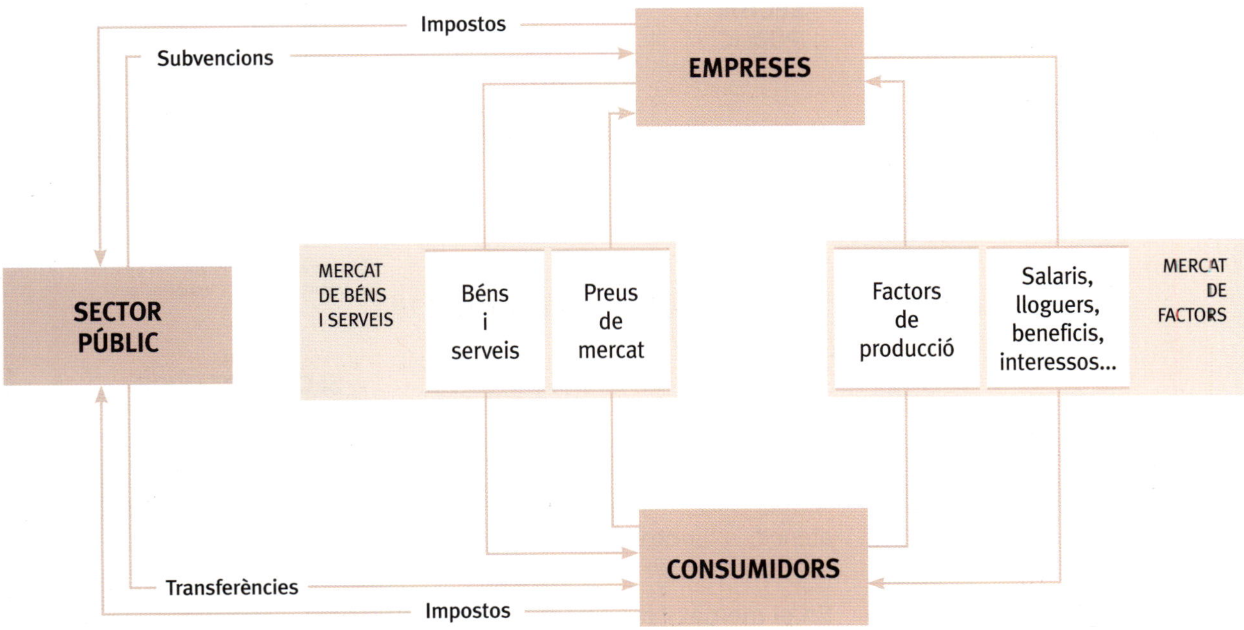

Fig. 10. El flux circular de la renda.

Analitzarem a continuació les característiques d'aquests intercanvis en el *mercat de béns i serveis,* en el *mercat de factors* i en el *sector públic.*

4.1. *El flux de la renda i els mercats*

En el **mercat de béns i serveis** les *economies domèstiques,* les *empreses* i, en part, també el *sector públic,* adquireixen béns i serveis que produeixen les mateixes empreses. Aquestes, al seu torn, perceben a canvi el valor corresponent a la producció a preu de mercat.

Es produeix, en conseqüència, un **doble flux.**

- D'una banda, els **béns i serveis** posats a disposició dels usuaris, que circulen des de les *empreses* als *consumidors.*
- D'altra banda, les **rendes** d'aquests béns que circulen en sentit contrari, és a dir, dels *consumidors* a les *empreses.*

En el **mercat de factors,** els *consumidors* ofereixen els factors de producció (terra, treball i capital) i, a canvi, les *empreses* paguen els salaris, lloguers, interessos o beneficis corresponents.

També assoleixen gran importància els **mercats financers,** que generen *moviments de capital* cap a les economies domèstiques i les empreses, i el **sector exterior,** que genera moviments tant de béns com de capital.

El conjunt de moviments de la renda en els diferents mercats i entre els diferents agents econòmics es pot veure, de forma simplificada, en la figura 11.

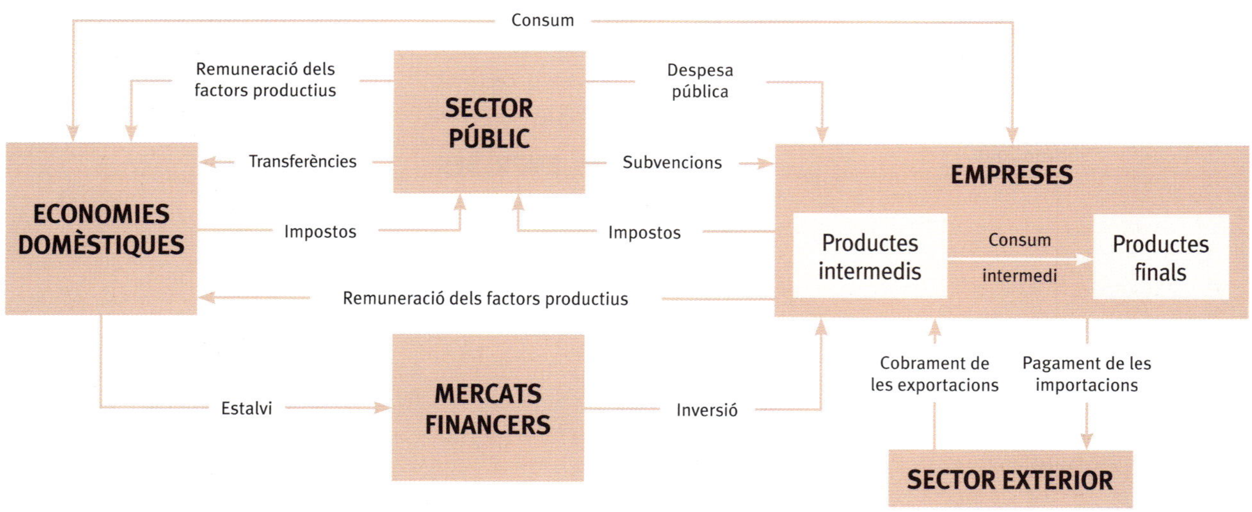

Fig. 11. Flux de béns i serveis i de rendes entre els agents econòmics en els diferents mercats.

A més de les economies domèstiques i les empreses, cal una especial atenció al **sector públic,** que intervé en l'activitat econòmica establint relacions tant *en el mercat* com *al marge del mercat.*

En el mercat intervé com a *consumidor* i com a *empresa.*

- Com a **consumidor,** demandant *béns i serveis* a les empreses, que remunera mitjançant la despesa *pública.*
- Com a **empresa,** demandant i remunerant factors productius a través de les *empreses públiques.*

Al marge del mercat, el sector públic regula l'actuació dels consumidors i les empreses de diferents maneres:

- Mitjançant l'oferta de **béns públics,** com la *justícia,* la *defensa,* l'*educació,* la *seguretat ciutadana,* les *infraestructures,* etc. Això permet als agents econòmics poder gaudir-ne sense efectuar un pagament directe.
- Les **transferències,** com per exemple els *subsidis* de desocupació, les *beques* o les *pensions,* que permeten als consumidors atendre les seves necessitats bàsiques o, fins i tot, millorar el seu nivell adquisitiu.
- Les **subvencions** són *ingressos addicionals* que les empreses reben al marge dels que obtenen en el mercat i que els permeten reduir costos de producció.
- La **recaptació d'impostos,** tant directes com indirectes, mitjançant els quals finança les seves activitats. Amb aquests, els consumidors veuen disminuir la seva renda, i les empreses els seus beneficis.

Anàlisi del flux circular de la renda

El **flux circular de la renda** pot apreciar-se de diverses maneres segons el punt de vista que considerem: les *economies domèstiques,* les *empreses* o el *sector públic.*

- Des del punt de vista de les **economies domèstiques,** les *remuneracions* que perceben en el mercat de factors més les *transferències* rebudes del sector públic, menys els *impostos directes,* menys les cotitzacions a la Seguretat Social, determinaran la *renda personal disponible* que podran utilitzar per a *consum* en el mercat de béns i serveis o per a *estalvi* en els mercats financers.
- Des del punt de vista de les **empreses,** els *ingressos* que obtenen per la venda dels seus productes en el mercat de béns i serveis i els que provenen de les *exportacions,* més el finançament procedent de la *inversió,* més les *subvencions* del sector públic, menys els *impostos indirectes,* els permetran *remunerar els factors productius* adquirits en el mercat de factors i atendre les despeses de les *importacions* del sector exterior.
- Des del punt de vista del **sector públic,** els *ingressos* obtinguts per la venda de béns i serveis procedents de les empreses públiques, més els que procedeixen dels *impostos* els possibilita *remunerar els factors de producció,* destinar quantitats a *despesa pública* per adquirir els béns i serveis necessaris per a les seves activitats i finançar el *cost dels béns públics* que ofereix. A més, també pot assignar una part a les *transferències* i a les *subvencions.*

Com a conseqüència d'això, el **valor total de la producció** ha de ser igual a la **despesa** de les empreses i els consumidors i igual al conjunt dels **ingressos** generats a partir d'aquesta producció.

Producció = Despesa total = Ingressos totals

Un model més senzill

Suposem que en un país *sense relacions comercials amb l'exterior i sense sector públic,* el **PIB** estimat per a un any concret és de 12 milions d'euros. Aquesta quantitat representa el valor monetari de la **producció total** d'aquest país.

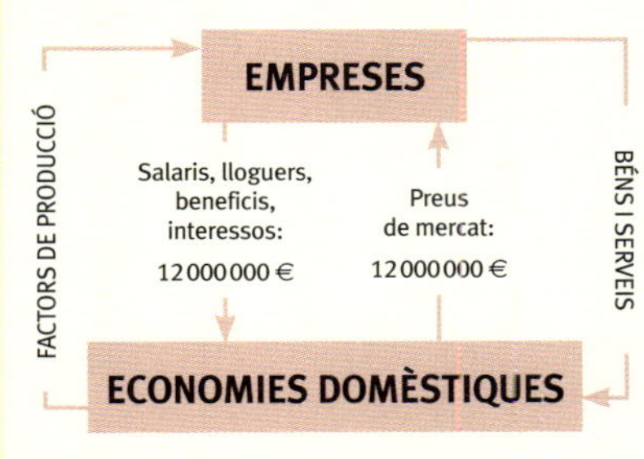

- Des del punt de vista de les **empreses,** quan tots els béns i serveis produïts s'hagin venut en el mercat, hauran percebut aquesta mateixa quantitat en concepte d'*ingressos.* Per tant:

  Producció = Ingressos

  Amb els ingressos obtinguts, es empreses poden acudir al mercat de factors i adquirir nous factors de producció. És evident que la quantitat que representen aquestes *despeses* ha de coincidir amb els *ingressos* obtinguts per la venda dels seus béns i serveis, que al seu torn, coincideix amb el valor de la *producció.* En conseqüència:

  Producció =
  = Ingressos = Despeses

- Des del punt de vista de les **economies domèstiques** succeeix exactament igual: els *ingressos* obtinguts per la venda dels factors de producció, és a dir, els salaris, les rendes de capital, els beneficis, els lloguers, etc., poden ser utilitzats per a *adquirir* els béns i serveis produïts per les empreses i han de coincidir amb el valor total d'allò *produït.* En conseqüència:

  Producció =
  = Ingressos = Despeses

5. Macromagnituds nominals i reals

Les macromagnituds són importants per a poder analitzar l'evolució de l'economia d'un país al llarg del temps. Però en comparar els valors de diferents períodes sorgeix un problema: els preus dels béns i serveis *varien d'un període a un altre,* és a dir, estan sotmesos a un procés d'**inflació.**

Per a corregir els efectes de les variacions en els preus, cal distingir entre el *valor nominal* i el *valor real* de les diferents macromagnituds, com ja vam veure en l'apartat del PIB.

- El **valor nominal** d'una macromagnitud s'obté quan es calcula a partir dels preus dels béns i serveis vigents durant el període considerat. També s'anomena valor *a preus corrents.*
- El **valor real** d'una macromagnitud s'obté quan es calcula a partir dels preus d'un any base que es pren com a referència. També s'anomena valor *a preus constants.*

EXEMPLE 2

Suposem que el PNB d'una economia es calcula a partir de dos únics productes: peres i pomes.

Tant les quantitats produïdes com els seus preus s'han incrementat un 10 %, segons s'indica en la taula adjunta.

BÉ	ANY 1		ANY 2	
	QUANTITAT	PREU	QUANTITAT	PREU
Pomes	200 000 kg	2,2 €/kg	220 000 kg	2,42 €/kg
Peres	100 000 kg	2,6 €/kg	110 000 kg	2,86 €/kg

Calcula la variació en el PNB nominal i en el PNB real i comenta els resultats.

— Calculem, en primer lloc, la variació de PNB nominal utilitzant dades de preus corrents.

$$\textit{Any 1:}\ \mathbf{PNB_{nominal}} = 200\,000\ \text{kg} \cdot 2{,}2\ \frac{€}{\text{kg}} + 100\,000\ \text{kg} \cdot 2{,}6\ \frac{€}{\text{kg}} = \mathbf{700\,000\ €}$$

$$\textit{Any 2:}\ \mathbf{PNB_{nominal}} = 220\,000\ \text{kg} \cdot 2{,}42\ \frac{€}{\text{kg}} + 110\,000\ \text{kg} \cdot 2{,}86\ \frac{€}{\text{kg}} = \mathbf{847\,000\ €}$$

$$\Delta\,\mathbf{PNB_{nominal}} = \frac{\text{PNB}_{\text{nominal}}\ (\text{any 2}) - \text{PNB}_{\text{nominal}}\ (\text{any 1})}{\text{PNB}_{\text{nominal}}\ (\text{any 1})} \cdot 100 = \frac{847\,000\ € - 700\,000\ €}{700\,000\ €} \cdot 100 = \mathbf{21\ \%}$$

— Calculem, ara, la variació del PNB real. Per a fer-ho, sabem que el PNB real de l'any 1 coincidirà amb el seu PNB nominal i per a calcular el PNB real de l'any 2 s'ha de prendre com a referència els preus de l'any 1.

$$\textit{Any 2:}\ \mathbf{PNB_{real}} = 220\,000\ \text{kg} \cdot 2{,}2\ \frac{€}{\text{kg}} + 110\,000\ \text{kg} \cdot 2{,}6\ \frac{€}{\text{kg}} = \mathbf{770\,000}\ €$$

$$\Delta\,\mathbf{PNB_{real}} = \frac{\text{PNB}_{\text{real}}\ (\text{any 2}) - \text{PNB}_{\text{real}}\ (\text{any 1})}{\text{PNB}_{\text{real}}\ (\text{any 1})} \cdot 100 = \frac{770\,000\ € - 700\,000\ €}{700\,000\ €} \cdot 100 = \mathbf{10\ \%}$$

— Si prenem en consideració la variació del PNB nominal, el creixement de la producció s'establiria en un **21 %.** En canvi, si tenim en compte la variació del PNB real, el creixement és del **10 %,** atès que coincideix amb l'evolució de la producció de béns donada en l'enunciat.

Les macromagnituds **reals** són més significatives que les **nominals,** perquè permeten analitzar l'evolució de les variables econòmiques d'un país sense risc que els canvis en els preus distorsionin aquesta evolució.

6. El nivell d'ocupació

Com ja sabem, la **població total (P_{total})** d'un país pot classificar-se en dos grans grups: *població inactiva* ($P_{inactiva}$) i *població activa* (P_{activa}).

Al seu torn, aquesta última agrupa la *població ocupada* ($P_{ocupada}$) i la *població desocupada* ($P_{desocupada}$), tal com es mostra en el quadre al marge.

POBLACIÓ TOTAL (P_{total})		
POBLACIÓ INACTIVA ($P_{inactiva}$)	POBLACIÓ ACTIVA (P_{activa})	
	Població ocupada ($P_{ocupada}$)	Població desocupada ($P_{desocupada}$)

Ara, tractarem l'**atur** o **desocupació** i les seves importants **conseqüències** econòmiques i socials.

Distingirem, en primer lloc, diferents **tipus d'atur** segons les seves causes: l'*estacional,* l'*estructural,* el *friccional* i el *cíclic.*

- L'**atur estacional** és el que apareix en finalitzar feines que es duen a terme en una determinada època de l'any.

  Així, quan acaba l'estiu, les persones contractades per a treballar en hotels i restaurants de forma temporal han d'iniciar la recerca d'un nou treball.

- L'**atur estructural** apareix com a conseqüència de reduccions en les plantilles de les empreses originades per un canvi tecnològic.

  Per exemple, la robotització de la cadena de muntatge en una empresa d'electrodomèstics pot suposar que molts treballadors es quedin en l'atur per no posseir la formació tècnica adequada.

- L'**atur friccional** està associat al període de temps que transcorre des que una persona abandona la seva feina fins que en troba una altra. També inclou tots els qui busquen la seva primera feina.

  És el cas d'un professional que abandona el seu lloc de treball per buscar un altre més satisfactori o més ben remunerat.

- L'**atur cíclic** apareix quan la demanda de treball per part de les empreses és inferior a l'oferta. Sol associar-se a èpoques de crisi econòmica.

Les **conseqüències econòmiques i socials** de l'atur són molt importants.

- Des del punt de vista **econòmic,** l'atur determina que el nivell de producció se situï *per sota de la frontera de possibilitats de producció,* ja que no s'aprofiten tots els recursos disponibles.

- Des del punt de vista **social,** la situació de desocupació *deteriora la salut física i psicològica* dels individus. Alguns estudis han reflectit la relació entre la desocupació i l'existència de malalties cardiovasculars, alcoholisme i suïcidis, així com les alteracions de la vida familiar.

La solució al problema de l'atur és complexa, atesa la diversitat de situacions que comprèn, i suposa un veritable repte per a les economies modernes.

Macromagnituds associades al nivell d'ocupació

Les **taxes percentuals** permeten determinar el nivell d'ocupació d'una economia i ja van ser estudiades en la unitat 3.

Ens limitarem, doncs, a recordar-les: la *taxa de desocupació,* la *taxa d'activitat* i la *taxa de dependència.*

- La **taxa de desocupació** és el percentatge que representa la *població desocupada* sobre *el total de la població activa.*

$$T_{desocupació} = \frac{P_{desocupada}}{P_{activa}} \cdot 100$$

- La **taxa d'activitat,** també anomenada **taxa global d'activitat,** és el percentatge de *població activa* respecte de la *població total* del país.

$$T_{activitat} = \frac{P_{activa}}{P_{total}} \cdot 100$$

- La **taxa de dependència** és el percentatge de *població ocupada* respecte de la *població total* del país.

$$T_{dependència} = \frac{P_{ocupada}}{P_{total}} \cdot 100$$

Aquestes taxes també poden expressar-se en *tant per un.* Només caldrà per a això eliminar el factor 100 que apareix en cada fórmula.

7. Renda, estalvi, consum i inversió

El **consum** és el component més gran del **producte nacional brut.** Els seus principals factors són el consum en *béns duradors,* el consum en *béns no duradors* i en *serveis,* i el consum en *lleure i esplai,* que inclou també l'apartat d'*educació.*

Existeix una estreta relació entre renda, estalvi i consum, que es pot formular d'una manera molt senzilla.

> L'**estalvi** és la part de la **renda** que no es destina al **consum.**

Però per a tractar de comprendre la manera en què el consum afecta la producció nacional, cal analitzar degudament alguns instruments importants.

- En el cas de les **economies domèstiques,** hem de saber quants euros addicionals de consum i estalvi generarà cada euro addicional de renda. Aquesta relació es mostra habitualment per mitjà de la **funció de consum** i **la funció d'estalvi.**
- En el cas de les **empreses,** hem de descobrir quina part de la renda es destina a **inversió.**

Aquests tres aspectes els analitzarem a continuació.

Propensió marginal al consum

La macroeconomia moderna concedeix una gran importància a la resposta del consum davant les variacions de la renda.

Aquest concepte rep el nom de **propensió marginal al consum,** i fa referència a *la quantitat addicional que consumeixen els individus quan reben una unitat addicional de renda.*

7.1. *La funció de consum*

> La **funció de consum** estableix la relació que hi ha entre la despesa *destinada a consum* i la *renda personal disponible.*

Es tracta d'una *relació empírica,* introduïda per **Keynes,** que no s'ajusta a cap model matemàtic.

La representació gràfica de la funció de consum és una *corba còncava de pendent cada vegada menor* (fig. 12). La bisectriu del quadrant representa la situació en què *tota la renda es destina a consum.* A partir d'aquesta, podem observar el següent.

- Si **el nivell de renda és baix** (punt ***A***), el consum és superior a la renda disponible. Això s'explica perquè les economies domèstiques que disposen d'un *menor nivell adquisitiu* no poden permetre's estalviar i, a més, no només dediquen *tota la seva renda al consum* sinó que tendeixen a endeutar-se i finalment acaben gastant més del que guanyen, el que s'acostuma anomenar *estalvi negatiu* o *desestalvi.*
- Contràriament, quan **el nivell de renda és alt** (punt ***C***) una part de la renda es destina a estalvi: les economies domèstiques amb *un poder adquisitiu més gran tendeixen a estalviar més,* tant en termes absoluts com en termes percentuals.
- El **punt d'anivellament** (punt ***B***) és la situació en la qual *el consum és exactament igual a la renda disponible.*

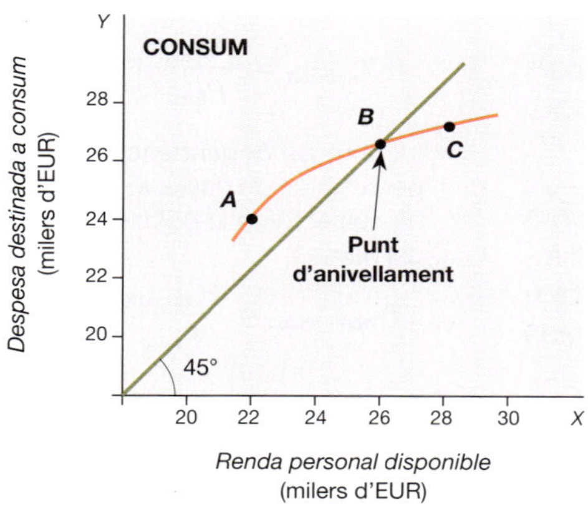

Fig. 12. Funció de consum.

7.2. *La funció d'estalvi*

La **funció d'estalvi** mostra la relació que hi ha entre el *nivell d'estalvi net* i la *renda personal disponible.*

La representació gràfica d'aquesta funció d'estalvi és **inversa** a l'anterior, és a dir, es tracta d'una *corba convexa de pendent cada cop més gran.* S'obté restant el consum de la renda. La línia horitzontal representa el *nivell d'estalvi nul* (fig. 13).

La interpretació del gràfic és similar a l'anterior.

- Si **el nivell de renda és baix** (punt ***A*),** l'estalvi se situa per sota del nivell 0 (estalvi negatiu).
- Si **el nivell de renda és alt** (punt ***C*),** l'estalvi és positiu. Com que el pendent és creixent, *a un nivell de renda més gran, serà també més gran el nivell d'estalvi net.*
- En el **punt d'anivellament** (punt ***B*)** *no existeix estalvi net.*

Propensió marginal a l'estalvi

El concepte de **propensió marginal a l'estalvi** podria definir-se com *la quantitat addicional que es destina a estalvi per cada unitat addicional de renda.*

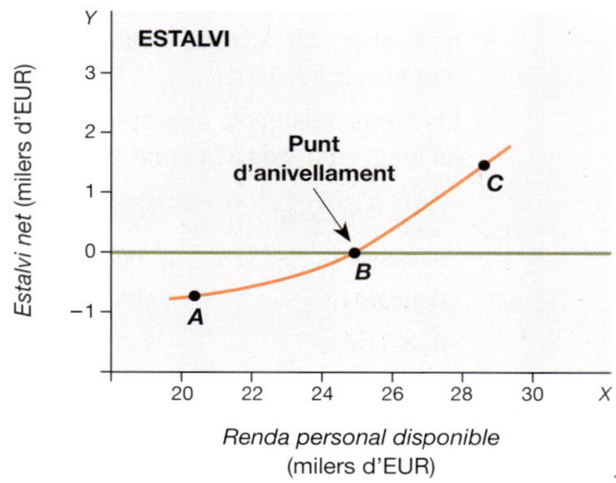

Fig. 13. Funció d'estalvi.

7.3. *La inversió*

La **inversió** és la part de la renda destinada a *l'adquisició de béns de capital,* dels que s'espera obtenir noves rendes a mitjà o llarg termini.

En l'àmbit macroeconòmic, la inversió té **dues dimensions** clarament diferenciades.

- D'una banda, és un **gran component volàtil de la despesa** i, en conseqüència, les seves variacions poden afectar considerablement la *demanda agregada,* el que afecta la *producció* i l'*ocupació.*
- D'altra banda, la inversió genera una **acumulació de capital,** la qual cosa permet augmentar la *producció potencial del país* i fomentar el *creixement econòmic a llarg termini.*

Determinants de la inversió

Les quantitats que les empreses destinen a inversió vénen determinades per tres variables: els *ingressos,* els *costos* i les *expectatives.*

- Els **ingressos.** Generalment, la quantitat que es destina a inversió dependrà fonamentalment del nivell d'ingressos que generi la situació de l'activitat econòmica global.
- Els **costos.** Com que els béns de capital duren uns quants anys, s'ha de determinar els costos d'amortització al llarg del temps tenint en compte els tipus d'interès en cada moment considerat, el que fa el seu càlcul bastant complicat.
- Les **expectatives.** La inversió és, sobretot, una aposta al fet que el *rendiment* del capital invertit serà més gran que els *costos* que ha comportat i dependrà de les perspectives de futur.

ACTIVITATS PROPOSADES

- **1.** Defineix els conceptes d'inflació i de deflació.
- **2.** Enumera els efectes negatius de la inflació.
  — Raona per què la inflació perjudica més un exportador que un importador i un agent que concedeix un préstec més que a qui el rep.
- **3.** En una hipotètica economia els consumidors adquireixen només quatre béns i serveis: *aliments; habitatge; roba i calçat,* i *ensenyament i cultura.* La part de la renda que les economies domèstiques hi destinen és la següent: aliments, 30%; habitatge, 40%; roba i calçat, 20%, i ensenyament i cultura, 10%.

  Els preus dels béns, expressats en euros, han evolucionat com indica la taula següent:

TIPUS DE BÉ	ANY 0	ANY 1	ANY 2
Aliments	200	190	310
Habitatge	450	600	800
Roba i calçat	850	1050	950
Ensenyament i cultura	180	250	350

  a) Calcula l'IPC de l'any 1 i de l'any 2 prenent com a referència les dades de l'any 0.

  b) Determina la taxa d'inflació de cada any respecte de l'anterior. Comenta en els dos casos el resultat obtingut.
- **4.** Suposem que l'IPC d'un país va ser de 340 en l'any 2010 i de 360 en l'any 2011.
  — Calcula la taxa d'inflació d'aquest país i interpreta el resultat.
- **5.** Justifica la utilitat de la taxa d'inflació.
- **6.** Calcula l'IPC i la taxa d'inflació dels anys 1 i 2 a partir de l'evolució de preus que apareix en la taula, atès que els consumidors destinen el 20% de la seva renda al bé *A*, el 30% al bé *B* i el 50% al bé *C*.

BÉ	PREUS ANY 0	PREUS ANY 1	PREUS ANY 2
A	25 €	26 €	28 €
B	30 €	31 €	33 €
C	55 €	57 €	60 €

- **7.** Enumera en quins aspectes pot afectar l'IPC els diversos agents econòmics i afegeix una explicació a cadascun.
- **8.** Enumera els diversos conceptes que intervenen en el càlcul de l'IPC.
- * **9.** Explica quina diferència hi ha entre:

  a) El producte interior brut nominal i el producte interior brut real.

  b) El producte interior brut i el producte nacional brut.

* PAU

- **10.** Una empresa d'explotació forestal ven fusta a una indústria paperera per valor de 10000 €. Aquesta destina la meitat a la producció de paper per a la venda directa al públic, per valor de 10000 €, i l'altra meitat a la indústria editorial, per valor de 8000 €. Els llibres produïts per aquesta última tenen un valor de mercat de 12000 €.
  — Comprova que la suma dels valors afegits coincideix amb la suma del valor dels béns i serveis finals.
- **11.** Comprova la coincidència entre el valor afegit i el cost de producció dels béns finals en cadascun dels dos casos següents:

  a) *A* ven a *B* per valor de 90 €; *B* ven a *C* per valor de 120 € i *C* ven al públic per valor de 195 €.

  b) *A* ven a *B* per 80 €; *B* ven la meitat al públic per 70 € i l'altra meitat a *C* per 60 €; *C* destina a demanda final un total de 110 €.
- **12.** Calcula el PIB a preu de mercat d'una economia a partir de les dades següents:
  «El *consum privat* puja a 300 €. La *inversió* efectuada per les empreses ha estat de 200 €. La *despesa pública* suposa 100 €. Les *exportacions* i *importacions* que es realitzen són, respectivament, de 75 i 50 €.»
- **13.** Explica clarament quina és la diferència entre el producte interior brut i el producte nacional brut i justifica, a partir d'aquesta diferència, quina macromagnitud és major en un país com els EUA, d'on procedeixen moltes de les multinacionals que tenen les seves plantes de producció repartides per tot el món.
  — Comenta també què passarà als països on se situen aquestes multinacionals.
- **14.** Una empresa espanyola de productes ceràmics està participada al 25% per capital europeu i disposa de factories al sud de França.
  — Raona quina part de les seves rendes es comptabilitzarà només en el PIB, quina part ho farà només en el PNB i quina part serà tinguda en compte en les dues.
- **15.** El producte nacional brut a cost de factors d'un país per a l'any 2011 s'ha estimat en 680 milions d'euros. D'aquesta quantitat, s'ha destinat un 15% a amortització.
  — Calcula la renda nacional i la renda per càpita tenint en compte que hi té 17000000 d'habitants.
- **16.** Calcula la renda personal disponible en el país anterior a partir de les dades següents:
  — El volum d'impostos directes i de pagaments a la Seguretat Social representen, respectivament, el 20% i el 15% de la renda nacional.
  — El sector públic destina 50 milions d'euros a transferències.

■ **17.** Els comptes nacionals d'un país presenten les dades següents (en milions d'EUR):

CONCEPTE	IMPORT	CONCEPTE	IMPORT
Salaris	700	Amortitzacions	200
Beneficis	250	Interessos	100
Impt. directes	800	Impt. indirectes	100
Subvencions	40	Transferències	15
Lloguers	70	Pagaments SS	25
rfne	90	rfen	60

A partir d'aquestes, calcula:

a) El PIB a cost de factors i a preu de mercat.

b) El PNB a cost de factors i a preu de mercat.

c) La renda nacional i la renda personal disponible.

* ■ **18.** Explica en què consisteix el deflactor del PIB.

■ **19.** A partir de les dades de la taula, calcula l'increment de producció en termes nominals i reals.

BÉ	ANY 1		ANY 2	
	QUANTITAT	PREU	QUANTITAT	PREU
A	100 000	300 €	110 000	350 €
B	200 000	200 €	250 000	210 €

* ■ **20.** Es coneixen les dades següents sobre l'economia d'un determinat país (en milions d'EUR):

ANY	PIB NOMINAL	PIB REAL (BASE 2006)
2004	64 812	40 604
2005	69 780	41 707
2006	73 743	42 715
2007	77 897	44 224

a) Calcula el deflactor del PIB per als anys 2006 i 2007.

b) Calcula la taxa d'inflació per als anys 2006 i 2007.

c) Calcula les taxes de creixement del PIB real i del PIB nominal.

■ **21.** Per determinar el PNB d'una economia, es prenen en consideració els productes que apareixen en la taula següent.

BÉ	ANY 1		ANY 2	
	QUANTITAT	PREU	QUANTITAT	PREU
Abrics	400 000	300 €	475 000	360 €
Sabates	600 000	85 €	610 000	110 €

a) Calcula la variació del PNB en termes nominals i en termes reals.

b) Determina quin ha estat l'increment real de la producció.

* PAU

■ **22.** Elabora un esquema que et permeti explicar el flux circular de la renda.

— Descriu quina és la participació de les famílies en el flux monetari que es genera en l'esmentat model.

■ **23.** Explica les operacions que s'han de realitzar per calcular la renda personal disponible (RPD) a partir de la renda nacional (RN).

■ **24.** Explica què és la propensió marginal al consum.

* ■ **25.** D'una economia coneixem les dades de macromagnituds (en milions d'EUR) i les de població següents, corresponents a l'any 2004:

MACROMAGNITUDS			
CONCEPTE	IMPORT	CONCEPTE	IMPORT
Consum	15 377	Inversió bruta	4 307
Imp. directes	987	Impt. indirectes	576
Exportacions	1 894	Importacions	2 037
Amortitzacions	347	Salaris	10 435
Lloguers	70	Pagaments SS	25
rfne	90	rfen	60
POBLACIÓ			
Població activa		3 857 000	
Població ocupada		3 124 000	
Població total		7 659 000	
Població major de 16 anys		7 158 932	

a) Calcula el PIB a preu de mercat i el PIN a cost de factors.

b) Determina la taxa de desocupació i la taxa d'activitat.

c) Calcula la productivitat aparent del factor treball i el PIB *per càpita,* reals i constants, de l'any 2004, tenint en compte que el deflactor del PIB pel que fa al 2003 s'ha incrementat en un 15 % (115).

* ■ **26.** Coneixem les dades macroeconòmiques següents per a un determinat país, durant l'any 2006 i expressades en milions d'EUR:

CONCEPTE	IMPORT	CONCEPTE	IMPORT
Consum	1 000	Despesa pública	200
Inversió	300	Amortitzacions	100
Exportacions	270	Importacions	290

a) Calcula el PIB i el PIN nominals a preu de mercat per a l'any 2006.

b) Calcula el PIB per a l'any 2006, en termes reals, tenint en compte que el deflactor del PIB per a aquest any ha estat de 123,3.

c) Si el PIB real en l'any 2005 va ser de 1 195 milions d'euros, determina la variació percentual que ha experimentat en l'any 2006.

■ **27.** Les dades macroeconòmiques d'una economia, al llarg de quatre anys consecutius, es recullen en la taula següent:

ANY	PIB NOMINAL (milions d'EUR)	DEFLACTOR DEL PIB	POBLACIÓ
2002	40200	100,00	20000000
2003	46290	112,00	20100000
2004	54089	132,56	20200000
2005	63290	146,81	20900000

a) Calcula la taxa de creixement del PIB nominal i el PIB real per a cada any del període considerat. Comenta els resultats i explica per què difereixen els resultats del PIB nominal i real.

b) Calcula la taxa d'inflació per a cada any del període considerat i comenta els resultats obtinguts.

c) A partir de la informació disponible sobre la població i dels resultats de l'apartat *a)*, què es pot dir sobre l'evolució del nivell de vida en aquests anys? I sobre l'evolució del benestar?

Revista d'economia

Brussel·les puja al 0,8% la previsió de PIB per a Espanya el 2011

Alerta, a més, d'una pujada important de la inflació

La Comissió Europea ha pujat la seva previsió de creixement per a Espanya en l'exercici econòmic del 2011 del 0,7% al 0,8%. L'estimació d'IPC ha passat de l'1,5% al 2,4%.

La dada del PIB encaixa amb les estimacions del consens d'analistes per a aquest exercici, que recentment van realitzar el mateix exercici de revisió a l'alça. Malgrat tot, aquesta xifra se situa mig punt percentual per sota de les previsions del govern espanyol, que apunten a un increment de l'1,3%.

La demanda, com ja va fer el 2010, continuarà contribuint de manera «significativa» al creixement: el PIB espanyol s'expandirà un 0,2% en el primer i segon trimestres, un 0,3% en el tercer, i un 0,4% en l'últim.

En el cas d'Espanya, «la demanda domèstica seguirà feble enguany perquè l'atur continua en màxims històrics, la construcció residencial s'ajustarà encara més, el procés de d'endeutament de les llars i empreses continua i el sector públic restringeix la despesa en consum i inversió».

La Comissió considera que «els progressos en la consolidació fiscal i les reformes estructurals en el mercat laboral, el sistema de pensions i el sector bancari han tingut un impacte positiu» en el mercat de bons espanyols.

No obstant això, les condicions de crèdit per al sector privat són encara més estrictes. Malgrat tot, una disminució moderada de la taxa d'estalvi de les llars espanyoles des del pic de 2009 permetrà un «creixement modest» del consum privat. També millorarà la inversió privada gràcies, sobretot, a la recuperació de la demanda externa.

Pel que fa a la inflació, la taxa mitjana passarà a ser del 2,4%, segons la Comissió, que anteriorment l'estimava en un 1,5%. És una dada especialment preocupant. El mes passat, fins i tot, va arribar al 3,6% a causa del fort encariment dels combustibles.

D'altra banda, la Comissió espera que la inflació subjacent —que exclou la variació dels preus dels aliments no elaborats i l'energia— es mantingui «continguda» el 2011, a causa de la debilitat de la demanda i a la moderació dels costos laborals.

Amb tot, el creixement de l'economia espanyola continuarà sent el més feble de les principals potències europees, amb expansions del 2,4% en el cas d'Alemanya, de l'1,7% en el de França i del 2% al Regne Unit, segons Brussel·les.

L'increment del PIB mitjà de la zona de la moneda única serà de l'1,6%, una dècima per damunt del que estimava anteriorment Brussel·les. Per a la Unió Europea, la previsió també ha augmentat una dècima, fins a assolir l'1,8%.

La inflació a l'eurozona se situarà en el 2,2%, davant l'1,8% calculat a la tardor, per sobre de l'objectiu del Banc Central Europeu (BCE), el que podria anticipar una pujada dels tipus d'interès.

Expansión, 1 de març de 2011

AVALUACIÓ

1 La taxa d'inflació és:

a) La mesura de la variació dels preus.

b) El creixement dels costos de producció.

c) El nivell d'increment dels preus dels factors productius.

d) Una dada estadística que serveix al govern per a ajustar les polítiques monetàries d'un país.

2 Entenem per PIB real:

a) El que es calcula en preus constants prenent un any base com a referència.

b) El que es mesura en preus corrents dels béns i serveis en el mercat.

c) La quantitat real de béns i serveis produïts en un país.

d) La quantitat de béns i serveis que un país pot produir utilitzant tots els factors productius i mantenint els preus estables.

3 Per PNB entenem:

a) La suma de les rendes dels factors productius nacionals i no nacionals.

b) La suma dels valors monetaris dels béns de producció interna considerats a preus de mercat.

c) El valor monetari de tots els béns i serveis finals produïts pels factors de producció d'un país, dins i fora de les seves fronteres.

d) Les rendes obtingudes per totes les empreses d'un país, tant dins com fora.

4 La renda nacional és:

a) El conjunt de tots els béns i serveis d'un país, considerant la seva valoració a preus de mercat, i que poden satisfer les necessitats dels individus.

b) El conjunt de béns naturals i produïts, susceptibles de satisfer les necessitats dels individus, tant actuals com futures.

c) La suma de les rendes de tots els individus que viuen en un país en un moment determinat.

d) La suma de tots els béns i rendes de tots els individus i institucions públiques i privades d'un país, considerats i valorats durant un exercici fiscal.

5 El flux circular de la renda relaciona:

a) Compradors i venedors.

b) Mercat de factors i mercat de productes.

c) Consumidors, empreses i sector públic.

d) Consumidors, empreses, sector exterior i entitats financeres.

6 La renda personal disponible és:

a) La renda personal de cada individu d'una societat.

b) La renda nacional, menys els impostos i pagaments a la Seguretat Social, més les transferències rebudes.

c) La renda nacional dividida pel nombre d'habitants.

d) La renda neta de cada individu.

7 La funció de consum:

a) Mostra la relació entre el nivell de despesa i de consum i la renda disponible.

b) Mostra la relació entre els ingressos i els nivells de preus dels béns i serveis en el mercat.

c) Depèn dels preus dels béns i serveis.

d) És la variable dependent de la producció.

8 La propensió marginal a l'estalvi és:

a) La part de la renda que cada individu pot destinar a l'estalvi.

b) La part no consumida de la renda de l'individu.

c) La part de cada unitat addicional de diners de renda que es destina a l'estalvi addicional.

d) La relació inversa del nivell de despesa addicional pel que fa a l'increment dels nivells de preus de mercat.

9 Entenem per desestalvi:

a) L'increment del nivell de despeses pel que fa al nivell d'ingressos.

b) L'estalvi negatiu, és a dir, el fet que el consumidor gasti més del que ingressa.

c) La diferència entre consum i renda.

d) La diferència negativa entre dos períodes en què l'estalvi del primer és més gran que en el posterior, per la qual cosa es produeix un desestalvi en el temps.

10 Els determinants de la inversió són:

a) Els ingressos de l'empresa, els seus costos i les expectatives.

b) Els preus de mercat, els beneficis de les empreses i les possibilitats de futur.

c) L'únic determinant de la inversió és que les empreses creguin en aquesta inversió, és a dir, creuen que es produirà una recuperació activa de l'economia i poden recuperar aquesta inversió amb beneficis alts.

d) L'única possibilitat que considera l'empresa per invertir és l'adequació de la mida de l'empresa a la mida de mercat, és a dir, si la quota de mercat actual, o en el seu cas la futura, es correspon amb la realitat del mercat.

10 Els diners

COMPETÈNCIES ESPECÍFIQUES

Competència en cultura econòmica i dialèctica

Conèixer i entendre l'evolució del concepte dels diners al llarg de la història i les funcions que compleixen en el sistema econòmic actual.

Identificar les principals institucions financeres i analitzar el paper que desenvolupa el sistema financer i bancari en l'actualitat.

Conèixer les funcions del Banc d'Espanya i descriure les operacions que realitza.

Identificar els motius que porten els agents econòmics a demandar diners i assenyalar els inconvenients que suposa la seva tinença.

Comprendre la funció que desenvolupa el coeficient de caixa i la seva relació amb el multiplicador bancari.

Distingir entre diners legals o fiduciaris i diners bancaris.

Comprendre el significat real dels diners en l'actualitat.

Conèixer els mercats financers: comprendre el funcionament de les borses.

Entendre el paper de la borsa en els mercats de valors actuals i conèixer-ne el funcionament.

Competència en raonament econòmic i modelització

Assenyalar els elements que componen la base monetària i explicar els instruments que utilitza el Banc d'Espanya per a controlar-la.

Enunciar les variables de les quals depèn la demanda de diners i explicar com hi influeixen.

Explicar amb exemples la creació de diners bancaris.

■ Seu del Banc Central Europeu a Frankfurt, Alemanya.

ORGANITZACIÓ DELS CONTINGUTS

Els diners

INTRODUCCIÓ

- El sector monetari és complex i de difícil comprensió per a la gent en general. Els sistemes econòmics actuals s'anomenen habitualment economies monetàries perquè l'intercanvi de béns i serveis es realitza a través de la moneda, és a dir, dels diners.

  Els diners s'utilitzen en múltiples transaccions de la vida diària facilitant l'intercanvi. L'evolució dels diferents sistemes financers constitueix en l'actualitat una xarxa molt complexa d'institucions l'objectiu principal de les quals és el suport al creixement de l'activitat econòmica, mitjançant la posada a disposició dels agents econòmics dels recursos necessaris.

1. Concepte de diners

Encara que no reparem en això, els diners són presents en molts actes de la nostra vida: oferim la nostra feina i béns a canvi de *diners,* i amb aquests comprem els béns i serveis que no produïm, com els llibres, els discos, la roba o les vacances.

L'aparició dels diners està lligada al desenvolupament de l'**intercanvi.** Vegem com es va produir la seva evolució.

1.1. *De l'intercanvi als diners*

Des del principi dels temps, els éssers humans es van adonar que podien obtenir avantatges i satisfer millor les seves necessitats canviant objectes amb els seus semblants. Així va néixer l'**intercanvi.**

El bescanvi

El **bescanvi** va ser el primer tipus d'intercanvi. Consistia a *canviar un objecte per un altre.*

Així, si una persona posseïa una cabra i una altra, tres sacs de blat, podien arribar a un acord i intercanviar les dues coses. Podia dir-se que *el preu d'una cabra era equivalent al de tres sacs de blat* i a l'inrevés.

Però aquest tipus d'intercanvi era inadequat en les societats on el comerç s'anava generalitzant perquè ocasionava una sèrie de **problemes.**

- En primer lloc, la persona que posseïa una cabra i volia canviar-la per blat havia de buscar la persona que tingués blat i desitgés obtenir una cabra. Per tant, implicava trobar la persona disposada a aquest intercanvi i això suposava incórrer en un **cost d'informació.**
- A més, s'havien d'establir les **equivalències o preus de les coses,** és a dir, la quantitat de blat que havia de canviar-se per una cabra, les cabres que havien de canviar-se per una vaca, la quantitat de llet que havia de canviar-se per una poma, etc. (fig. 1).

Fig. 1. Intercanvi o bescanvi.

Els diners-mercaderia

La introducció del **diners-mercaderia** va determinar que *alguns béns es convertissin en diners,* per exemple, les pells, la sal, les pedres precioses, l'oli, l'or i altres metalls (fig. 2).

Fig. 2. La sal ha estat històricament utilitzada com a diners-mercaderia. De «sal» ve la paraula *salari.*

Es tractava de béns que tenien, entre altres, les següents qualitats:

- Ser **generalment acceptats,** per poder ser utilitzats en diferents llocs com a mitjà de pagament.
- Ser **divisibles,** per poder ser utilitzats en pagaments de valors diferents. Amb els diners s'havia de poder expressar el valor de totes les mercaderies.
- Ser **fàcilment transportables i duradors,** per poder ser utilitzats en diferents llocs sense deterioració ni pèrdua de valor.
- Tenir un **valor estable** que pogués servir de referència.

Els **diners-mercaderia** van fer possible superar les economies de bescanvi. L'operació d'intercanviar un bé per un altre es descompon en dues operacions separades d'intercanvi: *bé per diners* i *diners per bé.*

Els diners-paper

La següent etapa és l'etapa del **diners-paper.** En aquesta, els diners ja no són una mercaderia com a tal, sinó que constitueixen un *bé de canvi.* El seu consum no satisfà cap necessitat, ja que es valora únicament per les coses que s'hi poden comprar.

Al principi, els diners-paper tenien un suport **en or** en el banc central del país emissor. Hi havia, aleshores, una correspondència entre les *reserves en or* del país i la *quantitat de bitllets* en circulació.

El **patró or** ha estat el sistema més característic de tipus de canvi fix. Aquest sistema requeria que el país en qüestió establís un **preu oficial** de l'or en la seva moneda i es comprometés a adquirir i vendre, a aquest preu establert, tot l'or que se li oferia o se li demandava (fig. 3).

Els tipus de canvi quedaven determinats pels *preus oficials de l'or en cada divisa.*

El patró or ajustava automàticament els possibles desequilibris que es produïen en les **balances de pagaments.**

- Si *les exportacions d'un país eren superiors a les seves importacions,* rebia or com a pagament i **les seves reserves augmentaven,** la qual cosa provocava l'*expansió de la base monetària.*

  El desequilibri provocat per l'augment de diners en circulació es corregia automàticament de dues maneres: incrementant la *demanda de productes importats,* per compensar el volum de les exportacions, i provocant *inflació,* és a dir, incrementant els preus per disminuir el consum.

- En el cas que *les importacions fossin superiors a les exportacions,* **disminuïen les reserves d'or,** la qual cosa provocava una *contracció de la base monetària.*

  Per tal de reequilibrar el sistema, s'*incrementava el preu dels béns importats,* per reduir el seu consum i s'*abaratia el dels productes nacionals* destinats a l'exportació.

Fig. 3. El patró or és el sistema més característic del canvi fix.

No obstant això, en l'actualitat utilitzem **diners fiduciaris,** és a dir, sense res que suporti el valor dels diners, llevat de la confiança de cada individu en el fet que seran acceptats pels altres com a mitjà de pagament. S'accepten, doncs, per ells mateixos, per la seva utilitat en les transaccions.

D'aquesta manera, el banc central pot emetre diners sense necessitat de limitar la seva quantia a les reserves d'or necessàries per pagar la quantitat de diners emesa.

Preus i diners

Els **preus** dels béns han d'expressar-se en **moneda corrent,** és a dir, en diners. Així s'elimina el problema d'establir molts preus relatius.

Els diners solucionen també el problema d'establir les relacions de pagament i de valor entre dos béns diferents, ja que tots els béns susceptibles de transaccions estaran valorats en relació amb una base comparable.

Els diners bancaris i altres instruments de pagament

En l'actualitat, a més dels **diners-paper** (els bitllets), hi ha els **diners bancaris,** és a dir, els dipòsits que un agent econòmic pot tenir en un banc.

No s'ha d'oblidar un altre tipus d'**instruments de pagament** molt utilitzats en el nostre sistema econòmic, i que també són diners: les *targetes de crèdit,* els *xecs de viatge,* etc.

1.2. *Concepte i funcions dels diners*

Curiositat etimològica

La paraula **diners** té el seu origen en el *denari de plata,* que va ser una de les unitats monetàries més importants de l'imperi Romà.

Donada la complexitat dels sistemes econòmics actuals, resulta molt difícil definir el concepte de diners.

En principi, tot allò que expressi la *capacitat de compra immediata que tenen,* en un país, *els diferents agents econòmics* ha de ser considerat com a **diners.**

Els **diners** són qualsevol cosa que els membres d'una comunitat estiguin disposats a acceptar com a pagament de béns i deutes.

Evidentment, les *monedes* i els *bitllets* són diners, però també ho són els *dipòsits* que les persones tenen en els bancs, els *xecs bancaris,* els *talons i pagarés,* les *transferències,* etc.

- Les **monedes i bitllets** de curs legal són el principal *suport físic dels diners* i es poden emprar per a les transaccions comercials i per a qualsevol operació de compra i venda de béns.
- Els **dipòsits** no són una forma visible o tangible de diners, sinó que consisteixen en un *assentament comptable* en els comptes dels bancs.
- Els **xecs, talons i pagarés** són *ordres a un banc* perquè s'aboni una determinada quantitat de diners, que estava dipositada en un compte, a una persona física o jurídica.
- Les **transferències** també són *ordres a un banc* perquè traslladi una determinada quantitat de diners d'un compte a un altre.

D'altra banda, els diners són un *mitjà de pagament d'acceptació generalitzada* que prové de l'autoritat pública i dels costums. Ha de tenir un valor estable, encara que en l'actualitat la inflació redueixi constantment el seu poder adquisitiu per l'augment dels preus.

Fig. 4. Els bitllets i les monedes de curs legal són el suport físic dels diners.

Característiques dels diners

Sigui quina sigui la forma que adoptin els diners, tenen unes **característiques** específiques.

- Són una mercaderia que *no es consumeix.*
- Estan sotmesos a la llei de l'oferta i la demanda.
- *No formen part* de la riquesa nacional.
- No són bons ni dolents, morals o immorals. Són un *simple instrument de canvi* (fig. 4).

Funcions dels diners

Les funcions que compleixen els diners en un sistema econòmic són les següents:

- Actuen com a **unitat de compte,** ja que serveixen de mesura de valor per a calcular el dels diferents béns i serveis.
- Constitueixen un **dipòsit de valor,** perquè permeten mantenir el patrimoni dels agents econòmics.
- Són un **mitjà de canvi o pagament,** perquè els pagaments i els cobraments que s'efectuen s'especifiquen generalment en diners.

2. El sistema financer i bancari

Per regla general, les empreses no s'autofinancen, sinó que utilitzen recursos aliens a fi de desenvolupar la seva activitat.

De la mateixa manera, la persona que compra un habitatge no sol tenir estalviat tot el seu valor, sinó que el demana prestat a entitats expressament creades per a aquesta finalitat: les **entitats financeres.**

Les **entitats financeres** tenen la funció de canalitzar el **estalvi** envers la *inversió,* la transmissió de l'*excedent* i el *finançament* d'activitats productives, comercials i bancàries.

Les principals entitats financeres són els *bancs* i les *caixes d'estalvi* (fig. 5).

Fig. 5. El conglomerat de bancs que forma el Grup Santander és una de les entitats financeres més potents d'Espanya.

- Els **bancs** són empreses amb ànim de lucre l'activitat econòmica dels quals consisteix en la realització d'operacions que poden classificar-se en dues categories: *operacions passives* i *operacions actives.*
  - Les **operacions passives** consisteixen en la captació de diners mitjançant l'obertura de *dipòsits bancaris* o la col·locació d'alguns productes financers, com ara els *fons d'inversió.*
  - Les **operacions actives** més habituals són la *concessió de préstecs i crèdits* als agents econòmics.
- Les **caixes d'estalvi** es diferencien dels bancs privats perquè no tenen ànim de lucre i pel seu caràcter benèfic.

  Aquestes entitats conformen el **sistema financer.** En el cas espanyol, el sistema financer està format per dos grans blocs: *el sistema bancari* i *altres institucions financeres* (fig. 6).

Fig. 6. Estructura del sistema financer espanyol.

- El **sistema bancari** està format pel *Banc d'Espanya,* la *banca privada* i les *caixes d'estalvi.*

  El **Banc d'Espanya** pertany al **Sistema Europeu de Bancs Centrals (SEBC).** Per això, està sotmès a les disposicions del Tractat de la Unió Europea i als estatuts del **SEBC.**
- En el grup d'**altres institucions financeres** es troben l'*Institut de Crèdit Oficial,* les *companyies d'assegurances,* les *societats i fons d'inversió,* les *borses de valors,* etc. Totes depenen directament del **Ministeri d'Economia i Hisenda** i no posseeixen la facultat de crear diners.

Reestructuració de les caixes

Amb la finalitat d'enfortir el sector financer espanyol, les caixes d'estalvis van experimentar una sèrie de transformacions i reconversions al llarg dels anys 2010 i 2011.

La reforma perseguia dos objectius: d'una banda, la **capitalització de les caixes,** facilitant el seu accés a recursos de màxima categoria en iguals condicions que altres entitats de crèdit, i d'altra, la **professionalització dels seus òrgans de govern.**

De les 45 caixes existents el 2009 es va passar a 36 el 2011. El procés d'agrupament es va dur a terme per mitjà d'**absorcions** (una caixa gran absorbeix una altra o altres de més petites), **fusions freds** (les caixes s'integren en una única societat però conserven la seva identitat) i de **SIP** *(Sistemes Institucionals de Protecció).*

El **FROB** *(Fons de Reestructuración Ordenada Bancària)* va aportar capital financer per sanejar algunes d'aquestes i garantir així la seva supervivència.

Dipòsits i crèdits

Si una persona acudeix a un banc o una caixa d'estalvis i obre un compte amb 1 000 € durant un temps, està efectuant un **dipòsit bancari.**

El banc contreu un deute amb el client, al qual haurà de tornar els diners dipositats segons el termini acordat i pagar-li els **interessos.** Mentrestant, el banc pot utilitzar aquests diners per a realitzar operacions.

Si una altra persona sol·licita un **crèdit** de 1 000 € a la mateixa institució per iniciar un negoci, és l'entitat bancària qui presta diners al seu client.

El client és el deutor del banc i haurà de pagar-li un *interès* pels diners percebuts. Aquest interès serà, lògicament, més gran que l'anterior, ja que els bancs són empreses i, per tant, busquen obtenir beneficis.

L'interès que el banc percep pels préstecs que atorga serveix per a remunerar l'interès dels dipòsits bancaris i obtenir, a més, beneficis empresarials.

2.1. *Entitats financeres*

Totes aquestes institucions enumerades en l'apartat anterior actuen, d'una manera o d'altra, com a **intermediaris financers.**

Els **intermediaris financers** són un conjunt d'institucions mediadores entre el *prestatari* (persona o empresa que demana diners prestats) i l'*estalviador* (el qui diposita en l'entitat financera la part de renda que no consumeix).

Podem distingir **tres categories** d'intermediaris financers: els *bancaris,* els de *crèdit* i *altres.*

- Els intermediaris financers **bancaris** són el *banc central,* els *bancs comercials* i altres institucions, com ara *caixes d'estalvi, caixes rurals, cooperatives de crèdit,* etc.
- Els intermediaris financers **de crèdit** són les societats de *crèdit hipotecari* i les entitats especialitzades en *lísing* (arrendament financer) i *factoring* (facturatge).
- **Altres** intermediaris financers són les *companyies d'assegurances,* els *fons de pensions,* les *societats d'inversió,* etc.

Aquestes institucions prenen els *fons* dels individus que han dipositat els seus estalvis (operacions de **passiu)** i concedeixen *crèdits* als sol·licitants (operacions d'**actiu).**

Per aquesta activitat obtenen uns determinats *ingressos* que sempre són més grans que la suma dels *interessos* pagats per les seves operacions de passiu.

2.2. *Actius financers*

Els **actius financers** solen ser adquirits en els mercats borsaris. Segons la rendibilitat que aporten, poden ser de dos tipus: de *renda fixa* i de *renda variable.*

- Els **actius de renda fixa** són els que tenen un venciment fix i ofereixen un interès o rendibilitat també fixa. N'hi ha *a curt termini,* com els pagarés o les lletres; *a mitjà termini,* com els bons; i *a llarg termini,* com les obligacions.
- Els **actius de renda variable** més coneguts són les *accions* de les societats anònimes. Tenen un termini de venciment il·limitat, o simplement no en tenen. Són una part alíquota del capital social d'una empresa. Tenen una rendibilitat desconeguda, ja que dependrà dels beneficis que obtingui l'empresa.

Aquests actius financers tenen dues **característiques** fonamentals:

- Són instruments que **canalitzen fons,** ja que les transmissions d'actius entre particulars originen una determinada transferència de fons dels uns als altres; i en el sentit invers, hi haurà una transferència de la propietat que s'adquireix.
- Alhora, i com que no se sap el tipus de rendiment que se n'obtindrà encara que es disposi de tota la informació del mercat, s'assumeix un determinat **risc** amb la compra de qualsevol tipus d'actiu financer en el mercat.

3. El Banc d'Espanya

Des de l'1 de gener de 1999, les funcions dels bancs centrals nacionals dels països participants a la **zona euro** van ser redefinides. Es va fer necessari modificar la *Llei d'Autonomia del Banc d'Espanya (BE),* el banc central espanyol, per a garantir la plena integració d'aquest en el **Sistema Europeu de Bancs Centrals (SEBC).**

La llei reconeix les potestats del **Banc Central Europeu (BCE)** en la política monetària de la zona euro i les seves facultats en relació amb la política de tipus de canvi. També considera que el Banc d'Espanya queda subjecte a les disposicions del Tractat de la Unió Europea i als estatuts del SEBC.

Fig. 7. Seu central del Banc d'Espanya, Madrid.

En concret, el Banc d'Espanya (fig. 7) participa en el desenvolupament de les següents **funcions** bàsiques atribuïdes al SEBC:

- Definir i executar la **política monetària,** amb la finalitat primordial d'aconseguir l'estabilitat dels preus a la zona euro.
- Executar la **política canviària** i dur a terme operacions de canvi de divises, així com posseir i gestionar les reserves oficials de divises dels països membres.
- Promoure el bon funcionament del **sistema de pagaments** a la zona euro.
- **Emetre els bitllets** de curs legal.

A més de desenvolupar les funcions anteriors, la Llei d'Autonomia atorga al Banc d'Espanya la facultat de dur a terme les següents **funcions addicionals:**

- Posseir i gestionar les **reserves de divises** i metalls preciosos no transferides al BCE.
- **Concedir préstecs** a altres entitats bancàries i al sector públic.
- **Supervisar** la solvència i l'actuació de les entitats de crèdit, regulant la seva actuació i fixant el tipus d'interès que exigeixen.
- Promoure el bon funcionament i l'**estabilitat del sistema financer.**
- Posar en circulació la **moneda metàl·lica.**
- **Assessorar** el govern, elaborar i publicar estadístiques relacionades amb les seves funcions i assistir el BCE en la compilació de la informació.

Operacions del Banc d'Espanya

Com qualsevol entitat bancària, el Banc d'Espanya efectua *operacions actives* i *operacions passives.*

- Entre les **operacions actives** destaquen el control i la centralització de les *reserves de divises,* i la concessió de *préstecs al sistema bancari i al sector públic.*
- Les **operacions passives** més importants són l'*emissió de diners* en règim de monopoli —són els únics diners que poden circular legalment— i l'*acceptació de dipòsits* de les entitats financeres, segons el volum de negoci d'aquestes.

Balanç del Banc d'Espanya

Un **balanç** és una llista completa de les quantitats que maneja una persona o una institució.

L'**actiu** està format per les quantitats que *posseeix,* i el **passiu** està format per les quantitats que *adeuta.*

Així, en el **balanç del Banc d'Espanya** figura, entre altres, les partides següents:

ACTIU

- Reserves exteriors.
- Préstecs als bancs.
- Préstecs al sector públic.
- Altres comptes d'actiu.

PASSIU

- Efectiu en mans del públic.
- Dipòsits de les entitats bancàries en el Banc d'Espanya.
- Altres comptes de passiu.

4. La base monetària i l'oferta monetària

La quantitat de diners que s'usa en una economia depèn de dos factors molt importants que estan íntimament relacionats i que analitzarem a continuació: la **base monetària** i l'**oferta monetària.**

4.1. *La base monetària*

La **base monetària (BM)** és la suma de l'*efectiu en circulació (EC),* compost per les monedes i bitllets que estan en mans del públic, i de les *reserves bancàries (Rb)* dipositades en el banc central.

Es pot expressar mitjançant la fórmula següent:

$$BM = EC + Rb \quad \text{on} \quad \begin{cases} BM = \text{base monetària} \\ EC = \text{efectiu en circulació} \\ Rb = \text{reserves bancàries} \end{cases}$$

La **base monetària** és controlada totalment per l'autoritat monetària, és a dir, pel banc central. Aquest pot alterar la quantitat de bitllets i monedes en circulació, i també la quantitat de reserves obligatòries que les entitats bancàries han d'immobilitzar.

La importància de la base monetària rau en el fet que *és el punt de partida del procés de creació dels diners i del crèdit.* Per tant, és la clau de la **política monetària.**

El Banc d'Espanya, concretament, utilitza bàsicament dos **instruments** per a controlar la base monetària: *les operacions de mercat obert* i el *redescompte d'efectes.*

- Les **operacions de mercat obert** consisteixen en la compra o venda de títols als bancs.
  - Si el banc central *ven títols* als altres bancs, *disminueix la base monetària,* ja que els bancs han de dipositar l'import dels títols en el banc central, per la qual cosa disminueix l'efectiu en circulació.
  - Contràriament, si el banc central *compra títols* als altres bancs, *augmenta la base monetària,* perquè es posa en circulació una quantitat més gran d'efectiu.
- El **redescompte d'efectes** és una operació habitual entre els bancs comercials i el banc central. Quan una operació de compravenda es duu a terme mitjançant *lletres de canvi,* el lliurador de la lletra pot portar-la a la seva entitat bancària perquè l'hi **descompti.** El banc aplica un *tipus de descompte* a l'import de la lletra o efecte i paga al client la quantitat resultant, de manera que aquest disposa dels diners de forma immediata.

  Al seu torn, l'entitat bancària porta la lletra al banc central perquè l'hi **redescompti** i disposar així de part de l'efectiu lliurat al client. El *tipus de redescompte* que aplica el banc central li permet modificar la base monetària:
  - Si *augmenta* el tipus de redescompte, *disminueix la base monetària.*
  - Si, contràriament, *disminueix* el tipus de redescompte, *augmenta la base monetària.*

Patró monetari

El **patró monetari** estableix la *paritat d'una moneda de curs legal* amb un element que hi dóna suport, que pot ser un *metall preciós* o una *divisa forta,* que estigui internacionalment acceptada per a tot tipus de transaccions comercials.

S'empra per a regular la quantitat de diners que existeix en circulació en una economia.

4.2. *L'oferta monetària*

L'**oferta monetària** ***(OM)*** és la quantitat de diners de què disposen els agents econòmics per a dur a terme transaccions. És la suma de l'*efectiu en circulació* (EC) i dels *dipòsits a la vista* (D), i es pot expressar mitjançant la següent fórmula:

$$OM = EC + D \quad \text{on} \quad \begin{cases} OM = \text{oferta monetària} \\ EC = \text{efectiu en circulació} \\ D = \text{dipòsits a la vista} \end{cases}$$

Malgrat això, mesurar la quantitat de diners que hi ha en l'economia actual és una tasca molt complexa, ja que és evident l'existència de múltiples tipus d'**actius.**

- Si, com diu la definició, considerem només l'*efectiu en circulació* i els *dipòsits a la vista,* obtindrem el que s'anomena **oferta monetària bàsica** (que anomenarem **M1):**

  M1 = *efectiu en circulació* + *dipòsits a la vista*

- Si s'hi afegeixen els *dipòsits en comptes d'estalvi* i els de *termini fix,* s'obté una quantitat més gran, anomenada **M2.**

  M2 = **M1** + *dipòsits en comptes d'estalvi i a termini fix*

- Quan a aquesta quantitat se li agreguen els *dipòsits a molt llarg termini,* s'obté la definició més àmplia d'oferta monetària, que en aquest cas es designa com a **M3.**

  M3 = **M2** + *dipòsits a molt llarg termini*

- Finalment, si a aquesta última quantitat se li afegeixen aquells béns coneguts com a *quasidiner,* rep la denominació de **M4.**

  M4 = **M3** + *el quasidiner*

El Banc d'Espanya *controla la base monetària, però no pot controlar l'oferta monetària,* ja que no és ni constant ni predictible amb exactitud. No obstant això, pot tractar d'influir en aquesta.

La figura 8 mostra la relació entre base monetària i oferta monetària.

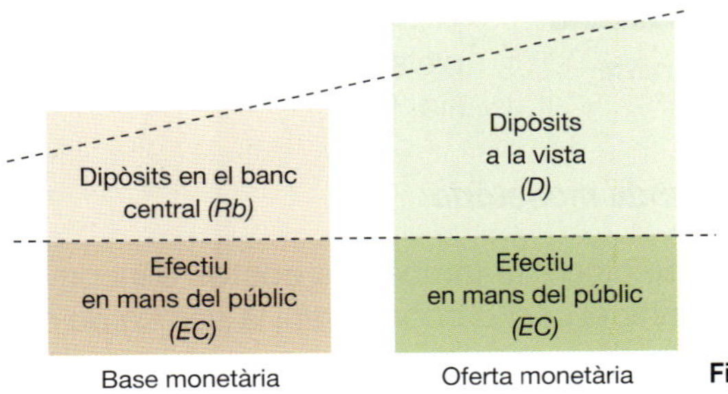

Fig. 8.

Si considerem els diners com a diners-mercaderia, l'oferta monetària serà la quantitat existent d'aquesta mercaderia. En la majoria de les actuals economies s'utilitzen **diners fiduciaris** i són els governs els que s'encarreguen de controlar l'oferta monetària. Aquest control s'anomena **política monetària.** A la zona euro, l'encarregat de controlar-la és el BCE.

El quasidiner

El **quasidiner** està constituït per aquells béns que poden reemplaçar temporalment els diners en alguna de les seves funcions. Per exemple, els dipòsits a termini en les entitats financeres, els títols privats i públics, els pagarés o les lletres de canvi, etc.

També pot actuar com a *reserva de valor* o com a *instrument de canvi,* ja que els pagarés, per exemple, poden ser descomptats en les entitats bancàries com a mitjà de pagament.

La diferència amb els diners és que la seva circulació no és general, ja que només s'utilitza en determinats mercats.

5. Valor dels diners i demanda monetària

La **demanda monetària** reflecteix la necessitat que tenen els agents econòmics de posseir diners en efectiu per a realitzar transaccions. Aquesta circumstància s'anomena *necessitat de liquiditat.*

Com ja sabem, els agents econòmics perceben diners de diferents fonts: rendes del treball, rendes del capital, beneficis, etc.

Aquests diners es poden posseir bàsicament de dues formes: *en efectiu i en forma de títols.*

- Si es disposa de diners **en efectiu** (o en comptes bancaris a la vista), l'agent econòmic té una *gran liquiditat,* però *escassa rendibilitat.*
- Si els diners es posseeixen en forma de **títols,** aquests *no tenen liquiditat immediata,* però produeixen un interès, és a dir, una *rendibilitat.*

Per tant, s'ha d'entendre la demanda de diners dins de la decisió general de distribuir la riquesa entre diferents actius alternatius.

Les preferències dels agents econòmics

Un agent econòmic pot demandar diners bàsicament per tres **motius:** per efectuar *transaccions,* per *precaució* i per *especulació.*

Fig. 9. L'adquisició de béns immobles és un dels motius habituals de demanda de diners per part dels consumidors.

- Les **transaccions** són les operacions de compra de béns i serveis que l'agent econòmic desitja o necessita. És lògic suposar que el volum de transaccions ha de ser *proporcional al poder adquisitiu* de l'agent.
- La **precaució** aconsella disposar d'efectiu per tal d'afrontar imprevistos que puguin sorgir, com la reparació del cotxe, en el cas d'un consumidor, o la contractació d'un nou treballador, en el cas d'una empresa.
- L'**especulació** permet obtenir profit de la reducció del preu d'un actiu quan es presenti una bona oportunitat. Un exemple seria la compra d'un solar a bon preu (fig. 9).

El cost de la demanda monetària

Però la demanda de diners té també uns **costos** o inconvenients, entre els quals cal esmentar el *cost d'oportunitat* i la *pèrdua de poder adquisitiu* dels diners demandats.

- El **cost d'oportunitat** de la demanda de diners es tradueix en el fet que no es perceben rendiments que es podrien obtenir amb altres actius que competeixen amb els diners.
- La **pèrdua de poder adquisitiu** dels diners es produeix quan pugen els preus dels béns i serveis.

Variables de les quals depèn la demanda monetària

A més de les preferències dels agents econòmics, la demanda de diners depèn d'una sèrie de **variables,** entre les quals cal destacar: *el nivell de renda o l'activitat econòmica d'un país, el tipus d'interès del mercat* i *les expectatives d'evolució de la inflació.*

- Com més gran sigui l'**activitat econòmica** d'un país, és a dir, com més grans siguin el seu PNB i la seva renda, més gran serà el nombre de compres i vendes que s'hi realitzaran. Per tant, més gran serà també la quantitat de diners necessària per tal d'efectuar els pagaments.

  A un menor nivell de renda correspondrà una menor demanda de diners en efectiu i en dipòsits.

- Com més gran sigui el **tipus d'interès** dels títols, més petita serà la quantitat de diners líquids que posseiran els individus, ja que els invertiran en la seva adquisició per obtenir el màxim rendiment dels seus títols. Contràriament, si disminueix el tipus d'interès, la demanda de diners líquids tendirà a augmentar (fig. 10).

  — Si el tipus d'interès està *per damunt del nivell d'equilibri* **(i_1),** la quantitat de diners que demanda el públic serà més petita que la creada pel banc central **($M_1 < M$).** Aquest excés de diners en el mercat pressionarà sobre els tipus d'interès, fent que descendeixin.

  — D'altra banda, si el tipus d'interès està *per sota del nivell d'equilibri* **(i_2),** la quantitat de diners que voldrà tenir el públic serà més gran que l'emesa pel banc central **($M_2 > M$).** Aquesta escassetat de diners pressionarà a l'alça el tipus d'interès.

  Per això, les forces de l'oferta i la demanda en el mercat de diners faran que els tipus d'interès tendeixin cap a l'**equilibri (i_e),** on la quantitat de diners demandada pel mercat coincideix amb la creada pel banc central.

- Les **expectatives d'un augment de la inflació** faran que els agents econòmics demandin menys diners en benefici d'altres actius que no perdin poder adquisitiu quan pugin els preus. Per exemple, tendiran a invertir en immobles en lloc de disposar de diners en efectiu.

  Contràriament, una **menor inflació** esperada determinarà un augment de la demanda de diners per part dels agents econòmics, en detriment d'altres actius financers (fig. 11).

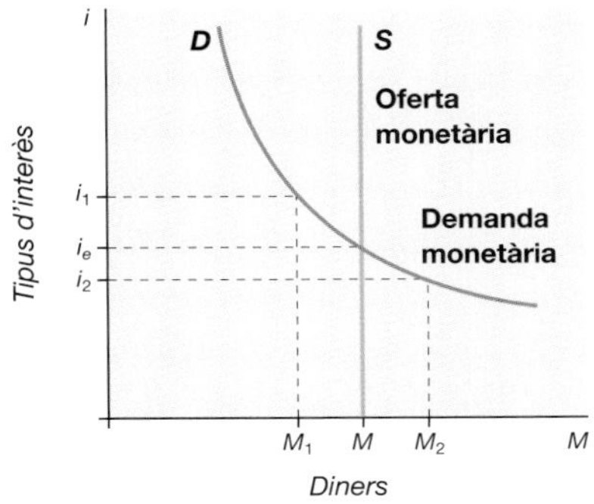

Fig. 10. Evolució de la demanda de diners amb els tipus d'interès.

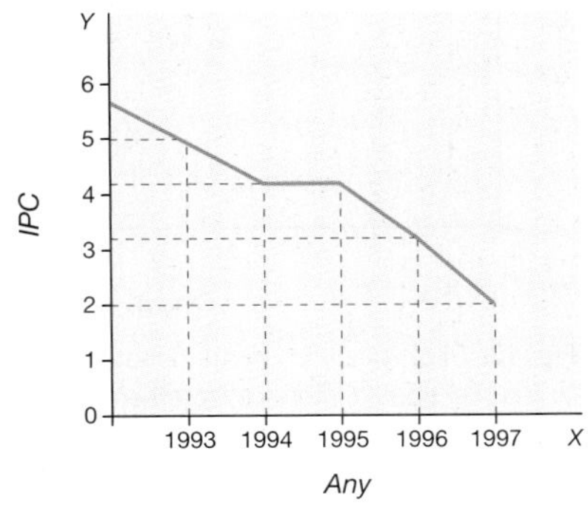

Fig. 11. El bon comportament de la inflació en anys passats va afavorir l'augment de la demanda de diners.

5.1. *Els diners i els preus*

La quantitat de diners que un individu necessitarà per a realitzar els seus pagaments estarà relacionada amb els **preus** dels béns i serveis que hagi de comprar. Per exemple, si els preus es dupliquen, la seva renda real es redueix a la meitat i caldrà que tingui més quantitat de diners per efectuar les seves compres.

Per tant, la demanda de diners realitzada pels agents econòmics és una *demanda de saldos reals* o de capacitat de compra.

5.2. Els mercats d'oferta i demanda de diners

El **mercat de diners** és el mer executor de la *transmissió de moneda* entre els individus. Aquesta transmissió de moneda genera una determinada modificació en la producció, en els preus, en els tipus d'interès, en la demanda, etc.

Influència de la política monetària del govern

Com ja sabem, el **control de l'oferta monetària** és l'instrument que posseeixen els governs per tal de regular el mercat de diners.

En efecte: les economies domèstiques adquireixen béns i serveis depenent del nivell de transferència monetària que hagi rebut. D'altra banda, la representació gràfica de la funció de demanda de diners té *pendent negatiu,* és a dir, augmenta quan descendeixen els tipus d'interès, i disminueix quan aquests augmenten.

La primera forma que té un govern d'alterar l'**oferta monetària** és aplicar un **coeficient de reserves diferent,** la qual cosa provocarà una disminució o un increment de la quantitat de diners en circulació, segons interessi.

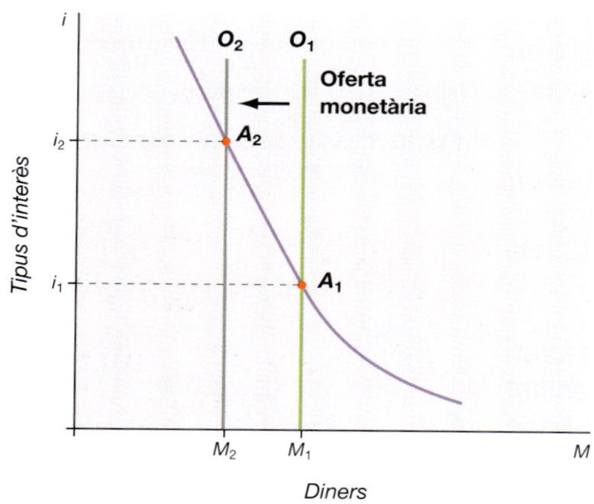

Fig. 12. Si disminueix l'oferta monetària, el tipus d'interès s'incrementa.

- Si s'**incrementa el coeficient de reserva,** augmentarà la quantitat de diners que els bancs dipositen en el banc central, la qual cosa provocarà una **disminució de l'oferta monetària.**

  En disminuir aquesta, *s'elevaran els tipus d'interès* ja que els bancs disposaran de menys diners per a realitzar préstecs. Els diners es converteixen en un bé escàs i, en conseqüència, els tipus d'interès pugen.

  El gràfic de la figura 12 mostra el punt d'equilibri entre la demanda de diners i l'oferta monetària, que es desplaça des de A_1 fins a A_2.

  Com a conseqüència, es redueixen la *despesa* i la *inversió,* ja que els agents econòmics disposen de menys diners per a les seves activitats. Aquesta reducció comportarà també una **reducció de la demanda agregada, de la renda i de la producció en general.**

- Si es **redueix el coeficient de reserva,** succeirà el contrari: disminuiran els dipòsits en el banc central i es produirà un **increment de l'oferta monetària.**

  En efecte, ara els bancs disposen d'una quantitat de diners més gran per a prestar als agents econòmics. En augmentar l'oferta, es produirà inevitablement un *excés d'oferta monetària pel que fa a la demanda de diners.*

  Per estimular-la, *els tipus d'interès hauran de descendir* fins que s'aconsegueixi un nou punt d'equilibri, A_3 (fig. 13).

  L'efecte és el contrari: s'estimulen el *consum* i la *inversió,* el que comporta un **increment de la demanda agregada, de la renda i de la producció en general.**

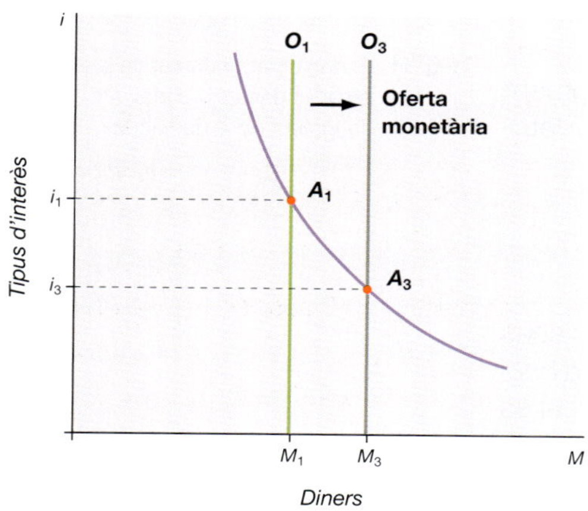

Fig. 13. Si augmenta l'oferta monetària, el tipus d'interès disminueix.

6. El procés de creació de diners

La creació de diners passa per dues etapes fonamentals: la *posada en circulació* dels diners i la *multiplicació dels préstecs.*

- El banc central del país **posa en circulació** una quantitat de diners. Els diners s'envien directament als bancs o es lliuren a un exportador a canvi de les divises que aquest ofereix.
- Els bancs creen diners en **multiplicar els préstecs** als seus clients. Per a comprendre aquest fenomen s'ha de tenir en compte que el públic, a més de bitllets i monedes, pot utilitzar com a mitjà de pagament els xecs, que mobilitzen dipòsits bancaris a la vista (és a dir, els anomenats *diners bancaris).*

A més, els bancs estan obligats pel banc central a mantenir un percentatge dels seus dipòsits immobilitzat en les seves caixes com a **reserva de seguretat** per atendre les demandes de diners en efectiu dels clients que han efectuat els dipòsits, l'anomenat **coeficient de caixa,** que designarem amb la lletra ***r.***

A continuació veurem com funciona la creació de diners, de manera molt simplificada, a través d'una sèrie d'exemples.

Concepte de reserves

Per a poder atendre els possibles reemborsaments als seus clients, que els poden sol·licitar en qualsevol moment, les entitats bancàries, a més de complir amb la normativa de les autoritats monetàries, han de conservar una part dels fons rebuts dels seus clients. A aquestes quantitats se les anomena **reserves** i serveixen de garantia dels diners dels seus clients (assegurant la solvència de les entitats bancàries). També s'utilitzen per a controlar l'oferta monetària, i, en conseqüència, la liquiditat del sistema.

EXEMPLE 1

El banc central lliura a un exportador 10 000 € a canvi de la moneda estrangera que aquest li ha venut. L'exportador va al seu banc i ingressa els diners en el seu compte.

El balanç del banc registra l'operació tal com apareix en la taula adjunta.

BALANÇ DEL BANC			
ACTIU		PASSIU	
10 000 €	Reserves en efectiu	Dipòsit (1)	10 000 €

Si suposem que el coeficient de caixa és del 10 %, el banc haurà de mantenir immobilitzats:

$$r = 10\,\%\ (10\,000\ €) = 1\,000\ €$$

Per tant, **pot realitzar operacions amb els 9 000 € restants.** Li interessa, per tant, prestar-los a altres agents econòmics per obtenir rendibilitat.

EXEMPLE 2

Una empresa de sabates sol·licita un préstec de 9 000 € al banc per ampliar el negoci.

El banc pot concedir el préstec, ja que disposa d'aquesta quantitat lliure. L'operació queda registrada en el balanç del banc tal com apareix en la taula.

BALANÇ DEL BANC			
ACTIU		PASSIU	
1 000 €	Reserves en efectiu	Dipòsit (1)	10 000 €
9 000 €	Préstec (1)		

L'oferta monetària és ara més gran que abans perquè, a més dels 10 000 € en dipòsit, circulen 9 000 € en bitllets i monedes (que és l'import del préstec concedit pel banc):

$$\boldsymbol{OM} = EC + D = 9\,000\ € + 10\,000\ € = 19\,000\ €$$

Hem passat de 10 000 € a 19 000 €, és a dir, **s'han creat diners.**

EXEMPLE 3

L'empresa de sabates que rep el préstec el destina a pagar un proveïdor de pell que li ha subministrat una important comanda. Aquest proveïdor, que també té compte en el banc, hi ingressa la quantitat cobrada.

BALANÇ DEL BANC			
ACTIU		PASSIU	
10000 €	Reserves en efectiu	Dipòsit (1)	10000€
9000 €	Préstec (1)	Dipòsit (2)	9000 €

El balanç del banc després d'aquesta nova situació és el que apareix en la taula adjunta.

Han augmentat els comptes de reserves i de dipòsit per l'ingrés efectuat, però la quantitat de diners és la mateixa que en la situació anterior perquè el crèdit ja no circula sinó que ha estat dipositat en el banc.

S'ha d'aplicar el coeficient de caixa (10%) al volum de dipòsits per tal de calcular la reserva obligatòria

$$r = 10\% \ (19000 \text{ €}) = 1900 \text{ €}$$

Si descomptem de les reserves el coeficient de caixa, obtindrem la quantitat de què disposa el banc per atorgar nous crèdits:

$$10000 \text{ €} - 1900 \text{ €} = 8100 \text{ €}$$

EXEMPLE 4

Una empresa de mobles sol·licita un crèdit per un import de 8100 € i el banc l'hi concedeix.

BALANÇ DEL BANC			
ACTIU		PASSIU	
1900 €	Reserves en efectiu	Dipòsit (1)	10000€
9000 €	Préstec (1)	Dipòsit (2)	9000 €
8100 €	Préstec (2)		

El balanç del banc registrarà aquesta nova situació, tal com apareix en la taula.

L'oferta monetària torna a ser més gran que abans, ja que el dipòsit bancari ha augmentat a 19000 € i circula un crèdit per un import de 8100 €. Així doncs:

$$\boldsymbol{OM} = EC + D = 8100 \text{ €} + 19000 \text{ €} = 27100 \text{ €}$$

Hem passat de 19000 € a 27100 €. De nou **s'han creat diners.**

EXEMPLE 5

L'empresa de mobles que rep el préstec el destina a pagar el seu proveïdor de fusta, que ingressa en el banc la quantitat cobrada.

BALANÇ DEL BANC			
ACTIU		PASSIU	
10000 €	Reserves en efectiu	Dipòsit (1)	10000€
9000 €	Préstec (1)	Dipòsit (2)	9000 €
8100 €	Préstec (2)	Dipòsit (3)	8100 €

El balanç del banc reflectiria la nova operació, com s'aprecia en la taula.

Com veiem, han augmentat els comptes de reserves i de dipòsits per l'ingrés efectiu, però la quantitat de diners és la mateixa, ja que el segon crèdit també ha estat dipositat en el banc.

La reserva de caixa que s'aplica en aquesta situació és:

$$r = 10\% \ (27100 \text{ €}) = 2710 \text{ €}$$

6.1. *El multiplicador bancari*

El procés descrit en l'apartat anterior pot seguir de la mateixa manera, ja que el banc pot agafar el nou dipòsit, calcular-ne les reserves obligatòries i tornar a prestar la resta, i així successivament.

Com ja hem vist, la reserva obligatòria es calcula multiplicant el valor dels dipòsits pel coeficient de caixa.

Reserva obligatòria = Dipòsits × Coeficient de caixa

Una vegada calculada la reserva, podem determinar la quantitat disponible per a nous crèdits.

Considerem el procés global que ha posat de manifest la seqüència d'exemples anteriors.

La posada en circulació de 10 000 € per part del banc central ha donat origen a **successius increments de la base monetària** com a conseqüència de les operacions del banc comercial: 10 000 €;19 000 €; 27 100 €...

Aquests augments són *cada vegada més petits,* i s'aniran reduint cada cop més a mesura que es repeteixi l'operació dipòsit-préstec-dipòsit.

Per calcular l'**oferta monetària** que pot crear-se si la seqüència d'operacions es repeteix indefinidament, procedirem de la manera següent:

— Expressem el valor total com a suma dels successius dipòsits:

$$\mathbf{OM} = Rb_1 + Rb_2 + Rb_3 + \ldots = 10000 + 9000 + 8100 + \ldots$$

— Escrivim cada sumand d'acord amb el valor del primer dipòsit, tenint en compte el coeficient de caixa aplicat:

$$\mathbf{OM} = 10000 + 10000 \times (1 - 0{,}1) + 10000 \times (1 - 0{,}1)^2 + \ldots = \\ = 10000 + 10000 \times 0{,}9 + 10000 \times 0{,}9^2 + \ldots$$

— Observem que es tracta de la suma dels termes d'una progressió geomètrica decreixent i il·limitada de raó $r = 0{,}9$. Per calcular el seu valor, apliquem la fórmula oportuna:

$$\mathbf{S} = a_1 \cdot \frac{1}{1-r} = 10000 \cdot \frac{1}{1-0{,}9} = 10000 \cdot \frac{1}{0{,}1} = \mathbf{100000}$$

La fracció (1/0,1) s'anomena **multiplicador bancari** i el seu denominador coincideix amb el coeficient de caixa. Així doncs:

$$\textbf{Multiplicador bancari} = \frac{\mathbf{1}}{\textbf{Coeficient de caixa}}$$

En el nostre exemple, el multiplicador bancari val **10.** En conseqüència, el dipòsit inicial de 10 000 € genera una quantitat de diners bancari de 100 000 €, és a dir, deu vegades superior.

Progressions geomètriques

La **suma** dels termes d'una **progressió geomètrica** ve donada per l'expressió:

$$\mathbf{S} = \frac{a_n \cdot r - a_1}{r - 1} = \frac{a_1 \cdot r^n - a_1}{r - 1}$$

En el cas de les progressions geomètriques **decreixents i il·limitades,** en què $r < 1$, l'expressió r^n tendeix a 0, per la qual cosa la suma es pot expressar així:

$$\mathbf{S} = \frac{a_1 \cdot 0 - a_1}{r - 1} = \frac{-a_1}{r - 1}$$

Però si $r < 1$, llavors $1 - r < 0$. Podem canviar el signe de numerador i denominador perquè tots dos resultin positius. Llavors:

$$\mathbf{S} = \frac{a_1}{1 - r}$$

6.2. *Les limitacions del model*

L'exemple que hem utilitzat per a explicar la creació de diners és molt simple, però recull clarament el procés.

No obstant això, hem de ser conscients de les **limitacions** més importants que implica:

- Hem suposat que els agents econòmics ingressen en el banc tots els seus diners en el moment de rebre'ls. En realitat, els agents econòmics ingressen en el banc **només una part dels seus diners.** Aquesta simplificació ha de fer-nos pensar que el procés real de creació de diners és més reduït i, generalment, més lent del que hem vist en l'exemple.
- Hem suposat que els bancs concedeixen nous préstecs en el moment que reben nous dipòsits i així successivament, fet que **no necessàriament s'ha de produir d'aquesta manera.**

En qualsevol cas, el procés de creació dels diners es produeix com a conseqüència de l'augment dels préstecs o crèdits que concedeixen els bancs i dels dipòsits que s'hi efectuen.

6.3. *Diners legals i diners bancaris*

Si l'individu que efectuarà el primer dipòsit (exemple 1) i el proveïdor de l'empresa de sabates (exemple 3) volguessin retirar simultàniament els seus dipòsits en efectiu, el banc no podria atendre les seves peticions, perquè només disposa de 1 900 € en efectiu.

Aquesta és una situació extraordinària que no sol produir-se. En general, els agents econòmics utilitzen els xecs bancaris per als pagaments de negocis, per la qual cosa els bancs han de mantenir en les seves caixes només **una part dels seus dipòsits** —les reserves obligatòries— que, com ja sabem, depenen del *coeficient de caixa,* determinat pel Banc d'Espanya.

Per tant, el **coeficient de caixa** influeix de manera determinant en la creació de diners.

- Com *més petit* sigui el coeficient de caixa, més gran serà la creació de diners, ja que els bancs poden concedir més préstecs.
- Contràriament, com *més gran* sigui el coeficient de caixa, menor serà la creació de diners.

Fig. 14. Diners legals o fiduciaris.

Existeixen, per tant, **dos tipus de diners:** els diners *legals o fiduciaris* i els *diners bancaris.*

- Els diners **legals o fiduciaris** (fig. 14) estan constituïts per *bitllets i monedes en circulació.* El procés de creació d'aquest tipus de diners està determinat pel SEBC, que proporciona les indicacions adequades al banc central de cada país perquè aquest emeti la quantitat de bitllets i monedes que se li assigni.
- Els **diners bancaris** (fig. 15) estan constituïts pels *dipòsits a la vista en mans de particulars,* així com tot el conjunt d'elements que constitueixen mitjans de pagament creats per les entitats financeres per substituir els diners. Inclou *xecs, pagarés, targetes de crèdit, targetes de dèbit,* etc. Amb caràcter general, els diners bancaris són tan efectius com els diners legals.

Fig. 15. Diners bancaris.

7. Els mercats i els índexs borsaris

7.1. *La borsa*

La **borsa** és una associació civil de servei públic que té la funció de facilitar les diferents negociacions dels valors que tinguin inscrits, i que poden ser comprats o venuts públicament de forma justa i transparent.

Fig. 16. Interior de la Borsa de Madrid.

La borsa és un mercat financer (fig. 16) on s'executen **operacions de compra i venda,** és a dir, es contracten el que coneixem com a actius financers (accions, obligacions etc.). Aquestes operacions de borsa poden ser contractades per persones particulars, és a dir, inversors, que volen comprar o vendre. El preu dels actius financers s'assoleix per acord entre les dues parts que intervenen en el mercat.

Funcions de la borsa

- **Canalitza l'estalvi** cap a les inversions de les empreses que van al mercat borsari per aconseguir finançament.
- Els inversors col·loquen part dels seus estalvis en la borsa amb l'objectiu de donar una **rendibilitat** més gran a les seves inversions.
- Permet utilitzar els estalvis dels petits inversors i, d'aquesta manera, se'ls permet **accedir a la propietat de les societats** que cotitzen en borsa.
- La borsa és molt sensible a qualsevol esdeveniment de qualsevol tipus, sigui polític, social o econòmic, per la qual cosa **s'anticipa als successos.** Després de les grans crisis borsàries vénen èpoques de recessió econòmica, com va passar en el *crac* d'octubre de 1929. Contràriament, quan la borsa té tendència alcista, sol ser símptoma que l'economia real de mercat està millorant per al conjunt dels individus.
- És el reflex del funcionament de l'economia dels països. Els ascensos o descensos es produeixen pels corresponents canvis d'expectatives o gustos dels inversors sobre les magnituds econòmiques i socials que determinaran la situació econòmica del país a mitjà termini.
- D'altra banda, si en el mercat de valors observem que les accions d'una determinada empresa es cotitzen a valors superiors, considerarem que aquesta empresa gaudeix de bona salut econòmica; per això, la borsa actua com el **baròmetre de la salut de les empreses,** ja que el preu de les accions reflecteix l'opinió dels inversors sobre el futur de les societats.
- Des del punt de vista de les empreses que actuen com a demandants de diners al mercat borsari, el que s'està provocant és un **finançament de la mateixa empresa:** la borsa facilita l'obtenció de fons a llarg termini, ja siguin obligacions o accions. La borsa farà d'element coordinador entre dos tipus de mercat: el mercat de diners i el mercat de capital, i sempre a través de les operacions de crèdit.

Altres funcions de les borses

- **Informar** sobre els preus, variacions, volums de transacció dels valors que tenen inscrits.
- **Determinar els valors i preus** dels títols de les empreses que es negociaran en aquest mercat, segons l'aplicació formal de les lleis de l'oferta i la demanda.
- **Supervisar** l'actuació de les societats i de les agències de valors.
- **Garantir la ràpida execució** de totes les operacions de compravenda realitzades en el seu mercat i la seva corresponent liquidació.

Característiques de la borsa

La borsa concentra un gran nombre d'inversors amb diferents capacitats de compra.

- L'estalviador pot triar on destinar els seus estalvis, ja que la borsa li proporciona un conjunt de **valors de molt diferents preus** i que són el reflex de la situació econòmica i social del país.
- Es tracta d'un **mercat regulat,** la qual cosa dóna a l'estalviador una seguretat jurídica i econòmica que no tindria si no estigués regulat.

  Aquesta seguretat afecta tant la legitimitat de l'adquisició i propietat dels valors com l'admissió a cotització, que requereix determinats requisits: la successiva cotització en el mercat secundari i les exigències d'informació a l'inversor, a l'accionista, que és exhaustiva i rigorosa.
- A més, la cotització en borsa atorga **liquiditat** als valors. Aquesta característica és una de les més importants, fins al punt que Keynes assenyala que la principal qualitat de la borsa és que realitza valoracions pràcticament diàries, i la possibilitat de desprendre's dels actius tan aviat com canvien les expectatives del mercat respecte d'aquests.

  Considerarem que un valor té suficient liquiditat quan pot haver-hi moltes transaccions d'aquest en una sessió, i quan és fàcil convertir-lo en diners legal amb la suficient rapidesa.

Brokers* i *dealers

Quan un inversor desitja adquirir un determinat valor va a una entitat financera que, per mitjà d'un ***broker*** (una agència de valors) o un ***dealer*** (una societat de valors) adquireix els títols sol·licitats a les societats de borsa. Aquesta adquisició es fa a través del *servei de compensació i liquidació de valors.*

Aquestes entitats són les úniques que estan facultades per a realitzar transaccions de compravenda en els mercats de valors.

7.2. *Índexs borsaris*

En cada borsa es defineix un **índex general,** que és l'encarregat de mesurar l'evolució d'un conjunt representatiu de valors, seleccionat segons la seva liquiditat.

Quan finalitza cada sessió, l'índex general és el que ens indica si han prevalgut les accions de compra o les de venda.

> L'**índex borsari** és el reflex de la situació real dels mercats de valors.

Quan diem que *la borsa ha pujat o ha baixat,* el que realment estem dient és que els valors representatius esmentats han modificat el seu valor en l'un o en l'altre sentit.

Això independentment que s'hagin realitzat infinitat de transaccions amb valors que no formen part d'aquest índex, ja que que el volum que representen aquestes transaccions no és comparable al volum d'operacions que suposen els principals valors que componen l'índex.

A Espanya, l'índex borsari és el'**IBEX-35** (fig. 17), que representa els 35 valors (empreses) més importants que cotitzen en les borses espanyoles (Madrid, Barcelona, Bilbao i València). Cada sis mesos es revisa el grup d'empreses que conformen aquest índex per assegurar que els títols que el componen són sempre els de més liquiditat del mercat.

Fig. 17. Evolució de l'IBEX-35 entre gener de 1992 i juliol de 2009.

8. El Banc Central Europeu i el SEBC

En la major part dels països hi ha un **banc central,** normalment de caràcter públic, que posseeix el *monopoli d'emissió de diners de curs legal.*

No obstant això, aquest monopoli no li dóna a l'Estat llibertat absoluta. Aquest tipus de bancs neix a fi de regular la creació de diners i supervisar el sistema bancari.

En el cas de la Unió Europea, aquest paper ha estat assignat al **Banc Central Europeu,** que juntament amb els bancs centrals de cada país constitueixen el **SEBC** (Sistema Europeu de Bancs Centrals), les funcions principals del qual consisteixen a:

- Definir i executar la *política monetària.*
- Mantenir l'*estabilitat de preus.*
- Executar les polítiques de *tipus de canvi de divises.*
- Promoure i controlar el funcionament del *sistema de pagaments.*
- Gestionar les *reserves oficials de divises.*
- Garantir la *independència dels bancs centrals.*
- Posseir i gestionar les *reserves dels Estats membres.*

Com veiem, es tracta d'un paper d'enorme importància que pot afectar en gran manera l'economia, tant la del país com la global.

Situació comptable de l'emissió de diners

Quan el BCE emet diners, aquests es consideren com el seu passiu, que ha de ser ratificat per un actiu, ja sigui com a préstec a una entitat financera, com a compra d'actius, emissió de deute públic, etc. És a dir, el que fa és posar en circulació aquests diners. Una part d'aquests diners quedarà a les mans dels agents, i una altra part, en dipòsits de les institucions financeres. Aquests diners legals són el que coneixem com a **base monetària,** que segueix sent només una part de l'oferta de diners que realment s'està utilitzant en qualsevol economia, ja que els intermediaris financers creen diners bancaris, proporcionant amb això nous fluxos financers al sistema.

9. La política monetària a la zona euro

Si considerem que l'**objectiu** principal del Sistema Europeu de Bancs Centrals (SEBC) és el *manteniment de l'estabilitat de preus a la zona euro,* el sistema només donarà suport a la resta de polítiques econòmiques de la Unió Europea quan no suposin un perill per a assolir el principal objectiu d'estabilitat de preus.

S'ha de destacar, sobre aquest tema, que aquesta estabilitat de preus està basada en l'**índex harmonitzat de preus de consum (IHPC),** que és l'únic que proporciona una mesura per a tota la Unió Europea en referència al nivell d'inflació.

La política monetària està definida a mitjà termini, amb la qual cosa la conjunturalitat de certs moments de creixement no es veurà modificada.

I, a més, aquesta política és per a tota la Unió Europea, sempre considerada com a unitat.

Pel que fa a les mesures de política monetària que ha de prendre l'eurosistema, hem de tenir en compte que la quantitat de diners que existeix a la zona euro té la referència de l'agregat **M3,** per la qual cosa un creixement superior a aquest es podria interpretar com un *risc d'inflació a curt i mitjà termini.*

A més d'això, els responsables de la política monetària analitzen una sèrie de variables i la seva evolució per poder determinar si es corresponen amb les previsions inicials.

- **1.** Posa exemples en què puguis comprovar que els diners actuen com a unitat de compte, com a dipòsit de valor o com a mitjà de pagament.
- **2.** Explica si alguna vegada has participat en alguna activitat de bescanvi sense que hi hagin intervingut monedes i bitllets.
  — Descriu en què va consistir l'activitat i quin va ser l'objecte o bé intercanviat.
- * **3.** Explica quines funcions ha de complir un bé perquè es consideri diners.
- **4.** Enumera entitats i institucions que formin part del sistema financer espanyol.
  — Integren el sistema bancari o es tracta d'institucions financeres?
- **5.** Explica quina és la diferència entre base monetària i oferta monetària.
  — Raona per què el banc central pot controlar la base monetària i, no obstant això, no pot fer-ho amb l'oferta monetària.
- **6.** Les entitats financeres paguen un interès mínim als dipòsits a la vista (comptes corrents). Malgrat això, aquest interès augmenta a mesura que el dipòsit es manté més temps en poder de l'entitat.
  — Justifica aquest comportament en termes de liquiditat i rendibilitat.
- **7.** Raona per què un augment de la inflació prevista comporta una disminució de la demanda de diners.
- **8.** Enumera les funcions dels diners.
  — Raona quines apreciarà més cadascuna de les següents persones: un banquer, un comerciant, un comptable i un consumidor.
- **9.** Comenta la funció principal que realitzen les entitats financeres i justifica si es tracta o no d'una funció important dins del sistema econòmic.
- **10.** Indica tres exemples concrets d'activitats econòmiques on intervingui el sistema financer i explica la funció que realitza aquest en cadascuna.
- **11.** Enumera les funcions del Banc d'Espanya.
- **12.** Explica quin és el principal paper de la base monetària.
  — Justifica la seva importància i la necessitat del seu control.
- **13.** Calcula la quantitat màxima de diners bancaris que poden crear-se a partir d'un dipòsit inicial de 8 000 € tenint en compte que el coeficient de caixa és del 3 %.
  — Determina prèviament el valor del multiplicador bancari.
- **14.** Si el coeficient de caixa és del 5 %, calcula com es veurà modificat el resultat de l'exercici anterior.
- **15.** Indica com pot controlar el Banc d'Espanya la base monetària.
  — Explica quins instruments utilitza.
  — Indica també com pot augmentar la quantitat de diners de l'economia i com pot disminuir-la.
- **16.** Enumera els motius que porten un agent econòmic a demandar diners.
- **17.** Raona si les antigues taules de canvi desenvolupaven activitats semblants a les dels actuals bancs.
  — Explica les similituds, si n'hi ha.
- **18.** Raona què passaria amb la demanda de diners que realitza un agent econòmic si es produïssin els següents canvis:
  a) El tipus d'interès de mercat passa del 5 % al 4 %.
  b) L'agent rep un inesperat ascens professional que li suposa un augment de sou del 15 %.
  c) Els preus augmenten un 3 %.
  d) Es preveu un augment significatiu de la inflació per als pròxims mesos.
- **19.** Explica quines haurien de ser les característiques d'un determinat actiu perquè pugui ser considerat com a mitjà de canvi, com a mitjà de pagament o com a dipòsit de valor.
- **20.** Explica què entenem per *saldos reals* i què entenem per *saldos monetaris*.
  — Raona la teva resposta.
- **21.** Analitza les següents afirmacions i argumenta de manera raonada si estàs d'acord o no amb cadascuna.
  a) Un augment de la demanda de diners en una economia a curt termini pot ser provocada perquè els tipus d'interès han baixat.
  b) Un bitllet de 20 € no té un valor intrínsec, sinó que el seu valor ve donat per la quantitat de béns que s'hi poden adquirir.
  c) Per reduir la quantitat de diners existents en una economia, el sector públic adquireix títols del deute en operacions de mercat obert.
  d) Com a mitjà de canvi, els diners faciliten l'estalvi i l'acumulació de capital.
  e) Si hi ha un únic banc amb dret de monopoli a emissió de paper moneda, això significa que la resta de bancs no poden crear diners.
  f) El valor de l'efectiu que tenen les entitats bancàries pot ser inferior al valor dels dipòsits bancaris.

* PAU

■ **22.** Suposem que, en un moment determinat, tots els bitllets falsos que existeixen en el mercat desapareixen i només queden els bitllets legals.

— Afectaria aquest fet al sistema monetari del país o d'Europa? Explica per què.

— I si es produís el succés contrari, és a dir, que s'introduïssin en el mercat una elevada quantitat de bitllets falsos molt ben elaborats, quins efectes produiria en el sistema?

■ **23.** La base monetària es defineix com «la suma dels diners en mans del públic i de les reserves líquides del sistema bancari».

— És certa aquesta afirmació? Explica per què.

■ **24.** Explica què s'entén per actius financers.

■ **25.** Explica què són i en què consisteixen els mercats financers i indica els tipus d'actius que s'hi negocien.

* ■ **26.** Explica el paper que exerceix la banca comercial en el procés de creació dels diners. A través de quins mecanismes pot incidir el Banc Central en aquest procés?

* PAU

* ■ **27.** Explica els aspectes relacionats amb els diners que s'enumeren a continuació.

a) Què són els diners.

b) Quants tipus de diners hi ha.

c) Quines són les funcions dels diners.

d) Com es determina la quantitat de diners (oferta monetària) present en una economia.

e) Com es creen els diners.

f) En què consisteix el multiplicador bancari.

■ **28. Treball d'investigació**

Compila informació durant una setmana consecutiva dels valors de l'Ibex-35.

— Elabora un quadre i un gràfic amb els valors recollits, analitza el que obtens i explica-ho.

— Agafa, ara, cinc valors qualsevol de l'Ibex i fes el mateix.

— Compara l'evolució de cadascun dels valors amb la de l'Ibex-35. Són iguals les rendibilitats obtingudes? Explica per què.

Revista d'economia

Xina busca frenar la inflació reduint l'activitat bancària

Ha elevat en 50 punts bàsics el seu coeficient de caixa

El govern xinès ha elevat avui en 50 punts bàsics el coeficient de caixa dels bancs del país, que ja assoleix el 19 %, amb l'objectiu de controlar la inflació.

Segons va anunciar el Banc Popular de Xina en la seva pàgina web, la nova pujada del coeficient de caixa dels bancs xinesos —el percentatge dels diners d'un banc que ha de mantenir en reserva líquida i sense utilitzar per a préstecs o inversions— és la sisena de l'any i entrarà en vigor a partir del 20 de desembre.

Aquesta nova pujada es coneix un dia abans que es publiqui la dada de l'IPC de novembre.

Oficialment, el Banc Popular de Xina no va donar raons per a l'augment del coeficient, però a l'octubre Xina va assolir una inflació del 4,4 %, rècord dels últims 25 mesos, i els analistes estimen que la xifra de novembre serà encara més alta.

De fet, es tracta de la tercera pujada en un mes d'aquesta *ràtio,* després de les viscudes els dies 10 i 20 de novembre, mentre que els tipus d'interès també es van incrementar a l'octubre, el primer ascens des de 2007.

Els experts consideren que la finalitat de totes les operacions és drenar l'economia xinesa de l'excés de diners que circulen, després de la segona injecció de rescat nord-americà, de 600 000 milions de dòlars (uns 450 000 milions d'EUR), que està inundant els mercats emergents amb fluxos de capital especulatiu.

La notícia coincideix amb la publicació de les dades de comerç exterior xinès al novembre, amb increments rècord de més del 34 % tant de les exportacions com de les importacions.

No obstant això, el superàvit comercial va descendir un 15,5 % fins a assolir els 22 890 milions de dolars (17 281 milions d'EUR).

La setmana passada, el Partit Comunista de Xina va anunciar que la política monetària del gegant asiàtic canviarà el 2011 de l'actual definició de «moderadament oberta» a «prudent».

***Expansión*, 10 de desembre de 2010**

Revista d'economia

El dilema del Banc Central Europeu

Ha de triar entre combatre la inflació i garantir l'estabilitat del sistema bancari europeu

El BCE es troba atrapat en el dilema de complir amb l'objectiu estatutari de combatre la inflació i, simultàniament, garantir la liquiditat i estabilitat del sistema bancari europeu, la sostenibilitat del deute sobirà dels països perifèrics i cooperar amb el Consell Europeu en la recuperació econòmica d'Europa.

A tot el que s'ha dit, s'ha d'afegir la creixent asimetria dels cicles econòmics entre països nuclears, com Alemanya o França i els països perifèrics. Curar a tots alhora de malalties diferents amb un únic medicament és pràcticament impossible.

Al final, la temptació és salvar el més fort; és a dir, a aquell que garanteix la subsistència del sistema. Amb l'anunci del consell del dia 4 de març que és possible un augment dels tipus d'interès directors en el mes d'abril, el BCE pretén deixar clara la seva prioritat per tal d'ancorar les expectatives d'inflació, en un intent de separar i fer compatibles l'ortodòxia de la política monetària convencional amb el subministrament extraordinari de liquiditat a la banca i la cooperació en el manteniment del deute sobirà.

Cal fer-se la pregunta de si estem assistint a un canvi en el cicle de la política monetària acomodatícia cap a una altra més restrictiva. La reacció dels mercats ha estat immediata: l'euríbor s'ha disparat fins a l'1,92%, els futurs sobre l'euríbor han augmentat al voltant de 20 punts bàsics i l'euro quasi ha tocat el canvi d'1,40 dòlars.

Si l'oferta monetària (M3) creix a un ritme de l'1,5%, per sota del nivell de referència del 4,5%, i la inflació subjacent, exclosos l'energia i els aliments, es manté continguda al voltant de l'1%, resulta difícil explicar l'ansietat i desassossec del BCE anticipant i anunciant possibles pujades de tipus d'interès per al mes d'abril, això sí, aclarint que la pujada podria ser puntual, sense que això pressuposi la seva continuïtat en els pròxims mesos.

Si el BCE no pot evitar la pujada del preu de l'energia i els aliments i, alhora, tant la demanda interna com l'oferta monetària i el crèdit es mantenen estancats o sota control, quina és la raó de l'anunciada pujada dels tipus d'interès en el mes d'abril? Sens dubte, ancorar les expectatives d'inflació a mitjà termini, intentant evitar que els increments dels preus de l'energia i els aliments repercuteixin, en un efecte de segona ronda, en els salaris i preus dels béns finals.

En definitiva, el BCE fa una crida a la responsabilitat dels agents econòmics i socials perquè mantinguin la moderació salarial en les seves pròximes negociacions, amb l'objectiu que els costos laborals unitaris es mantinguin constants.

Si això s'aconseguís, les expectatives d'inflació a mitjà termini es mantindrien ancorades. De no ser així, els efectes sobre la nostra economia serien desastrosos.

Una pujada de tipus mantinguda en el temps, coincident amb impostos a l'alça, reducció de la despesa pública i baixada dels salaris, tindria un impacte desolador sobre la renda disponible, la qual cosa aixafaria la feble recuperació del consum i la inversió, deteriorant més les expectatives dels ciutadans i empresaris, allargant la destrucció d'ocupació i condemnant-nos a una situació d'estancament amb inflació i pèrdua de competitivitat.

La correcció de l'alt endeutament privat i públic es veuria perjudicada i el compliment dels objectius de dèficit i deute públic compromesos, cosa que generaria noves expectatives d'insolvència i un rebrot de la crisi de deute públic d'Espanya i de la resta dels països perifèrics.

D'altra banda, l'apreciació de l'euro, induïda pel creixent diferencial de tipus d'interès d'Europa en relació amb els EUA, danyaria les nostres exportacions, principal via d'arrencada de la nostra economia. Des del punt de vista del seu impacte sobre el sistema bancari espanyol, la pujada dels tipus, en un moment en què el sistema s'està reestructurant i recapitalitzant, provocaria un perillós augment de la morositat per sobre del seu actual nivell de 5,8%, deteriorant la seva solvència, dificultant el procés de capitalització i l'accés als mercats.

A això s'hauria d'afegir el possible impacte negatiu a curt termini sobre els marges bancaris, davant la diferent velocitat de resposta dels interessos dels crèdits i els dipòsits, en un escenari de tensions de liquiditat i guerra del passiu.

Aquests són els inconvenients d'avançar a diferent ritme i cicle que la resta de les economies europees. Ja vam patir aquesta situació durant el cicle de prosperitat, quan els tipus eren massa baixos per a la nostra reescalfada economia, però adequats per a països com França o Alemanya, i ens torna a ocórrer novament en època d'estancament, amb tipus a l'alça adequats per als països de primera velocitat, però inoportuns i perjudicials per als qui surtim més lentament però amb una inflació del 3,6%, molt per damunt de l'europea.

El nostre govern ha de posar tota l'atenció de les reformes en la millora de la productivitat i competitivitat, única forma d'adequar el nostre cicle amb la resta dels països europeus, els de primera velocitat. Només d'aquesta manera aconseguirem que el medicament monetari que cura els forts no acabi matant els més febles, és a dir, a nosaltres.

FERNANDO FACES
Expansión, 6 de març de 2011

1 El concepte i la paraula diners tenen el seu origen:

a) En el bescanvi.

b) En l'intercanvi de béns.

c) En la paraula *denari* de l'imperi Romà.

d) En els desitjos d'obtenir el que no es pot produir.

2 Els diners-mercaderia són:

a) Els que s'intercanvien per un altre bé o mercaderia.

b) Els que corresponen al valor d'un bé generalment acceptat.

c) Els que són acceptats, divisibles, fàcilment transportables i mantenen el seu valor de forma estable.

d) Un concepte annexat al de bescanvi.

3 Els diners fiduciaris són:

a) Els que donen fiabilitat al comprador.

b) Els que es manifesten mitjançant talons i xecs, perquè representen diners.

c) Els que no tenen cap suport de valor.

d) Els que representen les targetes de crèdit emeses per un banc.

4 El patró or és:

a) El valor d'una moneda expressat en el seu pes en or.

b) El que ajusta els desequilibris de les balances de pagaments.

c) Un tipus de diners que no s'utilitza perquè provoca inflació.

d) El suport en or de què disposa un país sobre la quantitat de moneda que té en circulació.

5 Les funcions dels diners són:

a) Ser unitat de compte, dipòsit de valor i mitjà de pagament.

b) Fonamentalment, satisfer les necessitats del consumidor.

c) Pagar els factors productius i els agents econòmics pels serveis prestats.

d) Crear riquesa en una societat i elevar el seu nivell de vida.

6 L'organisme que defineix i executa la política monetària és:

a) El Banc d'Espanya.

b) El govern.

c) El Ministeri d'Economia i Hisenda.

d) Una comissió econòmica que el govern nomena amb aquesta funció.

7 La base monetària és:

a) La quantitat de diners emesa pel BCE en un exercici fiscal.

b) Els diners emesos en un país durant un any.

c) Els diners dipositats en els bancs.

d) La suma de l'efectiu en circulació en mans del públic i dels dipòsits que els bancs tenen en el banc central.

8 L'oferta monetària és:

a) La quantitat de diners que s'ofereix al mercat.

b) Els diners que els bancs ofereixen als seus clients.

c) La que s'ajusta, en cada moment, a la demanda monetària.

d) La quantitat de diners de què disposen els agents econòmics per dur a terme transaccions.

9 Els diners bancaris són:

a) Els que emet el banc central de cada país o regió. En el nostre cas, el BCE.

b) Els que representen les targetes de crèdit, els xecs i talons, els pagarés, etc.

c) Els que dipositen els clients en els bancs.

d) La quantitat de diners de què disposen els agents econòmics per dur a terme transaccions.

10 La borsa és:

a) El mecanisme de control de l'economia per part dels governs.

b) El mercat de valors.

c) Un lloc on només cotitzen els valors de les societats anònimes.

d) El lloc on es recullen les cotitzacions dels valors enquadrats en l'Ibex-35 exclusivament.

11 El sector públic i la política econòmica

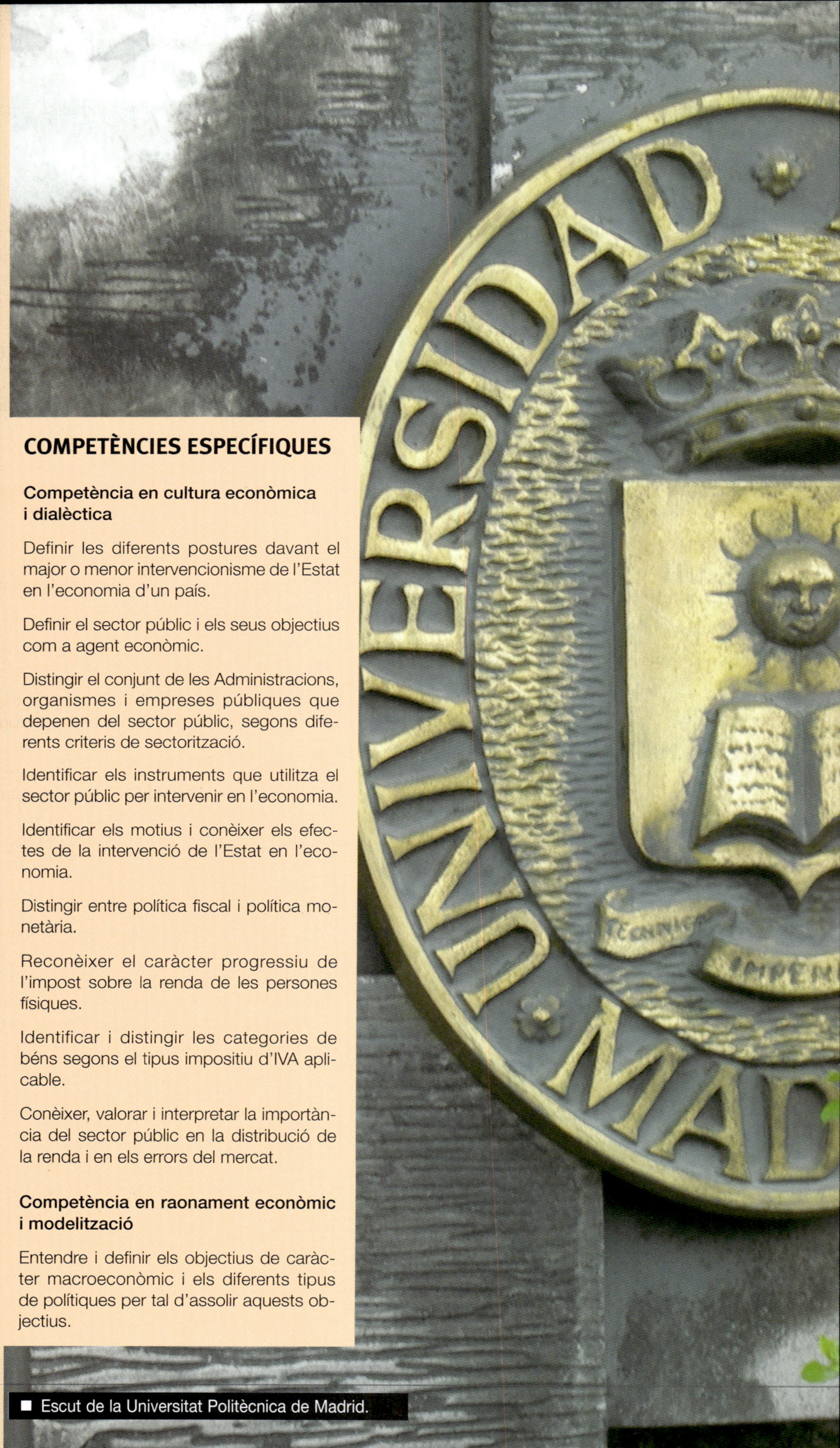

COMPETÈNCIES ESPECÍFIQUES

Competència en cultura econòmica i dialèctica

Definir les diferents postures davant el major o menor intervencionisme de l'Estat en l'economia d'un país.

Definir el sector públic i els seus objectius com a agent econòmic.

Distingir el conjunt de les Administracions, organismes i empreses públiques que depenen del sector públic, segons diferents criteris de sectorització.

Identificar els instruments que utilitza el sector públic per intervenir en l'economia.

Identificar els motius i conèixer els efectes de la intervenció de l'Estat en l'economia.

Distingir entre política fiscal i política monetària.

Reconèixer el caràcter progressiu de l'impost sobre la renda de les persones físiques.

Identificar i distingir les categories de béns segons el tipus impositiu d'IVA aplicable.

Conèixer, valorar i interpretar la importància del sector públic en la distribució de la renda i en els errors del mercat.

Competència en raonament econòmic i modelització

Entendre i definir els objectius de caràcter macroeconòmic i els diferents tipus de polítiques per tal d'assolir aquests objectius.

■ Escut de la Universitat Politècnica de Madrid.

ORGANITZACIÓ DELS CONTINGUTS

El sector públic i la política econòmica

INTRODUCCIÓ

■ La intervenció del sector públic en l'economia, tema central de l'anàlisi macroeconòmica, disposa d'uns components, objectius i instruments d'actuació que li són propis i exclusius: la política econòmica.

El sector públic, és a dir, l'Estat, intenta corregir els errors i ineficiències propis del sistema de mercat. Els seus principals objectius són el creixement econòmic, l'estabilitat, la plena ocupació i, sobretot, la redistribució de la renda per mitjà d'ajudes als individus més necessitats.

Com a agent econòmic, l'Estat finança una sèrie d'obres i serveis públics. Per a fer-ho, ha d'arreplegar recursos econòmics que obté fonamentalment amb els impostos.

L'Estat ha adquirit de mica en mica més rellevància en l'activitat econòmica perquè ha assumit papers i funcions de finançament, control i protagonisme en els moments de recessió a fi de tractar de regular els serveis i les prestacions de caràcter públic, com ara garantir a la població una xarxa d'escoles que assegurin l'ensenyament bàsic gratuït o mantenir la xarxa d'universitats públiques. També actua com a vigilant del sistema de mercat, controlant els preus per evitar abusos.

Les diferents polítiques fiscals i econòmiques serveixen al sector públic per a regular les diferències en les fluctuacions de l'economia.

En totes les economies de mercat hi ha una certa intervenció de l'Estat, influint en determinades actituds i activitats de les empreses i els consumidors, i donant suport amb lleis a les relacions transaccionals que els uneixen.

1. El sector públic

A més de les *economies domèstiques* i de les *empreses,* en les economies modernes intervé un tercer agent econòmic que cada vegada adquereix més importància. Ens referim al **sector públic.**

> El **sector públic** és el conjunt d'administracions, organismes i empreses públiques de titularitat estatal.

Així definit, el sector públic esdevé excessivament heterogeni pel que fa a les seves característiques, objectius i instruments que utilitza per a assolir-los.

Es planteja, per tant, la necessitat d'agrupar-lo en blocs més o menys homogenis per analitzar millor el seu comportament econòmic. Aquest procés s'anomena **sectorització del sector públic.**

Hi ha tres criteris fonamentals per a dur a terme la sectorització: el *criteri espacial,* la *funció econòmica principal* i el *tipus d'institució* de què es tracta.

- El **criteri espacial** fa referència a l'àmbit territorial sobre el qual s'actua o es pot actuar. Segons aquest criteri, el sector públic se subdivideix en tres àmbits: *central, autonòmic i local.*
  - El sector públic **central** inclou els organismes, les empreses i les institucions que actuen en tot el territori de l'Estat, excepte en aquelles zones en les quals les seves competències han estat transferides a les autonomies o als ens locals.
  - El sector públic **autonòmic** està format per les entitats que depenen de les administracions autonòmiques. Les seves competències es limiten al territori de la mateixa autonomia.
  - El sector públic **local** intervé com a agent econòmic en l'àmbit de la mateixa localitat.
- Segons la **funció econòmica principal** podem distingir tres grups d'organismes: les *administracions públiques,* les *empreses públiques* i el *sistema de la Seguretat Social.*
  - Les **administracions públiques** produeixen serveis que s'ofereixen al públic de forma gratuïta o a un preu molt inferior al seu cost, com per exemple l'educació. Obtenen els recursos necessaris a través dels *impostos.*
  - Les **empreses públiques** produeixen béns i serveis de les mateixes característiques que les empreses privades. No obstant això, la seva política de preus i de distribució no està relacionada amb el benefici empresarial sinó amb el benestar del país. Es financen, d'una banda, amb els *ingressos* que obtenen del mercat i, de l'altra, amb els *fons* procedents de les administracions públiques que les acullen.
  - El **sistema de la Seguretat Social** presta serveis socials, com la sanitat, les pensions o les prestacions socials no contributives. Obté els seus recursos principalment de les *cotitzacions socials.*

Àmbits d'actuació

L'ens públic **Radiotelevisió Espanyola** és una empresa de telecomunicacions la cobertura de la qual inclou la totalitat del territori de l'Estat.

En canvi, les **cadenes autonòmiques de televisió pública,** com ara la nostra, TV3, i moltes altres com TELEMADRID, RTVV, TVG o ETB, actuen exclusivament sobre l'àmbit territorial de la comunitat autònoma a la qual pertanyen.

Tant en un cas com en l'altre, una part dels seus recursos són finançats per les administracions de les quals depenen.

- Segons el **tipus d'institució** podem classificar el sector públic d'acord amb les normes que regeixen el funcionament d'aquestes institucions. Així, distingirem els *organismes institucionals, l'Administració General de l'Estat,* els *ens del sistema de la Seguretat Social* i *altres institucions administratives i mercantils.*

  — Els **organismes institucionals** engloben la Casa de Sa Majestat el Rei, el Defensor del Poble, les Corts Generals (Congrés i Senat), el Consell General del Poder Judicial i el Tribunal de Comptes del Regne.

  — L'**Administració General de l'Estat** inclou els ministeris, les secretaries d'Estat i tots els organismes amb dotacions diferenciades en els Pressupostos Generals de l'Estat.

  — Els **ens del sistema de la Seguretat Social** integren les entitats gestores, tant estatals com autonòmiques, i els serveis comuns.

  — Les **altres institucions administratives** són els ens autonòmics i les entitats amb estatut jurídic propi. A més, cal afegir algunes institucions de caràcter mercantil.

Els tres criteris de sectorització, en comptes de ser antagònics, són perfectament **complementaris.** Si s'utilitzen de forma conjunta, es pot arribar a tenir una visió bastant completa de l'estructura i composició del sector públic (fig. 1).

Béns públics i gratuïts

La xarxa d'**escoles públiques** garanteix la gratuïtat dels nivells obligatoris d'ensenyament en tot el territori espanyol.

Segons la seva localització geogràfica, depenen de l'Administració central, de l'autonòmica o de la local.

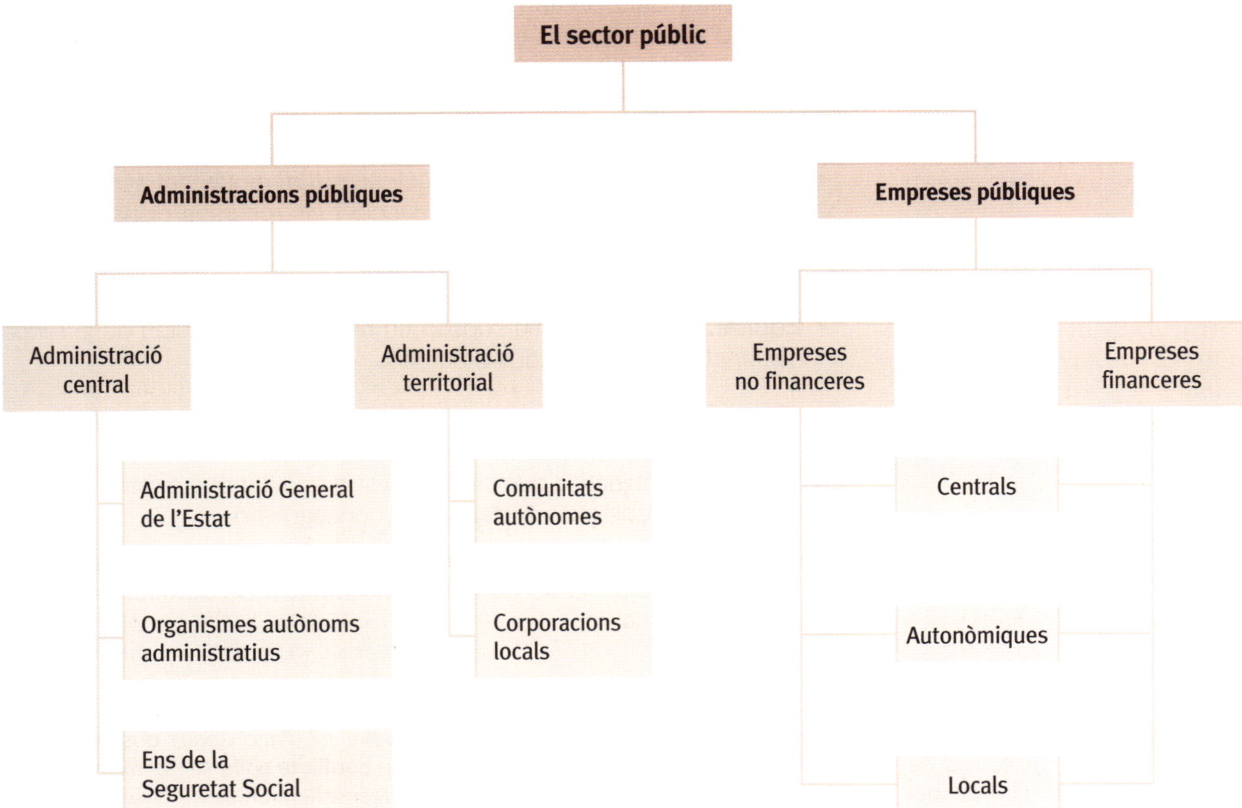

Fig. 1. Organigrama del sector públic.

1.1. *Els objectius del sector públic*

El sector públic tracta d'aconseguir uns objectius econòmics i socials que han anat variant al llarg de la història d'acord amb el context social, polític i econòmic de cada moment.

En l'actualitat, podem afirmar que els principals **objectius macroeconòmics** que pretén aconseguir podrien formular-se de la manera següent: *benestar i desenvolupament, creixement del PIB, alt nivell d'ocupació, estabilitat dels preus, eficiència econòmica* i *equitat.*

Benestar i desenvolupament

El **benestar** i el **desenvolupament** fan referència a la relació entre l'economia i el nivell o la qualitat de vida del país.

El sector públic pretén afavorir canvis econòmics, socials i de qualsevol altre tipus que permetin avançar en la millora de les condicions de vida.

- **Benestar i desenvolupament.** Aquest és un objectiu de caràcter general i no quantificable, que depèn de la consecució dels altres objectius econòmics.
- **Creixement del PIB.** Es tracta d'un objectiu necessari, encara que no suficient per assolir altres objectius econòmics, com el benestar i el desenvolupament.

  Un creixement significatiu del PIB suposa també un creixement de la *renda personal disponible,* amb la qual cosa es facilita el benestar dels individus. Però a més, caldrà que el creixement es produeixi de manera *uniforme* i la distribució de la renda sigui *el més equitativa possible.*
- **Alt nivell d'ocupació.** La consecució de la *plena ocupació* és un dels objectius prioritaris de qualsevol economia moderna. És imprescindible disposar de treball per poder participar de la renda nacional i, per tant, del benestar.
- **Estabilitat dels preus.** Si hi ha taxes elevades d'*inflació,* la consecució d'altres objectius econòmics i socials importants es fa molt difícil, perquè la inflació *impossibilita* la previsió de l'evolució futura per part dels agents econòmics i *penalitza* algunes activitats com l'estalvi o determinats individus amb menor poder adquisitiu.
- **Eficiència econòmica.** Aconseguir el màxim rendiment econòmic en la utilització dels factors de producció i els recursos disponibles requereix la utilització de processos de producció adequats i adaptats al nivell tecnològic del moment present.
- **Equitat.** Aquest objectiu suposa un repartiment igualitari de la *renda nacional* entre els individus d'un país.

Per a assolir aquests objectius, el sector públic utilitza la **política econòmica** com a forma d'intervenció en l'economia. Per a fer-ho, defineix prèviament els objectius que persegueix i la prioritat que existeix entre si, així com els mitjans que utilitzarà per a conseguir-ho.

En definir els objectius que es persegueixen, el sector públic ha de tenir en compte l'existència de **complementarietat** o de **conflicte** entre els diferents objectius.

COMPLEMENTARIETAT	CONFLICTE
Dos objectius són **complementaris** quan la *consecució d'un facilita la consecució de l'altre.* Per exemple, un creixement del PIB elevat pot permetre la consecució d'un alt nivell d'ocupació.	Quan hi ha *dificultats per tal d'aconseguir dos objectius alhora* es diu que hi ha **conflicte** entre si. Per exemple, és difícil aconseguir simultàniament un elevat nivell d'ocupació i una taxa reduïda d'inflació.

2. La política econòmica

Per intervenir en l'economia i controlar el seu funcionament, els governs utilitzen una sèrie de mesures de política econòmica que poden ser *microeconòmiques, macroeconòmiques* i *redistributives.*

2.1. *Política microeconòmica*

La **política microeconòmica** consisteix en un conjunt d'accions mitjançant les quals el sector públic intenta fomentar l'*eficiència econòmica* i l'*equitat.*

L'aplicació de les **polítiques microeconòmiques** dels governs suposen una *presa de decisions* que implica triar una opció entre diverses, ja que el cost d'alguna pot presentar incompatibilitats entre els objectius i els mitjans requerits.

Alguns exemples de polítiques microeconòmiques del sector públic es mostren en el quadre adjunt.

POLÍTICA MICROECONÒMICA	
OBJECTIUS	MITJANS
Eficiència econòmica Equitat	Subvencions a empreses Desgravacions fiscals Control de preus Regulació d'excedent

Hi cal destacar l'establiment de *subvencions a determinats sectors econòmics* (agricultura o sectors en reconversió com el tèxtil, la siderúrgia, la mineria, etc.), els *impostos especials* sobre el tabac i les begudes alcohòliques, les *desgravacions fiscals a la compra d'habitatges,* etc.

Amb aquestes mesures, l'Administració pretén *afavorir* determinades activitats econòmiques i *penalitzar* d'altres.

2.2. *Política macroeconòmica*

La **política macroeconòmica** consisteix en un conjunt d'accions mitjançant les quals el sector públic intenta *regular l'activitat econòmica global.*

Amb la **política macroeconòmica** s'intenta controlar la demanda agregada a fi d'assolir la plena ocupació.

Per a fer-ho, s'han de controlar l'*oferta monetària,* els *tipus d'interès* de mercat i la *despesa pública.*

POLÍTICA MACROECONÒMICA	
OBJECTIUS	MITJANS
Creixement del PIB Alt nivell d'ocupació Estabilitat de preus	Política fiscal Política monetària

Els **mitjans** utilitzats per a assolir els objectius macroeconòmics s'agrupen en dues grans categories: la *política fiscal* (la despesa pública i els impostos) i la *política monetària* establint la quantitat de diners en circulació i el seu preu, tal com es mostra en el quadre adjunt.

L'Estat busca també l'equilibri amb l'exterior, millorar la distribució de la renda i, sobretot, aconseguir el creixement econòmic i el desenvolupament del país.

S'ha de tenir en compte que les polítiques no són independents, sinó que sempre han d'aplicar-se de manera conjunta, ja que que una política determinada pot alterar les altres.

2.3. *Política redistributiva*

A més de les anteriors, s'ha de considerar el tipus de **política de rendes** que aplica el govern perquè les polítiques redistributives siguin eficaces tant a escala macroeconòmica com microeconòmica, seguint sempre criteris d'**equitat,** que fa referència a la **igualtat d'oportunitats** de les persones que es troben en situacions semblants.

Distingirem, doncs, entre *equitat horitzontal* i *equitat vertical.*

Equitat horitzontal

Els mercats competitius poden generar desigualtat en la distribució de la renda i la riquesa perquè *l'assignació del mercat no respon cap criteri d'equitat.*

Efectivament: els mercats distribueixen els béns i serveis produïts per aquells consumidors que tenen la capacitat d'adquirir-los i no segons les necessitats individuals. Sense oblidar la llibertat individual, l'Estat ha d'intervenir per tal de **garantir la igualtat d'accés a determinats béns i serveis,** com l'educació, la seguretat, la justícia, etc. I, sobretot, el nivell d'informació que han de tenir els individus per poder manejar els mercats de béns i serveis, el mercat de valors, el mercat exterior, etc.

Aquesta és la tendència de la majoria dels sistemes tributaris actuals. El que es pretén és que *els ciutadans essencialment iguals contribueixin amb els mateixos impostos.* És el que coneixem com a **equitat horitzontal,** que se sustenta en dues teories: la teoria del *benefici* i la de la *capacitat econòmica o capacitat de pagament.*

- **Teoria del benefici.** Significa que si dues persones iguals en tots els aspectes reben el mateix tipus de servei, hauran de pagar la mateixa quantitat d'impostos per l'usdefruit d'aquest servei (seguretat, autopistes, etc.).
- **Teoria de la capacitat econòmica o capacitat de pagament.** Es basa, fonamentalment, en el fet que les persones amb el mateix nivell de rendes han pagar el mateix nivell d'impostos.

Equitat vertical

El concepte d'**equitat vertical** es refereix, fonamentalment, al *tracte que han de rebre les persones de diferent renda o poder adquisitiu.* La seva aplicació exigeix la intervenció de l'Estat perquè **els qui tinguin una major renda contribueixin més** que els qui en tenen menys.

Això comporta una **redistribució de la renda,** per modificar-la en un sentit més igualitari, i planteja el problema de la *discriminació de les persones d'acord amb les seves rendes.* És a dir, si un individu té una renda superior a la d'un altre, ha de pagar més per gaudir dels mateixos serveis públics o hauria de pagar la mateixa quantitat? S'ha d'aplicar un impost progressiu a les rendes?

Encara que la filosofia pel que fa a aquesta qüestió és contradictòria, sembla existir un consens respecte al fet que el millor instrument de redistribució aplicat als ingressos són els **impostos progressius sobre la renda i la riquesa.**

2.4. *Instruments d'intervenció de l'Estat*

Per a poder intervenir en l'activitat econòmica d'un país, l'Estat utilitza diferents instruments.

- El primer és establir el **marc legal** en què es desenvoluparà l'activitat econòmica, és a dir, les lleis per les quals es regiran els agents econòmics per defensar els interessos de tots. L'Estat ha de fixar aquestes lleis de funcionament.

- També ha de dictar les normes necessàries per **regular l'activitat comercial** i protegir, d'aquesta manera, els drets dels consumidors. És el cas, per exemple, de les normes que regulen la *informació* que ha de figurar necessàriament en l'*etiquetatge* dels productes.

- L'Estat pot també prendre part en la **producció de béns i serveis** per a consum dels individus.

  Pot fer-ho amb caràcter *exclusiu,* com la seguretat, la policia, la defensa nacional, etc. (fig. 2) o *col·laborant amb l'empresa privada* en determinats serveis, com el sistema educatiu, la sanitat, etc.

- Ha d'assumir també el difícil paper de **redistribuir les rendes** sense tenir en compte els preus dels béns i serveis per intentar aconseguir un nivell d'equitat adequat.

  Com a exemple d'aquesta redistribució tenim les *ajudes econòmiques als aturats,* els *subsidis,* les *pensions no contributives,* etc. En aquest camp, és important que hi hagi una determinada legislació, és a dir, un marc legal mínim que reguli aquests mercats.

Fig. 2. El manteniment dels cossos i forces de seguretat de l'Estat i dels exèrcits són competència exclusiva de la administració pública.

- Però l'instrument més important és el **finançament.** L'Estat intervé en l'economia aportant capital financer mitjançant els Pressupostos Generals.

  Per garantir la consecució dels objectius, els pressupostos hauran d'anar acompanyats d'estratègies de seguiment, control de la despesa, etc.

D'altra banda, atès el caràcter cíclic de l'economia (fig. 3), l'Estat ha d'actuar perquè les oscil·lacions tinguin el menor impacte possible sobre el consum-producció i sobre l'estat de benestar. Per a aconseguir-ho, utilitza una sèrie de recursos al seu abast:

- Intervé per mitjà de la **política fiscal,** a través dels impostos i la despesa pública.

- Intervé per mitjà de la **política monetària,** a través del control de la quantitat de diners que hi ha en el mercat i dels tipus d'interès aplicats.

Aquestes formes d'intervenció les analitzarem amb més detall a continuació.

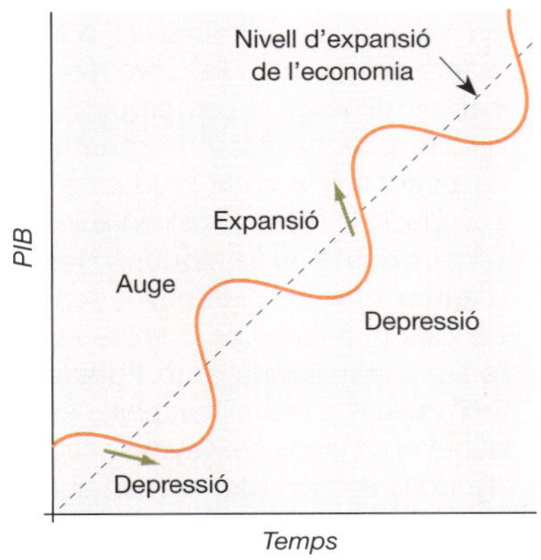

Fig. 3. Les fluctuacions periòdiques de l'economia.

2.5. *Política fiscal*

John Maynard Keynes

John Maynard Keynes (1883-1946) va ser un economista, filòsof i literat britànic que va exercir una gran influència sobre la ciència econòmica burgesa actual. Va assessorar el Tresor britànic, va dirigir una empresa d'assegurances, va ser professor a la Universitat de Cambridge i fou l'autor de diversos treballs sobre problemes econòmics generals.

El llibre més difós de **Keynes** és *Teoria general de l'ocupació, l'interès i els diners* (1936), on exposa la teoria del capitalisme regulat. L'essència de la teoria keynesiana es basa en el fet que l'Estat, amb la finalitat de conservar i consolidar el règim capitalista, ha d'intervenir de forma activa en la vida econòmica i assegurar elevats guanys als monopolis capitalistes més importants.

Fins a aquell moment, els economistes havien acceptat els alts i baixos produïts pels cicles econòmics com una cosa normal, el que els va impedir enfrontar-se a la gran depressió mundial, però **Keynes** va exposar el seu argument que la política fiscal i monetària podria influir en la producció i l'ocupació i amb això disminuir les recessions econòmiques. Des d'aquell moment, les noves tendències que tenen en compte els factors relacionats amb l'oferta (com salaris o preus) han posat en dubte el consens de **Keynes.** Avui dia pocs economistes creuen que la política dels governs pugui variar o eliminar substancialment els cicles econòmics.

Els autors liberals, denominats *prekeynesians,* afirmaven que els **cicles** eren formes naturals de l'evolució de l'economia i que, de la mateixa manera que hi ha èpoques d'*expansió* econòmica, hi ha altres èpoques de *recessió.*

El problema és que les **recessions** són perjudicials per a l'economia, ja que suposen una important **disminució de l'activitat econòmica,** que es posa de manifest en la *reducció que experimenta el PIB* i l'*augment de la taxa de desocupació.*

- La **reducció del PIB** és conseqüència directa dels *tancaments de moltes empreses,* incapaces de subsistir en condicions negatives.
- L'**augment de la taxa de desocupació** té efectes socials negatius perquè provoca un increment de les desigualtats.

L'Estat ha d'**intervenir** aportant més fons per *equilibrar aquests efectes i reactivar la vida econòmica.*

Però la intervenció dels Estats en l'economia sempre té un **efecte multiplicador,** ja que les polítiques macroeconòmiques interactuen en l'equilibri general de l'economia i sobre els nivells de demanda i oferta agregades. Així, si l'Estat dóna feina a persones en situació de desocupació, aquestes, amb els seus ingressos, adquiriran béns i serveis, el que generarà, al seu torn, un increment del consum i la necessitat de produir més béns i serveis per atendre aquesta demanda.

Però l'increment de la despesa que suposa aquest tipus d'intervenció podria generar un dèficit del sector públic.

Segons l'opinió de **Keynes,** aquest aspecte s'hauria de solucionar mantenint un **sistema d'impostos** capaç de finançar la despesa pública, i que, alhora, funcioni com a reactivador de l'activitat econòmica. D'aquesta manera, un nivell més elevat de demanda agregada suposarà un increment més gran en la recaptació d'impostos.

En això consisteix la **política fiscal,** que es pot aplicar a través dels següents **instruments:** la *despesa pública* i els *impostos.*

- La **despesa pública,** sobretot a través de les *transferències* als consumidors, aconsegueix augmentar el poder adquisitiu d'aquests, incidint en les rendes disponibles i en l'increment de la demanda agregada a través del consum. Influeix, per tant, en la *demanda agregada.*
- Els **impostos** suposen els ingressos de l'Estat i li permeten acometre la despesa pública sense incrementar el seu dèficit. Afecten les economies domèstiques, ja que disminueixen la *renda disponible* i incideixen, per tant, en el *consum.*

D'acord, doncs, amb els cicles econòmics, la política fiscal aplicada haurà de ser diferent segons les necessitats de cada moment.

A continuació analitzarem els diferents tipus de polítiques fiscals: les polítiques fiscals **expansives,** les polítiques fiscals **restrictives,** els **estabilitzadors** automàtics i les polítiques fiscals **discrecionals.**

Polítiques fiscals expansives

Les **polítiques fiscals expansives** són les que pretenen provocar un *increment de la demanda de mercat.*

Per tant, quan representem gràficament les noves funcions de demanda, les **corbes de demanda agregada** tendiran a *desplaçar-se cap a l'exterior.*

Les polítiques fiscals expansives se solen utilitzar en moments de **recessió econòmica** per a reactivar l'economia, provocant un nivell d'ocupació i d'inversió més grans. Aquest mecanisme ha de tenir una *durada limitada* en el temps i utilitzar-se en combinació amb *altres tipus de mesures,* com les polítiques monetàries. Si no es fa així, a llarg termini, podrien generar problemes més grans que els beneficis obtinguts amb la seva aplicació a curt termini.

Les polítiques fiscals expansives suposen un *augment de la despesa pública,* amb un *increment del nivell de transferències,* i una *disminució dels impostos* (fig. 4).

- **Augment de la despesa pública i de les transferències.** Els grups als quals van dirigides les transferències augmenten la seva capacitat de consum, la qual cosa provocarà així mateix un *increment de la demanda agregada de mercat.* Les corbes de demanda també s'expandiran.
- **Disminució dels impostos.** En aplicar aquesta mesura, l'individu veu directament incrementat el seu nivell de renda, ja que ha de pagar menys impostos i la seva capacitat adquisitiva és més gran. Això provoca un *major nivell de demanda individual,* per la qual cosa la corba de demanda agregada també es veurà desplaçada cap a la dreta, com en el cas anterior.

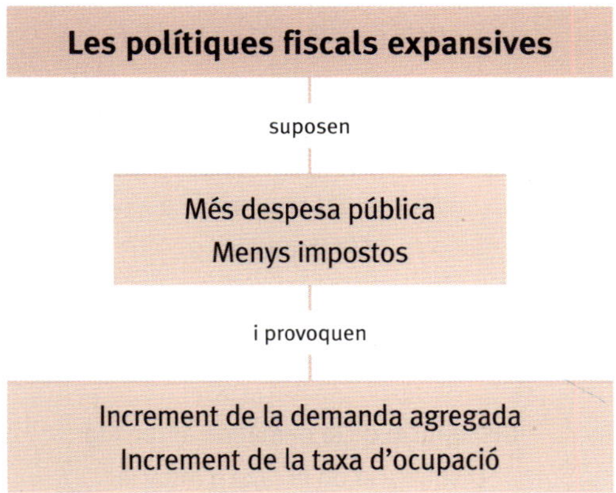

Fig. 4. Les polítiques fiscals expansives augmenten les despeses mitjançant transferències, disminueixen els impostos i provoquen un increment de la demanda i del nivell d'ocupació.

Les dues mesures provoquen un **augment del dèficit pressupostari** o una disminució del superàvit, en cas que n'hi hagi.

Però l'oferta no està preparada per atendre, als actuals preus de mercat, aquest *excés de demanda* produïda per l'increment de la demanda agregada.

Aquesta nova situació, en què un nivell de demanda més gran suscitarà un nou nivell d'oferta a un nou nivell de preus, farà que *el punt d'equilibri del mercat es desplaci de forma ascendent:* el mercat està disposat a adquirir més quantitat de béns i serveis amb una petita variació del nivell de preus.

Si observem la nova situació tindrem **dues posicions d'equilibri del mercat:** la *inicial,* abans d'aplicar les mesures de política fiscal expansiva, i la *final,* després de la seva aplicació (fig. 5).

Això vol dir que, en definitiva, una política fiscal expansiva en temps de recessió pot provocar un augment del nivell de producció pel nou nivell de demanda que, al seu torn, provoca una modificació de les corbes d'oferta agregada.

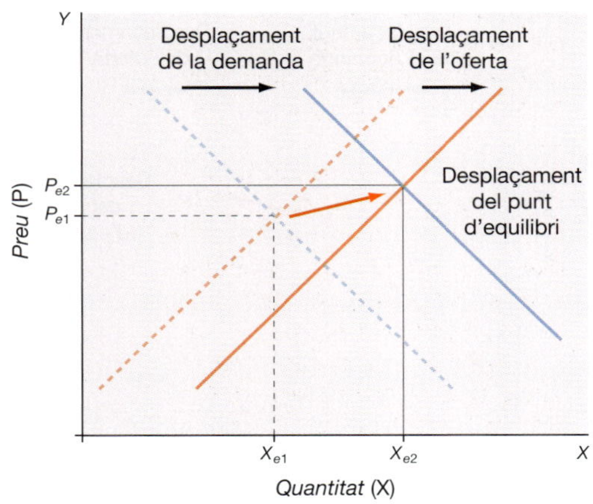

Fig. 5. Desplaçament de l'equilibri de mercat per efecte de polítiques fiscals expansives.

Polítiques fiscals restrictives

> Les **polítiques fiscals restrictives** són les que pretenen *frenar l'increment de la demanda de mercat.*

Contràriament al que ocorre en el cas anterior, en representar gràficament les noves funcions de demanda, les **corbes de demanda agregada** tendiran a *desplaçar-se cap a l'interior.*

El seu objectiu és equilibrar els nivells de demanda de mercat i els nivells de preus o taxa d'inflació.

S'apliquen per tal de *controlar la inflació* en les situacions d'**expansió econòmica,** quan el creixement és tan accelerat que pot provocar una pujada inusual dels preus.

Les polítiques fiscals restrictives

suposen

Menys despesa pública
Més impostos

i provoquen

Disminució de la demanda agregada
Disminució de la taxa d'inflació

Fig. 6. Les polítiques fiscals restrictives disminueixen les despeses, mitjançant transferències, augmenten els impostos i provoquen una disminució de la demanda i de la taxa d'inflació.

Es basen en la *reducció de la despesa pública,* fonamentalment mitjançant la *reducció del nivell de transferències* i l'*augment dels impostos* (fig. 6).

- **Reducció de la despesa pública i de les transferències.** Les conseqüències d'aquesta reducció per als grups als quals van dirigides les transferències són, igualment, una reducció del poder adquisitiu i, per tant, un *descens en el nivell de demanda agregada.*

  La corba de demanda agregada es retreu i es desplaça cap a l'esquerra.

- **Augment dels impostos.** Amb aquesta mesura, els individus veuran disminuïda la seva renda disponible. Per tant la seva capacitat adquisitiva de béns i serveis serà menor.

  Com en el cas anterior, això provocarà un *descens general de la demanda agregada.*

Les dues mesures provoquen una **disminució del dèficit pressupostari** o un augment del superàvit, en cas que n'hi hagi.

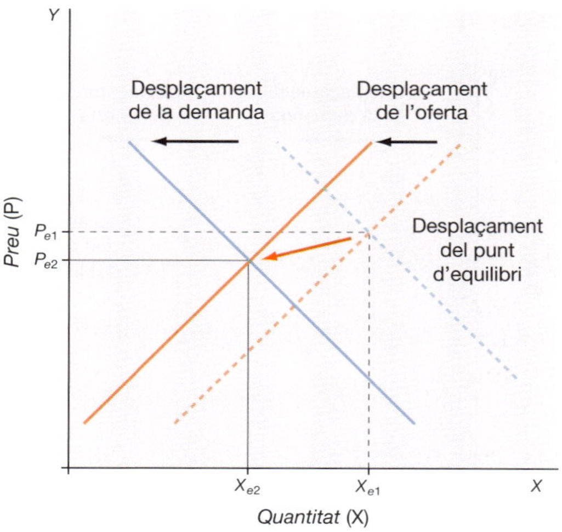

Fig. 7. Desplaçament de l'equilibri de mercat per efecte de polítiques fiscals restrictives.

En aquesta nova situació, en què la demanda descendeix, es produirà inevitablement un *excés d'oferta,* ja que una determinada quantitat de béns i serveis no trobaran comprador.

Com en el cas anterior, tindrem també **dues posicions d'equilibri del mercat:** la *inicial,* abans d'aplicar les mesures de política fiscal restrictiva, i la *final,* després de la seva aplicació (fig. 7).

El nou punt d'equilibri de mercat quedarà desplaçat, en aquest cas, cap a l'esquerra i cap a sota. El mercat haurà d'adequar la producció a la demanda reduint el nivell de producció i disminuint el preu.

S'observa, doncs, que una política fiscal restrictiva en temps d'expansió econòmica pot provocar una disminució del nivell de producció per ajustar-lo a la demanda, que també ha disminuït.

Estabilitzadors automàtics

> Els **estabilitzadors automàtics** són instruments de les polítiques fiscals que tendeixen a *equilibrar l'activitat econòmica i a reduir les fluctuacions de la producció* davant les variacions o desplaçaments de les demandes agregades.

Sense arribar a ser suficients per provocar un equilibri econòmic, els estabilitzadors ajuden a reduir els efectes dels cicles econòmics sobre determinats sectors menys afavorits de l'economia, actuant de forma *anticíclica.*

Els **estabilitzadors** més utilitzats són l'*IRPF* i les *transferències.*

- L'**IRPF.** En fases **alcistes** la seva recaptació *augmenta,* amb la qual cosa es redueix la capacitat adquisitiva dels individus i la demanda agregada, fet que provoca un efecte restrictiu. D'altra banda, en èpoques de **recessió** la recaptació per aquest impost *disminueix,* s'indueix un efecte expansiu per la major demanda agregada que provoca la major disponibilitat econòmica dels individus, i el que produeix un efecte expansiu.
- Les **transferències.** Els subsidis per atur i les pensions de jubilació estabilitzen la producció en reduir els efectes dels cicles econòmics, ja que repercuteixen directament sobre l'activitat econòmica, evitant que el consum augmenti o disminueixi bruscament i, per tant, que la producció de les empreses es vegi dràsticament afectada per descensos o increments inesperats de la demanda.

Polítiques fiscals discrecionals

D'altra banda, l'aplicació de **polítiques fiscals discrecionals** són el complement de les mesures correctores de la situació econòmica provocada pels cicles. Entre les mesures de les polítiques fiscals discrecionals es troben les següents:

- La posada en marxa o l'actualització dels **programes de transferències dels governs** per modificar les *rendes familiars* i la quantitat de *subvencions a les empreses,* el que afecta al seu nivell de producció i als seus costos.
- Les **inversions en obres públiques i infraestructures,** en moments de recessió.
- La **disminució de les taxes de desocupació** amb programes de *formació i qualificació laboral.*
- Les mesures de **modificació dels tipus impositius.**

Els resultats de l'aplicació d'aquestes polítiques discrecionals no són mesurables a curt termini, ja que tarden a aplicar-se i els seus efectes són lents. Fins i tot se solen produir quan els objectius inicials han variat pel pas del temps.

Per acabar, una última consideració: la política fiscal d'un país, que s'ocupa de tots els instruments econòmics referits als impostos i a la despesa pública, ve totalment determinada pels seus **Pressupostos Generals,** ja que s'estipulen les despeses i els ingressos.

Desestabilitzadors automàtics

Sembla normal que, quan un Estat vol **augmentar el seu nivell d'ingressos,** el que fa és augmentar els impostos, bé sigui incloent més població, o bé augmentant els tipus.

Però aquesta situació pot provocar un efecte no desitjat: la reducció de la renda personal disponible, el descens de la demanda agregada, l'increment de l'atur i la disminució de la producció provoquen una *disminució de la base imposable sobre la qual s'aplica l'impost,* i aquest factor actua com un **desestabilitzador automàtic.**

Si contràriament, el sector públic decideix **augmentar el nivell de despesa** mitjançant l'augment dels subsidis de desocupació, es generarà un augment de la demanda de mercat, la producció s'incrementarà i el nivell d'atur descendirà.

2.6. *Política monetària*

Com ja sabem, la quantitat de diners en circulació s'anomena **oferta monetària** i està conformada pels *diners legals en mans del consumidor* i pels *dipòsits* que aquests tenen en entitats financeres.

L'**emissió de diners** per part de l'autoritat monetària corresponent no consisteix simplement a imprimir una major quantitat de paper moneda. De fet, un *increment indiscriminat d'emissió de diners* pot significar conseqüències greus a curt termini ja que, si existeixen més diners en circulació, el seu valor tendeix a disminuir en relació amb la quantitat de béns i serveis existents, la qual cosa provoca un *increment dels preus* d'aquests béns i serveis en el mercat.

Un altre element que s'ha de considerar és el **preu dels diners.** Si s'emet a un *interès elevat,* afectarà de forma negativa el consum i la inversió. Contràriament, si s'emet a un *interès molt baix,* provocarà un increment del consum i es dispararà el nivell d'inflació.

En conseqüència, les dues variables més importants que han de tenir en compte les autoritats econòmiques són el control de la *quantitat de diners en circulació* i els *tipus d'interès* de mercat.

> La **política monetària** és l'encarregada de regular la *quantitat de diners* que existeix en circulació i els *tipus d'interès* que aplica el mercat.

Els instruments monetaris

La instrumentalització de la política monetària es realitza amb criteris uniformes per a tots els països de la Unió Europea. Per a això, el **Sistema Europeu de Bancs Centrals** utilitza els elements i les mesures següents:

- **Operacions de mercat obert.** Són el principal instrument de la política monetària de la UE.
- **Redescompte d'efectes.** Compra o venda d'efectes a les entitats financeres per incrementar o reduir, respectivament, la quantitat de diners en el mercat.
- **Coeficient de caixa.** Si es modifica el moviment de reserves mínimes que el Banc Central Europeu exigeix a les entitats financeres, es podrà reduir o incrementar la liquiditat del sistema bancari, fet que provocarà una modificació substancial dels diners en circulació.
- **Altres operacions.** Són facilitats esporàdiques i a un sol dia que es generen de forma independent en el BCE. Aquestes operacions són controlades pels bancs centrals de cada país (són una de les poques operacions en què aquests bancs tenen certa autonomia) i van dirigides als bancs comercials. Concedeixen crèdits (és a dir, injecten diners en el mercat) o absorbeixen dipòsits (retiren diners del mercat), influeixen en els tipus d'interès i en la quantitat de diners en circulació.

  Aquestes operacions no influeixen en la política monetària comuna, però poden influir en l'economia local.

Sistema Europeu de Bancs Centrals

La política monetària dirigida pel **Sistema Europeu de Bancs Centrals (SEBC)** tracta d'influir en l'economia dels països de la zona euro mitjançant la *variació de la quantitat de diners en circulació i del seu preu,* és a dir, el tipus d'interès al qual es presten a altres entitats financeres.

Quan el SEBC considera que cal augmentar els diners en circulació, pot *reduir els tipus d'interès bancari* per animar els consumidors a obtenir préstecs a un cost baix. D'aquesta manera s'incrementa la inversió i, amb aquesta, la renda disponible, el que accelera la demanda i, conseqüentment, la producció i l'ocupació.

Per la seva banda, una disminució de la quantitat de diners en circulació comporta un *major tipus d'interès.* Per tant, la inversió disminueix, la qual cosa provoca la disminució de la renda disponible. Així, la demanda de mercat es redueix i, amb aquesta, la producció i l'ocupació.

El **Banc Central Europeu** subhasta, de forma periòdica, *actius financers a un determinat tipus d'interès* (fix o variable). Aquestes subhastes són el referent principal de les economies, ja que les entitats financeres dels països que formen la UE presten els diners als seus clients d'acord amb els interessos que se'ls exigeix a ells. L'increment que hi apliquin són els beneficis que el banc obtindrà per la transacció, a més de cobrir la part de despeses corresponent.

Diferents polítiques monetàries

La **política monetària** és el *conjunt de mesures preses pel Banc Central Europeu per tal d'assolir els objectius econòmics* fonamentals per a la Unió Europea relacionats amb la quantitat dels diners que hi hagi en circulació en un moment determinat.

Els **efectes** que es persegueixen amb l'aplicació de les polítiques monetàries són els mateixos que es persegueixen amb les polítiques fiscals, és a dir, la seva finalitat és crear *polítiques monetàries expansives o restrictives.*

- **Polítiques monetàries expansives.** Suposen bàsicament la injecció de diners en el mercat, a base de prestar una quantitat d'efectiu més gran als bancs perquè aquests, al seu torn, els facin arribar als seus clients.

  L'**interès** a què es presten aquests diners és fonamental per a crear dos tipus de situacions: *confiança del consumidor en el futur,* en el sentit que podrà anar tornant les quantitats rebudes sense haver de sotmetre's a una modificació constant dels preus dels diners, i *seguretat en l'adquisició de béns i serveis,* perquè el seu nivell adquisitiu (política de rendes) li permetrà afrontar els pagaments corresponents.

  Per a fer-ho, l'Estat ha de controlar que les empreses *no pugin els preus* dels béns i serveis mentre siguin capaços de produir tot el que es demanda.

  De tota manera, si es produeix un *increment de la demanda impossible d'atendre pel sistema productiu,* es generarà un increment dels preus dels béns i serveis, fet que provocarà una situació d'**inflació.**

- **Polítiques monetàries restrictives.** La disminució de l'oferta monetària es genera prestant menys diners a les entitats financeres, per la qual cosa aquestes no podran atendre la demanda de diners dels seus clients als preus anteriors.

  Es podrà prestar diners *a un cost més alt,* la qual cosa retraurà el consumidor i es generarà una menor demanda de crèdits en el mercat.

  Com a conseqüència hi haurà menys quantitat de diners en circulació. En pujar els tipus d'interès, les famílies hauran de dedicar més quantitat de les seves rendes al pagament dels préstecs adquirits, disminuint el consum d'altres béns i serveis. Si les famílies consumeixen menys, provocarà un descens en el nivell d'inversions empresarials.

  Davant una situació d'aquest tipus, on la demanda agregada disminueix, *els preus dels béns es poden estancar, i fins i tot baixar,* per donar sortida al nivell d'existències.

  Però hi ha una conseqüència negativa en aquesta situació: si descendeix el nivell de demanda, disminueix la producció, el que ens porta a la reducció necessària, per part de les empreses, del nivell de costos i a la reducció d'un dels factors productius que aporten més costos als productes finals: el factor *treball.*

  Així doncs, aquest tipus de polítiques pot determinar un increment del nivell d'**atur.**

■ 1. Defineix què s'entén per sector públic i esmenta les diferències i similituds entre administracions públiques i empreses públiques.

■ 2. Classifica el sector públic segons el criteri espacial, segons la funció econòmica principal i segons el tipus d'institució.

■ 3. Classifica els següents organismes que depenen del sector públic segons el seu àmbit d'actuació, la seva funció econòmica principal i el tipus d'institució:

RENFE - Parlament Foral de Navarra
Consell Superior d'Esports - Ertzantza
Telefónica - Guàrdia Urbana de Barcelona
Ferrocarrils de la Generalitat Valenciana - Iberia
Hunosa - Diputació Provincial de Valladolid
Correus - Guàrdia Civil - Casa de Sa Majestat el Rei
Consell Insular de les Canàries - Euskal Telebista
Ajuntament de Palma de Mallorca - INSALUD
Concello d'Orense - Ràdio Nacional d'Espanya
Agència Tributària - Presidència de la Generalitat
Ministeri d'Afers Estrangers

■ 4. Explica breument almenys quatre objectius que ha de perseguir el sector públic i comenta quin seria per a tu el més important.

— Raona la teva resposta.

* ■ 5. Defineix què és una política econòmica i indica'n els diferents tipus.

— Assenyala quins són els diferents objectius econòmics que persegueix i els diferents instruments que s'utilitzen en cadascun.

■ 6. Explica quines diferències hi ha entre la política microeconòmica i la política macroeconòmica.

— Busca algun exemple de política microeconòmica que s'estigui duent a Catalunya o a escala nacional.

* ■ 7. Explica, de forma detallada, les causes que justifiquen la intervenció de l'Estat en l'activitat econòmica, els seus objectius i els tipus de polítiques que s'apliquen.

■ 8. Explica quina és la funció de la política fiscal i de la política monetària.

* ■ 9. Raona quines serien les mesures de política econòmica, fiscal i monetària en cadascun dels següents escenaris, segons els efectes que induirien en els principals agregats macroeconòmics (demanda interna, preu, atur, inversió, exportacions, importacions, etc.):

a) Marcat dèficit exterior per compte corrent i creixement dels preus al consum.

b) Creixement de la taxa d'atur i caiguda de les inversions en béns d'equip.

c) Estancament del consum intern i superàvit exterior.

* ■ 10. Raona quin efecte tindrà sobre la demanda d'automòbils cadascuna de les situacions següents:

a) Una baixada dels tipus d'interès.

b) Una congelació salarial.

c) Un creixement del preu dels carburants.

■ 11. Analitza la següent frase, extreta d'un titular de premsa econòmica de febrer del 2008, i respon:

«El consum privat s'alenteix al 5,5 % i marca el seu nivell més baix els últims anys.»

a) Quines conseqüències té per a la producció agregada d'un país l'alentiment del consum al qual es refereix el titular? I per als preus? Justifica els teus arguments utilitzant gràfics.

b) Quin comportament dels altres components de la demanda agregada portaria a l'economia a una situació semblant a la de l'apartat anterior?

c) Indica quins instruments de política econòmica podria utilitzar el govern per a compensar aquesta situació.

■ 12. Defineix el concepte d'equitat.

a) Explica l'objectiu fonamental del concepte d'equitat vertical.

b) Expressa la teva opinió sobre la manera com s'hauria de dur a terme.

■ 13. Indica en quis aspectes es fonamenten les polítiques fiscals expansives.

■ 14. Explica què entenem per estabilitzadors automàtics.

a) Indica quan i com s'apliquen.

b) Raona si aquest tipus de mesures són efectives a curt termini o bé a mitjà i llarg termini.

■ 15. Indica quines són les mesures discrecionals de política econòmica més usuals i quan s'han d'aplicar.

■ 16. Analitza la frase següent i exposa el teu punt de vista sobre aquesta.

«El coeficient de caixa és un instrument de política monetària molt poc significatiu perquè només afecta el que els bancs han de tenir en reserves. No afecta els clients i usuaris perquè, quan un individu sol·licita un préstec per a la compra d' un bé, és aliè a aquest valor.»

■ 17. Raona si la següent frase és vertadera o falsa.

«Les polítiques fiscals expansives eleven el tipus d'interès dels diners en el mercat i acceleren el creixement de l'oferta monetària, ja que els bancs, si l'interès és més gran, posaran més diners en circulació.»

■ 18. Explica quins són els efectes de la política fiscal en una fase econòmica on existeixi un alt grau de desocupació i un baix nivell de consum (depressió). Determina què ocorreria si l'Estat no realitzés cap política fiscal.

* PAU

19. Repeteix l'activitat anterior suposant que hi ha un baix nivell de desocupació i un elevat nivell d'inversió (auge econòmic).

* **20.** Explica en què consisteix una política monetària restrictiva i per què s'aplica.

* **21.** Llegeix el següent text, analitza'l i respon.

«En un gest espectacular destinat a revifar el creixement econòmic dels EUA, la Reserva Federal va baixar ahir el seu tipus d' interès un punt, situant-la en un 2,5 %, que és el nivell més baix des de 1964. El president, els congressistes, els analistes financers, els executius i els banquers han lloat aquesta mesura tan agressiva, que posa en relleu la preocupació del banc central pel fet que l'economia no hagi estat capaç d'iniciar una recuperació.»

a) Quin tipus de política econòmica està aplicant la Reserva Federal? Com li pot afectar a l'economia en el seu conjunt?

b) Quins components de la demanda agregada poden veure's afectats?

c) Quins altres instruments de política econòmica té el govern al seu abast per aconseguir el o els objectius que sembla que té per a l'economia segons aquest argument?

* **22.** Indica quin és l'objectiu d'una política fiscal expansiva.

23. Determina els efectes de les següents modificacions fiscals sobre l'activitat dels agents econòmics:

a) Un augment de l'IVA.

b) Una disminució de l'IRPF.

24. Explica com els esdeveniments següents afecten la producció agregada i el nivell general de preus d'una economia, suposant que els responsables de política econòmica no prenen cap mesura.

a) El govern incrementa la despesa en defensa nacional.

b) S'aplica en la indústria una millora tecnològica que eleva la productivitat.

c) La caiguda dels preus dels productes importats porta els ciutadans a comprar menys béns del propi país.

25. Explica quin és el principal objectiu de la política monetària a la Unió Europea i quin organisme és el responsable d'aquesta política a l'eurozona.

26. Argumenta si la política monetària espanyola s'ha vist afectada per l'entrada en vigor de l'euro.

— En cas afirmatiu, indica en quin sentit.

27. Llegeix el retall de premsa que apareix a continuació i determina si es refereix a política fiscal o política monetària, i si és expansiva o restrictiva.

— Explica quin és l'objectiu d'aquesta política.

* PAU

Revista d'economia

El BCE prepara una pujada dels tipus d'interès a l'abril

El president adverteix que els riscos a l'alça sobre la inflació han augmentat

El president del Banc Central Europeu (BCE) ha advertit avui que les pressions a l'alça sobre els preus han augmentat per l'encariment de les primeres matèries, el que durà la inflació a superar el 2 % a final d'any.

Per aquest motiu, com que l'ordre de la institució és mantenir la pujada dels preus al voltant d'aquest 2 %, ha anunciat que el BCE realitzarà una «forta vigilància» de la inflació i que «actuarà quan calgui». Amb aquests advertiments, segons afirmen els analistes que saben interpretar aquest dirigent europeu, està anunciant una pujada dels tipus d'interès abans del que preveia el mercat, que era a la tardor. Fins i tot, davant la vehemència amb la qual ha defensat que estan llestos per actuar, no es descarta que tingui lloc el pròxim abril.

Pel que fa a la inflació, si fins ara augurava que la taxa mitjana anual a final de 2011 estaria al voltant d'un 1,1 %, en aquests moments calcula que arribarà al 2,3 %, amb el que excedeix l'objectiu del 2 % que, per mandat, el BCE ha de fer complir.

A més, el fet que aquestes projeccions no incloguin la recent pujada del preu del barril de petroli, que li han dut a assolir els 120 dòlars en el cas del Brent, de referència a Europa, afegeix més incertesa sobre el que pot acabar passant amb els preus i dóna més arguments a l'organisme per actuar.

Els analistes no esperaven una pujada dels tipus, que indefectiblement incidirà a l'alça en els preus de les hipoteques i de la resta de crèdits, fins a la finalització del mandat de l'actual president, que es produirà a l'octubre.

El País
21 de març de 2011

Revista d'economia

La crisi dels serveis públics

Els problemes financers de la xarxa de benestar social estan començant. Patirà tensions greus

Els serveis públics de l'Estat de benestar a Espanya estan en mans de les comunitats autònomes. Sanitat, educació i serveis socials depenen de les arques autonòmiques i absorbeixen, en conjunt, gairebé dos terços dels pressupostos. Una dependència econòmica que té algunes particularitats.

En primer lloc, existeix una legislació estatal bàsica que limita i condiciona les decisions descentralitzades. El que està ocorrent amb el catàleg de medicaments impulsat per la Consellería de Sanidade de la Xunta de Galícia n'és un bon exemple.

En segon lloc, l'evolució dels recursos en cada comunitat segueix depenent fonamentalment de les decisions del Govern central.

El rebuig de les comunitats autònomes a utilitzar a l'alça la seva capacitat normativa en matèria tributària persisteix, a pesar de les possibilitats creixents amb les que compten des de 1997.

En tercer lloc, el sistema de finançament autonòmic de les comunitats autònomes de règim comú (que són totes excepte el País Basc i Navarra) està basat en una arquitectura d'avançaments i lliuraments a càrrec de recursos que es liquiden amb un retard de dos anys.

És a dir, els recursos que la Xunta està gastant el 2011 procedeixen en la seva major part d'avançaments per la recaptació tributària que s'espera obtenir a Espanya i a Galícia. Però aquesta quantitat no es coneixerà definitivament fins al 2013. Serà aleshores quan es liquidi l'avançament: si la liquidació que correspon a Galícia supera el volum d'allò anticipat, la Xunta ha de tornar la diferència; i a l'inrevés. Una devolució que pot fraccionar-se en diversos exercicis.

En quart lloc, el Govern central és el responsable de la coordinació de les

polítiques fiscals a Espanya. Amb el seu paper dominant en el Consell de Política Fiscal i Financera pot, pràcticament, imposar limitacions al dèficit i l'endeutament.

És el que està fent amb l'objectiu de situar-se per sota del 3% de dèficit públic agregat el 2013.

En cinquè lloc, el Govern central té la paella pel mànec a l'hora d'interpretar la normativa en matèria de finançament autonòmic: si un dia decideix no anticipar els recursos del fons de competitivitat o de cooperació, no ho fa. I «vés a saber» quant de temps triga a resoldre-ho un tribunal.

Tot l'anterior es precipita per a donar lloc a una crisi financera dels serveis públics del benestar que no està sinó començant. Fins i tot suposant que la recuperació econòmica avanci, entre 2011 i 2013 suportarem unes tensions pressupostàries desconegudes i gravíssimes en l'àmbit autonòmic.

Què pot ocórrer? Si res canvia, es dispararà el retard en el pagament a proveïdors, com ja està ocorrent a Espanya amb medicaments i aprovisionaments mèdics i es deteriorarà significativament la qualitat dels serveis (llistes d'espera per a l'atenció mèdica; llistes d'espera de dependents amb drets reconeguts però no activats...). És veritat que la crisi pot ajudar a guanyar eficiència en l'ús dels recursos i a tornar a les coses bàsiques eliminant programes de despesa autonòmica accessoris. Però bona part d'això ja s'ha fet i els marges són cada dia més escassos. Sóc molt pessimista.

Per això crida l'atenció que aquests temes ocupin un lloc secundari en el debat públic, com si el pas del temps fos a solucionar el problema. És possible que el calendari electoral no ajudi a això, amb autonòmiques al maig i generals en menys d'un any.

Però, al meu parer, és peremptori que el Govern central i les comunitats autònomes es reuneixin i acordin solucions.

En primer lloc, per reprogramar la llei de dependència. No és realista mantenir el 2015 com a data de referència per a la implantació plena de la llei.

En segon lloc, per acordar mesures efectives per a l'estalvi en matèria sanitària; fins i tot les que siguin impopulars.

En tercer lloc, per dilatar en el temps les devolucions de les comunitats autònomes a l'Administració central corresponents a 2008 i 2009.

I en quart lloc, per revisar el repartiment d'objectius en matèria de dèficit públic entre nivells de govern.

La cooperació institucional i el respecte a la legislació bàsica són estratègies molt positives en un país tan descentralitzat com és Espanya. Però també ho és la fixació de restriccions pressupostàries que reparteixin els esforços entre tots de forma equitativa.

SANTIAGO LAGO PEÑAS
El País, 21 de març de 2011

1 El sector públic està format per:

a) Tots els serveis que ofereix l'Estat.

b) Tots els béns i serveis de domini públic gestionats per l'Estat.

c) Totes les administracions, organismes i empreses públiques que són de titularitat estatal.

d) Totes les empreses que depenen tant de l'Estat com de les comunitats autònomes.

2 Entenem per *Estat de benestar:*

a) La situació en la qual els individus poden gaudir cada cop de millors productes i serveis.

b) La situació de creixement econòmic per als ciutadans.

c) La relació que existeix entre els ingressos o renda per càpita de l'individu i els serveis rebuts.

d) La cobertura d'una certa quantitat de serveis públics a tots els individus.

3 El creixement del PIB:

a) És un dels objectius necessaris i suficients per assolir objectius econòmics com el benestar i el desenvolupament.

b) És l'increment de la producció d'un país.

c) Respon a la modernització de l'aparell productiu d'un país, que aconsegueix més producció amb menys costos.

d) És una de les conseqüències de l'aplicació de les polítiques monetàries d'un país.

4 L'eficiència econòmica consisteix a:

a) Assolir els objectius de producció marcats per l'empresa minimitzant costos.

b) Assolir els objectius econòmics plantejats en l'empresa.

c) Aconseguir el màxim rendiment econòmic en la utilització dels factors productius.

d) Assolir la màxima producció utilitzant els recursos disponibles.

5 Els instruments que utilitza l'Estat per a la intervenció són:

a) Les polítiques fiscals i les polítiques monetàries.

b) Les polítiques monetàries de distribució de la riquesa.

c) La reducció d'impostos i l'augment de transferències per provocar un increment dels diners en circulació.

d) Despesa pública, impostos i transferències.

6 Les polítiques fiscals expansives es fonamenten en:

a) L'increment de la despesa pública.

b) L'increment de la despesa pública i dels impostos.

c) L'increment de la despesa pública i dels impostos i un major nivell de transferències.

d) L'increment de la demanda agregada disminuint els impostos.

7 Que són els estabilitzadors automàtics?

a) Instruments econòmics que es posen en funcionament en moments d'inestabilitat econòmica.

b) Instruments que actuen de forma autònoma independentment del moment econòmic.

c) Instruments que s'apliquen de forma automàtica per preveure els desajustos econòmics provocats per la mateixa activitat de mercat.

d) Instruments de política fiscal que tendeixen a equilibrar l'activitat econòmica com l'IRPF, les transferències, els subsidis i les pensions.

8 Els instruments de la política monetària són:

a) Les operacions de mercat obert i el redescompte d'efectes.

b) El coeficient de caixa, el control de la massa monetària i les polítiques fiscals.

c) Les operacions de mercat obert, el redescompte d'efectes, el coeficient de caixa i altres.

d) Les polítiques monetàries expansives.

9 Els objectius de la microeconomia com a ciència econòmica són:

a) L'eficiència econòmica i l'equitat.

b) La reducció de la despesa productiva.

c) L'eficàcia productiva.

d) La disminució de la despesa pública i l'augment de la inversió.

10 La política fiscal restrictiva es fonamenta en:

a) La posada en pràctica d'una política contrària a l'activitat econòmica.

b) L'augment de la despesa pública i els impostos.

c) La disminució de la despesa pública i l'augment dels impostos.

d) La disminució dels impostos i de la despesa pública.

12

Els Pressupostos Generals de l'Estat

■ Sala de plens del Senat.

COMPETÈNCIES ESPECÍFIQUES

Competència en cultura econòmica i dialèctica

Classificar els ingressos i la despesa pública segons diferents criteris.

Comprendre la incidència dels Pressupostos Generals en la redistribució de la renda.

Conèixer el procés d'elaboració dels Pressupostos.

Analitzar els Pressupostos Generals de l'Estat i les seves conseqüències.

Entendre la importància dels Pressupostos Generals en la vida diària dels individus.

Definir el concepte de Pressupostos Generals de l'Estat, determinar-ne els components i explicar el seu procés d'elaboració.

Classificar la despesa pública i els ingressos públics.

Competència en raonament econòmic i modelització

Emetre judicis sobre la política pressupostària dels governs.

Distingir, en diferents informacions periodístiques, els continguts relacionats amb els Pressupostos.

ORGANITZACIÓ DELS CONTINGUTS

Els Pressupostos Generals de l'Estat

INTRODUCCIÓ

- A través de les despeses i dels ingressos, el sector públic controla el desenvolupament de l'activitat econòmica. La intervenció estatal genera despeses, i la recaptació de l'Estat, ingressos. L'aprovació dels Pressupostos Generals pel Congrés i el Senat constitueix un dels actes més importants del curs polític.

L'Estat finança una quantitat innombrable de serveis i prestacions de caràcter públic: educació, sanitat, seguretat, etc. La regulació, gestió i finançament d'aquest nivell de despeses és funció dels governs, a través dels Pressupostos Generals.

El Pressupost és el principal instrument de l'Estat per a intervenir en l'economia del país. Els diferents fluxos d'ingressos i despeses de què disposa el sector públic es desenvolupen a tres nivells: nacional o estatal, autonòmic i local.

Des d'un punt de vista macroeconòmic, els Pressupostos afecten determinats objectius a través de la política fiscal, atès que aquesta fixa els nivells d'ingressos i despeses generals de l'Estat que es ratificaran, com a previsió per modificar les oscil·lacions dels cicles econòmics.

Com que que la política econòmica és un tema molt complex, limitarem el seu estudi als aspectes més generals de les polítiques pressupostàries i les mesures d'intervenció del mercat.

1. Els pressupostos del sector públic

Qualsevol empresa o entitat privada ha de disposar d'un *pla de desenvolupament* de les seves activitats al llarg d'un període, amb els costos de la seva posada en marxa i el seu finançament. Per a fer-ho, s'han de definir uns objectius, uns terminis i un determinat pla financer.

Com qualsevol agent econòmic, abans de començar un exercici anual, també el sector públic haurà de fer comptes de la seva previsió d'ingressos i de despeses. Tota la informació necessària a escala estatal es recull en els **Pressupostos Generals de l'Estat.**

Altres pressupostos

Els **Pressupostos Generals de l'Estat** són un document comptable que registra tots els ingressos i pagaments que ha de realitzar el sector públic estatal. Depenen, per tant, de l'Administració Central.

Els altres ens públics —les comunitats autònomes, els ajuntaments i determinats organismes— també tenen uns **pressupostos** la conciliació dels quals ha d'estar continguda en els Pressupostos Generals de l'Estat.

Els **Pressupostos Generals de l'Estat** són un conjunt de documents on es recullen les despeses i els ingressos que el sector públic té previst realitzar durant un exercici fiscal, que habitualment és d'un any natural.

En aquests documents figuren una sèrie d'aspectes:

- Els **objectius econòmics generals** que es pretenen aconseguir durant l'exercici fiscal.
- Les **despeses i ingressos detallats** de cadascun dels organismes, institucions i empreses que constitueixen el sector públic.
- Els **instruments de política microeconòmica i macroeconòmica** i els **mitjans tècnics** que s'utilitzaran per a aconseguir el compliment dels Pressupostos.

1.1. *Elaboració dels Pressupostos Generals*

L'elaboració dels Pressupostos Generals de l'Estat passa per quatre **fases:** *preparació, discussió i aprovació, execució,* i *intervenció i control.*

- **Preparació.** Al nostre país, l'elaboració dels pressupostos és competència del Govern i, en concret, del Ministeri d'Economia i Hisenda, que s'encarrega de recollir els informes i les sol·licituds dels restants ministeris i òrgans institucionals.
- **Discussió i aprovació.** Una vegada elaborats, el Govern està obligat a presentar els pressupostos perquè siguin examinats, esmenats i aprovats per les Corts Generals, almenys *tres mesos abans que finalitzi la vigència dels anteriors.*
- **Execució.** La posada en pràctica dels pressupostos per part del Govern té dos vessants: les *despeses* i els *ingressos.*
  - Si es tracta de **despeses públiques,** les xifres consignades es consideren segures, màximes i limitatives.
  - Contràriament, si es tracta d'**ingressos,** les xifres reflecteixen l'estimació de les quantitats que s'espera recaptar.
- **Intervenció i control.** La mateixa Administració duu a terme un control de despeses i ingressos a través de l'organisme anomenat *Intervenció General de l'Estat.* Aquest control es realitza durant el període de vigència dels pressupostos. Finalitzat l'exercici, el *Tribunal de Comptes* duu a terme un examen de les despeses i els ingressos reals, i remet els resultats a les Corts.

Principis en què es basen els Pressupostos

L'elaboració dels Pressupostos es basa en una sèrie de **principis bàsics:** *competència, universalitat, unitat, especialitat, temporalitat* i *publicitat.*

- Principi de **competència.** Els Pressupostos són elaborats pel Govern, però *la seva aprovació és competència de les Corts,* mitjançant la Llei Pressupostària.
- Principi d'**universalitat.** En els Pressupostos s'inclouen *tots els ingressos i despeses* de tots els organismes estatals.
- Principi d'**unitat.** Encara que realment es tracta d'un conjunt de documents i pressupostos, tots estan recollits en un *pressupost únic.*
- Principi d'**especialitat.** Les quantitats reflectides en els pressupostos *només es poden gastar en allò per a què estaven assignades.* I en cadascun dels apartats només es poden gastar les quantitats pressupostades i autoritzades, i sempre dins de l'exercici fiscal a què es refereix.
- Principi de **temporalitat.** El Pressupost està referit a un termini determinat, normalment *un exercici fiscal.*
- Principi de **publicitat.** Els Pressupostos són *públics:* el ciutadà pot seguir la seva discussió i aprovació (fig. 1).

Fig. 1. El debat dels Pressupostos té caràcter públic: qualsevol ciutadà pot presenciar-lo.

Calendari i presentació dels Pressupostos

El procés d'elaboració dels pressupostos comença amb l'**Ordre Ministerial** que dóna les instruccions necessàries.

Partint d'aquesta Ordre, els diferents organismes i departaments hauran de remetre al Ministeri d'Economia les seves *previsions de despeses* en forma de propostes i, si fa el cas, les *previsions d'ingressos* de cadascun d'aquests departaments. Tota aquesta informació ha de remetre's abans del dia 1 de maig.

Amb tota aquesta informació, el Ministeri d'Economia elaborarà un **Avantprojecte de Llei de Pressupostos** que serà discutit en el Consell de Ministres. Una vegada discutit, modificat i aprovat passa a ser **Projecte de Llei de Pressupostos,** i abans de l'1 d'octubre ha d'arribar al Congrés dels Diputats.

En l'actualitat, els pressupostos es presenten en **suport informàtic** i s'agrupen en diferents **sèries** de documents.

- **Sèrie vermella.** Són els documents amb *efectes legals,* és a dir, el Pressupost. Inclou tota la Llei de Pressupostos.
- **Sèrie groga.** Són els documents que *expliquen* cada un dels apartats continguts en la sèrie vermella.
- **Sèrie verd.** Conté els documents que *no requereixen cap aprovació.* Són purament documents de gestió.
- **Sèrie gris.** Conté documentació d'*ampliació de dades i desenvolupament de la informació.*

Els pressupostos han de ser aprovats *abans del dia 1 de gener de l'any de la seva execució.*

Pròrroga

Quan, per diverses causes, els Pressupostos no són aprovats, es procedeix a *prorrogar* els Pressupostos de l'any anterior.

1.2. *La despesa pública: classificació*

> La **despesa pública** és el conjunt d'obligacions de pagament contretes pel sector públic com a conseqüència de la seva intervenció com a agent econòmic.

Despesa pública
- Despeses corrents
- Despeses d'inversió
- Resta de despeses

Fig. 2. Classificació de la despesa pública.

Segons com es destinin aquestes despeses, distingim entre *despeses corrents, despeses d'inversió* i *resta de despeses* (fig. 2).

- **Despeses corrents.** Constitueixen el percentatge més elevat de despeses del sector públic. Es destinen a dotar la societat de *serveis públics* com l'educació, l'assistència sanitària, l'administració de justícia, la defensa nacional, etc. Poden subdividir-se en:
  - — *Adquisició o lloguer* de béns i serveis produïts per les empreses, o que siguin propietat d'altres agents.
  - — *Remuneració* dels funcionaris i el personal que treballa en empreses, organismes i institucions del sector públic.
- **Despeses d'inversió.** Són les que es destinen a mantenir i ampliar el capital productiu del país, bàsicament el *capital d'utilitat pública,* com ara vies de comunicació, ports i aeroports, centres educatius, hospitals, etc. Aquestes inversions cobreixen necessitats no ateses per la iniciativa privada, a causa de la gran inversió exigida o a la seva escassa rendibilitat.
- **Resta de despeses.** Són les que efectua el sector públic sense cap contraprestació. Segons la seva destinació, distingim entre:
  - — **Transferències,** que es destinen a les persones físiques. En aquest grup s'inclouen els subsidis de desocupació, les beques, les prestacions socials no contributives, etc.
  - — **Subvencions,** que van destinades a les empreses. La seva finalitat és reduir els costos de producció de determinats béns.

En la pàgina següent es reprodueix un fragment de la **Llei de Pressupostos Generals de l'Estat** per a l'exercici fiscal 2011.

En la Llei General Pressupostària es recull una altra classificació:

- **Orgànica** o per seccions. És la que ens informa de quin és l'agent que efectua la despesa. És a dir, *qui gasta.*
- **Funcional** o per programes. Suposa la classificació principal dels diferents nivells de despesa. Existeixen funcions, subfuncions, etc. Són despeses realitzades per determinats programes en funció d'uns objectius. És a dir, *com es gasta.*
- **Econòmica** o per capítols. Distingeix entre despeses *financeres* (les que es dediquen a l'adquisició d'actius i amortització de passius, com les devolucions d'emprèstits) i *no financeres* (despeses corrents i despeses de capital). És a dir, *en què es gasta.*

Això permet tenir una visió global de la despesa pública. Encara que el Govern tingui unes determinades preferències en el model de distribució de la despesa per l'efecte reassignador de renda, aquestes preferències tenen un **cost d'oportunitat social,** atès que en la seva distribució es pot veure que uns grups de despesa surten més beneficiats que altres, pel mateix efecte excloent i limitat de la despesa.

Despesa pública i política econòmica

La **despesa pública** constitueix l'element principal dels Pressupostos Generals de l'Estat.

Sense restar importància als ingressos, les despeses, és a dir, la utilització dels fons per a serveis públics, infraestructures, sanitat, educació, seguretat, transferències, subvencions, etc., posen de manifest la vertadera aplicació de la política seguida pel govern durant la temporalització i administració d'aquests.

GOBIERNO DE ESPAÑA

MINISTERIO DE ECONOMÍA Y HACIENDA

Llei 39/2010, de 22 de desembre, de Pressupostos Generals de l'Estat per a l'any 2011

Article 2. De l'aprovació dels estats de despeses i ingressos dels Ens referits en les lletres *a)* a *d)* de l'article 1 de la present Llei.

U. Per a l'execució dels programes integrats en els estats de despeses dels pressupostos dels Ens esmentats en els apartats *a), b), c), d)* i *e)* de l'article anterior, s'aproven crèdits en els Capítols econòmics I a VIII per import de 315 991 525,11 milers d'euros, segons la distribució per programes detallada en l'annex I d'aquesta Llei. L'agrupació per polítiques dels crèdits d'aquests programes és la següent:

POLÍTICA	IMPORT (MILERS D'€)
Justícia	1 713 254,53
Defensa	6 868 197,37
Seguretat ciutadana i institucions penitenciàries	8 401 959,44
Política exterior	2 747 732,88
Pensions	112 215 755,17
Altres prestacions econòmiques	13 576 364,76
Serveis socials i promoció social	2 521 584,45
Foment de l'ocupació	7 329 101,82
Atur	30 474 059,63
Accés a l'habitatge i foment de l'edificació	1 218 114,18
Gestió i administració de la Seguretat Social	7 770 590,96
Sanitat	4 255 135,32
Educació	2 843 428,35
Cultura	1 103 994,90
Agricultura, pesca i alimentació	8 578 492,80
Indústria i energia	2 800 809,85
Comerç, turisme i PIMES	1 432 939,93
Subvencions al transport	1 018 724,76
Infraestructures	9 577 378,69
Recerca, desenvolupament i innovació	8 586 360,64
Altres actuacions de caràcter econòmic	668 403,66
Alta direcció	679 554,11
Serveis de caràcter general	7 988 306,41
Administració financera i tributària	1 410 101,99
Transferències a altres administracions públiques	42 811 178,51
Deute Públic	27 400 000,00
Total	**315 991 525,11**

L'article 1 de la Llei

En els Pressupostos Generals de l'Estat per a l'exercici de l'any 2011 s'integren:

a) El pressupost de l'Estat.

b) Els pressupostos dels Organismes autònoms de l'Administració General de l'Estat.

c) El pressupost de la Seguretat Social.

d) Els pressupostos de les Agències Estatals.

e) Els pressupostos dels Organismes Públics la normativa específica dels quals confereix caràcter limitatiu als crèdits del seu pressupost de despeses.

f) Els pressupostos de les restants entitats del sector públic administratiu estatal.

g) Els pressupostos dels fons mancats de personalitat jurídica a què es refereix l'article 2.2 de la Llei General Pressupostària 47/2003, de 26 de novembre.

h) Els pressupostos de les Societats mercantils estatals.

i) Els pressupostos de les Fundacions del sector públic estatal.

j) Els pressupostos de les Entitats públiques empresarials i la resta d'Organismes públics d'aquest tipus.

1.3. *Els ingressos públics*

Els **ingressos públics** són els fons que van a parar al sector públic perquè aquest pugui complir els objectius que persegueix i atendre les despeses.

Els ingressos públics solen classificar-se en dos grans grups: els *ingressos ordinaris* i els *ingressos extraordinaris.*

Els ingressos ordinaris

Els **ingressos ordinaris** són els que s'obtenen de manera regular al llarg d'un exercici fiscal.

Procedeixen dels *impostos directes i indirectes* i de l'*activitat de les empreses públiques.*

- Els **impostos directes** són els que graven les rendes del contribuent en el moment de la seva percepció o generació. Solen ser impostos progressius, és a dir, com més gran és la renda, més gran és el tipus impositiu que s'aplica.

  Alguns dels impostos directes més coneguts són: l'*impost sobre la renda de les persones físiques* (IRPF), l'*impost sobre successions,* l'*impost sobre el patrimoni* i l'*impost sobre societats.*

- Els **impostos indirectes** són els que graven les rendes del contribuent en el moment de la seva utilització, és a dir, amb motiu d'actes concrets de consum, despeses, etc. Es tracta de tipus fixos que s'incorporen al preu dels béns i serveis, la qual cosa significa que qualsevol usuari paga el mateix independentment de la seva renda.

  Els impostos indirectes més habituals són: l'*impost sobre el valor afegit* (IVA), els *impostos especials* (hidrocarburs, tabac i alcohol) i l'*impost sobre transmissions patrimonials.*

- L'**activitat de les empreses públiques** pot generar beneficis com a conseqüència de la diferència entre els ingressos que s'obtenen per la venda de béns i serveis i els costos de producció d'aquests mateixos béns.

L'impost sobre el valor afegit (IVA)

Es tracta d'un impost indirecte que s'aplica a les operacions de lliurament de béns i prestació de serveis.

A diferència de l'IRPF, no es tracta d'un impost progressiu, sinó que s'aplica un tipus impositiu fix depenent de la naturalesa del bé o el servei que s'intercanvia. Segons la seva naturalesa, distingim quatre categories de béns i serveis: els exempts d'IVA i aquells als quals s'aplica un tipus impositiu del 4 %, del 8 % o del 18 %.

- Estan **exempts** d'IVA els serveis de correus, l'assistència sanitària, les prestacions de serveis d'assistència social, l'educació, les operacions d'assegurances, algunes operacions financeres —com préstecs i crèdits, transferències, etc.—, el joc —loteries, travesses i apostes— i la compravenda de terrenys no edificables.
- S'aplica el **4 %** (tipus molt reduït o mínim) als aliments de primera necessitat, les publicacions periòdiques, els productes farmacèutics, els vehicles per a discapacitats, els habitatges de protecció oficial i els llibres de text.
- S'aplica el **8 %** (tipus reduït) als productes alimentaris que no són de primera necessitat, els refrescos no alcohòlics, el material sanitari, els habitatges que no siguin de protecció oficial, els ciclomotors i assimilats, els transports de passatgers —excepte els d'avió—, l'hostaleria i restauració, les entrades a esdeveniments esportius i espectacles, i la construcció d'habitatges.
- S'aplica el **18 %,** que és el tipus normal, a tots els altres lliuraments de béns i prestació de serveis no inclosos en els apartats anteriors.

L'impost sobre la renda de les persones físiques (IRPF)

És un impost directe que es liquida anualment entre els mesos de maig i juny següents a l'exercici fiscal corresponent. El seu caràcter progressiu es posa de manifest en l'augment del tipus impositiu —i, per tant, de la quota que s'ha de pagar a l'Administració— a mesura que augmenta la renda global del contribuent.

La pressió fiscal que suporten els llocs de treball segueix sent una de les preocupacions de les empreses. Ens referim al percentatge del salari que desemborsa una empresa per cada treballador i que no acaba en mans de l'empleat, sinó que serveix per a pagar les cotitzacions a la Seguretat Social i les retencions de l'IRPF.

Un estudi exhaustiu de la fiscalitat espanyola el 2001 mostra que els sous entre 24 000 i 36 000 euros estan proporcionalment més castigats que els salaris superiors o inferiors a aquest interval. És a dir, el treballador la renda del qual es troba compresa entre aquestes quantitats rep un percentatge més petit que el que desemborsa la seva empresa.

Aquest col·lectiu reuneix el 6,7 % dels declarants. Aquest interval de treballadors, afectat per la bretxa fiscal, recull gran part dels nous professionals que contracten les empreses per tasques tècniques i treballs qualificats. Són treballadors amb prop de dos anys d'experiència i capaços d'adaptar-se sense dificultats a la nova economia. Segons les Cambres de Comerç, són treballadors capaços de crear negocis.

No obstant això, la bretxa fiscal ha experimentat una evolució positiva durant els últims anys. Fins al 1998, els trams més castigats se situaven en sous més baixos i se centraven en els salaris situats entre 18 000 i 30 000 euros, un grup de treballadors encara més nombrós que l'anterior ja que recull a més de l'11 % dels declarants totals de l'IRPF. Aquest moviment ha suposat una millora per a les escales de salari més baixes (el 89 % dels contribuents de l'impost de la renda) i, a més, ha fomentat els sectors que demanden mà d'obra de forma massiva i menys qualificada.

Els ingressos extraordinaris

Els **ingressos extraordinaris** són els que s'obtenen de forma puntual, quan el sector públic necessita disposar de fons per atendre les seves necessitats.

Aquest tipus d'ingressos procedeix de l'emissió de *deute públic,* de la *venda de patrimoni públic,* dels *impostos extraordinaris sobre el patrimoni privat,* de les *taxes,* de les *rendes generades pel patrimoni de l'Estat* i d'algunes *transferències o ingressos* que no suposen contrapartida.

- La **deute públic** és un conjunt de préstecs que les economies domèstiques i les empreses concedeixen al sector públic. Sol tractar-se de préstecs a un tipus d'interès i amb unes condicions fiscals que els fan atractius per als agents econòmics als quals van dirigits.
- La **venda de patrimoni públic** consisteix a cedir la propietat de béns o empreses de titularitat pública a societats, altres empreses o particulars.
- Els **impostos extraordinaris sobre el patrimoni privat** s'apliquen quan la intervenció del sector públic produeix un increment del valor dels béns privats.
- Les **taxes** que paga el ciutadà per determinats serveis que sol·licita a l'Estat, com les taxes acadèmiques.
- Els diferents tipus de **rendes generades pel patrimoni de l'Estat** (interessos, beneficis de capitals invertits, ingressos patrimonials, etc.).
- Les **transferències** o **ingressos** sense una determinada contrapartida. Són les que no suposen un servei, com la loteria, les travesses, o els fons de la Unió Europea.

A tots aquests ingressos caldrà afegir els de la **Seguretat Social,** que té un pressupost propi procedent de les cotitzacions d'empreses i treballadors.

Una altra classificació

Els ingressos també poden classificar-se tenint en compte la seva **fiscalitat.** Així, podem distingir entre *ingressos fiscals* i *ingressos no fiscals.*

- Els **ingressos fiscals** són els *impostos directes i indirectes* i les *taxes.*
- Els **ingressos no fiscals** són les *transferències corrents,* els *ingressos patrimonials* i la *venda de béns patrimonials.*

2. Equilibri, superàvit i dèficit pressupostari

Quan en els Pressupostos, *els ingressos són iguals a les despeses,* ens trobem davant d'una situació d'**equilibri pressupostari.**

En canvi, quan *l'ingrés és més gran que la despesa,* aleshores direm que estem en una situació de **superàvit pressupostari.**

Finalment, s'entén com a **dèficit pressupostari** la *diferència negativa entre ingressos i despeses* de l'Estat. En els Pressupostos Generals, aquestes quantitats s'han de reflectir com a necessitats d'endeutament.

Equilibri pressupostari

Efecte expulsió

L'**efecte expulsió** es produeix quan l'Estat emet deute públic amb una alta rendibilitat per a l'inversor. Les empreses privades no poden competir i es veuen *expulsades* del mercat financer per la dificultat per a obtenir recursos.

Tots els governs tendeixen a un objectiu comú de política econòmica: equilibrar el nivell d'ingressos amb el nivell de despeses del sector públic. Aquesta *recerca d'equilibri pressupostari* és un dels grans objectius de les polítiques econòmiques dels governs, ja que evita l'endeutament del sector públic. Però el més interessant d'aquest equilibri és que l'Estat *deixa de provocar l'efecte expulsió de la iniciativa privada.*

Superàvit pressupostari

Té lloc, com hem dit més amunt, quan en els Pressupostos Generals la partida d'ingressos és superior a la de despeses.

Aquesta situació és la més desitjada, ja que suposa la *capacitat del sector public de finançar tots els seus projectes,* i a més, podrà dedicar part d'aquest superàvit pressupostari a pagar, finançar o simplement reduir el deute adquirit amb anterioritat.

Dèficit pressupostari

El dèficit pressupostari no sempre és dolent. S'ha de tenir en compte que els nivells de despesa dels Estats suposen sempre inversió i creació de riquesa.

Aquest és un dels temes de més impacte que ha d'afrontar el sector públic com a conseqüència de l'increment de la despesa pública en diferents serveis. L'Estat o, si no n'hi ha, els organismes públics corresponents, hauran d'atendre la demanda dels individus, malgrat que els ingressos no siguin suficients.

Llavors es planteja la qüestió de la manera d'enfocar el dèficit pressupostari: és convenient l'endeutament? Per quant de temps? No generarà el dèficit una pressió fiscal més gran sobre els impostos? No s'incrementarà el problema en els pressupostos següents en augmentar el nivell de devolució del deute?

Quan hi ha dèficit, es produeixen uns **efectes** immediats:

- Provoca necessitats d'**endeutament** davant creditors privats.
- Crea la necessitat d'emetre **deute públic,** que tindrà una conseqüència immediata: s'ha de pagar el deute adquirit, alimentant el futur dèficit i augmentant la pressió fiscal *en el cas que aquest creixement sigui més gran que el creixement del PIB.*
- **Desplaça la iniciativa del sector privat** per la necessitat de finançament de la despesa pública, mitjançant la canalització de recursos que, en una altra situació, correspondrien al sector privat.

2.1. *Finançament del dèficit públic*

Els governs han d'afrontar aquestes qüestions a cada nou exercici fiscal. Quan s'estudien i s'elaboren els Pressupostos anuals, el creixement de l'economia i la situació cíclica poden fer que alguns anys el nivell d'endeutament descendeixi a causa d'uns pressupostos en equilibri o, fins i tot, que descendeixi per un nivell d'ingressos més gran.

No obstant això, en cas que l'Estat necessiti finançar els dèficits pressupostaris, haurà de recórrer al que coneixem com a **emissió de deute públic.** Aquest es duu a terme de la mateixa manera que ho poden fer les empreses privades que necessiten capital per finançar els seus projectes.

En aquest cas, l'Estat pot emetre títols o valors de deute públic amb un determinat *valor nominal,* un determinat *tipus d'interès* i amb *amortització a data fixa,* en què es tornarà el nominal dels títols, independentment de l'abonament dels interessos corresponents.

Però l'emissió de deute públic planteja un problema molt important: si l'Estat emet deute públic i *aquest no és subscrit en la seva totalitat,* se suposa que **el dèficit no serà cobert.**

Per solucionar aquesta eventualitat es poden **sol·licitar crèdits a la banca,** tant del mateix país com estrangera, encara que aquesta solució suposa generar un problema per a solucionar un altre. Aquest tipus d'operacions les solen dur a terme les economies en les quals la capacitat d'estalvi dels seus ciutadans és molt limitada per la qual cosa no podran assumir l'emissió de deute.

El **dèficit públic** planteja, com veiem, el problema del seu *finançament,* ja que si es finança a través d'endeutament de l'Estat, aquest haurà de tornar les *quantitats* que ha rebut com a préstec més les quantitats corresponents als *interessos* pactats en l'emissió de deute. Aquesta situació generarà, amb tota probabilitat, un nou dèficit, que també haurà de ser finançat, i així de forma successiva.

El deute públic

En adquirir **deute públic** el que fem és *invertir en el sector públic* en lloc de fer-ho en el sector privat.

D'aquesta manera, en lloc de finançar projectes d'empreses privades el que fem és finançar projectes de caràcter públic.

El deute públic pot ser de tres tipus: *lletres del Tresor, pagarés del Tresor* i *bons o obligacions de l'Estat.* Aquests títols es cotitzen i es negocien en borsa.

Emetre **deute públic** suposa incrementar la despesa pública, ja que generarà uns interessos que s'han de pagar de forma regular als qui l'han adquirit.

2.2. *Anàlisi dels diferents tipus de dèficit*

Distingirem fonamentalment dos tipus de dèficit: el *dèficit estructural* i el *dèficit cíclic.*

Dèficit estructural

El **dèficit estructural** és el que *persisteix independentment de la fase del cicle econòmic* en la qual es trobi una economia.

Limita fortament el desenvolupament econòmic d'un país, ja que persisteix al llarg del temps. Normalment està associat a un *escàs control de la despesa* i al creixement d'aquesta, que supera el nivell de creixement dels ingressos. Això fa que el deute públic es «reprodueixi» amb massa rapidesa, per la qual cosa els governs no poden afrontar el seu pagament, i això els obliga a entrar en una espiral d'emissió de deute per pagar l'anterior. Els ingressos pressupostats mai no poden arribar a cobrir el deute emès.

Dèficit cíclic

El **dèficit cíclic** (o **conjuntural** o **estacional)** mereix una consideració diferent de l'estructural. És un tipus de dèficit que solen tenir en algun moment tots els governs, ja que depèn, fonamentalment, de l'*aplicació de polítiques econòmiques anticícliques en moments de recessió o expansió de l'economia.*

- En un moment de **recessió,** el nivell de l'activitat econòmica tendeix a *disminuir* i, a més, s'incrementa el nivell d'*atur,* amb la qual cosa *descendeix la recaptació* derivada dels impostos, alhora que *creix la despesa pública* perquè, entre altres qüestions, s'incrementen les prestacions socials als aturats.

  Tot això fa que *el mateix dèficit és l'encarregat de reanimar l'activitat econòmica* suavitzant els efectes cíclics.

- Si ens trobem en la fase **expansiva** del cicle, el dèficit tendeix a *disminuir* i pot arribar fins i tot a convertir-se en *superàvit* ja que, en augmentar l'activitat econòmica, es produeix l'efecte contrari al comentat en el paràgraf anterior: els impostos proporcionen més *ingressos* a l'Estat, i aquest veu reduïdes les seves aportacions perquè s'ha *reduït la quantitat de prestacions* a aturats.

2.3. *El sector públic i els mercats*

En els sistemes econòmics d'economia mixta de mercat, com el nostre, els mecanismes de mercat són els que donen resposta als problemes econòmics bàsics ja analitzats.

El **preu** és la variable que ajusta els desitjos dels agents econòmics que intervenen en els mercats, és a dir, els *plans de consum* dels demandants i els *plans de producció* dels oferents.

Aquest preu de mercat serà l'element d'ajustament de les forces concurrents, de tal manera que, si es produeix **escassetat,** el preu *pujarà* per racionalitzar la demanda, mentre que, en cas d'**abundància,** succeeix el contrari, encara que aquest últim cas es dóna poques vegades.

En l'economia real, els agents i els mercats no actuen de manera aïllada, sinó que estan **interrelacionats** entre si, de manera que *el que passa en un mercat repercuteix en els altres,* i pot arribar a tenir conseqüències de caràcter general: si varien les condicions d'un mercat, l'efecte d'aquesta variació es propaga amb rapidesa a la resta, normalment per mitjà dels preus.

Però els arguments que acabem d'exposar no signifiquen que el sistema de preus sigui el millor mecanisme d'assignació dels recursos d'una economia. Només estem indicant que es tracta d'un mecanisme ràpid, és a dir, de respostes immediates.

Fins ara hem vist les actuacions de dos grans grups d'agents en el mercat —les *empreses* i les *economies domèstiques*— i hem omès l'actuació del **sector públic.** No obstant això, aquest gaudeix d'un *protagonisme excepcional* en el sistema de mercat.

Les **causes** fonamentals del protagonisme del sector públic són dues: la *distribució de la renda* i els *errors del mercat.* Els dos aspectes els analitzarem amb detall en els següents apartats.

3. La distribució de la renda

El **mercat,** per si mateix, no distribueix equitativament la renda entre tots els participants. Més aviat succeeix el contrari: *genera una distribució desigual de la renda.*

Els ingressos o renda es determinen per la participació dels factors en el procés de producció. En els **mercats de factors,** les *forces de l'oferta i la demanda* determinen les condicions respectives.

Però les economies domèstiques que disposen de recursos molt productius obtenen ingressos o rendes monetàries molt més grans que les que posseeixen recursos poc productius o menys valorats socialment. El resultat final és el **desequilibri,** és a dir, les diferències de rendes s'aguditzen (fig. 3).

Fig. 3. Els desequilibris en la distribució de la renda obliguen l'Estat a intervenir per garantir els drets de tots els ciutadans.

En conseqüència, el sector públic ha d'intervenir per corregir aquests desequilibris generats pel mercat mitjançant les **polítiques correctores de la distribució de la renda.** Com a exemple d'aquestes polítiques tenim les mesures assistencials, les exempcions fiscals, les prestacions per desocupació, els subsidis, etc.

A Espanya, el desenvolupament de l'Estat de benestar ha conduït al fet que les polítiques de protecció social tinguin una participació cada cop més gran en les despeses. El que es coneix com a *activitats generals* (és a dir, els apartats de justícia, defensa, seguretat, etc.) i les actuacions dels *sectors productius* (comerç, indústria, agricultura, etc.) han anat perdent notorietat en els pressupostos en benefici de l'anomenada **despesa social.**

Les despeses en protecció social posen clarament de manifest les *polítiques de redistribució* utilitzades pels governs, és a dir, pel sector públic. El que es pretén, en definitiva, és la **distribució universal dels serveis públics.**

En els serveis públics de caràcter estrictament social, la redistribució es realitza de la següent manera: qui té capacitat contributiva finança, amb els seus impostos, aquells serveis que no poden finançar les persones que no tenen aquesta capacitat però que tenen dret a la seva utilització. És el cas de la sanitat, l'educació i els béns públics com ara infraestructures, parcs, enllumenat, etc.

4. La intervenció en el mercat

El mercat no aconsegueix el resultat més eficient per a la societat a causa de diversos **factors:** les seves pròpies *imperfeccions,* l'existència de *béns i serveis públics,* l'aparició d'*externalitats* i el *deteriorament i l'esgotament dels recursos* comuns a la societat.

4.1. *Imperfeccions del mercat*

Fig. 4. L'Estat regula periòdicament l'increment de les tarifes elèctriques per evitar abusos.

La realitat econòmica està dominada per mercats de **competència imperfecta.** Hi ha agents, en la seva majoria empreses, que exerceixen algun grau de poder i generen ineficiències en el mercat.

D'altra banda, les empreses **monopolistes** tenen incentius per elevar el preu o restringir la quantitat per sota del que seria socialment desitjable.

La conseqüència d'aquestes imperfeccions és que *els preus no funcionen com a mecanisme d'ajustament apropiat* de l'economia ja que, freqüentment, són alterats sense tenir en compte els desitjos dels demandants.

El **sector públic** disposa de diverses alternatives per tal de regular aquestes situacions. Pot prohibir els monopolis, tractar d'impedir que es formin, dividir-los en diverses empreses de mida més petita, controlar els ja existents o deixar-los funcionar amb una regulació específica (fig. 4).

4.2. *Béns i serveis públics*

Els **béns i serveis públics** són aquells el consum dels quals per part d'una persona no redueix la seva disponibilitat per a altres membres de la societat.

Aquests béns i serveis han de ser subministrats pel sector públic, ja que el mercat no els genera o ho fa en quantitats insuficients (fig. 5).

Fig. 5. L'empresa pública Renfe gestiona el transport ferroviari de mitjana i llarga distància.

El **sector públic** ha de decidir el *nivell adequat de provisió* i la *forma de finançar* aquests béns. En la pràctica, la majoria d'aquests es finança amb càrrec als *pressupostos públics,* els quals es nodreixen bàsicament dels *impostos.*

4.3. *Externalitats*

Les **externalitats** o **efectes externs** són els costos o beneficis associats a la producció o al consum d'un bé que no són objecte de cap compensació econòmica i van a parar a terceres persones, diferents dels subjectes actuants.

Aquestes externalitats poden ser *negatives* o *positives:*

- Com a **externalitat negativa** podem destacar la *contaminació.* Les empreses contaminants solen prendre decisions sobre la quantitat de béns que produiran basant-se en els seus costos i beneficis, però sense tenir en compte els costos socials que pot produir un volum excessiu de contaminació.

  En aquest sentit, es justifica la intervenció de l'Estat a fi de corregir i minimitzar aquests costos externs que suporta la societat (fig. 6).

Fig. 6. La contaminació de les aigües és una externalitat negativa que el sector públic ha de controlar i regular.

- D'altra banda, de vegades es produeixen **externalitats positives,** quan la producció o el consum d'alguns béns pot transferir beneficis socials a tercers. Un exemple típic és l'*educació.* Amb l'educació no només s'eleva la capacitat de la persona, sinó que l'economia en el seu conjunt es beneficia d'una població més preparada.

El **sector públic** ha d'estimular la producció o el consum d'aquests béns i serveis mitjançant una adequada política d'ajudes i subvencions. Per exemple, si l'estudiant universitari, en lloc d'una taxa acadèmica subvencionada, pagués el cost real de la seva matrícula, el desemborsament seria tan elevat que molts joves no podrien estudiar.

4.4. *Deteriorament i esgotament dels recursos*

L'explotació abusiva de la natura, les activitats de producció i el consum indiscriminat poden dur a l'**esgotament** d'alguns recursos.

En l'actualitat, el problema ha assolit proporcions alarmants, perquè ja es donen casos d'extinció d'espècies vegetals i animals, deteriorament de l'ecosistema, sobreexplotació de jaciments miners, etc.

El **sector públic** està obligat a intervenir per tal d'evitar aquestes situacions, fruit d'una utilització abusiva dels recursos. L'Estat ha de perseguir un *desenvolupament econòmic sostenible i respectuós amb l'ecosistema.*

■ **1.** Explica què és el saldo pressupostari.

— Indica'n també els tipus.

■ **2.** Enumera quines mesures utilitza l'Estat per tal de finançar el dèficit pressupostari.

* ■ **3.** Explica què són els Pressupostos Generals de l'Estat.

— Indica quins són els apartats principals d'ingressos i despeses.

— Explica què és el saldo pressupostari i indica els diferents tipus de saldos.

■ **4.** Indica quins són els apartats de despeses principals dels Pressupostos Generals de l'Estat i explica'ls.

■ **5.** Descriu el contingut dels Pressupostos Generals de l'Estat i explica les fases per les quals passa al llarg de l'exercici fiscal.

■ **6.** Enumera les destinacions de la despesa pública.

— Esmenta alguns exemples i classifica'ls.

■ **7.** Explica la procedència dels ingressos públics.

— Distingeix entre impostos indirectes i directes i proposa exemples de cadascun.

* ■ **8.** Respon les qüestions següents:

a) Quan diem que hi ha dèficit públic en els pressupostos de l'Estat?

b) Què significa que l'Estat té un superàvit en el seu pressupost?

■ **9.** Explica quina diferència existeix entre dèficit públic i deute públic.

■ **10.** Explica com es finança el dèficit públic i quines són les conseqüències d'aquest finançament.

* ■ **11.** Analitza els tipus de dèficit públic més representatius.

■ **12.** Classifica com a despeses corrents, despeses d'inversió, transferències, o subvencions els conceptes següents:

— Les pensions de viduïtat.

— La compra de mobiliari per a un centre escolar.

— Les despeses d'electricitat d'un ministeri.

— Les obres de clavegueram d'una localitat.

— La millora del ferm d'una carretera comarcal.

— El salari d'un policia local.

— La construcció d'un centre públic de salut.

— Les beques d'estudis per a estudiants de batxillerat.

— Les ajudes a la producció d'oli d'oliva.

— Les beques per a esportistes.

— Els subsidis d'atur.

— L'adquisició d'un camió de bombers.

■ **13.** Descriu breument com s'elaboren els Pressupostos Generals de l'Estat.

* ■ **14.** Indica quin és l'objectiu d'un impost directe.

■ **15.** Classifica com a ingressos ordinaris o extraordinaris els conceptes següents:

— L'emissió de lletres del tresor.

— L'impost de béns immobles.

— La retenció a compte de l'IRPF practicada en una nòmina.

— La venda de part del parc mòbil d'un ministeri.

— L'IVA abonat en adquirir una plaça de garatge.

— L'impost que es paga en comprar gasolina.

■ **16.** Dins dels capítols d'assignació al Ministeri d'Educació, estan recollides les quantitats que qualsevol comunitat autònoma amb les competències educatives transferides assigna a aquest concepte?

■ **17.** Argumenta quins efectes produeix sobre la nostra economia de mercat una taxa elevada de deute públic.

■ **18.** Assenyala quina és la despesa més important dels Pressupostos Generals de l'Estat i raona per què.

■ **19.** Distingeix entre transferències corrents i transferències de capital.

— Explica les diferències entre els dos conceptes.

■ **20.** Assenyala quin és el concepte més rellevant dins del capítol d'ingressos dels Pressupostos Generals de l'Estat i raona per què.

■ **21.** Explica la diferència entre impostos i taxes.

■ **22.** De vegades, els pressupostos es prorroguen d'un any per a un altre perquè no han estat aprovats o per diferents causes.

— Assenyala quines són les conseqüències positives o negatives que pot provocar aquesta pròrroga.

■ **23.** Explica la configuració per nivells del sector públic.

■ **24.** En un període de crisi econòmica pot augmentar el dèficit públic (o disminuir el superàvit) encara que l'Estat no adopti cap mesura de política fiscal sobre això.

— Explica a què es pot deure aquesta situació i raona la teva resposta.

■ **25.** Descriu breument les principals imperfeccions del mercat i la manera com el sector públic els pot donar solució.

■ **26.** Posa exemples d'externalitats negatives sobre el medi ambient provocades per l'activitat econòmica a Catalunya.

* PAU

Revista d'economia

La posició macroeconòmica: l'entorn necessari

Les reformes laboral, financera i de les administracions públiques

La crisi econòmica ha posat sobre la taula, d'una manera seqüencial, la necessitat d'abordar la reforma del nostre sistema financer en primer lloc, del mercat laboral, en segon terme, i ara, de les administracions públiques. El dèficit públic més enllà d'una arma de política econòmica *keynesiana,* despesa per a incentivar la demanda, ha posat en evidència els defectes estructurals de les administracions públiques espanyoles i aquí tothom ha obert la caixa de Pandora d'aquest entorn. En particular, la crisi aprofundeix sobre el taló d'Aquiles del mapa econòmic espanyol a través de la crisi de les administracions autonòmiques; de fet l'informe de Standard & Poor's ho ha posat de relleu.

A més, el creixement sostingut en la primera dècada del segle XXI, en realitat fins a ben entrat el 2008, ha comportat importants acreixements dels nostres desfasaments estructurals; s'ha de tenir en compte, per exemple, el ritme de creixement d'un sector públic, on només les despeses de personal s'han incrementat en pràcticament un 50% des del 2003 fins a aquest primer trimestre del 2010.

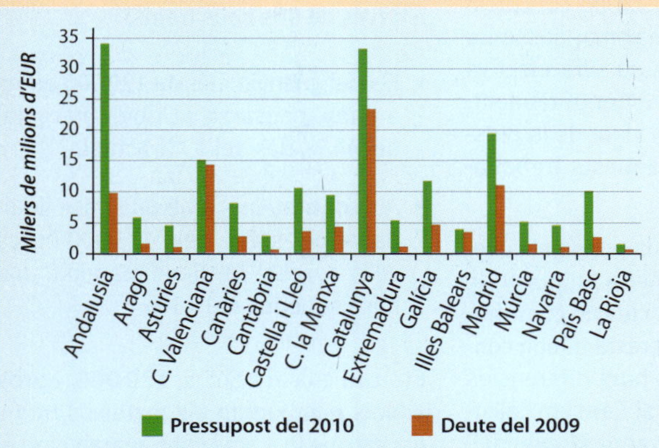

Font: Elaboració pròpia a partir del Banc d'Espanya i de la Secretaria General de Pressupostos i Despeses.

Amb això es posa en evidència que part del dèficit públic que tortura l'economia en aquests moments s'explica més per les pròpies debilitats del model que per factors *keynesians* d'aquelles actuacions de «Stop and Go» de les autoritats públiques. Tornem al vell problema del Leviatan dels economistes, és a dir, aquell monstre maligne, o dimoni, que cal vigilar i contenir per evitar que la seva actuació i creixement descontrolat produeixi una autèntica destrossa en la societat i l'economia del país.

En aquest context, val la pena recapitular la imatge macroeconòmica del país reprenent els grans reptes de reforma que cal abordar:

- La reforma del mercat laboral que faci baixar la xifra del 20% de l'atur i aquesta quota dels 5 milions de persones sense feina que mai no s'ha d'assolir, tornem a la idea del contracte únic, les barreres a la contractació que impliquen els costos per indemnitzacions per acomiadaments i la institució dels subsidis d'atur que tal i com estan dissenyats actuen com a inhibidors de la recerca de treball.
- La reforma dels plans de pensions que permeti, d'una banda, l'incentiu per a la permanència en la feina a partir dels 60 anys, i de l'altra, la correcta capitalització de les aportacions contributives que es realitzin i la construcció d'un mercat de deute públic sostingut a partir de la gestió d'aquests plans de pensions.
- La reforma de les caixes d'estalvis i la seva conversió, i no només per la via de les fusions i concentracions, sinó per la de la privatització d'aquestes, tal i com ja s'ha vist en altres economies avançades com la nord-americana.
- I la revisió per reforma també del sector públic espanyol, tant en les seves funcions primàries com en els mecanismes de finançament de la provisió dels béns públics, solucions de copagament de la seguretat social, de cofinançament de les famílies en l'educació i tot això en les seves manifestacions territorials de les comunitats autònomes.

De cap manera aquest disseny macroeconòmic qüestiona l'estat del benestar tal com s'ha de definir en una societat desenvolupada del segle XXI.

D'acord amb l'article IV de la solució reglamentària del Fons Monetari Internacional, la Comissió creada i que ha tingut l'ocasió de visitar Espanya, ha emès el seu informe preliminar pel que fa al nostre país el passat dia 24 de maig. La perspectiva general no pot ser més clara, estem davant d'una fràgil i feble recuperació. Cal, en conseqüència, una agenda de política econòmica que reequilibri la nostra economia, que guanyi credibilitat, i que empenti la confiança dels nostres agents econòmics interns i externs. Cal emprendre, tal com nosaltres hem afirmat, de manera urgent la reforma del nostre mercat laboral. Cal també la reforma del sistema bancari, com els dos pilars de referència.

A més, cal emprendre la reforma de les pensions, i també les de les altres àrees que es troben en mans de les autoritats públiques espanyoles i no ho oblidem, totes aquestes aquestes afirmacions vénen de l'FMI.

Leopoldo Pons
Revista Economistes. Juny 2010

Revista d'economia

Principals novetats del Projecte de Llei dels Pressupostos Generals de l'Estat

Les retallades en ajudes per a l'adquisició d'habitatge i a les mesures de suport a la família són els punts més destacats

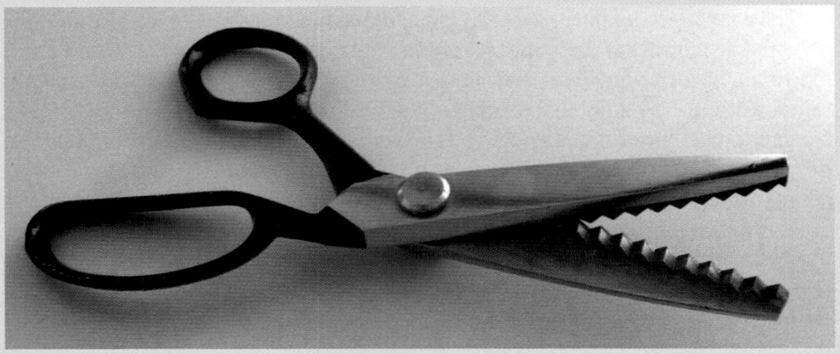

L'any 2011 no està entre els més esperats pels espanyols, ja que des de l'1 de gener entraran en vigor diverses retallades. Entre aquests destaquen l'eliminació de la deducció per adquisició de primer habitatge per als contribuents amb bases imposables iguals o superiors a 24 170,20 euros anuals i la fi de l'anomenat «xec nadó», una ajuda per a les famílies de 2 500 euros per naixement. Les pensions mínimes i no contributives pujaran el proper any un 1 %, mentre que les restants, que afecten la majoria dels jubilats, quedaran congelades. A aquestes mesures s'hi afegeix l'elevació en un punt del tipus de l'IRPF aplicable a les rendes superiors a 120 000 euros i dos punts per als contribuents que ingressin més de 175 000 euros.

L'habitatge i els fills

Les retallades que recull el projecte de llei dels Pressupostos Generals de 2011 afecten de manera especial les famílies joves, ja que es refereixen a l'habitatge i als fills. Una de les novetats de les esmentades mesures afecta les operacions de compra d'immobles: a partir de l'any se suprimirà la deducció fiscal per la compra del primer habitatge, encara que aquesta mesura només afectarà els que tinguin una base imposable igual o superior a 24 170 euros anuals.

Pel que fa a la família, dues de les decisions de caràcter social que afectaran els contribuents espanyols tenen com a punt de referència el naixement dels seus fills.

- S'elimina el «xec nadó», en vigor des de 2007. A partir l'1 de gener del 2011 no es cobraran els 2 500 euros assignats per cada naixement.
- S'ajornen els permisos de paternitat de quatre setmanes que, per una qüestió econòmica, no seran efectius fins a l'exercici 2012.

Autònoms i pensionistes

Entre els professionals afectats per les noves mesures figuren els autònoms. Es rebaixa en quatre anys el límit d'edat per a seleccionar la base de cotització entre la mínima i la màxima: passa de 49 a 45 anys. La mesura serà efectiva a partir d'abril de 2011. Contràriament, es preveu l'entrada en vigor de la prestació per atur per a aquests treballadors.

Pel que fa als jubilats, la principal novetat és que la pujada per a enguany de les pensions mínimes i les no contributives serà d'un 1 %. La resta queda congelada, llevat que hi hagi diferències amb l'Índex de Preus al Consum calculat en principi per a aquest exercici. Això vol dir que si l'IPC supera l'1 %, s'actualitzaria de manera proporcional a través d'una paga extra que rebrien els jubilats al mes de gener.

En el nou marc d'estalvi pressupostari que ha emprès l'Executiu espanyol, destaca també la congelació de les retribucions del personal al servei del sector públic. Es consolida la rebaixa mitjana del 5 % aplicada des del mes de juny. També continuarà la reducció de l'oferta d'ocupació pública, mitjançant l'aplicació d'una taxa de reposició del 10 % sobre les vacants generades en l'Administració Pública.

Pujada d'impostos a les rendes més altes

Una de les mesures amb més repercussió fiscal és la modificació dels trams de tributació de l'IRPF (Impost sobre la Renda de les Persones Físiques). Es gravarà les rendes més altes a través de dos nous trams:

- Els qui guanyin més de 120 000 euros a l'any, passaran al tipus marginal del 44 %, des del 43 % actual.
- Als contribuents amb una base liquidable per sobre dels 175 000 euros se'ls aplicarà un tipus marginal una mica superior, del 45 %.

Els qui no arribin a 120 000 euros anuals mantindran els mateixos trams fiscals que fins ara i continuaran amb el mateix tractament fiscal.

Per a l'exercici 2011, el mínim personal per contribuent queda fixat de nou en 5 151 euros. Aquesta quantia, coneguda també com a renda vital o de subsistència, es troba en aquest nivell des de 2008. La nova llei introdueix una modificació en la tributació de les retribucions plurianuals en establir un límit màxim de 300 000 euros per aplicar la reducció del 40 %.

José Ignacio Recio
Eroski Consumer
Octubre 2010

AVALUACIÓ

1 Els objectius dels Pressupostos Generals de l'Estat, entre altres, són:

a) Recaptar amb els impostos la major quantitat possible per poder executar totes les accions previstes pel govern en el capítol de despeses.

b) Executar els objectius de política fiscal.

c) Executar els objectius de política monetària.

d) Els objectius econòmics de l'exercici, les despeses i ingressos detallats, els instruments de política microeconòmica i macroeconòmica i els mitjans tècnics adequats.

2 Les despeses i els ingressos que el sector públic té previst realitzar durant un exercici fiscal es contenen en:

a) La Balança de Pagaments.

b) El Deute Públic.

c) Els Pressupostos Generals de l'Estat.

d) Les despeses generals de l'Estat i les comunitats autònomes.

3 Entenem per ingressos ordinaris:

a) Tota mena d'impostos, tant directes com indirectes, a més dels beneficis que generin les empreses públiques.

b) Els rebuts pels estaments públics i les administracions com a contraprestació als serveis prestats als ciutadans.

c) Els derivats de les actuacions municipals de recaptació per tota mena d'accions i sancions.

d) Només les quantitats que ingressa l'Estat per dos tipus d'impostos: l'IRPF i l'IVA.

4 Entenem per ingressos extraordinaris:

a) Tots aquells que no estan programats.

b) Els que no tenen periodicitat anual.

c) Els ingressos no fiscals: transferències corrents, ingressos patrimonials, venda de béns patrimonials i transferències de capital.

d) Els obtinguts de forma puntual pel sector públic: deute públic, taxes, rendes generades pel patrimoni de l'Estat, transferències...

5 El dèficit pressupostari és:

a) La quantitat gastada «de més» pel govern i no pressupostada.

b) La quantitat que aporten els fons estructurals del Fons Europeu per ajudes en què no intervenen els pressupostos.

c) La despesa provocada per situacions extraordinàries i no previstes en els pressupostos.

d) La diferència negativa entre els ingressos i les despeses pressupostades.

6 Les conseqüències del dèficit pressupostari són:

a) Necessitat d'endeutament, emissió de deute públic, i efecte expulsió, en desplaçar l'oferta privada.

b) Disminució del nivell de producció, elevació de la taxa de desocupació, pèrdua de competitivitat i encariment dels productes de primera necessitat.

c) Descens del nivell adquisitiu del consumidor, desplaçament de la demanda cap a béns substitutius, creació de nous mercats.

d) Tancament d'empreses, augment de l'atur, descens del PIB.

7 Diem que el sector públic té errors o imperfeccions perquè:

a) No s'apliquen bé els pressupostos.

b) No hi ha distribucions equitatives.

c) La realitat econòmica està dominada per mercats de competència imperfecta.

d) Els preus són el mecanisme regulador dels mercats i, per tant, no existeixen imperfeccions.

8 La utilització dels béns i serveis públics:

a) És pròpia d'aquells contribuents que tenen major nivell de renda i, per tant, de cotització a les arques de l'Estat.

b) És un dret de tota la població, independentment del seu nivell de cotització.

c) La decideix el sector públic, que és qui indica com, quan i quant s'han d'utilitzar els serveis per part dels ciutadans, depenent de diversos factors: zona, renda, etc.

d) Depèn de la procedència dels ciutadans: si són nacionals o estrangers.

9 Davant l'esgotament dels recursos:

a) L'Estat hauria d'imposar sancions a totes les empreses que contaminin més enllà dels límits establerts en el Protocol de Kyoto.

b) L'explotació abusiva de la natura és inacceptable, per la qual cosa els governs han de sancionar fortament les empreses que ho facin.

c) S'hauria de tenir una política de reforestació adequada.

d) El sector públic està obligat a intervenir per evitar situacions abusives de recursos, buscant un desenvolupament econòmic sostenible i respectuós amb l'ecosistema.

13 Crisi, desocupació i inflació

COMPETÈNCIES ESPECÍFIQUES

Competència en cultura econòmica i dialèctica

Definir el concepte de desocupació i explicar la forma de mesurar-la.

Enunciar i descriure les conseqüències econòmiques i socials de la desocupació.

Definir el concepte d'inflació i distingir entre inflació de demanda i inflació de costos.

Competència en raonament econòmic i modelització

Justificar els desplaçaments de les corbes d'oferta i demanda agregades en la fase d'expansió i en la fase de recessió d'un cicle econòmic.

Justificar les polítiques de promoció de l'ocupació.

Explicar quina és la relació entre els salaris i la inflació, i descriure l'espiral salari-preus.

Descriure, mitjançant exemples, alguns dels efectes negatius que produeix la inflació.

Descriure les grans crisis econòmiques del segle XX —la crisi de 1929 i les dues crisis del petroli (1973 i 1979)— i justificar les polítiques econòmiques que es van prendre en cada cas.

Explicar breument els motius de la crisi financera de 2008.

■ Els efectes de la crisi de 1929.

ORGANITZACIÓ DELS CONTINGUTS

Crisi, desocupació i inflació

INTRODUCCIÓ

■ L'activitat econòmica està basada en les necessitats individuals. Però per poder obtenir una visió global de la situació econòmica, hem d'analitzar quina és l'aportació de cada unitat econòmica al concepte global de procés de producció.

La macroeconomia tracta fonamentalment de l'economia en el seu conjunt, ja que intenta analitzar els grans problemes econòmics. Si volem comprendre el funcionament d'una economia, no haurem d'estudiar els individus de forma particular sinó en la seva actuació conjunta. Per això, com ja hem vist, cal dissenyar models macroeconòmics per explicar la realitat a partir dels mateixos, reduint les variables que cal tractar i les seves relacions.

Els diferents agents econòmics participen de forma activa en els diferents mercats, tant de factors com de béns i serveis, generant fluxos que permetran el funcionament del sistema i, per tant, la satisfacció de les necessitats de consum dels individus.

1. Els cicles econòmics

Si observem detingudament l'evolució de les economies, ens adonarem que, a llarg termini, tendeixen a créixer cap a una producció potencial de **plena ocupació.**

Així, seguint una trajectòria generalment expansiva, tendeixen a presentar un *creixement no uniforme,* ja que s'observen moviments alternants de major i menor creixement, o fins i tot, de vegades, de recessió en la producció. Aquestes constants oscil·lacions són les que constitueixen els **cicles econòmics.**

> Els **cicles econòmics** són les fases per les quals passa l'activitat econòmica global al llarg del temps, fins que es reprodueix una fase anterior.

Com es pot apreciar en la figura 1, els cicles econòmics es caracteritzen per una successió constant de períodes d'expansió seguits per altres de recessió econòmica.

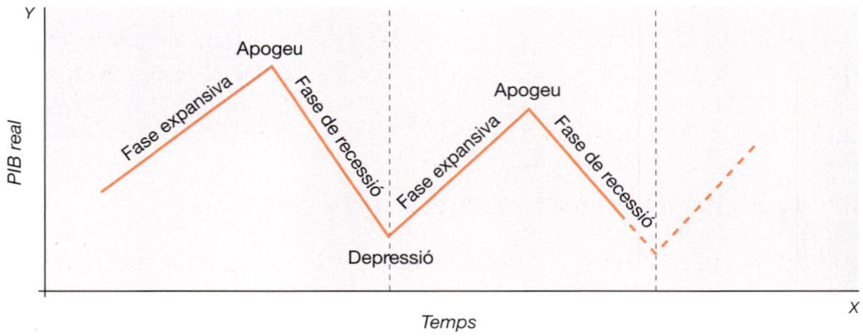

Fig. 1. Cicles econòmics.

Així doncs, en qualsevol cicle econòmic es distingeixen **quatre fases:** la *fase expansiva,* l'*apogeu,* la *fase de recessió* i la *depressió.*

- En la **fase expansiva** o **fase de recuperació** existeix un *elevat creixement* dels nivells d'ocupació, de renda i de consum.
- En l'**apogeu** es dóna una situació pràctica de *plena ocupació* dels factors de producció, amb una *elevada inversió* i un *baix nivell de desocupació.* Aquesta fase també es coneix amb el nom de **cim** o **sostre** del cicle econòmic.
- En la **fase de recessió** o **fase contractiva** hi ha un *augment del nivell de desocupació,* juntament amb un *descens del consum, de la inversió i de la producció.*
- La **fase de depressió** es caracteritza per l'*alt grau de desocupació* i el *baix nivell de renda i consum.* Aquesta fase també s'anomena **fons** del cicle econòmic.

Els cicles econòmics no són exactament iguals, però mantenen algunes semblances. Per això, els experts en prediccions econòmiques no poden determinar amb precisió l'evolució dels cicles, però poden dur a terme aproximacions força fiables.

1.1. *Causes i conseqüències*

Les **causes** dels cicles econòmics són diverses, i poden donar-se separadament o de forma simultània.

Els *desastres naturals* semblen ser una de les causes més comunament acceptades, així com els *conflictes bèl·lics* i, en menor grau, l'efecte dels enormes *avenços tecnològics.* En algun cas s'ha observat que els *excessos de producció* provoquen un efecte de rebuig a la inversió, iniciant amb això un procés de contracció de l'economia.

Tots els cicles solen tenir el seu inici en un sector econòmic determinat i, posteriorment, acaben encomanant a altres sectors en contacte per, finalment, actuar de manera global en tota l'economia d'un país o països.

Els **períodes d'apogeu** impliquen fortes pressions d'*increment de la demanda* que la poca oferta no pot atendre amb plenitud, la qual cosa afectarà seriosament els preus.

No obstant això, en els **períodes de recessió,** la producció disminueix motivada per una *reducció considerable de la demanda,* la qual cosa provoca un augment de la desocupació. Els governs intenten incentivar polítiques que redueixin o estimulin la inversió i la producció, és a dir, *polítiques compensatòries* de la situació del cicle per aconseguir que les oscil·lacions siguin el menys acusades possible. Aquesta classe de polítiques les anomenarem *polítiques d'estabilització de l'economia.*

«Davant un xoc favorable sobre la tecnologia, el producte augmentarà, la demanda de treball s'expandirà i el salari real s'elevarà, perquè s'incrementa la productivitat dels factors capital i treball, fins que s'incorri en una acumulació excessiva de capital durant l'apogeu. Aleshores l'apogeu podia comportar els principis d'un període de recessió.»

Finn E. Kydland i *Edward C. Prescott*

Els cicles econòmics com a oscil·lacions de l'economia

El 1863 es va demostrar estadísticament que les crisis no eren fenòmens aïllats, sinó que constituïen una *fluctuació cíclica de l'activitat comercial, borsària i industrial,* i que els períodes de prosperitat i crisi se seguien els uns als altres.

Generalment, els nivells de creixement d'una economia es veuen afectats, cada vuit o deu anys, per una crisi de tipus mitjà. Posteriorment, en un període més o menys llarg, d'uns cinquanta anys aproximadament, acaba apareixent la vertadera crisi, que és d'una magnitud més gran.

No obstant això, no hi ha una durada determinada per a cada fase ni per a cada cicle, però la investigació a llarg termini ha permès establir **mitjanes** per als cicles.

Així, es coneixen **tres tipus** de cicles econòmics: *curts, mitjans* i *llargs.*

- Els **curts,** amb una mitjana de durada de 40 mesos, no registren necessàriament una crisi en el descens.
- Els **mitjans,** de vuit anys i mig de mitjana, es distingeixen per la presència de diferents apogeus i crisis de tipus cíclic.
- Els **llargs,** o *cicles de Kondratieff,* tenen una mitjana de 54 anys de durada. Durant l'expansió els ascensos són prolongats i més forts, mentre que les crisis són suaus i les recessions curtes. Durant la depressió els ascensos són febles i curts, mentre que les crisis són fortes i les recessions prolongades fins a assolir el grau de depressió **econòmica general.**

1.2. *Motius de l'expansió econòmica*

La **fase d'expansió** es reflecteix gràficament pel *desplaçament cap a la dreta de la corba de demanda agregada o de la corba d'oferta.*

- El **desplaçament cap a la dreta de la corba de demanda** (fig. 2) es produeix perquè els consumidors decideixen consumir més i estalviar menys, animats entre altres coses, per l'augment de la despesa pública. Com a conseqüència, *la producció augmenta i els preus tendeixen a ser cada vegada més elevats.*
- El **desplaçament cap a la dreta de la corba d'oferta** (fig. 3) pot produir-se perquè s'incrementa la productivitat, perquè disminueixen els costos, etc. Com a conseqüència, *augmenta la producció i els preus tendeixen a disminuir:* l'efecte obtingut en els preus és el contrari que en el cas de la demanda.

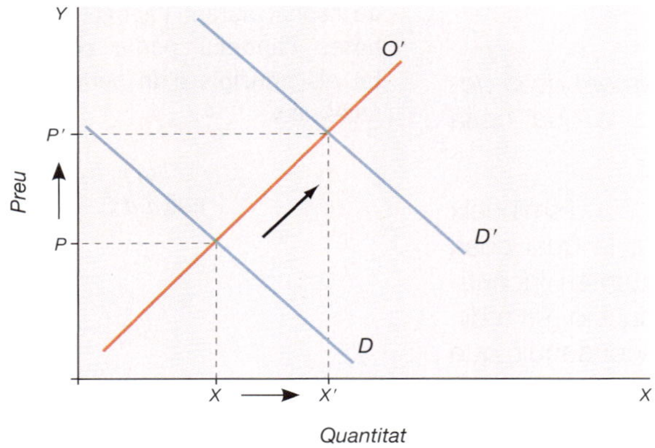

Fig. 2. Desplaçament cap a la dreta de la corba de demanda.

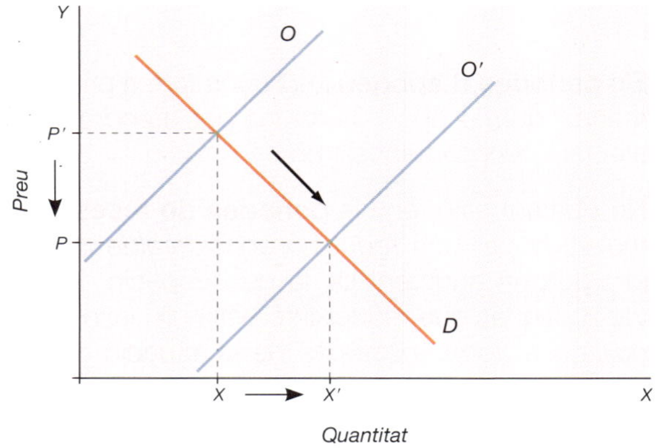

Fig. 3. Desplaçament cap a la dreta de la corba d'oferta.

1.3. *Motius de la recessió econòmica*

La **fase de recessió** es reflecteix gràficament pel *desplaçament cap a l'esquerra de la corba de demanda agregada o de la corba d'oferta.*

- El **desplaçament cap a l'esquerra de la corba de demanda** (fig. 4) es produeix perquè els consumidors decideixen estalviar més, entre altres motius perquè es redueix la despesa pública o la inversió. Com a conseqüència, *la producció disminueix i els preus poden ser més baixos.*
- El **desplaçament cap a l'esquerra de la corba d'oferta** (fig. 5) pot produir-se perquè disminueix la productivitat, augmenten els costos, etc. Com a conseqüència, *disminueix la producció i solen augmentar els preus.* També aquí l'efecte és el contrari que en el cas de la demanda.

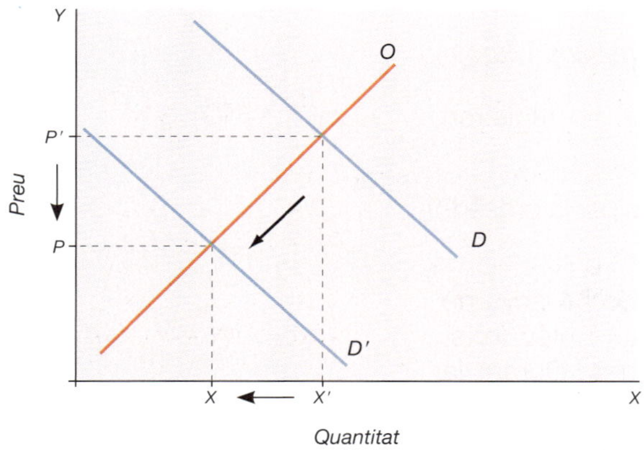

Fig. 4. Desplaçament cap a l'esquerra de la corba de demanda.

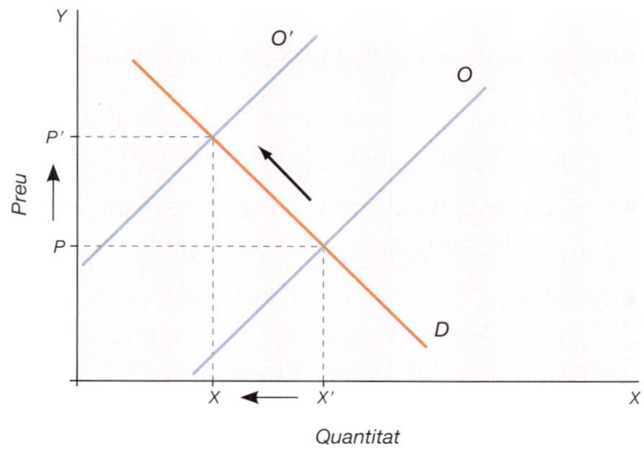

Fig. 5. Desplaçament cap a l'esquerra de la corba d'oferta.

1.4. *Les crisis econòmiques*

Diem que alguna cosa està en *crisi* quan la seva situació és anormal i travessa dificultats. Així, parlem de *crisi personal* quan les persones o les relacions entre elles no funcionen bé; o de *crisi de salut,* quan algun òrgan no funciona amb normalitat i presenta determinats símptomes de deficiència. En el mateix sentit podem parlar de **crisi econòmica.**

> Diem que existeix **crisi econòmica** quan les variables econòmiques no tenen un comportament normalment bo i alguns mercats o agents no funcionen bé.

La crisi econòmica comença amb la *fase de recessió* del cicle i finalitza quan s'inicia la *fase expansiva o de recuperació* (fig. 6).

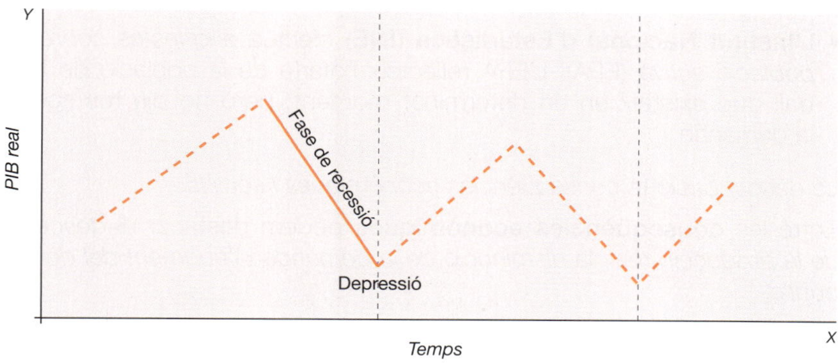

Fig. 6. Localització de la fase de recessió en un cicle econòmic.

Com ja hem vist, la **fase de recessió** del cicle econòmic es caracteritza, entre d'altres factors, per un *descens del consum, de la inversió i de la producció.* Aquests efectes negatius es transmetran cap a altres mercats perquè, en fabricar-se menys productes, es demandaran menys primeres matèries i menys energia, de manera que el creixement del PIB serà més petit que l'any anterior. La renda disminuirà i, amb aquesta, el consum.

Si es produeixen *desajustos monetaris* o un *augment de costos,* s'incrementarà la **inflació,** la qual cosa pot agreujar la situació a causa de la incertesa imperant.

Per exemple, si la demanda d'automòbils disminueix, els empresaris d'aquest mercat veuran disminuir els seus beneficis. Com a conseqüència, reduiran la producció per evitar problemes derivats de l'emmagatzematge dels cotxes pendents de ser venuts i, per aquesta raó, s'invertirà menys en màquines i disminuirà el nombre de treballadors.

Les **crisis econòmiques** se solen caracteritzar per l'aparició de *desocupació abundant*, un *nivell de producció baix* i, de vegades, també per una *inflació alta* (fig. 7).

Les recessions econòmiques constitueixen el que coneixem com a **desacceleracions en l'economia,** és a dir, períodes en què la producció real tendeix a disminuir. Quan això ocorre de manera uniforme i prolongada en el temps rep el nom de **depressió.**

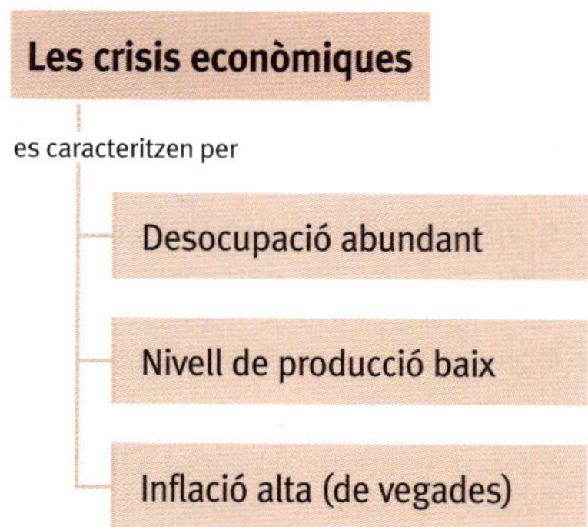

Fig. 7.

2. La desocupació

Quan en un país hi ha factors de producció disponibles que no s'usen, es diu que estan *desocupats.* Aquest terme s'aplica sobretot al *treball.*

La **desocupació** o **atur** d'una economia està constituït per aquelles persones que formen part de la població activa però no treballen.

A l'Estat espanyol hi ha dos organismes encarregats de mesurar la desocupació: l'*Instituto Nacional d'Empleo* i l'*Instituto Nacional d'Estadística.*

- L'**Instituto Nacional de Empleo (INEM)** disposa d'un *registre administratiu* que recull informació sobre les ofertes i les demandes d'ocupació. A més, és un *servei d'intermediació* entre els qui busquen feina i els qui necessiten treballadors.
- L'**Institut Nacional d'Estadística (INE)** efectua *enquestes sobre la població activa* (EPA). L'EPA reflecteix l'oferta de la població de treball que existeix en un determinat moment, però no diu res sobre la demanda.

La desocupació té *conseqüències econòmiques i socials.*

Entre les **conseqüències econòmiques** podem destacar el *descens de la producció real,* la *disminució de la demanda* i l'*augment del dèficit públic.*

- **Descens de la producció real.** L'existència de persones aturades suposa una *deficient assignació de recursos.* Si tota la població activa pogués treballar, la producció total del país seria molt més gran. En no aprofitar tots els recursos disponibles, la producció se situa *per sota de la frontera de possibilitats de producció.*
- **Disminució de la demanda.** El nivell de pobresa dels individus augmenta quan passen a la condició d'aturats. Com a conseqüència de la desocupació i de la disminució de la renda, es genera una *caiguda de la demanda en termes agregats.*
- **Augment del dèficit públic.** Si la desocupació augmenta, el sector públic haurà d'afrontar *despeses per subsidis de desocupació més grans.* D'altra banda disminueixen els ingressos públics via impostos (IRPF, IVA, ...).

Les **conseqüències socials** més importants són els *efectes psicològics negatius* i els *efectes discriminatoris.*

- **Efectes psicològics negatius.** La feina no és només un mitjà per aconseguir ingressos que permetin la subsistència dels individus. Al llarg de la història, la feina s'ha convertit en un factor d'autoestima i en una carta de presentació social. Per això, el desocupat se sent *menysvalorat socialment.* Aquest sentiment pot arribar a provocar-li malalties, com ara la depressió.
- **Efectes discriminatoris.** La desocupació no afecta tots els individus de la mateixa manera, sinó que discrimina per edats, sexe o origen ètnic. Així, és un problema més greu en el cas de la dona, els joves que busquen la seva primera feina, etc.

La **demanda del factor treball** és duta a terme per les *empreses.* Les economies domèstiques o *consumidors* són els qui **ofereixen** aquest factor.

La **macromagnitud** que ens permet determinar la situació de la desocupació és la *taxa de desocupació.* Com ja sabem, ve donada per la següent expressió:

$$T_{\text{desocupació}} = \frac{P_{\text{desocupada}}}{P_{\text{activa}}} \cdot 100$$

L'atur o desocupació que hi ha en un país pot classificar-se en diversos tipus: *estacional, estructural, friccional* i *cíclic.*

- L'**atur estacional** és el que es produeix en finalitzar els treballs propis d'una determinada època de l'any.
- L'**atur estructural** està constituït per treballadors la professió dels quals no té demanda per les empreses, generalment a causa de canvis tecnològics.
- L'**atur de fricció** està constituït per aquells treballadors que canvien de feina, bé sigui per buscar-ne una millor o per haver estat acomiadats, i pels qui s'incorporen al mercat de treball per primera vegada.
- L'**atur cíclic** es produeix quan la demanda de treball és més petita que l'oferta. Sol generar-se en les èpoques de crisi.

Dèficit pressupostari

El dèficit pressupostari és la diferència entre les despeses totals i els ingressos totals, quan aquests ingressos no cobreixen la totalitat de les despeses.

Es pot finançar emetent **Deute Públic** o venent actius d'altres sectors.

2.1. *Els salaris i la desocupació*

Alguns economistes relacionen la **desocupació** amb la capacitat adquisitiva dels **salaris.**

Així, si els salaris s'incrementen molt, la demanda de treball per part de les empreses disminueix i apareix la desocupació. Per tant, *si disminuïssin els salaris, l'ocupació augmentaria.*

Aquesta afirmació només és vàlida aplicant la clàusula ***ceteris paribus,*** és a dir, suposant que les altres variables que intervenen en el sistema econòmic es mantenen inalterables.

La figura 8 mostra la relació entre salaris i desocupació. Hi veiem que S_0 és el salari d'equilibri en el mercat de treball.

— *Si el salari augmenta fins a* S_1, l'oferta de treball s'incrementarà, perquè hi haurà un nombre més elevat d'individus disposats a treballar per un salari més elevat. No obstant això, *la demanda de treball disminuirà fins a* N_1, perquè les empreses reduiran la seva plantilla a fi d' evitar costos.

— Contràriament, *si el salari disminueix fins a* S_2, l'oferta disminuirà, però la *demanda de treball augmentarà fins a* N_2 perquè l'augment del nombre de treballadors no incrementarà els costos.

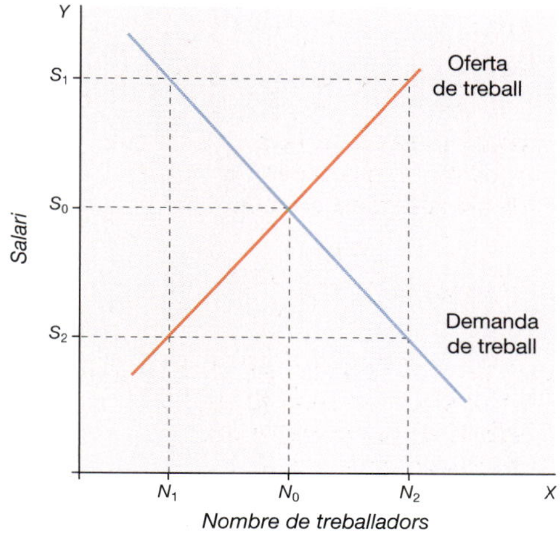

Fig. 8. Relació entre salaris i ocupació.

Malgrat això, la relació entre els salaris i la desocupació no sempre és la clau per a resoldre el problema. Hi incideixen altres factors com la *qualificació professional dels individus,* la *substitució de factors* com a conseqüència del canvi tecnològic, la *fase del cicle econòmic* en què es troba el país, les *expectatives empresarials* en relació amb la producció, etc. Per això, la solució al problema no té una única resposta.

L'espiral de l'atur

En situacions de **sobreproducció,** les empreses es veuen en la necessitat de reduir el nombre de treballadors per disminuir-la. En conseqüència, **l'atur s'incrementa.**

Si per corregir la situació de desocupació **es disminueixen els salaris,** la situació pot empitjorar encara més:

— La disminució de salaris provoca una *pèrdua de poder adquisitiu dels consumidors,* que ara tenen menys diners per a comprar béns.

— Com a conseqüència, es produeix una *caiguda de la demanda agregada:* els béns produïts se segueixen emmagatzemant sense poder vendre's.

— Per evitar pèrdues, les empreses tenen necessitat d'*acomiadar més treballadors:* **l'atur segueix augmentant.**

2.2. *La lluita contra l'atur*

Els governs complementen la seva actuació econòmica amb diferents **polítiques de promoció de l'ocupació** adreçades a corregir els factors causants de l'atur: les que *incentiven la inversió i l'economia en general,* i les que *agilitzen i modernitzen el mercat de treball.*

- Les **polítiques que incentiven la inversió i l'economia en general** són, per exemple, les *subvencions de capital a les empreses,* els *suports financers públics,* la *reducció dels tipus d'interès,* la *cessió del sòl industrial,* etc. Aquestes polítiques solen originar nous llocs de treball, a causa de la major inversió empresarial que provoquen.
- Les **polítiques que agilitzen i modernitzen el mercat de treball** són els *sistemes de jubilació anticipada, les limitacions i prohibicions de les hores extraordinàries, les reduccions en la jornada laboral, l'ampliació del període d'ensenyament obligatori fins als setze anys, la flexibilitat en els contractes de treball,* etc. A més, els governs solen posar en marxa *programes de formació professional* per promocionar una millor qualificació entre els qui busquen feina i per facilitar la seva adaptació al progrés tecnològic.

3. La inflació

Com ja sabem, la **inflació** és l'augment general i sostingut dels preus en una economia. El seu valor es determina a partir de l'evolució de l'*índex de preus de consum (IPC).*

Al llarg de la història, l'objectiu de l'**estabilitat en els preus** ha estat un dels més perseguits per la majoria dels països occidentals. Aquest objectiu adquireix més rellevància com més obertes estan les economies, ja que l'indicador de preus es converteix en un *indicador de competitivitat* respecte de l'exterior.

3.1. *Causes de la inflació*

Hi ha diverses teories elaborades amb el propòsit d'explicar les causes de la inflació. Tradicionalment han destacat aquelles que estudiaven el procés inflacionista generat per la *demanda* o pels *costos de producció.*

Aquest procés ha donat lloc a **dos tipus d'inflació:** la *inflació de demanda* i la *inflació de costos.*

Inflació de demanda

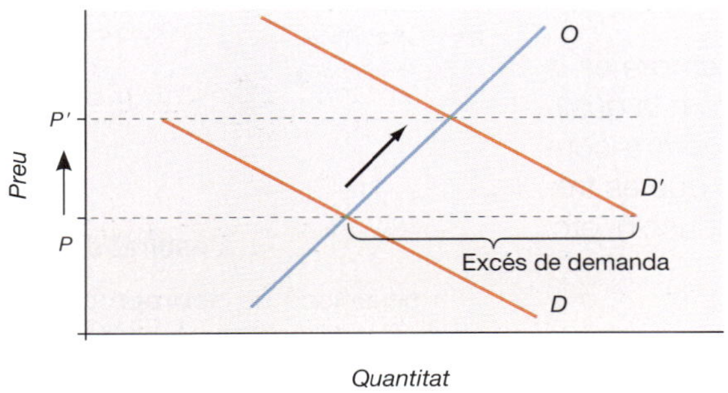

Fig. 9. Un fort increment de la demanda que no pugui ser correspost per un augment de l'oferta tindrà una immediata repercussió sobre els preus.

La **inflació de demanda** es produeix en aquelles situacions en les quals la demanda de béns i serveis ha augmentat de tal forma que no pot ser satisfeta per l'oferta. És a dir, es dóna quan hi ha un *excés de demanda* en relació amb la capacitat d'oferta del sistema productiu del país.

Si suposem que els factors de producció estan utilitzats al màxim, el desplaçament de la corba de demanda cap a la dreta tindrà una immediata repercussió sobre els preus, que augmentaran (fig. 9).

Si aquest increment dels preus és *continu* i *sostingut,* estarem davant una *inflació de demanda.*

Inflació de costos

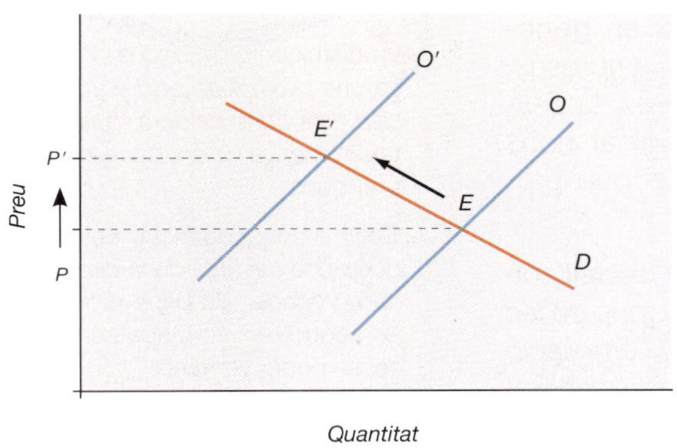

Fig. 10. Quan la corba d'oferta agregada es desplaça cap a l'esquerra per un augment generalitzat dels costos de producció, els preus augmenten.

La **inflació de costos** és aquella en la qual l'alça general del nivell de preus està motivada per l'*increment dels costos de la producció.* Aquests estan constituïts pels *salaris,* les *primeres matèries,* l'*energia,* la *mecanització,* els *béns i serveis adquirits a altres empreses,* els *costos financers* i els *impostos.*

Si suposem que s'incrementen molt els salaris, s'encareixen les primeres matèries o l'energia, o qualsevol altra variació que augmenti els costos de les empreses, la corba d'oferta del mercat es desplaçarà cap a l'esquerra (fig. 6).

Aquest encariment provoca un procés d'alça generalitzada de preus, per la qual cosa direm que s'ha produït una *inflació de costos.*

3.2. *L'espiral salari-preus*

La forma més típica que adopta la inflació és la coneguda **espiral salari-preus,** que ara il·lustrarem amb una sèrie d'exemples.

EXEMPLE 1

Una empresa produeix mensualment 1 000 unitats d'un determinat bé. Els costos totals ascendeixen a 21 250 €. Els beneficis s'estableixen en 42 € per unitat venuda.

Calcula el preu de venda i el valor total de la producció sabent que depèn dels costos i dels beneficis.

— *Dades:* Nre. d'unitats = 1 000
Cost total= 21 250 €
Benefici = 42 € /u.

— Calcularem primerament el cost unitari, li sumarem el benefici i obtindrem així el preu de venda. A partir d'aquest i del nombre d'unitats, determinarem el valor total de la producció.

$$\text{Cost unitari} = \frac{\text{Cost total}}{\text{Nre. d'unitats}} = \frac{21\,250\text{ €}}{1\,000\text{ unitats}} = 21{,}25\text{ € /u.}$$

Precio = Cost unitari + Benefici =
= 21,25 € + 42 € **= 63,25 €**

Valor total = Nre. d'unitats × Preu =
= 1 000 unitats × 63,25 € /u. **= 63 250 €**

EXEMPLE 2

En l'empresa de l'exemple anterior s'hi produeix un augment dels salaris que provoca un augment dels costos totals de fabricació de 2 250 €.

Suposant que la producció es manté constant, calcula el preu de venda i el valor total de la producció en aquest cas.

— *Dades:* Nre. d'unitats = 1 000
Cost total anterior = 21 250 €
Increment de costos = 2 250 €
Benefici = 42 € /u.

— Reproduïm el procés anterior, suposant que l'empresari ha traslladat l'augment dels costos al preu del bé.

Cost total = 21 250 € + 2 250 € = 23 500 €

$$\text{Cost unitari} = \frac{\text{Cost total}}{\text{Nre. d'unitats}} = \frac{23\,500\text{ €}}{1\,000\text{ unitats}} = 23{,}5\text{ € /u.}$$

Preu = Cost unitari + Benefici =
= 23,5 € + 42 € **= 65,5 €**

Valor total = Nre. d'unitats × Preu =
= 1 000 unitats × 65,5 € /u. **= 65 500 €**

Dels resultats obtinguts en els dos exemples, podem observar que *un increment dels salaris ha provocat un augment en el preu de venda.* Si aquest augment és continu i sostingut, parlarem d'**inflació de costos.**

Aquests exemples constitueixen l'inici d'un procés anomenat **espiral salari-preus** (fig. 11).

— Davant un increment en el preu de venda dels béns, els treballadors veuran disminuir el seu poder adquisitiu. Com a conseqüència, sol·licitaran augments de sou.

— Aquests augments incidiran en els costos de producció i es reproduirà el procés, generant de nou inflació.

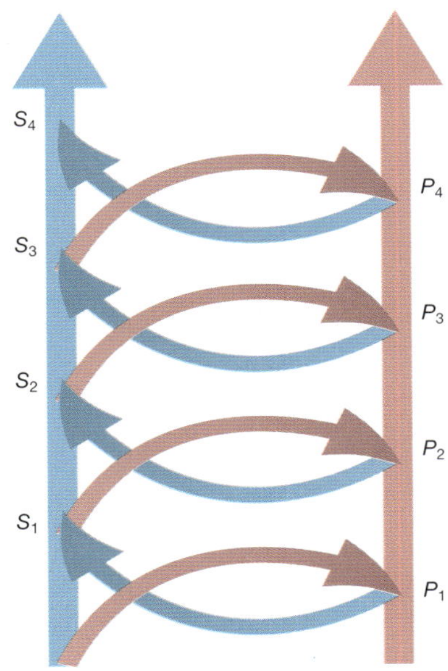

Fig. 11. L'espiral salari-preus.

Entre les mesures públiques contra la inflació de costos destaca l'anomenada **política de rendes.** Aquesta pretén reduir els augments de preus a través del control de taxes de creixement dels salaris i d'altres rendes com ara lloguers, dividends, etc.

Per dur a terme amb eficàcia aquesta política cal que treballadors i empresaris arribin a acords per la via de la *negociació.*

3.3. *Efectes o conseqüències de la inflació*

A més de la influència de la inflació sobre els preus i la d'aquests sobre els salaris, podem destacar altres **efectes.**

- Perjudica els individus que *no augmenten els seus ingressos al mateix ritme que ho fan els preus.*

  Si els salaris no augmenten a la mateixa proporció que ho fan els preus dels béns i serveis, els consumidors veuen disminuït el seu poder adquisitiu i, en conseqüència, han de reduir la demanda individual.

- *Beneficia els deutors i perjudica els creditors.*

  Si una persona té un deute contret amb una entitat bancària, el seu valor nominal serà el mateix però el seu valor real serà menor a mesura que augmenta la inflació.

- *Perjudica els individus* que disposen d'una determinada quantitat de *fons estalviats.*

  Una persona que hagi estalviat una determinada quantitat de diners al llarg de cert temps pot comprovar que la inflació provoca una pèrdua del valor real d'aquesta quantitat: el que pot comprar ara és menys que el que podia comprar fa temps amb la mateixa quantitat de diners.

- *Disminueix la competitivitat exterior* de l'economia del país que pateix la inflació.

  Si l'augment general dels preus en un país supera el que es produeix als països amb els quals comercia, dificultarà les seves exportacions de béns i estimularà les importacions.

- *Dificulta l'elaboració de previsions* sobre l'evolució futura dels preus i altres variables econòmiques i, per tant, l'elaboració de plans d'inversió empresarial.

  La incertesa de futur que provoca la inflació impedeix a moltes empreses preveure els seus costos a mitjà termini i redueix les possibilitats de creació de llocs de treball, substitució de béns d'equip i exploració de nous mercats.

- Altera l'*assignació de recursos* en l'economia.

  El fet que els agents tinguin expectatives d'inflació provoca que es produeixin variacions en l'assignació dels recursos. Aquests s'assignen pitjor. Així, en un intent de protegir-se dels efectes de la inflació, s'endarrereixen decisions d'inversió, es dediquen recursos a activitats improductives, com per exemple, la compra d'immobles, etc.

- Provoca un *increment en el tipus d'interès* del mercat.

  Les entitats financeres augmenten els tipus d'interès dels seus préstecs i els crèdits per protegir-se de la pèrdua de poder adquisitiu dels diners. Això dificulta el finançament de les empreses i, en conseqüència, pot provocar una reducció en el ritme d'increment de la producció i fins i tot una disminució d'aquesta.

- Determina un *augment de la càrrega impositiva,* en provocar un increment dels salaris i, en conseqüència, del tipus impositiu.

4. Grans crisis i actuació del sector públic

La *crisi de 1929* i les de *1973 i 1979* han estat les que han deixat notar els seus efectes amb més força i durant més temps en les economies del segle XX. En el nostre període, cal destacar la *crisi financera de 2008.*

4.1. *La crisi de 1929*

Les primeres dècades del segle XX van ser testimoni d'un considerable *desenvolupament de les grans empreses fabrils,* juntament amb una *gran innovació en els processos de producció,* com a conseqüència de les revolucions organitzatives de *Taylor* i *Ford.* Aquests fets van produir un ràpid augment de la productivitat del treball.

A la fi dels anys vint, van començar a aparèixer símptomes que la demanda no podia absorbir tota la producció: existia **sobreproducció.** Com a conseqüència d'això, es va desencadenar una sèrie de fenòmens interrelacionats:

- Les empreses no podien vendre l'*excés d'estocs* dels productes acabats.
- Aquest excés d'*estocs* va provocar *elevats costos* que van fer disminuir *els beneficis.*
- Al seu torn, es va produir *una menor inversió* de les empreses i, en conseqüència, *va disminuir la producció.*
- Per això, moltes persones van ser acomiadades i gairebé no es van crear llocs de treball, és a dir, va aparèixer la *desocupació.*
- Com a conseqüència es va produir una *disminució de la demanda.*

Tot això es va veure agreujat per l'anomenat ***crac* financer de 1929,** en el qual les cotitzacions borsàries es van enfonsar sobtadament a causa d'un pànic generalitzat. Això va significar una *reducció brusca dels beneficis especulatius* i de la *riquesa de molts individus i empreses.*

Les conseqüències generals d'aquesta crisi es van prolongar durant els anys trenta en forma d'una *reducció del PNB i de l'activitat econòmica.* Així mateix, va aparèixer una *desocupació massiva* i *inesperada* als països més desenvolupats. Als EUA, concretament, es va arribar a assolir una desocupació del 30 %.

Davant la incapacitat dels agents privats (economies domèstiques i empreses) per a reactivar l'economia, l'economista britànic **J. M. Keynes** va proposar que el sector públic hauria de prendre la iniciativa.

- El sector públic havia d'augmentar la demanda agregada de l'economia a través de *despeses socials* (subsidis a desocupats, despeses d'educació, subvencions, etc.) o *inversions públiques* (construcció de carreteres, ports, escoles, hospitals, etc.).
- En augmentar les despeses públiques per damunt dels ingressos públics, es provocaria un *augment dels nivells de producció, de la renda i de l'ocupació.*

D'aquesta manera, les recomanacions econòmiques de Keynes van contribuir a la superació de la crisi dels anys trenta.

Els mètodes de Taylor i Ford

Taylor va ser el promotor d'uns mètodes per *augmentar la productivitat del treball.* Consistien a mesurar el **temps emprat** pels treballadors en una determinada tasca, estudiant els **moviments** que duien a terme, per tractar de posar-los en el seu ordre lògic i així escurçar el temps que empraven a aconseguir una unitat del bé.

Henry Ford va ser el fundador de la *Ford Motor Company.* Aquesta companyia va ser líder mundial en la fabricació d'automòbils, fins que la General Motors Corporation li va passar al davant. Aquesta posició la va obtenir *mitjançant l'estudi del temps i dels moviments —taylorisme—,* i aplicant *cadenes de muntatge* amb cadències cada vegada més elevades, insistint sobre el control dels rendiments i de les qualitats, etc. Així va aconseguir una *producció massiva d'automòbils a baixos costos.*

La teoria de Keynes

En els anys posteriors a la *crisi de 1929,* època que es coneix amb el nom de la *Gran Depressió,* **Keynes** va escriure la seva obra més coneguda: ***La teoria general de l'ocupació, l'interès i els diners.***

En aquesta obra va establir el seu rebuig a les teories de molts dels seus contemporanis, seguidors d'**Adam Smith,** els quals afirmaven que serien els mercats els que sortirien, per si mateixos, de les crisis de demanda i de producció.

La seva teoria planteja que, en una situació de desocupació generalitzada de l'economia, com ocorria en aquells moments, no calia esperar que els mecanismes naturals poguessin regular el mercat i provoquessin amb això la recuperació econòmica.

Per això va postular que era **l'Estat el qui hauria d'intervenir** gastant i invertint, ja que aquesta era l'única política a través de la qual empresaris i consumidors es podrien veure estimulats cap a l'empenta econòmica.

4.2. *Les crisis del petroli de 1973 i 1979*

Entre els anys cinquanta i principis dels setanta del passat segle es va produir una llarga època d'expansió econòmica. Aquest període es va caracteritzar per

- Una *creixent intervenció estatal* en l'economia.
- Un *gran desenvolupament del comerç mundial* que va permetre un enorme creixement del PNB a gairebé tot el món.
- La possibilitat d'un *intercanvi relatiu entre desocupació i inflació.* Els governs podien escollir entre vorejar la plena ocupació amb una elevada inflació, o bé controlar la inflació a costa d'un increment de la desocupació.

Però a la fi dels anys seixanta es comencen a percebre símptomes que assenyalen l'aparició d'una *fase contractiva* del cicle econòmic.

- Comencen a aparèixer *símptomes d'inflació* i els primers *desajustos monetaris internacionals.*
- Es produeix una *reducció de la taxa de creixement del PNB.* La disminució de les vendes va provocar beneficis més petits en alguns sectors importants. Per això, la inversió va disminuir i, amb això, la taxa de creixement del PNB.

El **1973** es va produir un *fort increment dels preus dels productes energètics i les primeres matèries.* Aquest fet va agreujar la situació econòmica.

Tot aquest conjunt de factors va produir una incertesa generalitzada sobre el futur econòmic, i per tant, una *gran disminució de la inversió de les empreses,* un *creixement del PNB molt reduït o nul* i l'*augment generalitzat de la desocupació.*

Aquesta situació es va fer encara més greu durant els anys vuitanta, després que el **1979** es produís el *segon fort increment en el preu del petroli.*

Les **crisis dels anys setanta i vuitanta** van combinar alhora *desocupació, inflació* i *dèficit del sector públic.*

La solució a aquest problema esdevenia molt complexa, a causa de la confluència de diversos **factors.**

- *No es podia fomentar la demanda* mitjançant l'augment de la despesa pública, a causa del dèficit públic existent.
- *Resultava difícil fomentar el consum* sense que els increments salarials necessaris per a fer-ho produïssin inflació.
- *Les inversions no augmentaven suficientment,* perquè hi havia excés de producció en alguns sectors.
- *Les exportacions tampoc no augmentaven,* perquè la crisi tenia caràcter mundial.

Per aquests motius, la crisi es va prolongar durant molts anys.

Davant la impossibilitat de dur a terme polítiques de demanda, va ser inevitable aplicar **polítiques d'oferta** orientades a l'adopció i desenvolupament de *noves tecnologies* i *noves activitats de producció.*

Cronologia de la crisi de 1973

23 d'agost. En previsió de la guerra del Yom Kippūr, el rei saudita Feissal i el president egipci Anwar al-Sadat es reuneixen a Al-Riyād i negocien en secret un acord pel qual els àrabs utilitzaran l'arma del petroli com a part de l'imminent conflicte militar.

15 de setembre. L'OPEP declara un front de negociació, integrat pels sis països del Golf Pèrsic, per pressionar a l'alça els preus i finalitzar el seu suport a Israel, establert en els acords de Teheran de 1971.

6 d'octubre. Egipte i Síria ataquen Israel el dia del Yom Kippūr, i així comença la quarta guerra arabo-israeliana (més coneguda com la guerra del Yom Kippūr).

Del 8 al 10 d'octubre. Fracassen les negociacions de l'OPEP amb les companyies petrolíferes per revisar els acords de 1971.

16 d'octubre. Aràbia Saudita, Iran, Iraq, la Unió dels Emirats Àrabs, Kuwait i Qatar pugen els preus unilateralment un 17 % fins als 3,65 dòlars per barril i anuncien talls de subministrament.

Del 23 al 28 d'octubre. L'embargament àrab de cru s'estén fins a Holanda.

5 de novembre. Els exportadors àrabs anuncien una retallada en la producció del 25 %. Posteriorment es retallarà un 5 % més.

23 de novembre. L'embargament àrab arriba a Portugal, Rhodèsia i Sud-àfrica.

27 de novembre. El president Nixon signa una llei per a emergències relacionades amb l'escassetat de cru, imposant controls en el preu, la producció, la logística i la venda.

9 de desembre. Els ministres d'Energia dels països àrabs acorden una futura reducció de la producció en un altre 5 % per als països «no amics», que entraria en vigor el gener de 1974.

25 de desembre. Els ministres d'Energia àrabs cancel·len la reducció anterior. El ministre saudita Yamani promet un increment d'un 10 % en la producció de l'OPEP. Finalitza la crisi.

Les conseqüències de les crisis del petroli

El creixement espectacular del preu del cru va tenir **conseqüències** en l'economia mundial. Entre aquestes destaquen:

- L'*increment dels costos de producció de moltes empreses.* Això va originar *més inflació* i va determinar l'obsolescència de molts processos productius que utilitzaven energia abundant.
- El *dèficit en les balances comercials* dels països importadors dels productes energètics i les primeres matèries, ja que havien de pagar molts més diners per la mateixa quantitat de producte importat.
- La *congelació del creixement del comerç internacional.* Després de pagar la factura petrolífera, tothom disposava de menys diners que abans per a comprar altres productes.
- Un *gran dèficit del sector públic de molts països.* L'Estat va haver d'augmentar les seves despeses atorgant *subvencions* a empreses perquè aquestes duguessin a terme reconversions dels seus sistemes productius, és a dir, perquè abandonessin els processos que requerien grans quantitats de petroli i adoptessin noves tecnologies que exigissin menys quantitat d'aquest bé tan encarit.

  Una de les conseqüències va ser la investigació i el desenvolupament de fonts d'energia alternatives, com l'eòlica o la fotovoltaica (fig. 12).

Fig. 12. Producció d'energia elèctrica d'origen fotovoltaic.

- L'*augment de les dotacions per al subsidi als desocupats,* el nombre dels quals havia augmentat considerablement.

4.3. *La crisi financera de 2008*

La crisi financera de 2008 té el seu origen als EUA com a conseqüència de l'esclat de l'anomenada **bombolla immobiliària,** provocada per l'abús de les anomenades *hipoteques escombraries* (conegudes amb el terme anglès *subprime)* que van provocar la bancarrota d'algunes importants entitats financeres, com el banc *Lehman Brothers* i l'entitat asseguradora *AIG.*

Les conseqüències assoliren dimensions mundials. Així, a l'eurozona, països amb economies molt potents, com ara Alemanya o França, van haver de suportar contraccions del seu PIB i altres països, com Grècia, Irlanda o Portugal van necessitar la intervenció del Banc Central Europeu per rescatar les seves economies.

A Espanya, durant uns quants anys, es va produir l'estancament del sector immobiliari, un fort descens de la producció i del consum i un extraordinari increment dels nivells de desocupació, que van arribar a superar el 20 %.

En aquestes situacions cal una decidida intervenció del sector públic encara que s'hagi d'incrementar el dèficit. Però, d'altra banda, cal també mantenir un equilibri pressupostari que produeix importants retallades en la despesa pública.

ACTIVITATS PROPOSADES

1. Determina les macromagnituds que serveixen per a comprovar si una economia travessa una crisi econòmica.
2. Enumera alguna de les causes dels cicles econòmics.
3. Explica les fases del cicle econòmic.
4. Explica les característiques bàsiques de les crisis econòmiques.
5. Explica què s'entén per recessió econòmica.
6. Enumera les conseqüències econòmiques de la desocupació o atur i explica en què consisteix cadascuna.
7. Classifica les situacions de desocupació següents segons que siguin de tipus estacional, estructural, friccional o cíclica.
   a) Un estudiant finalitza la carrera d'Enginyeria Tècnica Industrial i s'inscriu en les oficines de l'INEM.
   b) Un empleat d'una companyia telefònica perd la seva feina perquè el sistema de telecomunicacions ha passat d'analògic a digital.
   c) Un jornaler agrícola perd la seva feina quan finalitza l'època de la verema.
   d) Una empresa metal-mecànica redueix la seva plantilla com a conseqüència de la crisi que pateix el sector.
8. Compara les dues formes de mesurar la desocupació a Espanya.
9. * Defineix els diferents tipus d'atur: estacional, friccional, estructural i cíclic.
10. Explica les conseqüències socials de la desocupació i justifica quina et sembla més greu.
11. Proposa factors que incideixin en la desocupació, a més dels ja esmentats (salari, qualificació personal, substitució de factors, moment del cicle econòmic i expectatives empresarials).
12. Busca informació sobre la desocupació de llarga durada, raona per què a les persones que arriben a aquesta situació els és difícil trobar una nova feina i proposa alguna solució.
13. Explica com es realitzen al nostre país els càlculs per determinar la taxa de desocupació.
14. Imagina que es planteja l'ampliació en un any de la durada de la majoria de les carreres universitàries. Explica raonadament com afectaria aquest fet a la taxa de desocupació i a la taxa d'activitat.
15. Explica en què consisteix la inflació, com es mesura, quin tipus d'inflació ens podem trobar i quines són les seves conseqüències.
16. * Esmenta i explica almenys tres conseqüències negatives que produeixi la inflació.
17. Busca les diferències i similituds entre una inflació de demanda i una inflació de costos.
18. Resumeix els problemes més importants que van originar la crisi de 1929, les crisis del petroli i la crisi financera de 2008.
19. Completa els següents titulars de diaris. Estableix les causes que han pogut provocar cadascun dels fets que s'hi relaten.
   a) «El creixement del nivell d'ocupació en el mes d'abril ha estat del 0,3 %.»
   b) «S'ha acabat el període de bonança. El govern haurà d'assumir la crisi econòmica.»
   c) «El PIB ha pujat per damunt del previst.»
   d) «La inflació ha pujat aquest mes un 2 %, posant la taxa interanual en el 4,2 %, 6 dècimes per damunt del previst pel govern.»
20. Argumenta si és correcta l'afirmació següent: «Si hi ha inflació és impossible que descendeixi el preu d'algun bé».

* PAU

Revista d'Economia

La crisi de 2008 es repetirà si el barril de petroli es manté en 100 dòlars

El director executiu de l'Agència Internacional d'Energia (AIE) ha advertit en un fòrum internacional que podria repetir-se una crisi econòmica similar a la de 2008 si el barril de petroli es manté per damunt dels 100 dòlars el que resta d'any.

Després de l'esclat de la crisi de les hipoteques *subprime* als EUA a mitjans de 2007, el barril de cru va superar, el 2008, la barrera psicològica dels 100 dòlars per primera vegada en la història i va arribar a valer 147 dòlars al juliol, encara que a l'any següent va baixar fins al nivell dels 40 dòlars.

Ara, les interrupcions en els subministraments de cru des de Líbia, membre de l'OPEP i tercer major productor d'Àfrica, ha impulsat el preu del barril «Brent» per damunt dels 108 dòlars.

«Estem molt preocupats per la situació, és un risc per al subministrament estable de petroli», ha reconegut el director de l'AIE en referir-se a la situació a l'Orient Mitjà.

***El Mundo*, 22 de febrer de 2011**

AVALUACIÓ

1 L'increment dels preus del petroli té una repercussió en els preus dels béns perquè produeix:

a) Deflació.

b) Inflació de costos.

c) Inflació de demanda.

d) Cap de les afirmacions anteriors.

2 Si un país experimenta una reducció en la taxa de desocupació, el seu dèficit públic:

a) Disminuirà.

b) Augmentarà en el mateix percentatge tant el dèficit com la desocupació.

c) No variarà.

d) Augmentarà el dèficit públic.

3 En fase de recessió econòmica, les mesures de política econòmica que haurà de prendre el govern són:

a) Política fiscal d'augment d'impostos.

b) Política monetària d'augment dels tipus d'interès.

c) Política d'oferta per a incrementar la productivitat laboral.

d) Política fiscal de disminució de la despesa pública.

4 Una de les conseqüències de la inflació és:

a) Que augmenta la competitivitat exterior de l'economia del país.

b) Que disminueix el tipus d'interès del mercat.

c) Que beneficia els deutors i perjudica els creditors.

d) Que beneficia els individus que tenen fons estalviats.

5 Una de les conseqüències econòmiques de la desocupació és que es produeix:

a) Una disminució del dèficit públic.

b) Un augment de la demanda.

c) Una caiguda de la producció real.

d) Cap de les afirmacions anteriors.

6 Un estudiant que acaba de llicenciar-se en Ciències Empresarials i que busca la seva primera feina forma part de:

a) L'atur estacional.

b) L'atur estructural.

c) L'atur de fricció.

d) L'atur cíclic.

7 Les xifres que publiquen els dos organismes encarregats de mesurar la desocupació a Espanya, és a dir, l'*Instituto Nacional de Empleo* (INEM) i l'*Instituto Nacional de Estadística* (INE):

a) Sempre coincideixen perquè el nombre d'aturats és el que és.

b) Són diferents: les publicades per l'INE són més altes.

c) Són diferents: les publicades per l'INEM són més altes.

d) Es calculen sempre a partir de l'Enquesta de Població Activa (EPA).

8 Les mesures adoptades pel sector públic per tal de crear ocupació que no agilitzen ni modernitzen el mercat de treball són:

a) La implantació de sistemes de jubilacions anticipades.

b) Les limitacions i les prohibicions de realitzar hores extraordinàries.

c) L'ampliació del període d'ensenyament obligatori.

d) La concessió de subvencions de capital a les empreses.

9 Indica quin dels següents fets és causa de l'aparició de la inflació.

a) Una disminució de la demanda agregada.

b) Una disminució de les exportacions.

c) Un augment en els costos dels factors de producció.

d) L'aplicació de polítiques fiscals restrictives per part del sector públic.

10 Indica quina de les afirmacions següents, referida a la crisi de 1929, és correcta.

a) Hi havia sobreproducció per part de les empreses a causa de l'increment de la productivitat, el que va provocar l'aparició d'un excés de productes acabats als seus magatzems.

b) L'Estat estava intervenint massa en l'economia del país, per la qual cosa es va disparar la despesa pública i el dèficit pressupostari.

c) Va haver un encariment excepcional de les primeres matèries i de les fonts d'energia, el que va provocar una elevada inflació, amb la consegüent disminució de la demanda.

d) Va haver-hi un excessiu endeutament per part de les famílies i de les empreses, que va provocar una gran crisi del sistema financer que després es va estendre a la resta dels sectors econòmics.

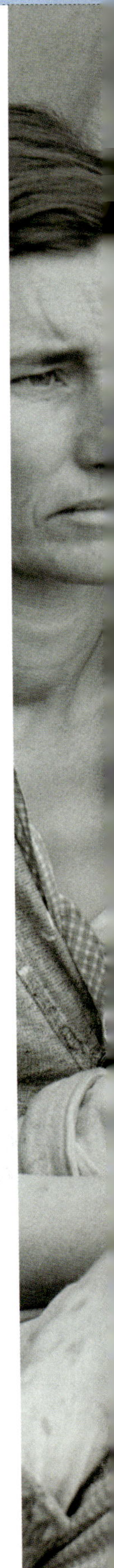

14 El comerç internacional

COMPETÈNCIES ESPECÍFIQUES

Competència en cultura econòmica i dialèctica

Reconèixer la divisió internacional del treball com el fonament del comerç internacional i analitzar els seus avantatges i inconvenients.

Reconèixer els instruments de protecció al comerç exterior.

Identificar els principals organismes internacionals de cooperació econòmica.

Competència en raonament econòmic i modelització

Enumerar les causes que han propiciat l'increment actual del comerç internacional.

Explicar en què consisteix un aranzel i distingir els tipus d'aranzels que poden aplicar-se.

Justificar la utilitat de les mesures de foment a l'exportació.

Entendre la importància del comerç exterior en els desenvolupaments econòmics dels països.

■ *International Commerce Center*, Hong Kong.

ORGANITZACIÓ DELS CONTINGUTS

El comerç internacional

INTRODUCCIÓ

- Amb aquesta unitat i la següent es tancarà la part dedicada a la teoria macroeconòmica. S'observarà el funcionament del sector exterior, és a dir, de tots els països que tenen, han tingut o poden tenir relacions que suposin algun tipus de transacció (econòmica, tècnica, humana, etc.).

Fins ara s'ha estudiat l'economia dins de les fronteres d'un país. Malgrat això, les economies obertes es relacionen amb diferents països. El comerç entre països és una situació econòmica evident, però, quines conseqüències té? Quina necessitat hi ha de comerç entre les diferents nacions? Quines condicions s'han de complir perquè es pugui executar aquest comerç internacional? En aquesta unitat tractarem de donar resposta a aquestes i altres qüestions.

1. Economia internacional

El G-8

El 1973, el Secretari del Tresor dels EUA, George **Schultz,** va convocar les sis potències econòmiques mundials: *Estats Units, Itàlia, Japó, Regne Unit, França* i *Alemanya.*

El 1976, *Canadà* es va incorporar al grup, que va passar a anomenar-se **G-7.**

Després de la caiguda del teló de ferro, el 1991, Rússia va començar a participar en les reunions en qualitat d'observador. A partir de 1997, va començar a assistir a les reunions de caràcter polític i el grup va passar a anomenar-se **Grup dels Vuit.**

Després de la seva integració l'any 2002 en l'**Organització Mundial de Comerç (OMC),** Rússia es va incorporar com a membre de ple dret al grup, que va passar a anomenar-se definitivament **G-8.**

L'**objectiu** del **G-8** és aconseguir una major concertació en assumptes relacionats amb l'ajuda al desenvolupament, les qüestions polítiques, la moneda, el comerç, etc.

Tal com ja sabem, el problema de l'*escassetat de recursos* presideix tota l'activitat econòmica. Cada país tracta de satisfer les seves necessitats amb els recursos de què disposa i amb els que pot intercanviar amb els altres.

Segons el volum d'intercanvi, podem distingir les *economies tancades* i les *economies obertes.*

- Una **economia tancada** és aquella que *no manté cap tipus de relació amb l'exterior.*

  En la pràctica, es considera tancada una economia on *el pes del sector exterior és insignificant* en relació amb el seu PIB.

- Una **economia oberta** és la que *manté relacions econòmiques amb altres països.*

En l'actualitat no acostuma a haver-hi economies tancades, ni tan sols als països amb una quantitat de recursos més grans. Generalment, tots els països intercanvien productes i necessiten factors de producció i tecnologia de fora de les seves fronteres per tal de produir els béns i serveis. Aquests intercanvis són la base de l'**economia internacional.**

> L'**economia internacional** estudia les relacions que s'estableixen entre les economies dels diferents països.

L'**economia internacional** es divideix en dues branques principals: el *comerç internacional* i les *finances internacionals.*

- El **comerç internacional,** anomenat també **economia real,** es refereix a l'intercanvi de béns i serveis entre diferents països.
- Les **finances internacionals,** o **economia financera,** fan referència als intercanvis monetaris entre països.

En aquesta unitat estudiarem els *fonaments del comerç internacional,* les diferents *posicions* davant d'aquest comerç i la *política comercial* que els governs utilitzen per a aconseguir uns determinats objectius en l'àmbit internacional.

En la següent, analitzarem l'instrument més important que s'utilitza per a comptabilitzar els intercanvis comercials i financers d'un país amb l'exterior: la **balança de pagaments** (fig. 1).

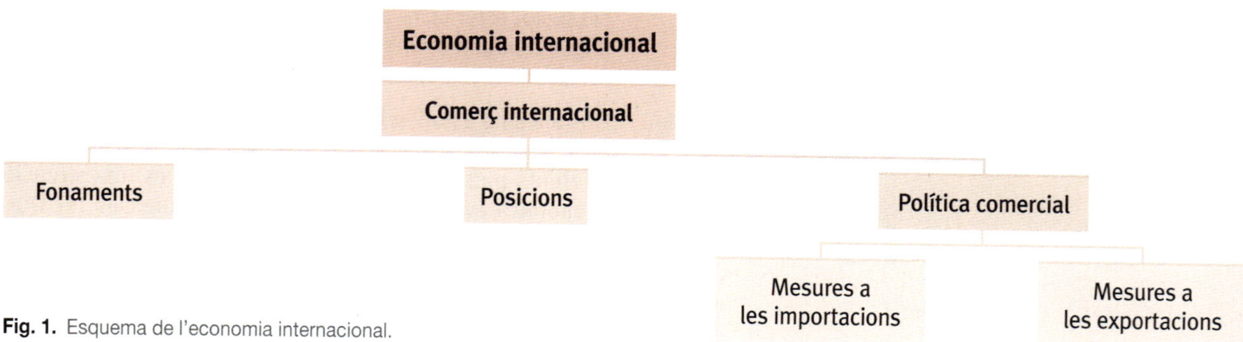

Fig. 1. Esquema de l'economia internacional.

1.1. *Fonaments del comerç internacional*

El comerç internacional existeix des de l'Antiguitat. Les persones han buscat fora del seu país tots aquells béns que no han trobat dins de les seves fronteres i que són necessaris per tal de satisfer les seves necessitats.

Sovint, la recerca d'aquests béns ha motivat el descobriment de noves regions, i fins i tot, de continents. Així:

- El comerç efectuat pels fenicis i altres pobles va ser un factor important en l'aparició i el desenvolupament de la civilització a la vora de la Mediterrània fa més de 2000 anys.
- L'interès comercial per trobar una ruta més curta cap a l'Índia va ser l'origen de l'expedició capitanejada per Cristòfor Colom que va culminar en el descobriment d'Amèrica el 1492.

Esdeveniments com aquests van afavorir i segueixen afavorint el **comerç internacional.**

> El **comerç internacional** és l'intercanvi de factors de producció i de béns i serveis que es produeix entre agents econòmics de diferents països.

El principal *fonament* del comerç entre els països és la **divisió internacional del treball.**

> La **divisió internacional del treball** consisteix en l'especialització de cada país en determinades activitats econòmiques.

Cada país posseeix unes diferents dotacions de recursos naturals i diferent nivell de desenvolupament tecnològic. Per això, tendirà a produir els béns i serveis que requereixin els *factors posseïts en una major proporció.* Aquests béns i serveis els vendrà a canvi d'altres que, per la seva elaboració, requereixen factors o tecnologies no disponibles en el mateix país, o bé disponibles però a un preu més alt.

D'aquesta manera, cada país tendeix a *especialitzar-se* en la producció d'aquells béns i serveis que pot produir a un preu més baix que la resta dels països, la qual cosa genera posteriorment tot un procés d'intercanvis.

L'especialització depèn del **nivell de desenvolupament** del país.

- Els **països més desenvolupats** estan especialitzats en l'elaboració de béns que requereixen la utilització de quantitats importants de capital.
- Els **països menys desenvolupats,** amb abundància relativa de mà d'obra i de recursos naturals, són els principals oferents de productes no elaborats. Com a conseqüència, importen productes industrials, com la maquinària i els vehicles, i exporten primeres matèries, minerals i productes agrícoles.

El comerç internacional que es genera com a conseqüència de la divisió internacional del treball fa que tots els països puguin consumir més béns i serveis dels que consumirien si no existís aquesta especialització.

Divisió del treball i comerç

Vivim en una societat on cada persona es dedica a una activitat concreta. A canvi, obté un salari que li permet adquirir els béns i serveis amb què satisfer les seves necessitats.

Seria impossible que cada individu produís els aliments, la roba, l'habitatge i tots els béns i serveis que consumeix habitualment. Ningú no disposa ni del temps ni dels recursos necessaris per a poder fer-ho.

La **divisió del treball** en tasques específiques aconsegueix que els treballadors tinguin una major *especialització* i concentrin els seus esforços en una sola activitat. Això afavoreix l'aparició de *noves tècniques,* un *abaratiment dels costos* i, per tant, un *augment de la producció.*

Una conseqüència immediata d'aquesta divisió del treball és l'**intercanvi,** que dóna origen al **comerç.** Si els agents econòmics s'especialitzen en la producció d'uns béns i serveis concrets, hauran d'intercanviar-los per uns altres a fi de poder satisfer així les seves necessitats.

Divisió del treball

implica

Comerç domèstic o interregional

Amb els països passa el mateix que amb els agents individuals: la **divisió internacional del treball** permet l'*especialització* de cada país en diferents activitats econòmiques. Com a conseqüència, apareix el **comerç internacional.**

Divisió internacional del treball

implica

Comerç internacional

1.2. *Causes del comerç internacional*

Les causes que justifiquen el comerç internacional són la *dotació dels factors de producció,* la *tecnologia* i la *demanda* de cada país.

- La **dotació dels factors de producció** i la **tecnologia** que existeix en cada país incideixen decisivament en els *costos* de producció i en els *preus* de venda dels béns i serveis.

  Així, el cost dels factors de producció als països subdesenvolupats permet que aquests ofereixin productes agrícoles i manufacturats a un preu més baix que els dels països desenvolupats.

  Espanya, per exemple, ha de competir en desavantatge amb el Marroc a l'hora de col·locar les seves taronges en els mercats europeus, perquè la mà d'obra agrícola és més cara al nostre país que al nord d'Àfrica.

Fig. 2. Les diferents varietats de formatge són objecte d'importació i exportació per part de molts països.

- La **demanda** incentiva el comerç internacional, ja que la producció de cada país no pot satisfer les preferències de tots els seus membres. Per això, cada país importa determinats béns, d'acord amb les característiques de la seva demanda.

  Per exemple, Espanya és un important productor de formatge manxec, que *exporta* a diferents països. Alhora, el nostre país *importa* diferents varietats de formatge procedents de França i Holanda.

  En aquest cas, el motiu de les importacions no és que Espanya no tingui els factors necessaris o que la tecnologia sigui més cara, sinó que existeixen residents espanyols que *prefereixen* formatge francès o holandès (fig. 2).

1.3. *El comerç internacional en l'actualitat*

No sempre hi ha hagut un volum de comerç tan gran com el que existeix en l'actualitat. Els intercanvis comercials han anat en augment al llarg del temps per diverses raons fonamentals: el *desenvolupament dels transports* i el *creixement* i el *desenvolupament econòmics.*

- El **desenvolupament dels transports.** Els avenços tecnològics han permès l'aparició de nous mitjans de transport: el ferrocarril, l'automòbil, l'avió, etc. D'aquesta manera ha estat possible una comunicació més gran entre regions i països, i un transport cada cop més ràpid i capaç per a traslladar tota mena de mercaderies.

- El **creixement** i el **desenvolupament econòmics** comporten la producció d'una major varietat de béns i serveis i, per tant, la utilització d'una major varietat de primeres matèries. Això ha exigit la recerca de noves fonts o jaciments de recursos.

  Així, mentre fa 150 anys, el petroli era un producte gairebé desconegut que era usat únicament per a llums d'oli i làmpades i només a escala local, en l'actualitat és un producte molt utilitzat i importat per la majoria dels països.

1.4. *Proteccionisme i lliurecanvisme*

Amb el que hem exposat fins al moment som conscients dels avantatges del lliure comerç. Malgrat això, en determinats moments de la història s'ha intentat posar-hi traves, i fins i tot impedir-ho en determinades ocasions per diferents motius, com la protecció dels productes nacionals davant els estrangers.

Distingim, doncs, entre dues posicions extremes davant el comerç internacional: *proteccionisme* i *lliurecanvisme.*

Proteccionisme

El proteccionisme és una actitud econòmica i política que defensa un comerç internacional sotmès a controls i intervencions del sector públic.

Amb aquesta posició es pretén salvaguardar la indústria i l'agricultura nacionals pel que fa a la competència estrangera.

Els arguments bàsics d'aquesta posició són els següents:

- Fomenta el desenvolupament de la indústria del país, ja que impedeix o redueix l'adquisició de productes de l'exterior.
- Possibilita el desenvolupament de noves indústries que no poden competir amb el nivell de desenvolupament assolit per altres països.
- L'existència d'un comerç internacional sense control per part del sector públic és perjudicial per als països subdesenvolupats, que seguiran venent a l'exterior productes agropecuaris i comprant-ne de manufacturats.

Les principals mesures proteccionistes són els aranzels, els contingents o quotes a la importació i els subsidis a l'exportació.

Lliurecanvisme

El lliurecanvisme és una actitud econòmica que proposa un comerç sense intervenció del sector públic.

Els arguments bàsics d'aquesta posició són els següents:

- La lliure circulació de mercaderies permet el lliure joc de l'oferta i la demanda en l'àmbit internacional.
- Fomenta la competència i l'especialització en la producció, l'aplicació d'avenços tecnològics, l'augment de la productivitat, una major qualitat dels productes a un menor cost, etc.
- La protecció dels productes perjudica el consumidor final, que veu augmentar el preu dels mateixos.

Avui dia, pràcticament la majoria dels països tenen establert un sistema mixt: es permet el lliure comerç amb la majoria dels productes i se sotmet a control els intercanvis d'altres.

El grau de proteccionisme o lliurecanvisme de cada país es reflecteix en la seva **política comercial,** limitant la competència estrangera amb barreres a la importació o incentivant la venda de productes del país a l'exterior mitjançant mesures per al foment de l'exportació.

David Ricardo

David Ricardo (1772-1823) va ser un economista anglès que va defensar els interessos de la burgesia en el període en què aquesta era encara una classe progressista, en lluita contra el feudalisme.

En el seu primer treball econòmic, *El preu de l'or* (1809), **Ricardo** va posar les bases de la seva teoria quantitativa dels diners.

En la seva obra fonamental, *Principis d'economia política i tributació* (1817), **Ricardo** sintetitza l'economia política clàssica burgesa.

Va ser l'impulsor de l'**avantatge comparatiu** després de dur a terme estudis que mostraven els guanys derivats del comerç de teixit anglès o del vi portuguès.

Va ser un dels principals defensors del **lliure comerç.**

2. Polítiques comercials

Abans d'explicar les polítiques comercials, s'ha d'aclarir el concepte de **relació real d'intercanvi (RRI).**

> La **relació real d'intercanvi** és el quocient entre els preus dels béns que s'exporten i els que s'importen.

$$RRI = \frac{\Delta \text{ Preus exportació}}{\Delta \text{ Preus importació}}$$

Es pot expressar també com la quantitat de béns que s'han d'exportar per poder importar una unitat de l'altre bé, és a dir, el nivell de relació existent entre les unitats exportades i les importades.

Un determinat país obtindrà, per tant, guanys més alts com més alt sigui el resultat d'aquesta relació, és a dir, com més alt sigui el preu que la resta dels països estigui disposada a pagar pels seus productes *(exportació),* o bé com més baix sigui el preu que la resta dels països exigeixi com a pagament dels seus productes *(importació).*

La **relació real d'intercanvi** d'un país millora si els preus d'importació baixen. Si és més gran que 1, és beneficiosa.

A mesura que, amb el pas del temps i de les relacions internacionals, les economies dels països estan més interconnectades, les autoritats de cada país presten cada vegada més atenció a les polítiques econòmiques de la resta dels països, atès que el comerç internacional no pot ser un fi en si mateix, sinó un mitjà per a assolir l'objectiu final, que és millorar el nivell de vida dels ciutadans.

Un sistema comercial obert fomenta la competitivitat i l'adopció de mesures tecnològiques avançades.

Cada país aplica una determinada política per intervenir en el seu comerç exterior, que rep el nom de **política comercial.**

> La **política comercial** és el conjunt de mesures posades en pràctica pel govern d'un país per aconseguir determinats objectius en les seves relacions comercials internacionals.

El que es pretén amb les polítiques comercials dels diferents països és incentivar la producció interna, per tal de beneficiar les exportacions i tractar, alhora, de limitar la competència de productes estrangers per mitjà de la limitació de les importacions.

El grau de proteccionisme o lliurecanvisme d'un país queda reflectit en la seva política comercial. A través d'aquesta política es pot:

- Incentivar les vendes dels productes del país a l'exterior mitjançant determinades mesures de **foment de l'exportació.**
- Limitar la competència estrangera a través de les anomenades **barreres a la importació.**

A continuació, analitzarem amb detall en què consisteixen aquestes mesures de politica comercial.

2.1. *Foment de l'exportació*

Per tal de tractar d'ajudar les empreses del país a vendre els seus productes a l'estranger, s'utilitzen mesures de diferents tipus perquè els productes nacionals tinguin un nivell de producció més alt i, per tant, un nivell d'exportació més gran. Aquestes mesures poden ser de tres tipus: *fiscals, financeres* i *aranzelàries.*

- Les **mesures fiscals** consisteixen fonamentalment en la *devolució total o parcial dels impostos pagats* a l'Administració per l'elaboració i comercialització dels béns que s'han exportat.
- Les **mesures financeres** comprenen, entre altres, els *crèdits especials* concedits per la banca per finançar el procés de producció de béns destinats a l'exportació.
- Les **mesures aranzelàries** permeten, per exemple, *la importació de mercaderies sense la seva corresponent taxa,* sempre que s'utilitzin com a primeres matèries en la fabricació d'altres béns destinats a l'exportació.

Cal destacar alguns tipus de mesures que, encara que estan incloses en els conceptes anteriors, mereixen una especial atenció: els *subsidis a l'exportació* i les *restriccions voluntàries a l'exportació.*

- L'objectiu dels **subsidis a l'exportació** és donar suport a les empreses del país en els mercats internacionals. Se serveixen de la concessió de diferents tipus d'**ajudes:** a la investigació, a la innovació, per dedicació a l'obtenció de determinats productes, o per manteniment d'altres en els mercats, etc.

  Del que es tracta és d'*evitar la concessió directa d'ajudes a les empreses,* ja que això es considera una pràctica deslleial.

  La seva aplicació contribueix a elevar les quotes de mercat de les empreses del país i, amb això, a restringir la competència exterior.

- Les **restriccions voluntàries a l'exportació** consisteixen en el fet que *el país exportador fixa una quota al comerç,* en comptes de ser el país receptor o importador qui ho faci. Sol obeir a convenis per evitar un altre tipus de restricció comercial, amb la qual cosa és perfectament assimilable a una quota d'importació.

  Però si les quotes exportades són inferiors a les que haurien importat els altres països en situació de lliure comerç, això provocarà una escassetat que permetrà als venedors un preu superior al que regeix en els mercats mundials en el moment de no-restricció.

  Per això mateix no és estrany que siguin els mateixos països exportadors —especialment si controlen l'oferta internacional d'un determinat producte, com per exemple l'OPEP amb el cru— els qui de forma unilateral decideixin restringir la quantitat de producte que treuen al mercat (fig. 3).

Fig. 3. Des de la seu de l'OPEP, a Viena, es prenen les grans decisions sobre el nombre de barrils de petroli que es comercialitzaran a escala mundial.

2.2. *Barreres a la importació*

Les **barreres a la importació** són mesures que s'utilitzen per a frenar el nivell d'importacions que té un país en un determinat moment.

Aquestes mesures poden ser de dos tipus: *aranzels* i *barreres no aranzelàries.*

Aranzels

Els **aranzels** són impostos que encareixen el preu dels productes estrangers en el mercat interior amb l'objectiu de *disminuir la seva demanda* i desviar-la cap a altres productes nacionals.

D'aquesta manera, els aranzels *protegeixen l'economia interior del país,* ja que afegeixen una càrrega al preu de la importació i, a més, té una *funció recaptatòria:* es grava la mercaderia importada amb un impost indirecte, el que constitueix una font d'ingressos per a l'erari públic.

Segons la seva forma d'aplicació, distingim dos tipus bàsics d'aranzel: l'**aranzel específic** i l'**aranzel *ad valorem.***

ARANZEL ESPECÍFIC	ARANZEL *AD VALOREM*
S'estableix una **quantitat fixa de diners** per cada unitat física (o per cada quantitat fixa de producte) importada.	S'estableix un **percentatge fix sobre el valor de la mercaderia** en la duana (cost, assegurança i noli), que pot ser diferent del reflectit en els documents d'importació.

La introducció d'un aranzel modifica substancialment el concepte d'**oferta i demanda** dels productes sotmesos a aquesta mesura, ja que *beneficia la indústria i el comerç local, millora les relacions d'intercanvi a escala internacional* i *incrementa els ingressos del sector públic.*

- **Beneficia la indústria local.** Si s'incrementa el preu del producte importat, *es redueix la competència exterior.*

  D'aquesta manera, els fabricants del país podran oferir el seu producte en el mercat a un preu més elevat sense que això suposi minva de vendes, amb la qual cosa es rendibilitzaran processos productius que abans no ho eren. En reduir la competència exterior, es provoca una protecció de la indústria del país.

- **Beneficia el comerç local.** Si les mercaderies importades tenen un un preu més alt, es produirà una retracció en el seu consum i un increment del consum de productes del país.

- **Millora les relacions d'intercanvi a escala internacional.** La reducció de compres de productes importats pot provocar una disminució en els preus dels mercats mundials, el que facilita les relacions d'intercanvi.

- **Incrementa els ingressos del sector públic.** Evidentment, en establir un aranzel, l'Estat rebrà uns ingressos addicionals, que seran més alts si les importacions són elevades o el tipus d'aranzel és alt.

Un exemple d'aranzels

Dos països, *A* i *B,* són productors de pomes.

- El país *A* les obté a baix cost, a causa de les seves excel·lents condicions climàtiques.
- Les del país *B,* en canvi, tenen un preu superior, ja que el seu clima no és tan idoni i el seu conreu requereix més atencions i factors productius.

Una situació de **lliure comerç** entre els dos països faria que el país *A* passés a dominar el mercat, ja que el seu preu és més baix.

Atesa la gran quantitat de llocs de treball que genera la producció de pomes al país *B,* el seu govern ha establert un **aranzel a la importació de pomes.** Amb aquesta mesura s'encareix el preu de les pomes del país *A* fins a igualar-lo al preu de *B.* D'aquesta manera desapareix l'incentiu a la importació de pomes del país *A.*

Si decideix imposar una *quantitat fixa per quilogram de poma importada,* està aplicant un **aranzel específic.** El que es grava és la quantitat importada, independentment del seu preu.

Si, contràriament, estableix un impost d'un *percentatge sobre el preu de les pomes importades,* estaríem davant el cas d'un **aranzel *ad valorem.*** En aquest cas es grava el *preu,* no la quantitat.

En la figura 4 es mostra la influència de l'aplicació d'aranzels a la importació sobre les corbes de demanda d'un bé.

Si P_m és el preu del bé en qüestió, l'oferta interior serà X_1 i la demanda X_2. Per això, l'excés de demanda existent $(X_2 - X_1)$ s'haurà d'importar (M_1).

La imposició d'un aranzel *(t)* augmentarà el preu a l'interior del país fins a $P_j = (P_m + t)$. Aquesta acció reduirà les importacions, protegirà l'activitat econòmica i permetrà una recaptació fiscal més gran.

- En augmentar el preu interior dels béns, s'incrementa la producció de X_1 a X_3 i disminueix el consum de X_2 a X_4, per la qual cosa es redueixen les importacions des de M_1 fins a M_2.
- En augmentar el preu interior de les mercaderies importades, l'aranzel protegirà l'activitat de les empreses menys competitives i així augmentarà la producció interior en la quantitat $X_3 - X_1$.
- La recaptació fiscal serà més gran, ja que el sector públic obté una major quantitat de diners per les importacions efectuades (la zona acolorida). El total recaptat serà igual a la quantia unitària de l'aranzel (t) multiplicada per les importacions efectuades després d'establir l'aranzel (M_1).

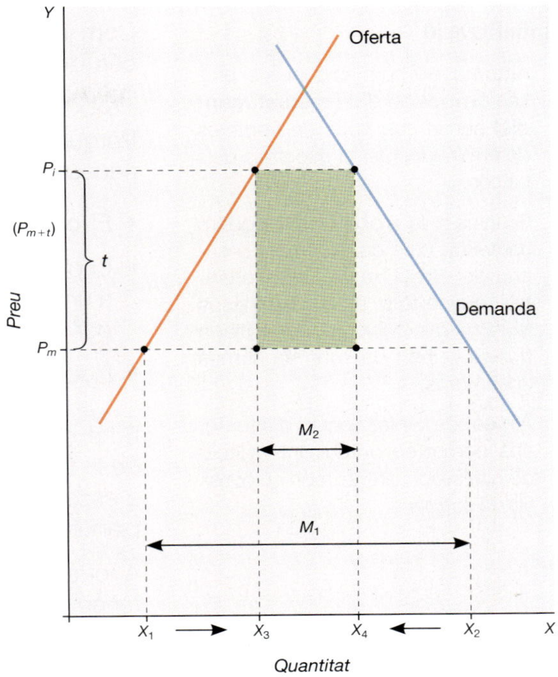

Fig. 4. Efecte dels aranzels sobre la corba de demanda d'un bé.

Barreres no aranzelàries

Les **barreres no aranzelàries** inclouen els *contingents,* els *càrtels aranzelaris* i *altres barreres.*

- Els **contingents** són restriccions quantitatives que limiten directament el volum físic de les importacions. S'autoritza un nombre màxim d'unitats que es pot importar.

  A diferència de l'aranzel, aquest tipus de restricció no aporta ingressos a l'Estat, però l'establiment de determinades quotes d'importació sempre encareix el preu nacional del bé importat, ja que quan es limiten les importacions, el preu inicial del mercat (amb l'oferta nacional més les importacions inicials) no és capaç de satisfer la demanda i provoca una pujada en els preus fins que el mercat tendeix a un nou equilibri.
- Els **càrtels aranzelaris** són acords entre dos o més països a fi de restringir o eliminar la competència entre si.
- **Altres barreres no aranzelàries** consisteixen a exigir determinats requisits d'índole tècnica, sanitària, etc., amb la intenció de *deixar fora del mercat* determinats tipus de productes, d'imposar-los uns *costos addicionals* o minvar la seva entrada amb *traves burocràtiques.* Sota una determinada aparença de garantia de les importacions, de defensa del mercat nacional, dels drets dels consumidors, de la protecció del medi ambient o de la salut pública, fins i tot sent tot real, aquestes especificacions busquen la imposició de més traves a la importació de determinats tipus de productes, per contrarestar el seu avantatge inicial.

Si es mantenen baixos els aranzels o qualsevol altre tipus de barrera comercial, les empreses del país poden trobar en això un **estímul a la producció** a causa de la competència de les empreses estrangeres, que poden entrar en el mercat del país venent a preus diferents, o fins i tot acaparant determinats sectors.

Globalització

Amb aquest nom es coneix el procés de creació d'un **mercat mundial** sense cap tipus de fronteres determinades per la geografia dels països.

Gràcies a la globalització podem esmorzar cafè de Colòmbia o cacau del Brasil, tenir catifes orientals, ordinadors i mòbils japonesos d'última generació i poder viatjar a qualsevol part del món en només unes hores.

A més, les xarxes socials d'Internet ens permeten obtenir informació de qualsevol part del món en qüestió de segons.

3. Globalització i mercats

Com ja hem vist, el comerç és una cosa que ens beneficia a tots. El procés de **globalització** és conseqüència del gran augment del comerç internacional.

Perquè aquest procés de globalització s'hagi pogut produir han estat necessaris tres moments de canvis importants en el temps:

- El **canvi** de la vida del camp a la ciutat, buscant noves oportunitats.
- El procés d'**industrialització,** pel qual l'agricultura i l'artesania passen a un segon pla. En aquest moment comencen les aliances entre països per a la producció i la distribució.
- L'obertura financera dels **mercats.**

S'ha d'entendre la **globalització** com un procés d'*internacionalització de la producció.* Això suposa que les decisions de producció es prenen a escala internacional, per la qual cosa els fluxos de capital a través del planeta són ràpids, constants i fàcils.

A tot això contribueixen notablement les **empreses multinacionals,** que tenen facilitat per a traslladar ràpidament la seva producció tot buscant la *disminució dels costos* i la *millora de la producció.*

Tots aquests processos vénen afavorits per tres factors:

- L'increment dels *coneixements tecnològics.*
- Els avenços en les *comunicacions.*
- La superació del vell concepte de les *fronteres nacionals.*

Per aquesta raó el **comerç internacional de mercaderies** ha incrementat el volum de transaccions en els darrers temps.

3.1. *Els mercats financers*

Més enllà de l'increment del comerç o de la possible deslocalització productiva de les multinacionals, el que caracteritza la globalització és la **internacionalització de l'activitat financera,** accelerada per l'expansió de les entitats financeres i pel ritme de creixement de les transaccions que es negocien diàriament en els **mercats financers.**

Aquest enorme creixement s'explica si tenim en compte que els intercanvis financers realitzats no es corresponen exactament amb transaccions reals. Efectivament, les transaccions que es duen a terme en els mercats internacionals són de diferents tipus.

- Hi ha transaccions financeres purament **especulatives** que solen tenir terminis inferiors a una setmana i no tenen *cap relació amb el comerç de mercaderies.* Aquestes suposen aproximadament el 90 % de les que es realitzen diàriament.
- Una petita part es dedica a **inversions financeres fixes.**
- I una última part, que sol ser aproximadament d'un 7 %, és la que es negocia en els *mercats de futurs i altres,* que són les que responen a un **intercanvi real de mercaderies.**

3.2. *Avantatges i inconvenients de la globalització*

El gran pes que tenen les transaccions especulatives en els mercats internacionals són una de les causes per les quals les **crisis financeres** cada cop són més freqüents, ja que el sistema financer resulta molt fràgil i vulnerable.

D'altra banda, l'evolució de l'economia global té com a conseqüència un **afebliment progressiu dels Estats,** la qual cosa incrementa la sensació d'indefensió davant els conglomerats financers internacionals.

Això ens porta a pensar que realment ja no existeix *«la mà invisible que regulava els mercats»* de la qual parlava Adam Smith, sinó que el funcionament dels mercats depèn d'algunes multinacionals molt poderoses o de determinats conglomerats financers, industrials, de producció, etc.

Un dels principals riscos de la globalització consisteix, doncs, en la possible **manipulació dels mercats** en benefici dels interessos d'uns quants.

Aquest greu problema ha determinat l'aparició de **moviments antiglobalització,** que acostumen a manifestar-se i organitzar espais de debat en paral·lel amb les grans cimeres dels països rics i industrialitzats (fig. 5).

Fig. 5. *«Les persones, abans que els beneficis»,* eslògan d'una manifestació antiglobalització.

En l'àmbit del comerç internacional, el que és desitjable és la **participació de tots els països,** des dels més grans i poderosos fins als més pobres i subdesenvolupats. Però les desigualtats entre els països determinen que el que per a uns països són avantatges, per a altres es converteixen en inconvenients.

En la següent taula es mostren alguns dels **avantatges i desavantatges** del procés de globalització.

AVANTATGES	DESAVANTATGES
Creixement econòmic.	Augmenta la mida dels mercats i l'obertura d'aquests.
Major varietat de mercaderies i serveis.	Més competència entre les empreses i els països.
Ingressos més grans per als països exportadors.	Augmenta la diferència entre els països rics i pobres.

Per compensar els desavantatges del procés de globalització per a alguns països, s'han creat una sèrie d'organismes que poden ser de *cooperació* i d'*integració.*

- Els **organismes de cooperació** s'encarreguen de proposar mesures adreçades a reduir les desigualtats entre els països. Aquests no afecten la sobirania dels Estats participants.
- Els **organismes d'integració** també tenen com a objectiu la *reducció de les desigualtats* però els acords que s'hi prenen poden implicar alguna cessió de sobirania.

L'OMC

El 1995 es va crear l'**Organització Mundial del Comerç (OMC),** que va establir la seva seu a Ginebra.

El 2002 estava integrada ja per 144 països, que suposaven gairebé el 100 % del comerç mundial.

Es va determinar que les seves funcions serien administrar els acords comercials internacionals, i servir, a més, de fòrum per a les negociacions o la resolució de possibles conflictes.

4. Àrees d'integració econòmica regionals

Les dues guerres mundials que van assolar el planeta en el segle XX i les crisis econòmiques que es van produir en aquest mateix període van fer que els governants i els economistes es plantegessin la necessitat de crear organismes i institucions capaços de coordinar l'economia internacional per tal d'assolir la **integració econòmica.**

> La **integració econòmica** és un procés d'unió de mercats amb l'objectiu de formar espais econòmics més enllà de les nacions, que siguin més competitius i més eficients que els pròpiament nacionals.

Molts països van promoure estructures de col·laboració que van suposar un pas enorme en les relacions internacionals, ja que aquesta fórmula pretenia la creació, en diferents etapes, d'espais econòmics independents de les sobiranies nacionals dels Estats participants.

A l'empara d'aquesta filosofia van sorgir diferents organitzacions que van posar tot el seu afany en el fet que la cooperació econòmica internacional fos possible.

En aquells moments era impensable que un país tingués una economia tancada, malgrat que pogués existir algun país subdesenvolupat amb una economia hermètica.

Les relacions econòmiques entre països es duen a terme a través de **nivells progressius d'integració,** que es ressenyen a continuació: *comerç preferencial, àrea de lliure comerç, unió duanera, mercat comú, unió econòmica i monetària* i, finalment, la *integració econòmica total.*

- **Comerç preferencial.** Entenem per comerç preferencial el que s'estableix mitjançant *acords entre alguns països a fi de reduir els costos d'exportació i importació entre si.*

  Eliminen o redueixen sensiblement els aranzels entre els països signants, però els mantenen respecte dels països amb què no tenen cap acord.

- **Àrea de lliure comerç.** És el pas següent al comerç preferencial. *Desapareixen completament els drets aranzelaris per als productes dels països associats,* encara que segueixen vigents els aranzels propis per a la resta dels països no integrats en els seus acords.

- **Unió duanera.** Es tracta d'una àrea de lliure comerç on els països que conformen la integració inicial arriben a un acord superior, que consisteix a adoptar un *aranzel comú* a les importacions procedents de tercers països.

- **Configuració d'un mercat comú.** Es tracta d'una unió duanera on, a més de la *lliure circulació de mercaderies i béns,* s'estableix la *lliure circulació dels factors productius.*

  També s'hi apliquen polítiques comunes (de transports de mercaderies, agràries, etc.). Aquest model d'integració suposa una *cessió de les sobiranies nacionals* en aquest tipus de polítiques, raó per la qual s'han de crear organismes que vetllin i assegurin la viabilitat d'aquestes estructures econòmiques.

Alguns exemples d'integració

Comerç preferencial

El 1932, el Regne Unit i els països que hi estaven associats formant la **Commonwealth** van establir un sistema pel qual reduïen els seus aranzels quan comerciaven entre si, però els mantenien més alts per a la resta dels països.

Àrea de lliure comerç

El 1960, alguns països que van quedar fora de la Comunitat Europea van constituir una àrea de lliure comerç anomenada **EFTA** *(European Free Trade Association)* amb l'objectiu d'eliminar progressivament els drets aranzelaris entre si.

Unió duanera

El 1834, abans de la unificació, un gran nombre d'Estats alemanys sobirans van formar una unió duanera coneguda amb el nom de **Zollverein.**

Mercat Comú

El 1957, els països membres de la **CECA** van ampliar la liberalització de circulació de béns i factors a altres àmbits de l'economia, a més dels del sector del carbó i l'acer i van constituir el germen de la **Comunitat Econòmica Europea.**

Unió econòmica i monetària

Després de la celebració del Tractat de Maastricht, el 1992, la **Unió Europea** va consolidar les bases del projecte d'unió econòmica i monetària, que es va fer realitat al gener de l'any 2002, en el moment en què Europa va disposar d'una *moneda única* en circulació i un Banc Central Europeu.

- **Unió econòmica i monetària.** És una unió formada per dos o més països on, a més de tenir un mercat comú, són també comunes les *polítiques econòmiques i monetàries,* i tenen una *moneda comuna.* En aquest nivell d'integració hi ha una cessió més gran de les sobiranies nacionals que en el cas anterior, ja que per tal de mantenir els tipus de canvi de la moneda única en els marges previstos, els països integrants hauran de sotmetre's a una rigidesa monetària comuna dictada per instàncies supranacionals.
- **La integració econòmica total.** Hauria de ser l'últim pas de la integració econòmica. Els països membres se sotmeten a una *autoritat econòmica única,* que pren decisions de política fiscal per a tot l'espai d'integració, i que poden afectar tots els països.

La figura 6 resumeix els diferents nivells d'integració econòmica i el que implica cadascun.

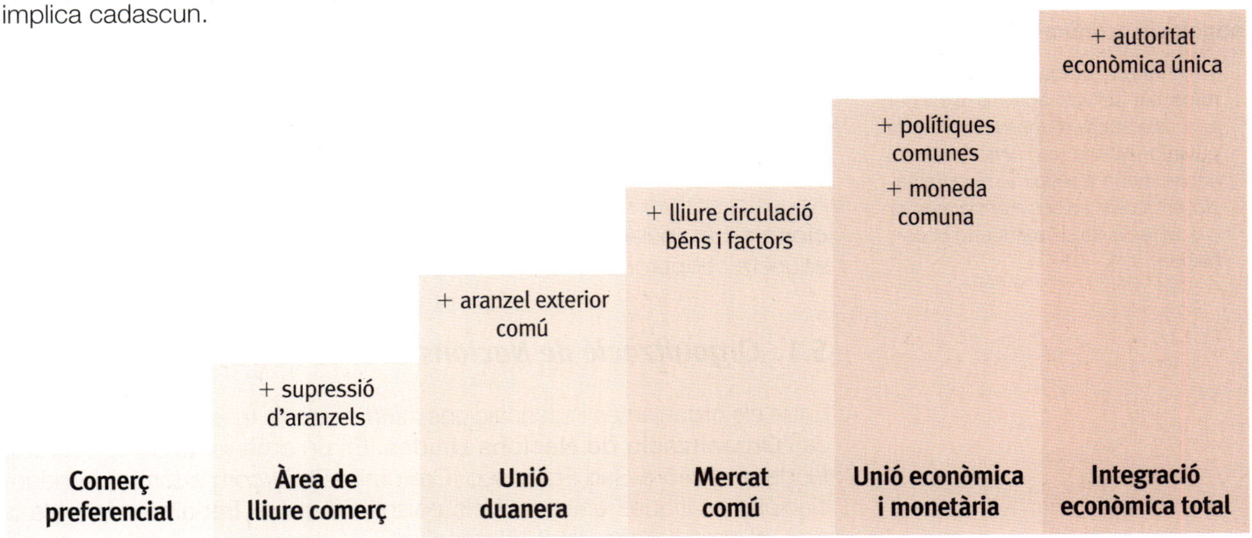

Fig. 6. Successius nivells d'integració econòmica.

La conseqüència final del procés d'integració econòmica és la **unió política,** que suposaria una *cessió total de les sobiranies* per part dels països membres.

Tots aquests passos estan encaminats a la recerca d'**eficiències productives** ja que, si se suprimeixen les barreres aranzelàries, les empreses podran competir en els mateixos mercats. D'altra banda, si hi ha un espai econòmic únic, es pot exercir una **pressió més gran** davant les negociacions econòmiques amb tercers països que la que pot practicar un únic Estat de forma aïllada.

També es facilita el **desenvolupament d'activitats** econòmiques, culturals, socials, tecnològiques o d'investigació que requereixen inversions difícils d'adoptar de manera individualitzada.

Tot això permet que els països integrats tinguin moltes més possibilitats de desenvolupar projectes de tota índole, tant de forma individual com conjunta.

Finalment, com que és possible assolir grans volums de producció, ja que el mercat és més gran, es poden aplicar **economies d'escala,** de manera que, en repartir els costos totals entre un nombre més gran d'unitats, es redueix el cost unitari.

5. Cooperació internacional

La crisi econòmica dels anys trenta va tenir conseqüències molt greus per als països més desenvolupats, com ara França, Alemanya o els Estats Units.

A aquesta gran crisi va venir seguida per la II Guerra Mundial, que va produir una gran deterioració a tot el món, però sobretot a Europa.

Les circumstàncies en què es van desenvolupar els dos fets van fer que molts polítics i economistes arribessin a les següents conclusions:

- La crisi va influir en el desencadenament de la guerra.
- Les conseqüències no haurien estat tan greus si hagués existit un grau de coordinació més alt entre les polítiques econòmiques dels diferents països.

Cooperació econòmica

Anomenem **cooperació econòmica** els acords entre països per a la realització d'una determinada qüestió (ajudes humanitàries, etc.) encaminada a reduir la discriminació entre els països sense afectar la sobirania dels Estats que hi participen.

Finalitzada la guerra, els governants de tots els països es van plantejar la necessitat d'*incrementar la cooperació econòmica i política* per tal d'evitar que aquests fets tornessin a produir-se.

Aquesta actitud va fructificar en la constitució d'**organismes internacionals** i associacions d'àmbit supranacional encarregats de gestionar aquesta cooperació. A continuació veurem els principals organismes.

5.1. *Organització de Nacions Unides (ONU)*

Entre els organismes i associacions internacionals més importants destaca l'**Organització de Nacions Unides.** És un organisme de cooperació fundat el 1945 a San Francisco (Califòrnia, EUA) com a fòrum de negociacions polítiques entre tots els països del món. Treballa en pro de la pau, el dret, la seguretat internacional, el desenvolupament econòmic i social i els drets humans.

El seu objectiu fonamental és la **cooperació política,** encara que també tenen importància els *objectius econòmics,* sobretot els d'alguns organismes que depenen d'aquesta organització.

Entre les seves preocupacions destaquen els problemes del desenvolupament del Tercer Món, el medi ambient i el desarmament en relació amb el desenvolupament.

Els seus òrgans directius són l'*Assemblea General,* el *Consell de Seguretat* i la *Secretaria General.*

- L'**Assemblea General** està formada per cadascun dels 192 Estats membres, gairebé tots els països del món, i es reuneix una vegada a l'any durant tres mesos.
- El **Consell de Seguretat** és l'òrgan executiu. L'integren quinze membres, cinc dels quals (EUA, Rússia, Xina, França i el Regne Unit) són permanents i tenen *dret de vet.* Els altres deu membres no són permanents i canvien cada dos anys.
- La **Secretaria General** és l'òrgan administratiu. El Secretari General de les Nacions Unides ostenta la representació mundial de la institució.

Dret de vet

El **vet** és una prerrogativa de determinades persones o institucions que els faculta per tal d'*impedir que una determinada iniciativa legislativa prosperi.*

Els cinc països permanents del Consell de Seguretat de l'ONU tenen **dret de vet,** el que significa que, en la pràctica, si s'oposen a una determinada proposta, aquesta queda rebutjada encara que la votin tots els altres membres del Consell.

Organismes que depenen de l'ONU

Entre els molts organismes que depenen de l'ONU podem destacar dos que tenen relació amb el comerç internacional: *l'Organització de les Nacions Unides per a l'Agricultura i l'Alimentació* i la *Conferència de les Nacions Unides sobre el Comerç i Desenvolupament.*

- L'**Organització de les Nacions Unides per a l'Agricultura i l'Alimentació,** coneguda per la sigla **FAO** *(Food and Agriculture Organisation),* va ser fundada el 1945 i té la seva seu a Roma. Duu a terme una tasca d'assessorament i informació sobre les activitats del sector primari, per facilitar la cooperació internacional i ajudar els països en vies de desenvolupament.

  S'encarrega de l'estudi i assessorament de les formes de cooperació internacional en l'àmbit de l'*agricultura,* la *ramaderia,* la *silvicultura,* la *pesca* i les activitats *alimentàries* (fig. 7).

  El seu **objectiu** és millorar l'alimentació de la població perfeccionant la producció i distribució dels recursos agropecuaris.

Fig. 7. La FAO ajuda els països en vies de desenvolupament a modernitzar els processos de producció d'aliments.

- La **Conferència de les Nacions Unides sobre el Comerç i el Desenvolupament,** coneguda per la sigla **UNCTAD** *(United Nations Conference for Trade and Development),* va ser creada el 1964 com a conseqüència de la Resolució de les Nacions Unides sobre la Primera Dècada del Desenvolupament. És un organisme de cooperació econòmica i comercial. La seva principal preocupació se centra en els problemes dels països menys desenvolupats.

  Per això, el seu **objectiu fonamental** és concretar un ritme de creixement adequat per a l'economia mundial i, sobretot, per als països del tercer món, oferint assistència tècnica a aquests països i maximitzant les seves possibilitats d'inversió, comerç i desenvolupament mitjançant la investigació, l'anàlisi i el debat de les polítiques econòmiques amb els experts i representants polítics.

El 0,7 % del PIB

La proposta de destinar el 0,7 % del PIB dels països rics a projectes de desenvolupament va ser adoptada precisament en la reunió que la **UNCTAD** va celebrar a Nova Delhi (Índia) el 1968.

5.2. *Fons Monetari Internacional (FMI)*

Es va fundar el 1944, en la Conferència de **Bretton Woods** (EUA) com una institució de cooperació econòmica internacional.

Es planteja com a **objectius** reformar el sistema monetari internacional, promoure polítiques de canvi sostenibles, facilitar el comerç internacional i afavorir, per tant, el creixement econòmic.

Les seves funcions són:

- **Assessorar** els països membres sobre aspectes de política econòmica, estabilitat financera i tipus de canvi internacionals, per fomentar el creixement i prevenir les crisis.
- **Finançar** països amb problemes en la seva balança de pagaments, als quals s'exigeix un programa d'ajust econòmic amb què es pretén resoldre el problema.
- **Sancionar** l'incompliment de les condicions establertes per la institució.

5.3. *Acord General sobre Aranzels Duaners i Comerç (GATT)*

Un dels objectius més importants del programa de l'**ONU** en ser creada va ser promoure una organització en el camp de les **relacions comercials.**

La primera proposta formal de reduir els aranzels va ser feta pels EUA el desembre de 1945 i es va traduir, en primer lloc, en una resolució del **Consell Econòmic i Social de les Nacions Unides** al febrer de 1946. En aquesta data es va convocar la **Conferència Internacional sobre Comerç i Ocupació,** que es va celebrar a l'Havana (Cuba) entre novembre de 1947 i març de 1948.

En aquesta conferència es va plantejar de nou la reducció de les fortes barreres aranzelàries existents. Un total de 23 països van acceptar la proposta i es va firmar l'**Acord General sobre Aranzels Duaners i Comerç,** conegut amb la sigla **GATT** *(General Agreement on Tariffs and Trade),* que va entrar definitivament en vigor el gener de 1948 i, ja en aquell primer any, es van produir les primeres reduccions d'aranzels per part dels països signants. Gràcies a aquest acord, els països van començar a negociar importants rebaixes aranzelàries i altres no aranzelàries.

El **GATT** recull algunes disposicions especials per als països en desenvolupament, de manera que aquests reben un tracte preferencial que té en compte la seva situació.

Aquest acord té **capacitat sancionadora,** ja que pot imposar sancions als països signants que no compleixin els acords comercials signats.

El **GATT** es basa en tres principis fonamentals:

- **Principi de no-discriminació.** És l'eix principal del GATT. Es basa en la idea que, mitjançant la reducció de les traves al comerç, és a dir, de la discriminació entre països, els recursos es reparteixen més eficientment i el benestar a escala mundial es maximitza.

  Estableix un tracte d'igualtat entre els països per augmentar el nivell de vida mundial i repartir els recursos d'una forma més eficient.

- **Principi de no-utilització de mitjans no aranzelaris.** El **GATT** considera que, com a instrument de protecció, els països han d'utilitzar aranzels en lloc d'altres mitjans no aranzelaris.

  No obstant això, els països que vulguin protegir la seva agricultura o resoldre desequilibris en la seva balança de pagaments sí podran recórrer a la utilització d'instruments no aranzelaris.

- **Principi de consulta.** Fa referència al marc institucional on els països negocien la liberalització del comerç. En aquest marc, les diferents nacions han dut a terme importants negociacions sobre reduccions aranzelàries.

Des de la seva constitució, el **GATT** ha desenvolupat la seva activitat mitjançant **rondes de negociació,** que són reunions comercials entre els països signants. Les més importants es recullen en la taula adjunta.

RONDES DEL GATT

NOM	DATA
Ronda de Ginebra	1947
Ronda d'Annecy	1949
Ronda de Torquay	1951
Ronda de Ginebra	1956
Ronda Dillon	1960-1962
Ronda Kennedy	1964-1967
Ronda de Tòquio	1973-1979
Ronda Uruguay	1986-1993
Ronda de Doha	2001-2013

5.4. *Organització de Cooperació i Desenvolupament Econòmic (OCDE)*

L'**OCDE** és una organització de cooperació econòmica internacional la finalitat principal de la qual és coordinar les *polítiques econòmiques, socials i mediambientals* dels països membres.

El primer nucli es va constituir el **1961.** Estava format per **vint països:** divuit europeus (Alemanya, Àustria, Bèlgica, Dinamarca, Espanya, França, Grècia, Holanda, Irlanda, Islàndia, Itàlia, Luxemburg, Noruega, Portugal, el Regne Unit, Suècia, Suïssa i Turquia) i dos americans (els EUA i Canadà). Posteriorment s'han anat incorporant nous membres fins a sumar un total de **trenta-quatre** a final de **2010.** L'adhesió de Rússia està en estudi i hi ha altres països emergents, com ara Brasil, la Xina o l'Índia que desitgen incorporar-se (fig. 8).

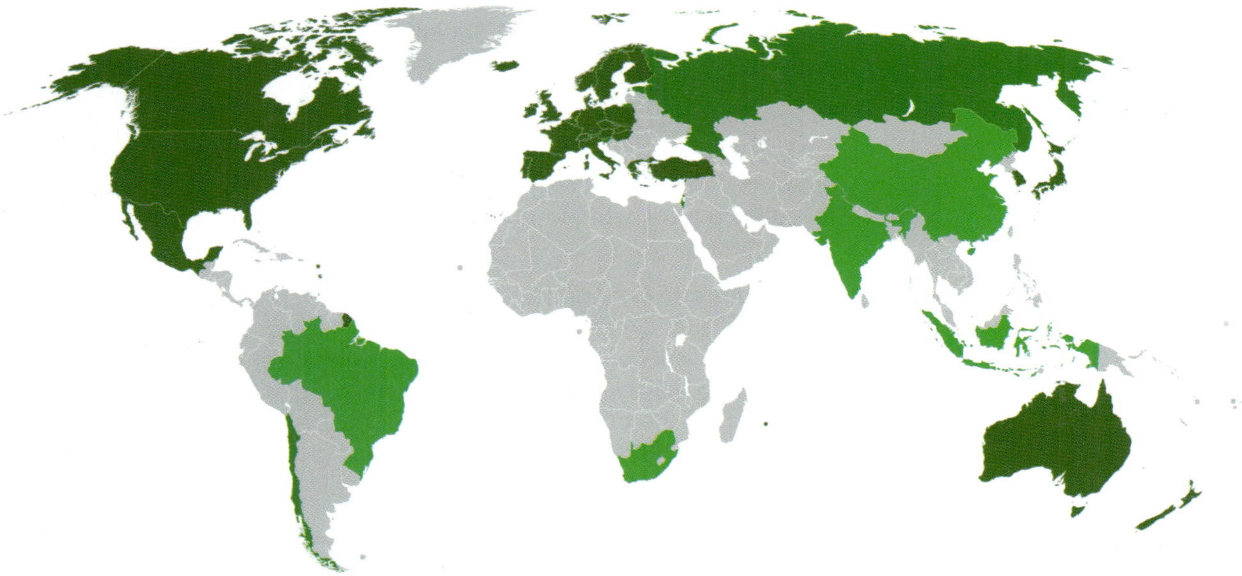

Fig. 8. Països membres de l'OCDE i candidats a integrar-se en l'organització.

Per tal de poder integrar-se en l'**OCDE,** els països han de demostrar que estan disposats a permetre el *lliure moviment de mercaderies, capitals i factors de producció* en el seu territori.

Els principals **objectius** de l'**OCDE** són:

- Facilitar l'*expansió econòmica als països membres* i afavorir la dels no-membres en vies de desenvolupament.
- Contribuir a *eliminar les discriminacions en les relacions comercials* a escala mundial.
- Mantenir l'*estabilitat financera* a fi d'assegurar el desenvolupament de l'economia mundial.

Les decisions en l'òrgan de govern de l'**OCDE** es prenen per consens. A diferència del **GATT,** no té poder executiu ni sancionador.

Entre els organismes autònoms de l'**OCDE** destaquen l'*Agència Internacional per a l'Energia* i el *Comitè d'Ajuda al Desenvolupament.*

5.5. *Comissions econòmiques i socials de l'ONU*

El **Consell Econòmic i Social** de l'ONU o **ECOSOC** *(Economic and Social Council)* és un òrgan consultiu que s'encarrega d'analitzar els problemes econòmics i socials a escala mundial i de proposar solucions concretes, en col·laboració amb els respectius governs.

Per assolir els seus objectius i facilitar el seu treball, ha anat creant diferents **comissions econòmiques regionals** per a les diferents zones del globus: *Europa, Àsia i el Pacífic, Amèrica Llatina i el Carib, Àfrica* i *Àsia Occidental.*

- La **Comissió Econòmica per a Europa o CEPE** *(UNECE, United Nations Economic Commission for Europe)* va ser creada el 1947. Integra tots els països europeus, a més dels EUA, Canadà, Israel i les Repúbliques d'Àsia Central procedents de l'antiga URSS. La seu es localitza a Ginebra (Suïssa).
- La **Comissió Econòmica i Social per a Àsia i el Pacífic** o **UNESCAP** *(UNESCAP, United Nations Economic Commission for Asia and the Pacific)* també va ser creada el 1947. Estava formada inicialment pels països d'Àsia i Oceania i per aquells que tenien interessos colonials a la zona, com França, Holanda, el Regne Unit i els EUA. A poc a poc s'han anat incorporant els països que han assolit la independència en aquest període de temps. La secretaria executiva es troba a Singapur.
- La **Comissió Econòmica per a l'Amèrica Llatina i el Carib** o **CEPALC** *(UNECLAC, United Nations Economic Commission for Latin America and Caribbean)* va ser creada el 1948. La integren els territoris de l'àrea regional, els països europeus amb vincles històrics amb la zona, com Espanya, Portugal, Holanda, França, Alemanya, Itàlia i el Regne Unit, juntament amb els EUA, Canadà, Japó i Corea del Sud. S'ubica a Santiago de Xile.
- La **Comissió Econòmica per a Àfrica** o **CEPA** *(UNECA, United Nations Economic Commission for Africa)* va ser creada uns anys més tard, el 1958. Està formada exclusivament pels països els territoris dels quals es localitzen al continent africà. Té la seva seu a Addis Abbeba (Etiòpia).
- La **Comissió Econòmica i Social per a l'Àsia Occidental** o **CESPAO** *(UNESCWA, United Nations Economic and Social Commission for Western Asia)* va ser l'última a ser creada, el 1973, i la integren els territoris d'Orient Mitjà (excepte Israel) i alguns països africans, com Egipte i Sudan. Té la seva seu a Beirut (Líban).

El 1999 es va elaborar un *Manifest sobre la pobresa.* Les propostes d'aquest document van permetre a l'Assemblea General de Nacions Unides fixar en l'any 2000 els anomenats **objectius de desenvolupament del mil·lenni:** eradicar la pobresa i la fam, aconseguir l'accés universal a l'educació primària, promoure la igualtat entre els sexes, reduir la mortalitat infantil, millorar la salut de les mares, combatre la SIDA i altres malalties endèmiques, garantir la protecció del medi ambient i fomentar una associació mundial per al desenvolupament.

Aquests objectius haurien de ser assolits el 2015.

Càrtels internacionals

Els càrtels internacionals són una altra fórmula que els països usen com a forma de cooperació.

Un **càrtel** és una associació de productors la finalitat dels quals és *el repartiment de quotes de mercat entre els seus membres i la fixació dels preus.*

El càrtel més important del comerç mundial és l'**Organització de Països Exportadors de Petroli** o **OPEP** *(OPEC, Organization of the Petroleum Exporting Countries).*

Es va fundar el 1960 i la seva finalitat és aconseguir els millors preus per al seu producte, disminuint l'oferta de comú acord.

Està formada pels següents països: Angola, Aràbia Saudita, Algèria, Catar, Equador, la Unió dels Emirats Àrabs, Gabon, Iraq, Iran, Kuwait, Líbia, Nigèria i Veneçuela. Indonèsia va deixar de formar part del càrtel el 2009.

Hi ha altres càrtels formats per grups de països productors d'un mateix producte primari, ja sigui agrícola o mineral (com, per exemple, els del coure, del cacau, del cafè, etc.).

6. Sistemes monetaris

En la mesura que cada país utilitza una moneda diferent, sorgeix el problema de com regular les relacions financeres entre tots els països. Hi ha mecanismes que regulen l'intercanvi de monedes per a la realització de pagaments i els tipus de canvi entre les monedes dels diferents països del món. Aquests mecanismes constitueixen els *sistemes monetaris.*

> Un **sistema monetari** és un conjunt de normes que regulen els pagaments internacionals entre els diferents països del món i els sistemes de tipus de canvi fixats entre les diferents monedes existents.

Tipus de canvi

El **tipus de canvi** expressa la relació d'equivalència entre dues monedes. Es mesura pel *nombre d'unitats de la moneda d'un país que s'ha de lliurar per tal d'adquirir una unitat d'una altra.*

Normalment els tipus de canvi s'expressen en el nombre d'unitats nacionals necessàries per a comprar un dòlar nord-americà.

Un sistema monetari es caracteritza bàsicament pel sistema de tipus de canvi utilitzat i per la moneda de referència i de reserva.

Segons el tipus de canvi utilitzat, podem distingir dos sistemes de **tipus de canvi:** el sistema de *tipus de canvis fixos* i el sistema de *tipus de canvis flexibles.*

SISTEMA DE TIPUS DE CANVIS FIXOS	SISTEMA DE TIPUS DE CANVIS FLEXIBLES
En el **sistema de tipus de canvis fixos,** totes les monedes tenen relacions o preus fixos entre si. Aquesta relació fixa ha de ser mantinguda pels bancs centrals de cada país.	El **sistema de tipus de canvis flexibles** consisteix en la fixació del preu de cada moneda segons la seva oferta i demanda en el mercat de divises, per la qual cosa pot variar cada dia. El banc central de cada país també pot modificar el tipus de canvi, comprant o venent divises, segons el que convingui a l'economia.
El 1960, el tipus de canvi vigent a Espanya era de 60 pessetes per dòlar. Aquest canvi es va mantenir invariable fins al 1967.	El maig de 2001, per a comprar un dòlar s'havia de pagar 1,16 euros. Deu anys més tard, el 13 d'abril del 2011, només era necessari desemborsar 69 cèntims d'euro.

Una altra característica del sistema monetari és la **moneda de referència.** Des de la II Guerra Mundial, el *dòlar* és la moneda de referència de les altres (fig. 9) i, per tant, la més utilitzada en els pagaments internacionals. Anteriorment ho va ser la *lliura esterlina.*

Fig. 9. El dòlar nord-americà és la moneda de referència en les transaccions internacionals.

6.1. *El Sistema Monetari Internacional (SMI)*

> El **Sistema Monetari Internacional** és el sistema de tipus de canvi i pagaments internacionals existent entre tots els països del món.

Des de la II Guerra Mundial està regit pel Fons Monetari Internacional i ha tingut dues etapes clarament diferenciades:

- La **primera etapa** va des de la Conferència de Bretton Woods (1944) fins a 1971. Va estar caracteritzada per *tipus de canvi fixos* i el *dòlar* com a moneda de referència.
- La **segona etapa** va des de 1971 fins a l'actualitat. Ha estat caracteritzada per *tipus de canvi flexibles,* la pèrdua de protagonisme del dòlar durant els anys setanta i l'aparició d'altres *divises fortes,* com el marc alemany, el franc suís, el ien japonès i l'euro.

ACTIVITATS PROPOSADES

- 1. Indica quan es diu que una economia és tancada.
- 2. Posa diversos exemples en què es manifesti la diferència de preus en objectes de consum depenent del país d'origen.
- 3. Busca informació i elabora un quadre on es reflecteixin els productes industrials que Espanya importa i exporta.
- 4. Explica quina seria la política comercial més adequada en cadascun dels següents casos:
  a) La importació de productes semielaborats a empreses exportadores.
  b) La importació de productes manufacturats que també es produeixen a l'interior del país.
  c) La importació de primeres matèries necessàries per a fabricar productes per a l'exportació.
- * 5. Explica què és un aranzel.
- 6. Explica la raó per la qual els diferents països duen a terme processos d'integració econòmica.
- 7. Comenta els diferents nivells d'integració econòmica que existeixen.
- 8. Explica la diferència que hi ha entre cooperació econòmica i integració econòmica i posa exemples d'organismes de cooperació econòmica.
- 9. Esmenta les principals preocupacions de l'ONU.
- 10. Descriu els objectius de la FAO i la UNCTAD.
- 11. Explica quins són els principis fonamentals en què es basa el GATT.
- 12. Determina els objectius de l'OCDE.
- 13. Enumera les funcions de l'FMI.
- 14. Defineix el concepte de sistema monetari i diferencia el sistema de tipus de canvis fixos i el sistema de tipus de canvis flexibles.
- 15. Determina les característiques de l'SMI.

* PAU

- 16. Raona si són vertaderes o falses les següents afirmacions. Justifica la teva resposta.
  - La Unió Europea és una unió política.
  - La unió duanera és una forma de cooperació econòmica internacional.
  - La cooperació econòmica es basa en acords que poden alterar la sobirania.
  - El GATT és un organisme de cooperació econòmica que s'ocupa de vetllar per l'estabilitat financera i els tipus de canvis internacionals.
  - L'OCDE està formada pels països del Tercer Món.
  - La FAO és una organització que pretén millorar l'alimentació de tota la població.
  - L'objectiu de la UNCTAD és aconseguir un ritme de creixement adequat per al conjunt de l'economia i sobretot per als països subdesenvolupats.
- * 17. Llegeix el text següent i comenta'l.

  «El tradicional debat existent en la literatura econòmica sobre el concepte i les implicacions de l'equilibri exterior d'una economia s'ha intensificat en els últims temps, en gran mesura, com a conseqüència del creixent procés de globalització de l'activitat econòmica internacional. En el cas espanyol, la controvèrsia és encara més gran, atès el creixent procés d'obertura a l'exterior que ha experimentat la nostra economia en l'última dècada, així com pel canvi que s'està produint en l'economia espanyola des de 1995, que de caracteritzar-se per tenir habitualment necessitat de finançament extern ha passat a registrar una capacitat de finançament positiu a l'exterior.»

  — Posa l'èmfasi en la definició d'equilibri del sector extern i relaciona'l amb el text.

  — Posa de relleu la importància de la globalització de l'economia en general i com afecta, en particular, el sector exterior espanyol.

Revista d'economia

La Comissió Europea imposa altes taxes contra la importació de rajola xinesa

Els aranzels poden arribar a assolir el 73% del valor de la mercaderia

La Comissió Europea ha imposat taxes provisionals contra la importació de rajola xinesa al mercat europeu. Segons publica avui el Diari Oficial de la Unió Europea, els fabricants xinesos hauran de pagar fins a un 73% d'aranzel per vendre en el mercat europeu. La mesura és conseqüència d'una denúncia presentada per la indústria ceràmica europea, en la qual l'espanyola ocupa un lloc destacat, després de la qual es va obrir una investigació *antidumping* (venda per sota del preu de producció). La resolució definitiva s'adoptarà al setembre, encara que la patronal ceràmica, Ascer, confia que sigui molt similar a l'adoptada avui.

El País
17 de març de 2011

1 El comerç internacional té el seu origen en:

a) Els efectes de la globalització.

b) El fet que cada país no produeix tots els béns necessaris per tal de satisfer les necessitats dels seus individus.

c) La demanda creixent de tots els mercats.

d) Les modificacions de conducta dels compradors.

2 Parlem d'avantatge comparatiu absolut quan:

a) Un país pot, per la seva capacitat, arribar abans que els altres als mercats internacionals.

b) Un país té un sistema de producció millor que la resta de països amb els quals estableix relacions comercials, la qual cosa li permet apropiar-se abans dels mercats que els seus competidors.

c) Un país pot produir una quantitat més gran d'un determinat bé utilitzant la mateixa quantitat de recursos que altres països o, en el seu cas, la mateixa quantitat del bé utilitzant menor quantitat de recursos.

d) Un país produeix un producte més barat que un altre.

3 El lliurecanvisme és:

a) La lliure circulació de mercaderies en l'àmbit internacional.

b) La possibilitat de negociar de forma lliure, amb el coneixement previ de les autoritats econòmiques.

c) La no-protecció dels mercats nacionals davant els internacionals.

d) El foment del desenvolupament de la indústria d'un país reduint les importacions per poder competir lliurement amb la resta de països.

4 Els càrtels internacionals:

a) Estan prohibits per competència deslleial.

b) No estan permesos, perquè poden perjudicar els interessos dels consumidors, però es toleren.

c) Són una de les formes de cooperació entre països.

d) Són associacions de productors que es reparteixen les quotes de mercat mundial entre els seus membres i permeten la fixació de preus.

5 Els aranzels són:

a) Mesures que s'utilitzen per a frenar el nivell d'importacions.

b) Mesures econòmiques l'únic objectiu de les quals és fomentar l'exportació.

c) La forma més ràpida de recaptar fons per part de l'Estat perquè es tracta d'un impost directe.

d) Impostos a tot tipus de productes que entren en un país.

6 Les barreres no aranzelàries que apliquen els estats són:

a) Els contingents, els càrtels aranzelaris i altres mesures.

b) Els aranzels específics i els aranzels *ad valorem*.

c) Els subsidis a l'exportació i les restriccions voluntàries del volum de mercaderies.

d) Cap de les afirmacions anteriors.

7 Indica quina de les següents característiques s'ajusta millor al concepte de globalització:

a) És bona per a tots els països perquè, entre altres qüestions, permet la transferència de tecnologia, el que farà evolucionar els països que no en tinguin.

b) Provoca creixement econòmic però tendeix a augmentar la bretxa entre els països rics i els països pobres.

c) És molt bona per als països poderosos i molt mala per als països dependents.

d) Fa disminuir els costos de producció de totes les empreses pel nivell de comunicació existent a tot el món.

8 Indica quina de les següents característiques s'ajusta millor al concepte de cooperació econòmica:

a) Està propiciada per l'ONU per provocar una major igualtat en les rendes de tots els països membres.

b) És l'aplicació de mesures adreçades a reduir la discriminació entre els països sense afectar la sobirania dels Estats que participen.

c) És la cessió de sobirania nacional en benefici de la sobirania dels membres de la UE, regits pel Consell de Ministres de la Unió.

d) Consisteix en acords puntuals per ajudar determinats països en situacions concretes.

9 El Fons Monetari Internacional:

a) És el centre de consultes i de cooperació internacional en qüestions monetàries, promou polítiques de canvi internacionals i facilita el comerç internacional.

b) És l'òrgan director de les polítiques comercials dels països membres de la UE.

c) Dirigeix la política de canvis entre els diferents països.

d) Supervisa les inversions d'uns països en altres a fi d'evitar controls monetaris i industrials.

10 La moneda de referència en les transaccions comercials internacionals és:

a) L'euro.

b) La lliura esterlina.

c) El franc suís.

d) El dòlar USA.

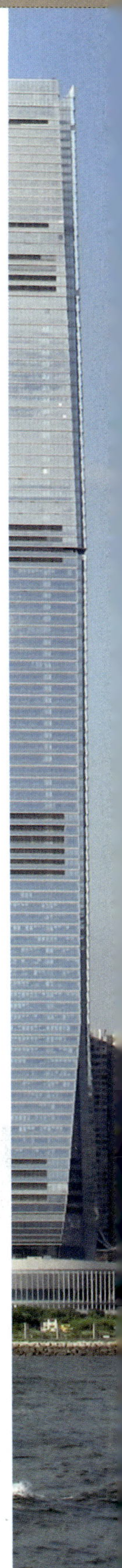

15 La balança de pagaments

COMPETÈNCIES ESPECÍFIQUES

Competència en cultura econòmica i dialèctica

Analitzar les característiques fonamentals dels fluxos del comerç internacional.

Reconèixer les subbalances que componen la balança de pagaments i les partides que s'hi inscriuen en cadascuna, segons que siguin ingressos o pagaments.

Valorar el principi comptable de la partida doble a l'hora d'analitzar els resultats de la balança de pagaments.

Justificar les conseqüències d'un dèficit prolongat en la balança de pagaments per compte corrent en un país.

Entendre la importància del comerç exterior en els desenvolupaments econòmics dels països.

Competència en raonament econòmic i modelització

Explicar el funcionament del mercat de divises en un context de canvi flexible i en un altre de canvi fix.

■ Bitllets de 500 euros, els de més valor a la Unió Europea.

ORGANITZACIÓ DELS CONTINGUTS

La balança de pagaments

INTRODUCCIÓ

- En aquesta unitat analitzarem el comerç i les seves conseqüències, no només des del punt de vista del comportament individual, sinó l'efecte global de les actuacions individuals: com es comporta el mercat, diferències entre les quantitats que es compren i les que es venen, i com es contempla aquesta situació per part dels governs de les nacions que intervenen en aquesta transacció comercial.

Tenint en compte que diàriament es compren i es venen monedes en tots els mercats del món per un import d'un bilió d'euros —unes quinze vegades el nivell de producció mundial—, val la pena analitzar el sistema que permet dur a terme aquest tipus de transaccions. Analitzarem, per tant, les balances de pagaments que reflecteixen aquest tipus de transaccions i les operacions financeres del país entre tots els països del món. El seu estudi és fonamental per tal de comprendre els mercats de divises i els diferents tipus de canvi.

Aquestes operacions exigeixen l'intercanvi de mercaderies, de serveis i de moneda.

1. La balança de pagaments

Una família o una empresa duu els seus comptes de compres, vendes, drets de crèdit (cobraments) i obligacions (pagaments futurs) respete de la resta de la societat. D'aquests comptes es dedueix si la seva *posició* és *creditora* o *deutora* en cada període.

- Si un agent econòmic *ha gastat més del que ha ingressat,* es diu que està en **posició deutora.** En aquesta situació haurà d'agafar diners prestats per pagar la diferència i modificarà la seva conducta futura per tal de no agreujar la seva situació de pagaments i, a ser possible, corregir-la.
- Si, contràriament, *ha ingressat més del que s'ha gastat,* es diu que l'agent econòmic està en **posició creditora.**

L'*economia d'un país* també ha de registrar les seves operacions econòmiques respecte de la *resta del món,* per veure si la seva posició és creditora o deutora pel que fa l'exterior. Aquest registre es duu a terme mitjançant la **balança de pagaments.**

La **balança de pagaments d'un país** és el document comptable que recull, de forma sistemàtica, les **transaccions econòmiques** que tenen lloc entre els agents econòmics *residents en un país* i els del *resta del món* durant un període de temps, que generalment és d'un any.

Balança pagaments

- **Balança per compte corrent**
  - Mercaderies
  - Serveis
  - Rendes
  - Transferències corrents
- **Balança per compte de capital**
  - Transferències de capital
  - Transaccions d'actius no produïts
- **Balança per compte financer**
  - Inversions directes
  - Inversions en cartera
  - Altres inversions
  - Variació de reserves

Fig. 1. Estructura de la balança de pagaments.

Les operacions que recull la balança de pagaments es divideixen en **tres grans balances:**

- La *balança per compte corrent.*
- La *balança per compte de capital.*
- La *balança per compte financer.*

Cadascuna, al seu torn, se segmenta en altres **subbalances** (fig. 1).

Com s'aprecia en el diagrama, la balança de pagaments registra **totes les transaccions** que es realitzen, tant de *béns i serveis* com de *capitals* i *actius financers,* com ara inversions o crèdits. Per a fer-ho comptabilitzarà:

- Els **ingressos:** transaccions que subministren divises al país que elabora la balança. Per exemple, les exportacions de mercaderies o les importacions de capital.
- Els **pagaments:** transaccions que impliquen una sortida de divises. Per exemple, les importacions de mercaderies.

La manera d'anotar les operacions en la balança de pagaments es regeix pel **principi comptable de la partida doble,** és a dir, totes les operacions s'anoten dues vegades, una en la partida d'*ingressos* i una altra en la partida de *despeses.*

El **saldo** de la balança de pagaments ve donat per *la diferència entre els ingressos i els pagaments.*

1.1. *La balança per compte corrent*

La **balança per compte corrent** és una part de la balança de pagaments en què es reflecteixen les *adquisicions i les vendes de mercaderies i serveis* a altres països, així com els *pagaments* realitzats per l'ús dels factors de producció i les *transferències corrents.*

Està formada per quatre **subbalances:** la balança de *mercaderies o comercial,* la de *serveis,* la de *rendes* i la de *transferències corrents.*

Balança de mercaderies o comercial

Registra les operacions d'**importació** i **exportació** de béns entre països, és a dir, els moviments internacionals de mercaderies. Reflecteix, per tant, el comerç internacional, les operacions del qual es comptabilitzen com a *ingressos, pagaments* i *saldo* (taula 1).

	BALANÇA DE MERCADERIES (milions d'EUR)		
	INGRESSOS	PAGAMENTS	SALDO
Exportacions	63		
Importacions		93	
Total	63	93	**−30**

Taula 1.

- La compra de mercaderies (importació) a un altre país suposa per al país comprador un **pagament,** és a dir, una sortida de divises. Constitueix la *part deutora.*
- La venda de mercaderies d'un país a l'estranger (exportacions) suposa una entrada de divises, és a dir, un **ingrés.** Constitueix la *part creditora.*
- La diferència entre els ingressos i els pagaments és el **saldo** de la balança de mercaderies.

  Un **saldo negatiu,** com el que apareix en la taula significa que els pagaments són més elevats que els ingressos, és a dir, que *s'importa més quantitat de béns dels que s'exporta.*

Aquesta partida es coneix també com a **comerç visible,** perquè implica la compravenda de mercaderies, és a dir, l'*intercanvi d'un bé tangible.*

Balança de serveis

Recull i registra els ingressos i pagaments corresponents a la contractació internacional de **serveis prestats i rebuts,** i els seus cobraments o pagaments corresponents, ja siguin de transport, comunicacions, assegurances, assessorament, financers, bancaris, informàtics, turisme, culturals, serveis governamentals o públics, etc.

El *saldo* s'obté de la mateixa manera: és la diferència entre els *ingressos* per exportacions i els *pagaments* per importacions (taula 2).

	BALANÇA DE SERVEIS (milions d'EUR)		
	INGRESSOS	PAGAMENTS	SALDO
Exportacions	39		
Importacions		30	
Total	39	30	**+9**

Taula 2.

Un **saldo positiu** significa que s'exporten més serveis dels que s'importen, és a dir, que *els ingressos són més grans que els pagaments.* A Espanya tenen una gran importància els ingressos rebuts per turisme, ja que és un receptor net.

Aquesta subbalança es coneix també com a **comerç invisible,** perquè no implica la compravenda d'un bé, sinó l'*intercanvi d'un servei intangible.*

Balança de rendes

Aquesta partida registra els ingressos i pagaments procedents de la **utilització d'un factor productiu,** per això es contemplen aquí tant els salaris com els pagaments d'interessos donats o rebuts.

Inclou, per tant:

- Les **rendes** obtingudes per *treballar a l'estranger* (treballadors temporers o amb residència fronterera, etc.).
- Els **ingressos** procedents de les inversions en un país diferent del de residència (dividends, interessos i beneficis no distribuïts).
- Els **pagaments** realitzats a treballadors la residència habitual dels quals es troba fora del país (taula 3).

	BALANÇA DE RENDES (milions d'EUR)		
	INGRESSOS	PAGAMENTS	SALDO
Exportacions	10		
Importacions		5	
Total	10	5	+5

Taula 3.

Els ingressos derivats de les **rendes** de treball i de les **inversions** obtingudes a l'estranger fan que augmenti la renda nacional bruta. Per tant, els **pagaments** per aquest motiu fan que *la renda nacional bruta disminueixi.*

Balança de transferències corrents

Registra les entrades i sortides de recursos financers internacionals que no tenen contrapartida i que per això reben el nom de **transferències** (taula 4). Poden ser *privades* o *públiques.*

- Les **transferències privades** inclouen les *trameses dels emigrants,* les *donacions privades* entre particulars, els *pagaments a les famílies* amb càrrec a la Seguretat Social (pensions, subsidis a la desocupació, beques, etc.), els *impostos,* els *premis* (literaris, de joc o de concursos), les *herències,* les retribucions al personal en programes d'ajuda humanitària, etc.
- Les **transferències públiques** inclouen les *subvencions de la Unió Europea* als països membres, els *pagaments* que es fan a aquesta entitat i a altres organismes internacionals, i els *ingressos* que es reben per donacions privades o públiques, prestacions i cotitzacions a la Seguretat Social, etc.

	BALANÇA DE TRANSFERÈNCIES CORRENTS (milions d'EUR)		
	INGRESSOS	PAGAMENTS	SALDO
Exportacions	6		
Importacions		1	
Total	6	1	+5

Taula 4.

Síntesi

El conjunt de dades que subministra cada subbalança configura la **balança per compte corrent** (taula 5).

El **saldo negatiu** significa que els ingressos per compte corrent de l'any actual són menors que els pagaments. S'ha de prestar especial atenció a aquest resultat, ja que una balança deficitària implica un augment en la posició deutora del país respecte de la resta de països del món.

	BALANÇA PER COMPTE CORRENT (milions d'EUR)		
	INGRESSOS	PAGAMENTS	SALDO
Balança de mercaderies	63	93	−30
Balança de serveis	39	30	−9
Balança de renda	10	5	+5
Balança de transferències corrents	6	1	+5
Balança per compte corrent	**118**	**129**	**−11**

Taula 5.

1.2. *La balança per compte de capital*

La **balança per compte de capital** integra les *transferències* entre països que el país receptor ha de destinar a obres d'infraestructura.

Recull, per tant, la part de la renda que possibilita a un país viure a un nivell diferent del que li permetrien els seus mitjans corrents, és a dir, els que es reflecteixen en la balança per compte corrent.

Inclou les *recepcions de fons procedents de l'estranger* i els *préstecs de capital* que es realitzen des de fora de les fronteres del país cap a aquest.

En la balança per compte de capital es realitzen dos tipus d'**operacions:** les *transferències de capital* i l'*adquisició i alienació d'actius no produïts,* no financers.

Balança de transferències de capital

En aquest paquet s'inclouen els **fons de desenvolupament regional** o els **fons de cohesió** que la UE transfereix als països membres de manera unilateral i sense contrapartides, o els moviments de fons que es generen per la liquidació del **patrimoni dels emigrants** (taula 6).

Entre els ingressos destaquen les transferències que procedeixen del *FEDER* i del *FEOGA.*

- El **FEDER** *(Fons Europeu de Desenvolupament Regional)* és l'encarregat d'aportar fons de cohesió per a millores estructurals en les regions europees menys afavorides.
- El **FEOGA** *(Fons Europeu d'Orientació i Garantia Agrícola)* es responsabilitza de la política de reformes estructurals agrícoles.

	BALANÇA DE TRANSFERÈNCIES DE CAPITAL (milions d'EUR)		
	INGRESSOS	PAGAMENTS	SALDO
Recepcions de fons	14		
Préstecs de capital		8	
Total	14	8	**+6**

Taula 6.

Balança de transaccions d'actius

En aquest capítol, els **ingressos** es deriven de la venda dels **actius no produïts** (terra o recursos del subsòl) o **intangibles** (drets d'autor, patents, marques registrades).

Els **pagaments** corresponen a les compres d'actius no produïts o intangibles (taula 7).

	BALANÇA DE TRANSACCIONS D'ACTIUS (milions d'EUR)		
	INGRESSOS	PAGAMENTS	SALDO
Venda d'actius	18		
Compres d'actius		20	
Total	18	20	**−2**

Taula 7.

Síntesi

Com en el cas anterior, el **saldo** de la balança per compte de capital serà el resultat de la diferència entre ingressos i pagaments de les dues subbalances (taula 8).

	BALANÇA PER COMPTE DE CAPITAL (milions d'EUR)		
	INGRESSOS	PAGAMENTS	SALDO
Balança de transferències de capital	14	8	+6
Balança de transaccions d'actius	18	20	−2
Balança per compte de capital	32	28	**+4**

Taula 8.

1.3. *La balança per compte financer*

En la **balança per compte financer** es comptabilitzen els capitals que donen origen a moviments financers, és a dir, *operacions de compravenda d'actius financers.*

Distingirem quatre grups o **subbalances** que la conformen i recullen qualsevol classe de moviment financer entre dos o més països: la balança d'*inversió directa,* la d'*inversió en cartera,* la d'*altres inversions* i la de *variació de reserves.*

Balança d'inversió directa

Inclou totes aquelles en què l'inversor pretén obtenir una *rendibilitat permanent* o un grau significatiu d'influència en els òrgans de direcció o en la gestió. L'FMI defineix aquest inversor com *«el qui posseeix un 10 % o més del capital d'una empresa».*

La participació dels agents econòmics d'un país determinat a l'estranger i viceversa pot dur-se a terme de diverses maneres:

- Mitjançant la compra i venda d'**accions.**
- Per altres formes de **participació** diferents de les accions.
- A través de **préstecs** entre empreses matrius i filials (sempre que no siguin entitats de crèdit).
- Efectuant **inversions immobiliàries.**

Balança d'inversió en cartera

Inclou les transaccions en **valors negociables** que, per les seves característiques, no s'inclouen en inversió directa.

Les més significatives són les següents:

- Accions i participacions en **fons d'inversió.**
- **Bons** i **obligacions.**
- Altres instruments financers derivats.

Balança d'altres inversions

Inclou *préstecs* i *dipòsits* (comercials i financers) entre els residents d'un país amb els de la resta del món. Entre aquests es troben, per exemple, el *finançament de pel·lícules en coproducció* o la participació en *prospeccions petrolíferes* (fig. 2).

Fig. 2. La participació d'empreses nacionals en prospeccions petrolíferes a l'estranger es computa en la balança d'altres inversions.

Balança de variació de reserves

Reflecteix les variacions de les reserves de què disposa el Banc d'Espanya com a conseqüència de les operacions amb l'exterior.

- Les *disminucions de reserves* s'anoten en els **ingressos,** ja que la venda d'aquests proporciona fons en unitats monetàries del país.
- Els *augments de reserves* s'anoten en el compte de **pagaments.**

Les operacions recollides en la **balança per compte financer** varien la posició creditora-deutora del país respecte de la resta del món.

1.4. *Ajust final de la balança*

Com ja hem indicat abans, les anotacions de les operacions reflectides en la balança de pagaments es regeixen pel **principi comptable de la partida doble,** és a dir, *totes les operacions es reflecteixen dues vegades,* una en la partida d'ingressos i una altra en la de despeses.

EXEMPLE 1

Assenyala on haurà d'anotar-se l'adquisició al comptat de maquinària agrícola procedent dels EUA per valor d'un milió de dòlars.

— Com que es tracta d'un bé importat, haurà d'anotar-se en el capítol de *despeses* de la *balança de mercaderies.*

— Com que el pagament s'ha d'efectuar en divises, l'importador ha d'adquirir-les en el banc central i l'import s'anotarà en el capítol d'*ingressos* en la *balança de variació de reserves.*

Com a conseqüència d'aquest sistema d'anotació, la balança de pagaments està sempre equilibrada des del punt de vista comptable. És a dir, **la suma dels saldos de totes les balances sempre és zero.**

No obstant això, en la pràctica mai no coincideix la partida de despeses amb la d'ingressos. Per això, s'afegeix un capítol anomenat **compte d'errors o omissions** on es recullen les diferències de comptabilització per *operacions no registrades* o *errors comesos* en la comptabilització de les operacions amb l'exterior.

Per aquest motiu, la suma de totes les balances mai no és zero, és a dir, hi ha un *desajust comptable.* L'existència d'aquest compte permet compensar els possibles desequilibris que, de fet, es produeixen tots els anys. Gràcies a aquest es corregeix el desajust.

- D'una banda, s'aconsegueix que la suma total sigui sempre zero (per l'efecte de comptabilització per partida doble).
- D'altra banda, tenim la informació global del nivell de desajust o de la no-inserció de determinats moviments internacionals i de la seva valoració.

Interpretació de la balança de pagaments

A l'hora d'interpretar les dades que proporciona la balança de pagaments, és important subratllar el *saldo de la balança per compte corrent.*

Un **dèficit** en aquesta subbalança suposa invariablement un **superàvit** en les *balances per compte de capital* i *per compte financer,* ja que l'ajust final de la balança ha de ser zero.

Això significa que els pagaments per béns, serveis, rendes i transferències corrents *no són compensats amb ingressos,* sinó que es financen a càrrec de l'*entrada de capital estranger* o de *pèrdues en la reserva de divises* del banc central.

Si la situació de dèficit en la balança per compte corrent es prolonga any rere any, el país veurà incrementat el seu deute extern i la seva reserva de divises s'anirà esgotant, o bé necessitarà grans entrades de capital estranger a fi de compensar les despeses ocasionades per les importacions.

2. El mercat de divises

En el comerç internacional s'han d'efectuar pagaments en moneda diferent a la del país que paga. Per aquest motiu, l'ús de monedes diferents per part dels diferents països obliga al fet que, davant operacions de comerç internacional, calgui efectuar **canvis d'unes monedes per unes altres.**

Per aquest motiu, per tal poder efectuar els pagaments, hi ha un **mercat de divises,** altament especialitzat, on es pot obtenir una determinada divisa a canvi de la moneda del propi país.

- Així, si una persona desitja visitar Nova York en viatge de turisme, haurà d'obtenir *dòlars nord-americans* per poder efectuar allà les seves compres i pagar els serveis que rebi. Per aconseguir-los, es dirigirà a una entitat bancària, *comprarà dòlars,* i els pagarà amb la moneda del propi país.
- Contràriament, una empresa que exporta mobles als EUA i cobra en la moneda nord-americana, es dirigirà a l'entitat bancària i *oferirà dòlars* a canvi de la pròpia moneda.

Expressió del tipus de canvi

El tipus de canvi és el preu relatiu entre dues monedes. Pot expressar-se de dues formes diferents, segons la moneda a la qual es vulgui canviar. En el nostre cas:

- Tipus de canvi **euro/dòlar** són les unitats d'euro que s'han d'entregar per comprar un dòlar.
- Tipus de canvi **dòlar/euro** és la quantitat de dòlars que s'han de lliurar per cada euro.

Els bancs, al seu torn, compren o venen al banc central de cada país les monedes estrangeres que els seus clients els demanden o ofereixen. Així es forma el **tipus de canvi.**

> El **tipus de canvi** és el preu al qual poden intercanviar-se dues monedes, o la conversió d'una a l'altra.

Així docs, el tipus de canvi és *la quantitat d'una moneda que s'ha de lliurar per obtenir una unitat de l'altra moneda.*

El tipus de canvi està determinat per la llei de l'oferta i la demanda aplicada a les divises: com més moneda d'un determinat país es demanda, un preu més alt assolirà; contràriament, si una moneda és poc demandada, el seu preu serà menor.

Per exemple, el maig de 2010, el tipus de canvi dòlar/euro era d'1,35 \$/€, el que significa que amb 1 € obteníem 1,35 \$, mentre que a l'abril de 2011, el canvi era d'1,45 \$/€ (fig. 3).

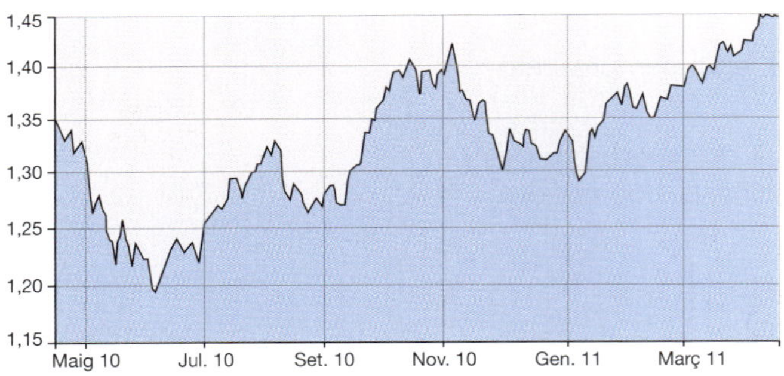

Fig. 3. Evolució del tipus de canvi dòlar/euro entre maig de 2010 i abril de 2011.

Però no totes les monedes es poden intercanviar lliurement, sinó que depèn de la seva **convertibilitat.**

> La **convertibilitat** és la capacitat d'una divisa de convertir el seu valor en el de l'altra moneda.

- Les **divises convertibles** són les monedes que poden canviar-se per altres d'acceptació general en els mercats internacionals.
- Les **divises no convertibles** són les monedes que no s'accepten de forma generalitzada com a mitjà de pagament. Els seus països han de realitzar els cobraments i pagaments en una divisa internacionalment acceptada, com el dòlar, el ien o l'euro.

2.1. *Comportament del mercat de divises*

A continuació analitzarem les situacions derivades de **l'oferta i la demanda de divises** amb les seves corbes corresponents i les conseqüències de determinades variacions en aquestes. En aquest cas es relacionaran dues monedes: l'euro i el dòlar nord-americà.

- En primer lloc, l'**oferta d'euros** a canvi de dòlars per part de les entitats bancàries va dirigida als *exportadors de la Unió Europea,* que han efectuat vendes i les han cobrat en dòlars, i també als *turistes i inversors* dels EUA que necessiten euros per poder realitzar les seves transaccions i els aconsegueixen intercanviant-los amb els seus dòlars.

  Així, si un turista nord-americà ve a visitar Espanya, necessitarà euros per tal de poder pagar les mercaderies i serveis que necessiti, ja que la seva moneda, el dòlar nord-americà, no és de circulació habitual en els establiments de la majoria de les ciutats espanyoles. Haurà, per tant, de *comprar euros i pagar-los amb dòlars.*

- D'altra banda, la **demanda d'euros** i l'oferta de dòlars correspon als *turistes i inversors* europeus i als importadors de la Unió Europea. Tant els uns com els altres necessiten dòlars a fi de comprar i vendre o per tal d'invertir en empreses a l'estranger.

  Per exemple, les refineries de petroli compren el cru en els mercats internacionals i el paguen en dòlars, ja que aquesta és la moneda de referència en el preu del barril de petroli. Per aconseguir-los, acudiran a les entitats bancàries per *comprar dòlars i pagar-los amb euros.*

El gràfic de la figura 4 representa l'evolució del tipus de canvi segons l'oferta i la demanda.

- L'**oferta d'euros** està representada per la corba ***S,*** el pendent de la qual és *positiu,* el que indica que, quan pugi el tipus de canvi augmentarà el nombre de dòlars que es podran canviar per euros. Els ciutadans i les empreses europees tendiran a comprar una quantitat més gran de béns procedents dels EUA perquè el seu preu en euros serà menor.

- La **demanda d'euros** es representa per la corba ***D,*** que té pendent *negatiu,* el que vol dir que, si el tipus de canvi puja, la demanda d'euros serà menor, però si baixa, aquesta demanda augmentarà, perquè hi haurà més ciutadans i empreses dels EUA que desitgin adquirir productes europeus aprofitant que els preus són més interessants.

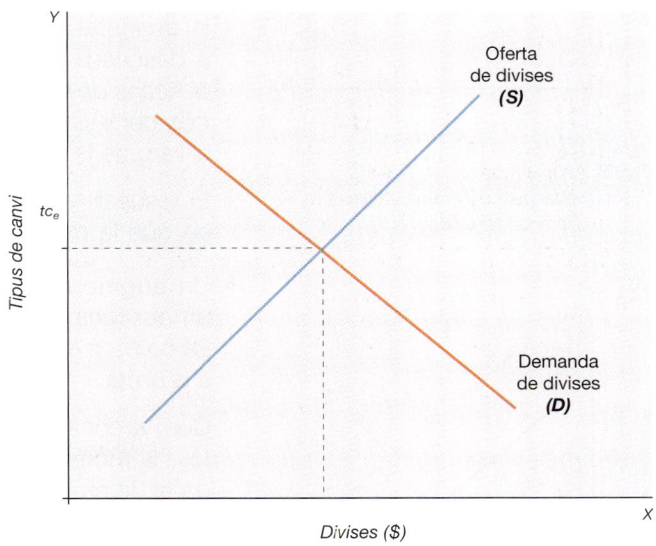

Fig. 4. Corbes d'oferta i demanda de divises i tipus de canvi d'equilibri.

La intersecció entre les dues corbes és el **tipus de canvi d'equilibri.** En aquest punt són compatibles els desitjos dels compradors i dels venedors.

3. Els sistemes de tipus de canvi

Com que el preu de les monedes varia dia a dia, els països es veuen obligats a intervenir en els mercats de divises a través dels bancs centrals per regular els **sistemes de tipus de canvi,** que poden ser de dos tipus: *flexibles* o *fixos.*

3.1. *Sistemes de tipus de canvi flexible*

Diem que un mercat es guia per un sistema de **tipus de canvi flexibles** quan aquests poden *fluctuar lliurement* segons l'oferta i la demanda existents que, al seu torn, depèn de les *exportacions i importacions* d'un país.

- Les **exportacions** tendeixen a *augmentar l'oferta* de divises.
- Les **importacions,** en canvi, provoquen *augment de la demanda.*

Els *desequilibris en la balança de pagaments* poden provocar variacions en l'oferta i la demanda i, en conseqüència, modificar els *tipus de canvi.* Al seu torn, les *modificacions en el tipus de canvi* d'una moneda afectaran les importacions i exportacions, i provocaran un nou reequilibri.

Com ja hem indicat, si totes les variables es mantenen inalterades, el tipus de canvi no varia. Però si *modifiquem una variable,* les corbes d'oferta i demanda es desplaçaran i faran que el tipus es modifiqui. Vegem-ne alguns exemples.

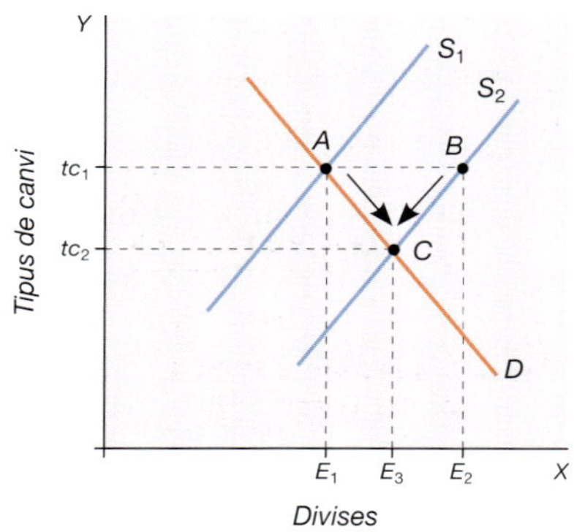

Fig. 5. Augment sobtat de la renda estrangera o increment dels tipus d'interès del país.

- Un **augment sobtat de la renda estrangera** (fig. 5) provocarà un *increment de les exportacions* i, en conseqüència, un *desplaçament de la corba d'oferta de divises cap a la dreta.*

  Al tipus de canvi inicial *(tc_1)* s'ofereixen ara E_2 divises, mentre que la quantitat demandada segueix sent E_1. El tipus de canvi tendeix a descendir i la moneda comença a apreciar-se. Això determina un *descens de les exportacions* (desplaçament al llarg de la corba d'oferta des de *B* fins a *C)* i un *augment de les importacions* (desplaçament al llarg de la corba de demanda des de *A* fins a *C).*

  El resultat és que s'assoleix un **nou tipus de canvi d'equilibri** *(tc_2)* en què la quantitat de divises demandada i oferta coincideixen *(E_3).*

- Un **augment dels preus nacionals** (fig. 6) produirà simultàniament un *descens de les exportacions* i un *increment de les importacions.* La *corba d'oferta* es desplaçarà cap a l'*esquerra* i la de *demanda,* cap a la *dreta.*

  Com a conseqüència, el tipus de canvi augmentarà des de tc_1 fins a tc_2 i la moneda es *depreciarà,* encara que la quantitat oferta i demandada de divises sigui la mateixa i no pateixi modificació.

- Un **augment dels tipus d'interès** vigents al país atraurà els inversors estrangers i augmentarà l'oferta de divises, per la qual cosa la corba d'oferta es desplaçarà també cap a la dreta (fig. 5).

  El tipus de canvi es desplaçarà des de tc_1 fins a tc_2 i es produirà una reducció del tipus de canvi amb la consegüent apreciació de la moneda.

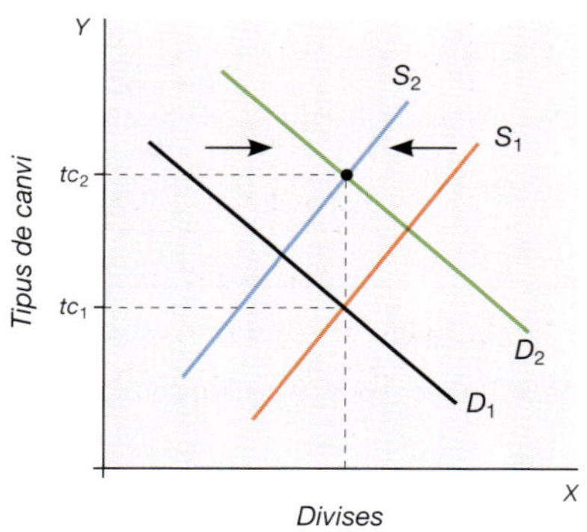

Fig. 6. Augment dels preus.

3.2. *Sistemes de tipus de canvi fix*

Diem que un mercat es guia per un **tipus de canvi fix** quan la paritat d'una moneda s'estableix per part de l'autoritat monetària del país i només es permet una fluctuació lleugera entre uns marges també prefixats.

Així, si el **tipus de canvi fixat** és *tc,* s'accepta una fluctuació de la moneda entre un *valor màxim* o **tipus de canvi superior,** tc_S, i un *valor mínim* o **tipus de canvi inferior,** tc_i (fig. 7).

Mentre el tipus de canvi es mogui dins d'aquesta banda, no hi ha intervenció. Però si se situa en valors per damunt o per sota dels límits, el banc central hi intervé oferint o comprant divises per reequilibrar el tipus de canvi.

- Si, en un moment donat, la moneda comença a *depreciar-se* i el tipus de canvi **supera el valor màxim,** el banc central *posa a la venda* totes les divises que el mercat sol·licita *al tipus de canvi superior,* tc_S. D'aquesta manera, no se supera la barrera fixada, ja que cap comprador no adquirirà divises a un preu superior si pot comprar-les en el banc central.

  La *corba d'oferta* es converteix en una línia trencada i es fa plana (fig. 8).

- Si, contràriament, el tipus de canvi disminueix **per sota del valor mínim** per una excessiva *apreciació,* el banc central *compra* totes les divises que s'ofereixin en el mercat *al tipus de canvi inferior,* tc_i. Així, cap venedor no les oferirà a preu inferior si pot aconseguir un preu més alt.

  De manera semblant al que passa en el cas anterior, la *corba de demanda* esdevé trencada, amb el costat pla a l'alçada del límit inferior de la banda (fig. 9).

Aquestes intervencions només poden ser puntuals ja que, si es produeixen de manera reiterada, és millor **modificar el tipus de canvi fix** perquè s'ajusti a les noves exigències del mercat.

- Si la modificació suposa un *augment del tipus de canvi oficial,* diem que la moneda s'ha **devaluat.**

- Si, per contra, comporta una *reducció del tipus de canvi,* parlem de **revaluació** de la moneda.

Els sistemes de tipus de canvi fix es justifiquen a partir de la necessitat d'**evitar operacions especulatives** amb la moneda que sí que tenen cabuda en els sistemes de canvi flexible.

Malgrat això, el seu inconvenient fonamental rau en els **efectes monetaris** que provoca.

- Si el banc central intervé **venent divises,** redueix la base monetària i, en conseqüència, provoca una *reducció multiplicada de l'oferta monetària.*

- En canvi, si intervé **comprant divises,** l'efecte és una expansió *de l'oferta monetària.*

Per evitar aquests efectes, és necessari posar en marxa mesures monetàries de sentit contrari.

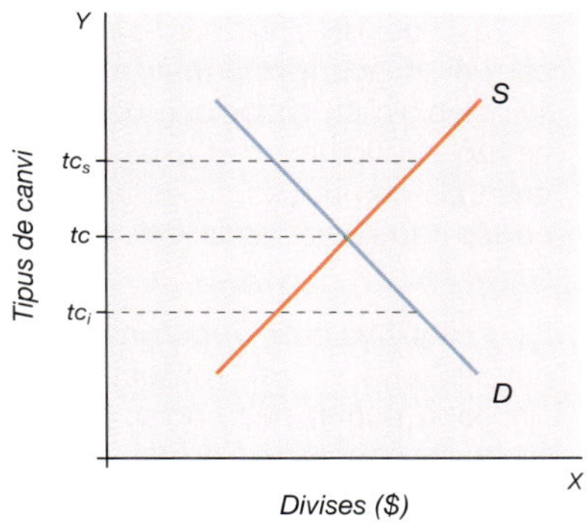

Fig. 7. Marges del tipus de canvi fix.

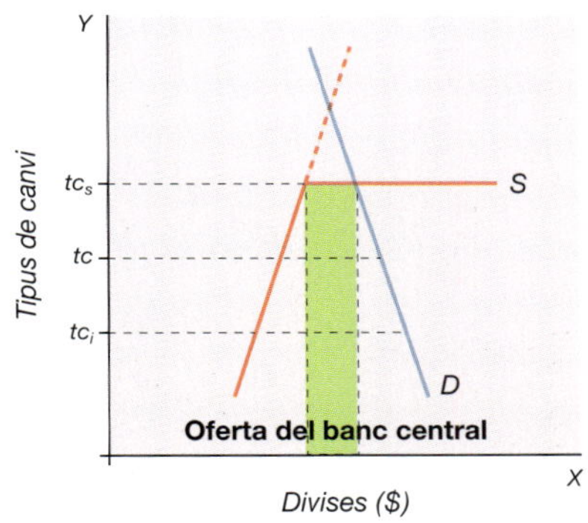

Fig. 8. Corba d'oferta en estat de depreciació.

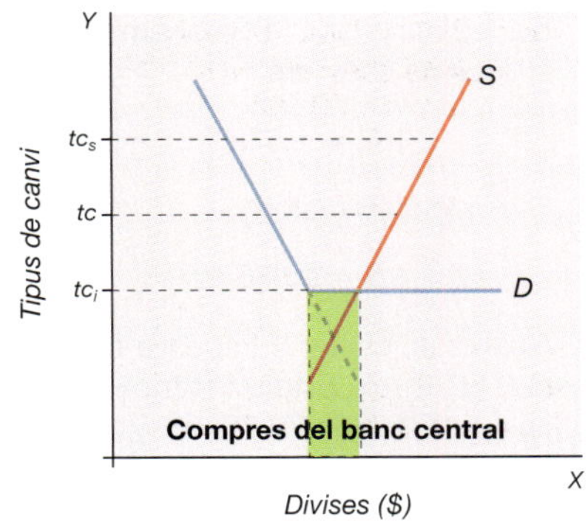

Fig. 9. Corba de demanda en estat d'apreciació.

3.3. *Intervenció en els mercats: els sistemes monetaris*

El cas de l'Argentina

Un cas de sistema monetari fix es va donar quan l'Argentina va establir la paritat de la seva moneda respecte del dòlar nord-americà. La situació pot arribar a ser insostenible en situacions de recessió econòmica o d'expansió, quan els dos països no es trobin en les mateixes fases del cicle econòmic.

La crisi que va patir l'Argentina els darrers anys va ser conseqüència de la paritat peso-dòlar, que no es va correspondre en cap moment amb la situació econòmica real dels dos països.

Independentment que les autoritats monetàries dels països estableixin el tipus de canvi fix amb les determinades fluctuacions previstes, el que determina el preu real de la moneda en el mercat és el joc de l'oferta i la demanda.

Com ja hem avançat, aquí és on poden intervenir les autoritats monetàries, intentant modificar les forces de mercat, bé injectant o comprant diners, segons interessi fer baixar o pujar la cotització de la pròpia moneda en relació amb la de referència.

Els **sistemes monetaris** són formes de fixar el tipus de canvi d'una moneda, la seva cotització, el seu preu.

Funcionen de la manera següent:

- **Sistema monetari de flotació lliure.** És aquell en què l'autoritat monetària no intervé. És el més habitual. La cotització de la divisa es regeix per les forces de mercat.
- **Sistema monetari de flotació bruta.** És molt similar a l'anterior, però en aquest cas, els bancs centrals intervenen ocasionalment comprant o venent divises estrangeres a canvi de la pròpia, per modificar la seva cotització en els mercats.
- **Sistema monetari ajustable.** És una forma de canvi fix, però sotmès a uns determinats marges en la cotització, a partir dels quals, els bancs centrals dels països afectats intervenen.
- **Sistema monetari fix.** És el més estrany de tots. Suposa fixar la cotització d'una moneda amb referència a la cotització de l'altra.

3.4. *La paritat de poder adquisitiu*

Càlcul de la paritat

Suposem que un mateix bé es consumeix als EUA a un preu de 4,50 $ i a Espanya a un preu de 2,55 €.

Aquest preu correspon al vigent el dia 1 d'abril de 2008, i sabem que el tipus de canvi era:

$$1 \text{ €} = 1{,}572 \text{ \$}$$

O el que és el mateix:

$$1 \text{ \$} = 0{,}636 \text{ €}$$

Aleshores, el que a Espanya costa 2,55 €, als Estats Units costaria 4,5 × 0,636 = 2,862 €.

La diferència és de:

$$2{,}862 - 2{,}55 = 0{,}312 \text{ €}$$

El mateix bé és un 12,24 %, més car als EUA que a Espanya. És a dir que el dòlar encara està un 12,24 % sobrevalorat.

La **paritat de poder adquisitiu (PPA)** estableix que els tipus de canvi nominal han de ser iguals al resultat del quocient entre els nivells de preu de dues economies.

Si un determinat grup de béns a Espanya té un cost de 100 euros i als Estats Units el mateix grup de béns té un cost de 97 dòlars, el tipus de canvi, segons la PPA, serà de 0,97 dòlars per euro.

Aquest tipus de canvi és el més adequat per a poder realitzar determinades comparacions internacionals de tipus de renda, ja que que té en compte la quantitat de béns que es poden comprar amb un euro en un altre país, atès que el cost de la vida canvia d'un país a un altre.

No obstant això, en la realitat, aquest tipus de canvi nominal que ha quedat establert en el mercat sol ser molt diferent de la PPA. Malgrat això, com ja hem dit, sol ser una bona mesura de comparació. Es representa per la següent fórmula:

$$S^{PPA} = \frac{PL}{PL'} \quad \text{on} \quad \begin{cases} S^{PPA} = \text{tipus de canvi segons la PPA} \\ PL = \text{preu d'un bé en el país de referència} \\ PL' = \text{preu d'un bé en un país estranger} \end{cases}$$

4. L'euro

La idea de creació d'una moneda única per a Europa es remunta als mateixos orígens de la Comunitat Econòmica Europea.

No obstant això, s'ha d'esperar fins al **1979,** data en què es va establir el **Sistema Monetari Europeu,** que va dur com a conseqüència la creació de l'**ecu** *(European Currency Unit),* que no era una moneda de curs legal sinó una *unitat monetària de compte.*

Després del tractat de Maastricht, l'**1 de gener de 1999** es va implantar l'**euro,** convertint-se en la moneda oficial de la UEM. La seva conversió per a Espanya es va fixar en 166,386 pessetes.

L'euro és, en l'actualitat, la moneda única dels 17 estats que formen l'anomenada eurozona: Alemanya, Àustria, Bèlgica, Xipre, Eslovàquia, Eslovènia, Estònia, Espanya, Finlàndia, França, Grècia, Irlanda, Itàlia, Luxemburg, Malta, Països Baixos i Portugal. Altres països de la UE, com ara Bulgària, Txèquia, Hongria, Letònia, Lituània, Polònia i Romania, estan pendents d'integrar-se en la moneda única.

Contràriament, Dinamarca, Suècia i el Regne Unit no participen de la moneda única, encara que siguin membres de la Unió.

A Espanya, l'euro va ser de lliure utilització fins al 31 de desembre de 2001 en aquelles operacions que no requerien l'ús de monedes i bitllets: operacions bancàries, transferències, contractes, etc.

L'**1 de gener de 2002** es van substituir totes les monedes nacionals per l'euro. Va existir un període de transició de 2 mesos, fins al 28 de febrer de 2002, en què hi va haver una *doble circulació* de monedes, durant la retirada i canvi de les pessetes per euros.

A partir de l'**1 de març,** l'euro va ser d'ús general i exclusiu com a moneda. A partir d'aquell moment, els bitllets i monedes en pessetes només són canviables en el Banc d'Espanya.

4.1. *Avantatges i inconvenients de l'euro*

Entre els **avantatges** d'utilitzar una moneda única en tota la Unió Europea cal destacar:

- La facilitat que proporciona a l'hora de comparar els diferents preus dels mateixos productes en diferents països, ja que *augmenta la transparència del mercat* i afavoreix, alhora, la competència entre les empreses.
- Disminueix, i fins i tot anul·la, els costos de les transaccions, ja que *s'eliminen les comissions per canvi de moneda* dins de la Unió Europea, a més de facilitar els tràmits administratius.
- La moneda única proporciona una harmonització de la política monetària i dels tipus d'interès i, amb això, una *nova estabilitat macroeconòmica* per a tota la Unió Europea.

Com a **inconvenient** caldria esmentar una única qüestió: la *pèrdua de la sobirania de cadascun dels Estats membres de la Unió en matèria de política monetària.* Aquesta situació d'una única política monetària, sense el control per part de cadascun dels Estats, va ser el que va fer que alguns països s'ho pensessin, frenant-ne l'entrada.

Codi de bones pràctiques

Per facilitar el canvi de moneda, la *Comissió Interministerial per a la Coordinació d'Activitats Relatives a la Introducció de l'Euro* va establir a final de 2001 un decàleg de compromisos anomenat **codi de bones pràctiques.**

1. **Compromís d'informació** sobre els tipus de canvi, les regles de conversió i arrodoniment, els valors i l'aspecte dels bitllets i les monedes euro.
2. **Compromís de formació del personal** que atén el públic, perquè puguin informar-lo i permetre-li adquirir tranquil·litat, rapidesa i seguretat en les operacions de consum.
3. **Compromís de seguretat en la conversió,** garantint al consumidor que totes les operacions es duen a terme utilitzant el tipus de conversió establert.
4. **Compromís d'arrodoniment sobre la xifra final** i no sobre cadascuna de les quantitats.
5. **Compromís de doble indicació de preus,** en pessetes i en euros, de tots els productes i serveis.
6. **Compromís de tornar canvi en euros** en totes les transaccions comercials.
7. **Compromís de continuïtat, manteniment de nivell i no-discriminació de preus** pel fet de pagar en una moneda o en una altra.
8. **Compromís d'atenció personalitzada al consumidor o usuari,** sobretot als col·lectius més afectats, com les persones grans amb menor capacitat de canvi o aprenentatge.
9. **Compromís de difusió del codi,** al qual se li aplicarà la màxima publicitat.
10. **Compromís de revisió** del contingut d'aquests punts per a un millor servei dels consumidors.

1 Un determinat país registra una sèrie de moviments internacionals que s'indiquen a continuació.

1. En les vacances d'estiu, els turistes han gastat al país la quantitat de 30 000 €.
2. Un economista que viu molt a prop de la frontera presta un servei d'assessorament a una empresa del país veí per la qual cosa cobra 1 500 €.
3. Una empresa compra maquinària al seu proveïdor estranger per un import de 16 300 €.
4. Una empresa obre un compte bancari al país veí amb una suma de 25 000 €.
5. L'Estat ajuda a finançar un projecte de construcció d'un hospital a Zimbabwe per un import de 12 000 €.
6. Els emigrants sud-americans al país, envien als seus països diners per un import de 22 000 €.
7. Un vaixell del país paga per assegurances la quantitat de 2 000 € a una asseguradora panamenya.
8. Algunes empreses que tenen comptes en bancs de països veïns, reben interessos bancaris per un total de 2 500 €.
9. Un particular compra una càmera de fotos als EUA per Internet que li costa 3 200 €.
10. Un banc d'un país de la UE concedeix un crèdit a una empresa per finançar un determinat projecte. El termini de devolució es preveu a 10 anys. L'import del crèdit és de 15 000 €.
11. Una empresa ven productes per un import de 13 000 €.

Tracta de registrar en la corresponent balança de pagaments les anotacions que es deriven d'aquestes operacions. Per simplificar, suposem que totes les operacions es realitzen al comptat.

Realitzarem les corresponents anotacions segons el *mètode de partida doble,* és a dir, en l'apartat de variació de reserves anotarem les quantitats rebudes o entregades, i per una altra banda (i sempre en la columna contrària) registrarem el concepte que correspongui.

BALANÇA DE PAGAMENTS	INGRESSOS	PAGAMENTS	SALDO
I. BALANÇA PER COMPTE CORRENT			
a) Balança comercial	13 000 (11)	16 300 (3)	
		3 200 (9)	
b) Balança de serveis	30 000 (1)		
	1 500 (2)	2 000 (7)	
c) Balança de rendes	2 500 (8)		
d) Balança de transferències corrents		22 000 (6)	
Saldo I	**47 000**	**43 500**	**+3 500**
II. BALANÇA PER COMPTE DE CAPITAL			
a) Balança de transferències		12 000 (5)	
b) Compravenda d'actius			
Saldo II		**12 000**	**−12 000**
Total saldos I + II	**47 000**	**55 500**	**−8 500**
III. BALANÇA PER COMPTE FINANCER			
a) D'altres inversions	25 000 (4)		
	15 000 (10)		+40 000
b) Per variació de reserves	3 200 (9)	13 000 (11)	
	2 000 (7)	15 000 (10)	
	22 000 (6)	2 500 (8)	
	12 000 (5)	25 000 (4)	
	16 300 (3)	1 500 (2)	
		30 000 (1)	
Saldo III	**95 500**	**87 000**	**+8 500**
IV. Compte d'errors o omissions			
Saldo final: I + II + III + IV	**142 500**	**142 500**	**0**

Com podem observar en la taula, no s'han produït errors o omissions, atès que no hi ha diferències entre la xifra de reserves oficial i les transaccions que s'han realitzat.

Altres conclusions que es dedueixen de l'enunciat i de la balança de pagaments són les següents:

- El saldo de **reserves** és *positiu,* la qual cosa ens indica que el país disposa d'una quantitat de reserves amb les quals poder atendre, en el seu cas, els possibles pagaments internacionals que es puguin presentar fins a aquest límit.
- El saldo de la **balança per compte corrent** és *positiu,* la qual cosa ens indica que el país té superàvit, és a dir, exporta més del que importa. En conseqüència, es tracta d'un país capaç de satisfer la demanda interna i atendre part de la demanda externa.
- El saldo de la **balança per compte de capital** és *negatiu,* és a dir, hi ha un dèficit de capitals.

* ■ 1. Defineix la balança de pagaments d'un país i determina els seus components.

* ■ 2. Digues si és vertadera o falsa l'afirmació següent, i raona la teva resposta:

«Quan les exportacions de béns són més grans que les importacions de béns, diem que hi ha un superàvit de la balança per compte corrent.»

■ 3. Anota les següents transaccions exteriors en la corresponent subbalança tot indicant si es tracta d'un pagament o d'un ingrés.

— Exportació de maquinària.
— Importació d'automòbils.
— Viatge de turisme a l'exterior.
— Cobrament de dividends provinents d'una empresa espanyola que desenvolupa la seva activitat a l'estranger.
— Un espanyol que viu a Bèlgica envia un gir a la seva família resident a Barcelona.
— Importació d'aliments.
— Despesa de turistes estrangers al nostre país.
— Pagament de *royalties* a l'estranger.

* ■ 4. Explica què és el tipus de canvi i com s'estableix.

* ■ 5. Raona quan podem parlar de l'existència d'un tipus de canvi flexible.

■ 6. Volem adquirir una moneda estrangera per cobrir les despeses d'un viatge i acudim al nostre banc amb 2 500 € per tal d'efectuar la corresponent operació de canvi.

— Informa't de quins són els tipus de canvi actuals i determina quina quantitat ens oferiran de les monedes següents: francs suïssos, dòlars nordamericans, lliures esterlines, iens japonesos i iuans xinesos.

■ 7. Determina els guanys econòmics que ha obtingut un comerciant que fa un mes va vendre a Suècia una partida de taronges per 150 000 $, quan el tipus de canvi era de 0,81 €/$, si en aquest moment el tipus de canvi és de 0,96 €/$.

■ 8. Un país realitza exportacions anuals per valor de 8 000 € corresponents a taronges, peres, cireres, patates i arròs, i unes importacions per valor de 10 000 €, corresponents a automòbils, eines i béns d'equip.

— Calcula el saldo de la balança de mercaderies i explica el resultat.
— Raona si creus que el país hauria de modificar la seva política comercial.

■ 9. Si un automòbil fabricat als EUA val 36 500 $, quant costa en euros?

— Realitza els càlculs suposant que el valor de canvi és 1,572 $/€.
— Informa't del tipus de canvi actual i realitza de nou els càlculs. Quin ha resultat més avantatjós?

* ■ 10. Digues què registra el saldo comercial exterior.

■ 11. Estableix la diferència entre depreciació i devaluació de la moneda.

— Explica quines són les conseqüències en cada cas.

■ 12. Si una moneda es deprecia pel que fa a una altra, indica què han de fer les autoritats de cada país per poder corregir aquesta situació.

* ■ 13. Explica quan diem que una moneda puja de valor i quina pot ser la causa.

■ 14. Descobreix si hi ha algun producte especial català que suposi un avantatge comparatiu.

— En cas afirmatiu, explica per què.

* PAU

Revista d'Economia

L'euro manté els 1,45 dòlars

La demanda dels fons sobirans manté la cotització de l'euro en nivells pròxims als 1,45 dòlars.

Encara que els analistes no descarten una correcció de la moneda única, de moment té el suport davant l'expectativa de noves pujades de tipus d'interès per part del Banc Central Europeu.

L'euro s'ha vist beneficiat pels comentaris del governador del Banc Central de Bèlgica que ha advertit el mercat de noves pujades dels tipus ja que l'augment de la setmana passada no semblava un fet aïllat.

No obstant això, la pujada de l'euro es va desaccelerar quan es va acostar a la resistència d'1,453 dòlars.

Si es trenca aquest nivell, els analistes creuen que la cotització es dirigiria als 1,4582, màxim de 2010. Mentre el canvi es mantingui per damunt de la cota 1,425-1,4280 dòlars (des d'on va rebotar cap als màxims actuals) els analistes consideren que la tendència alcista es manté intacta.

***Expansión*, 13 d'abril de 2011**

Revista d'economia

Xina promet més flexibilitat del tipus de canvi de la seva moneda

L'administració dels EUA acull positivament la mesura

Xina ha anunciat una política més flexible del tipus de canvi del *iuan*, el que permetrà l'apreciació de la moneda del gegant asiàtic respecte del dòlar.

La decisió anunciada per sorpresa també indica que l'apreciació de la seva divisa que Pequín permetrà serà gradual.

«Tenint en compte la recent situació econòmica dels mercats nacional i internacional i la de la balança de pagaments xinesa, el Banc del Poble de Xina va decidir avançar en la reforma del règim de canvi del *renmimbi* (literalment «moneda del poble») i augmentar la flexibilitat del tipus de canvi», va dir el banc central en un comunicat inserit en la seva pàgina web.

El text no esmenta expressament el terme «revaluació» i va ser difós per Internet a última hora d'aquest dissabte. Així mateix, el regulador xinès utilitza la paraula oficial *renmimbi* en lloc de *iuan*, com és coneguda popularment la moneda nacional.

La declaració de l'autoritat monetària xinesa és molt diferent del to de les recents expressions de membres del Govern, que van negar repetidament modificacions en la política canviària del *iuan* (moneda no convertible) i es van oposar a les pressions internacionals dels països que consideren que Pequín la manté artificialment baixa per afavorir les seves exportacions.

Alguns membres del Govern xinès que viatjaran amb el president a la cimera del G-20 de Toronto (Canadà) el pròxim cap de setmana, van dir el divendres que la revaluació del *iuan* no es discutiria aquí, «perquè no és un assumpte internacional, sinó de la sobirania xinesa».

Segons el banc central, com que l'economia xinesa i la internacional estan en vies de recuperació, «és desitjable» avançar en la reforma del tipus de canvi, però també va indicar que no ha arribat el moment d'una gran apreciació de la moneda.

El 2005, Pequín va revaluar la moneda xinesa després d'anys d'estar fixada respecte del dòlar en 8,2 *iuans;* i en els tres anys següents va permetre que pugés un 21 % respecte de la moneda nord-americana.

Al juliol de 2008, va fixar la paritat de nou al voltant de 6,8 *iuans* i després va deixar el *iuan* sense modificacions degut a la crisi financera internacional.

Els EUA han celebrat la decisió xinesa immediatament i el Secretari del Tresor ha afirmat que la decisió d'augmentar la flexibilitat del tipus de canvi del *iuan* pot contribuir positivament a un major i equilibrat creixement econòmic mundial.

El Mundo
19 de juny de 2010

El dèficit per compte corrent es redueix un 18,2 % el 2010

La disminució es produeix principalment per la millora en els saldos de la balança de rendes

El dèficit per compte corrent acumulat el 2010 va assolir els 47 673,7 milions d'euros, un 18,2 % menys que en el conjunt de 2009, segons ha informat el Banc d'Espanya. Malgrat que el dèficit comercial va augmentar lleugerament, arrossegat per l'ascens dels preus de l'energia, això es va veure compensat per una millora en la balança de saldos de les rendes, que van millorar un 29,7 %, així com per la recuperació dels serveis no turístics.

En concret, les rendes van tancar l'any amb un saldo negatiu de 21 447,8 milions d'euros, mentre que el 2009 havien registrat 30 535,6 milions de diferència entre pagaments i ingressos.

El dèficit de les transferències també va millorar, encara que no excessivament: es va reduir en 653,5 milions d'euros respecte de les xifres de l'any anterior, fins a assolir els 7 326,8 milions.

El superàvit en la balança de serveis, per la seva banda, va augmentar des dels 25 328,4 milions d'euros de 2009 fins a 27 462,3 milions el 2010. Van millorar lleugerament els relacionats amb el turisme, però sobretot es va recuperar la resta dels serveis, que abandonen el saldo negatiu de 710,3 milions de 2009, per entrar en *nombres positius* amb 529,5 milions d'euros de saldo.

El País, 28 de febrer de 2011

1 La balança de pagaments és:

a) El resultat net de les exportacions i importacions realitzades durant un període de temps, generalment un any.

b) El conjunt de les exportacions i importacions d'un país durant un any natural.

c) El conjunt de pagaments que ha de realitzar un país pels béns que ha importat al llarg d'un any, i els ingressos percebuts pels béns que ha exportat.

d) El document comptable que recull les transaccions econòmiques que tenen lloc entre els agents econòmics residents en un país i els de la resta del món durant un període de temps, generalment d'un any.

2 Existeixen diferents tipus de balances de pagaments:

a) La balança de mercaderies, la balança de serveis i la balança de rendes.

b) La balança per compte corrent, la balança per compte aliè i la balança per compte de capital.

c) La balança per compte corrent, la balança per compte de capital i la balança per compte financer.

d) La balança per compte de rendes, la balança per compte financer i la balança per compte aliè.

3 La balança per compte corrent reflecteix:

a) Els moviments dels comptes corrents dels ciutadans del país.

b) Els moviments de béns i serveis.

c) Els moviments de capitals propis, considerant només els que es realitzen dins del país.

d) Les transferències rebudes i que apareixen registrades en els comptes corrents dels ciutadans.

4 El compte d'errors o omissions:

a) És una part de la subbalança financera que recull els ajustaments del mercat.

b) Reflecteix els errors o omissions no declarats en els moviments econòmics internacionals.

c) És un compte que arreplega els errors recollits per la comptabilització per partida doble.

d) Recull desajustos comptables que es provoquen de forma habitual per l'enorme moviment comptable que comporten les balances de pagaments, i sempre hi ha algun error en comptabilitzar-los.

5 El tipus de canvi entre monedes:

a) Està determinat pels governs dels diferents països.

b) Es determina per un període de temps concret, generalment un exercici fiscal.

c) Està determinat per les transaccions internacionals.

d) És la capacitat d'una moneda per a mantenir-se estable en el mercat de divises.

6 El sistema de canvis fix:

a) Està determinat pels governs i no permet variacions en la cotització de la moneda. És la manera d'assegurar la cotització i el valor de la pròpia moneda.

b) És l'establert pels governs (anomenat tipus de canvi central) i permet una petita variació a l'alça o a la baixa. Si el valor de la moneda sobrepassa aquests límits, els governs intervenen en els mercats.

c) És la millor forma d'evitar que l'economia d'un país pugui dependre de nivells de cotitzacions no controlades per l'Estat.

d) Estableix el tipus de canvi fixat pels agents econòmics.

7 L'apreciació de la moneda:

a) És una forma de controlar el nivell de cotització dels mercats.

b) És un increment en el tipus de canvi que adopta el Govern per la seva moneda.

c) És l'increment del preu d'una moneda en el mercat establert per aquest.

d) És el resultat d'aplicar al valor de cotització un increment igual a l'IPC per igualar els valors monetaris a la realitat econòmica de mercat.

8 La devaluació és:

a) Una pèrdua de valor de la moneda d'un país respecte de la resta.

b) Un càlcul de la disminució del valor d'una moneda provocada per la seva poca demanda en el mercat.

c) L'ajust que els governs han de fer a la seva moneda per adequar-la a la realitat dels mercats.

d) La capacitat d'una moneda per a adaptar-se als valors de què depèn.

16 La Unió Europea

■ Escut no oficial de la Unió Europea, que integra els de tots els països membres.

COMPETÈNCIES ESPECÍFIQUES

Competència en cultura econòmica i dialèctica

Conèixer l'origen del procés d'integració europea i les fases per les quals aquest ha travessat.

Comprendre l'estructura organitzativa actual de la Unió Europea: les seves institucions i òrgans més importants.

Conèixer les característiques de l'estructura productiva de la Unió Europea, així com la importància relativa que hi tenen els diferents sectors productius.

Enumerar les línies bàsiques d'actuació de la Unió Europea en matèria de política industrial comuna.

Reconèixer la importància de la política mediambiental comuna, de la política comuna de protecció dels consumidors, i enunciar els objectius fonamentals de cadascuna.

Competència en raonament econòmic i modelització

Justificar la necessitat d'una política agrícola comuna, valorar els seus resultats i les successives reformes que ha sofert.

ORGANITZACIÓ DELS CONTINGUTS

La Unió Europea

INTRODUCCIÓ

- En aquesta unitat treballarem l'economia aplicada a l'àmbit internacional.

  Tractarem l'origen i l'evolució de la Unió Europea i les diferents institucions supranacionals comunes que tenen la responsabilitat de desenvolupar, dirigir i garantir la línia política de la Unió Europea, el mercat únic de serveis i la unió monetària.

1. El llarg camí cap a la unitat europea

El procés d'unitat europea té el seu origen en la recerca, per part dels països europeus, d'una cooperació entre si per tal d'afrontar les dues potències mundials que havien sorgit després de la II Guerra Mundial: els Estats Units i la Unió Soviètica.

Fig. 1. Els països membres de la CECA van constituir el germen de la futura Unió Europea.

1.1. *Antecedents*

El 1951, Robert Schuman, primer ministre francès, i Jean Monet, economista de la mateixa nacionalitat, van ser els impulsors de la construcció europea, mitjançant la creació a **París** de la **Comunitat Europea del Carbó i de l'Acer (CECA)** amb l'objectiu d'establir un mercat comú del carbó i de l'acer que eliminés els aranzels, les subvencions o les mesures discriminatòries, a fi d'aconseguir, així, la lliure competència del sector, amb preus més baixos i que assegurés un subministrament continu.

Sis països van formar part de la **CECA:** *França,* la *República Federal d'Alemanya, Itàlia, Bèlgica,* els *Països Baixos* i *Luxemburg.* Es pretenia establir les bases per a una futura unificació política (fig. 1).

El 1957, els sis països fundadors decideixen ampliar els seus acords i signen el **Tractat de Roma,** a partir del qual es crea la **Comunitat Econòmica Europea (CEE)** i la **Comunitat Europea de l'Energia Atòmica (EURATOM).**

ORGANISME	FINALITAT
CEE	• Suprimir progressivament les barreres *duaneres* entre els Estats membres. • Adoptar *polítiques econòmiques comunes,* bàsicament en els sectors agrícola i pesquer. • Iniciar un programa d'*ajudes econòmiques* per als sectors i regions més necessitats. • Defensar el *medi ambient.*
EURATOM	• Fomentar els usos pacífics de l'energia nuclear. • Fomentar la investigació i la divulgació en aquest camp.

Des de la data de la seva creació, la **Comunitat Econòmica Europea** va experimentar successives **ampliacions.**

- La **primera ampliació** es va produir el **1973,** data en què es van incorporar el *Regne Unit, Irlanda* i *Dinamarca.*
- La **segona ampliació** de la Comunitat data de **1981.** El país que es va incorporar va ser *Grècia.*
- Cinc anys després, el **1986,** es va produir la **tercera ampliació** de la Comunitat, amb la qual *Espanya* i *Portugal* van passar a ser membres de l'Europa comunitària, que va passar a ser l'*Europa dels Dotze.*

Els **objectius** fonamentals de la unificació europea a partir dels seus primers passos han estat:

- *Assegurar la pau.*
- *Unificar l'economia* amb la creació d'un mercat interior sense fronteres.
- Aconseguir una *unitat política.*
- Enfortir i fomentar la *cohesió social.*

«La pau mundial no pot salvaguardar-se sense uns esforços creadors equiparables als perills que l'amenacen. La contribució que una Europa organitzada i viva pot aportar a la civilització és indispensable per al manteniment d'unes relacions pacífiques. [...] Europa no es farà de cop i volta ni en una obra de conjunt: es farà per mitjà de realitzacions concretes, i s'haurà de crear primerament una solidaritat de fet.»

Robert Schuman

1.2. *L'Acta Única Europea i el Tractat de Maastricht*

L'**Acta Única Europea** va ser signada el febrer de **1986** i va entrar en vigor el juliol de **1987.** Suposa la primera gran reforma dels tractats de París i de Roma.

Els principals punts de l'**Acta** són:

- Establiment de les condicions jurídiques per a la creació d'un *mercat únic,* que es va fer realitat l'1 de gener de **1993.**
- Enfortiment del *sistema de cooperació política europea,* tant en els camps de la investigació, la tecnologia i el medi ambient com en seguretat i defensa. S'estableix la necessitat de cooperació entre les polítiques econòmiques i monetàries dels països membres com un pas més envers la consecució de la unió econòmica i monetària.
- Millora de les *estructures de decisió* de la Comunitat Europea, amb l'enfortiment dels drets del Parlament Europeu.

El febrer de **1992** es va signar el **Tractat de la Unió Europea** a la ciutat holandesa de *Maastricht.* L'aprovació d'aquest tractat, també anomenat **Tractat de Maastricht,** es va produir el 2 de novembre de **1993.** Amb la signatura del tractat es va constituir la **Unió Europea** i es van afegir tres novetats importants a la CEE precedent:

- Aprofundiment en els èxits de la CEE mitjançant l'aprovació de la *Unió Econòmica i Monetària,* que culmina la consecució del Mercat Únic Europeu.
- Establiment d'una *política exterior i de seguretat comuna.*
- Establiment de *mecanismes de cooperació* en afers de Justícia i Interior.

El Tractat d'Amsterdam

El 2 d'octubre de 1997 va ser signat el **Tractat d'Amsterdam.** En aquest tractat es van modificar el Tractat de Maastricht, els tractats constitutius de les Comunitats Europees i determinades actes connexes. El 1999, es va ratificar aquesta tercera modificació del Tractat de Roma.

Europa a partir de Maastricht

La Unió Europea va seguir incrementant el nombre dels seus membres, a mesura que aquests ho sol·licitaven, i complien amb els requisits establits a Maastricht.

- El **1995,** amb la incorporació d'*Àustria, Finlàndia* i *Suècia,* es va produir la **quarta ampliació** de la nova Unió Europea, que va convertir l'*Europa dels Dotze* en l'*Europa dels Quinze.* Hem de recordar que, el **1990,** la reunificació d'Alemanya va comportar la incorporació dels antics territoris de la *República Democràtica Alemanya* a la UE.
- El **2003** es va produir la **cinquena ampliació,** en la qual es van incorporar *Xipre* i *Malta,* i un nombrós grup de països de l'Europa de l'Est, que es van integrar després de l'enfonsament dels règims comunistes: *Estònia, Letònia, Lituània, Hongria, Polònia, Txèquia, Eslovàquia* i *Eslovènia.*
- L'última ampliació, fins al moment, es va produir el **2005,** amb la incorporació de *Romania* i *Bulgària.*

Estan pendents d'adhesió altres països europeus, com ara *Islàndia, Albània* o *Turquia,* i les repúbliques procedents de l'extingida Iugoslàvia (fig. 2).

Fig. 2. Eslovènia va ser el primer país que es va independitzar de l'antiga Iugoslàvia i el primer que es va incorporar a la Unió Europea.

1.3. *El mercat únic europeu*

El **mercat únic europeu** va entrar en funcionament l'1 de gener de **1993,** i va comportar l'aplicació i posada en marxa de l'acta Única, és a dir, es posava en funcionament un nou procés de construcció de la nova **Europa sense fronteres** (fig. 3).

Els seus **objectius** principals es van formular així:

- **Eliminació física de les barreres entre els països membres.** Es tracta, en aquest cas, de procurar la *lliure circulació de ciutadans, mercaderies i capitals.*

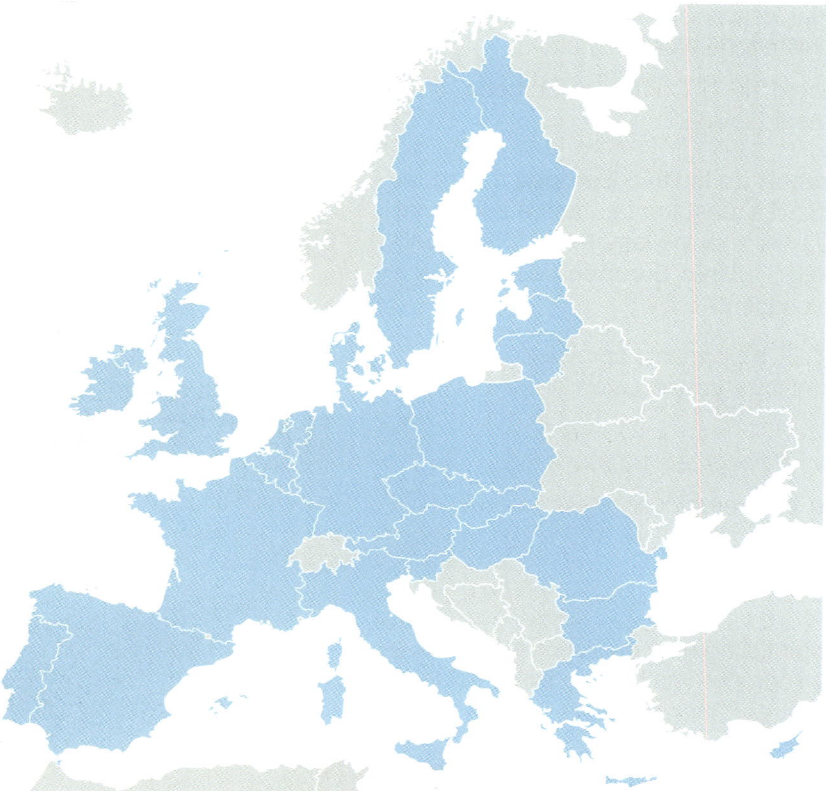

Fig. 3. L'Europa sense fronteres és ja una realitat als 27 països de la Unió Europea.

La lliure circulació de les **persones** suposa que qualsevol ciutadà de la Unió té dret a traslladar-se d'un país a un altre, a treballar i a fixar la seva residència sense traves ni discriminacions i sense perdre els drets de Seguretat Social que li corresponguin en el seu país d'origen.

De la mateixa manera, s'estableix que tant les **mercaderies** com els **capitals** puguin tenir una lliure circulació entre tots els països membres, ja que se suprimeixen els controls duaners i aranzelaris i s'eliminen les traves burocràtiques.

Aquestes mesures van suposar el primer pas per a la *unió monetària* i per a la creació d'un mercat únic de **serveis,** regulat per normes comunes a tota la UE.

- **Eliminació de les barreres fiscals individuals.** Es va acordar establir una *unificació dels tipus impositius,* tractant d'harmonitzar tots els impostos indirectes aplicats a la Unió, sobretot pel que fa a l'IVA, ja que variava substancialment d'un país a un altre, i marcar límits entre el 14 i el 20 per cent.

- **Desenvolupament d'una política social comuna.** Fa referència a la millora de les *condicions de treball* i les *formes d'ocupació.*

  Es van establir noves disposicions pel que fa a la salut i la seguretat de les persones a la feina, marcant els temps màxims de la jornada laboral, els tipus de treballs considerats com a perillosos, les jornades de treball continuades, nocturnes, etc.

  Amb aquesta mesura es pretenia fer més fort el desenvolupament de la Unió, buscant un enfortiment de la *cohesió econòmica i social.*

2. Les institucions de la UE

Els Estats de la Unió han dissenyat unes **institucions** supranacionals comunes que tenen la responsabilitat de desenvolupar, dirigir i garantir la línia política de la Unió Europea: la *Comissió Europea,* el *Parlament Europeu,* el *Consell de la Unió o Consell de Ministres,* i *altres institucions.*

LA COMISSIÓ EUROPEA

És l'**òrgan executiu** per excel·lència de la Unió. Els seus components, els comissaris, actuen amb absoluta i total independència dels governs, dels quals no demanen ni accepten cap instrucció. D'altra banda, els governs es comprometen a vetllar per la independència dels seus comissaris, garantint que no impartiran ni donaran instruccions de cap tipus. Les seves **competències bàsiques** són:

- **Proposar legislació** al Parlament i al Consell, que són els que després decideixen quines lleis s'han de promulgar.
- **Fer complir la legislació europea,** supervisant el correcte compliment dels tractats i les lleis adoptades.
- Elaborar i gestionar el pressupost comunitari.
- **Representar la Unió** en les organitzacions internacionals.

EL PARLAMENT EUROPEU

Els seus components són elegits mitjançant sufragi pels ciutadans de la Unió. No s'agrupa per nacionalitats, sinó per tendències polítiques. Les seves **competències bàsiques** són:

- **Legislativa:** comparteix amb el Consell l'adopció de lleis europees.
- **Pressupostària:** supervisa i controla l'execució del pressupost comunitari.
- **Control:** exerceix control democràtic sobre les institucions de la Unió.

EL CONSELL DE LA UNIÓ O CONSELL DE MINISTRES

Està format per un ministre de cada Estat amb facultat per a comprometre el seu govern. Defensen a Brussel·les els interessos particulars dels estats membres. Juntament amb el Parlament, és l'òrgan legislatiu de la Comunitat. Les seves funcions principals són:

- Assegurar la **coordinació de les diferents polítiques econòmiques** dels Estats membres.
- Supervisar i controlar l'**execució del pressupost comunitari.**
- Adoptar mesures en matèria de **cooperació policial i judicial** en l'àmbit penal, així com definir les decisions conjuntes en política exterior i seguretat comuna.

ALTRES INSTITUCIONS

Altres institucions de la Unió Europea són:

- **El Tribunal de Justícia,** la missió fonamental del qual és tutelar l'aplicació del dret comunitari i l'aplicació i interpretació dels tractats.
- **El Banc Central Europeu,** que és qui estableix la política monetària de la Unió.
- **El Banc Europeu d'Inversions,** que és l'encarregat de finançar les inversions en infraestructures.
- **El Tribunal de Comptes,** amb caràcter fiscalitzador i que ha de garantir la correcta utilització dels fons públics.
- El **Comitè Econòmic i Social,** òrgan merament consultiu que representa els diferents sectors de la vida econòmica i social de la Unió.

3. Les polítiques comunes

El **Tractat de Roma** acordava que els països signants durien a terme accions conjuntes en alguns sectors i activitats econòmiques per tal d'aconseguir uns millors resultats enfront de tercers països: *política agrícola comuna, política industrial comuna, política mediambiental comuna* i *política comuna de protecció dels consumidors.*

3.1. *La política agrícola comuna*

Segons el Tractat de Roma, els principals objectius que havia de complir la **política agrícola comuna (PAC)** eren:

- *Estabilitzar els mercats,* és a dir, aturar la pujada dels preus i millorar les altres variables econòmiques.
- *Augmentar la productivitat* del sector agrícola.
- Assegurar uns *ingressos a la població agrícola* semblants als que obtenen altres grups socials.
- Garantir la *seguretat dels proveïments.*

Per finançar la **PAC** es va crear el 1962 el **Fons Europeu d'Orientació i Garantia Agrícola (FEOGA).**

Durant els anys vuitanta es van valorar els resultats que havia produït la **PAC** en l'agricultura europea i es van extreure les conclusions següents:

Fig. 4. La Comissió Europea va proposar la reducció en un 12 % de les vinyes europees per controlar l'excés de producció.

- L'agricultura europea havia experimentat un fort desenvolupament basat en l'increment de la **productivitat.**

  Això s'havia aconseguit augmentant la utilització de tecnologia, fertilitzants, energia etc., i disminuint la utilització del factor treball.

- Es produeix un **desequilibri** entre la producció agrícola i la demanda.

  Això significa un grau d'autoproveïment de productes agrícoles i ramaders més alt, però també l'aparició d'**excedents** en molts productes (fig. 4).

  Aquests excedents tenen dues destinacions possibles:

  — S'*exporten* a països tercers en forma d'ajudes, la qual cosa provoca el rebuig internacional.

  — S'*emmagatzemen,* la qual cosa origina enormes costos financers.

- El **finançament** de la **PAC** exhauria la major part dels recursos financers de la Comunitat.

En valorar globalment les conclusions anteriors, podem comprendre que, si bé hi ha satisfacció pel desenvolupament de l'agricultura, no passa el mateix amb l'aparició d'excedents i amb els costos que això comporta.

La reforma de la PAC

Després de l'anàlisi de la situació, es van plantejar algunes **mesures parcials,** entre les quals podem destacar:

- *Control de l'oferta agrària,* com per exemple la reducció de les quotes de producció de llet.
- *Retirada de terres* de l'explotació.
- *Reducció de preus.*

En els anys noranta es va posar de manifest el fracàs de les mesures parcials de la dècada anterior i es va prendre la decisió de **reformar la PAC.**

Si bé cal assegurar les rendes dels agricultors, això no pot ser a costa de produir excedents. Alhora, es percep la necessitat d'utilitzar menys fertilitzants i *inputs* intermedis en la producció agrícola per protegir el medi ambient. Les principals **mesures** que es van adoptar van ser les següents:

- Tractar d'**aproximar els preus agrícoles comunitaris** als preus mundials.
- Atorgar **ajudes** per a diferents finalitats:
  - — *Compensació de la disminució de les rendes* dels agricultors davant la reducció de preus.
  - — *Protecció del medi ambient.*
  - — *Repoblament* de terres agrícoles.
  - — *Jubilació anticipada* d'una part de la població dedicada a les feines agrícoles.

Política de repoblament

El **repoblament,** és a dir, la reconversió en boscos de terres agrícoles permet la recuperació mediambiental d'espais erms, d'escassa productivitat o que abans es destinaven a produccions excedentàries.

3.2. *La política industrial comuna*

A diferència de la **PAC,** la necessitat d'una **política industrial comuna (PIC)** no va estar present en el **Tractat de Roma.** En realitat, va ser *la crisi econòmica dels anys setanta* la que va obligar a prendre mesures industrials comunes.

No es tracta d'una política tan global i estructurada com la **PAC,** sinó més aviat d'algunes **línies d'actuació.** En particular:

- Destinar ajudes a la *reconversió dels sectors en crisi,* com ara el siderúrgic, el tèxtil i el naval (fig. 5).
- Aplicar *polítiques d'investigació, desenvolupament i innovació (I+D+I)* adreçades als sectors d'alta tecnologia.
- Desenvolupar *programes específics d'ajuda* a les petites i mitjanes empreses *(PIMES).*

El disseny i l'aplicació de la PIC han estat problemàtics en molts moments, a causa dels diferents enfocaments que hi havia sobre aquesta en el si de la Comunitat, o a l'actitud que han demostrat alguns Estats membres.

Malgrat tot això, hi ha un consens sobre la necessitat de promoure la competitivitat industrial i de prestar especial atenció a la figura de les PIMES.

Fig. 5. La indústria siderúrgica espanyola va experimentar una forta reconversió en els anys vuitanta.

3.3. *La política mediambiental comuna*

La política mediambiental comuna també estava absent en el **Tractat de Roma,** ja que en els anys cinquanta no hi havia consciència que els problemes mediambientals poguessin arribar a afectar el creixement econòmic.

En els anys setanta es va constatar la necessitat d'una **política mediambiental comuna** que solucionés els problemes existents i assegurés un *desenvolupament sostenible* per a les futures generacions. Aquesta necessitat es deu fonamentalment a tres **motius:**

Fig. 6. El transport de residus radioactius per ferrocarril és motiu d'especial preocupació.

- Les *conseqüències negatives* per a la Unió de les activitats econòmiques realitzades en un Estat membre.
- El *caràcter proteccionista* de la regulació mediambiental dels diferents Estats membres, que pot afectar la competència en el mercat comú.
- Els *efectes negatius* que pot dur a terme el tràfic internacional de residus i de mercaderies si no s'adopten precaucions mediambientals (fig. 6).

Per tot això, tant l'**Acta Única Europea** com el Tractat de la Unió Europea recullen ja de forma oficial els objectius de la **política mediambiental comuna.** Són:

- Preservar, protegir i millorar el *medi ambient.*
- Protegir la *salut de les persones.*
- Utilitzar de forma adequada i prudent els *recursos naturals.*
- Fomentar les mesures necessàries per afrotar els *problemes del medi ambient.*

Per tal d'aconseguir aquests objectius, la política mediambiental es basa en tres **principis:**

- Acció preventiva.
- Correcció dels danys al medi ambient.
- Qui contamina, paga.

La posada en funcionament de la política mediambiental comuna s'estructura a partir de successius **programes d'acció mediambiental** que es recullen en el quadre següent.

PROGRAMA	PERÍODE	PROPÒSITS
Primer programa	1973-1976	Definir els *objectius* i els *principis* de la política mediambiental comuna.
Segon programa	1977-1981	Aplicar *mesures correctores* als problemes de contaminació més urgents.
Tercer programa	1982-1986	Continuar amb les mesures correctores i proposar *accions preventives.*
Quart programa	1987-1992	Desenvolupar *campanyes de sensibilització i educació mediambiental.*
Cinquè programa	1993-2000	Posar en marxa estratègies que condueixin envers un *desenvolupament sostenible.*
Sisè programa	2001-2012	Conscienciar sobre el *canvi climàtic,* la *biodiversitat* i la *gestió de recursos naturals.*

3.4. *La política comuna de protecció dels consumidors*

Com ja hem vist en el cas de les polítiques industrial i mediambiental, la política comuna de protecció dels consumidors tampoc no figurava específicament en el Tractat de Roma.

En els anys setanta ja trobem una *política de protecció dels consumidors* definida com a tal. Aquesta és necessària fonamentalment per dos **motius:**

- Ajudar en l'aprofundiment de la integració econòmica.
- Contrarestar els riscos que han de suportar els consumidors davant l'amplitud del mercat que comporta la integració.

El **1975** es van enunciar els *drets fonamentals dels consumidors* i es van definir les mesures necessàries per a la seva protecció en el marc del **Programa preliminar de la CEE per a la política de protecció i informació dels consumidors.**

El **1981** es va establir un nou programa que va obtenir uns resultats molt pobres.

De la mateixa manera que en els casos de la política industrial i de medi ambient, l'**Acta Única Europea** reconeix la necessitat d'una **política comuna de protecció dels consumidors.**

Des de **1990,** aquesta política es va estructurar en **plans d'acció** de tres anys (1990-1992, 1993-1995 i 1996-1998). D'aquests podem destacar que les mesures de política s'orienten fonamentalment en tres direccions:

- Protecció de la *salut* i la *seguretat* dels consumidors.
- Protecció dels *interessos econòmics* dels consumidors.
- Preservació dels *drets* dels consumidors.

El **2006,** es va adoptar un **nou programa** de protecció dels consumidors per al període 2007-2013 que pretenia assolir dos grans **objectius:**

- La *millora de la informació* als consumidors per assegurar un alt nivell de protecció.
- L'aplicació de la *normativa de protecció dels consumidors* posant l'èmfasi en els mecanismes de recurs i defensa dels seus interessos (fig. 7).

Fig. 7. Totes les joguines que es comercialitzen a la Unió Europea han de complir uns requisits de qualitat i seguretat.

El **2007,** una directiva europea va ampliar la cobertura dels drets dels consumidors amb dues línies d'actuació:

- *Prohibint les pràctiques comercials deslleials,* com ara la publicitat enganyosa i les pràctiques agressives de venda.
- *Garantint la protecció als consumidors* en les operacions de compravenda, tant directa (en botigues o magatzems) com a través de la xarxa.

Des d'aquesta data, els consumidors disposen d'una **Xarxa de Centres Europeus del Consumidor** on poden obtenir informació i tramitar les seves queixes.

ACTIVITATS PROPOSADES

1. Explica les causes per les quals els Estats europeus van iniciar el procés de la Unió Europea.
2. Explica com es va arribar al Tractat de Roma.
3. Indica esquemàticament el procés de formació de la Unió Europea (els organismes i institucions, els anys de la seva constitució, els països que la formen i els seus objectius).
4. Explica quin és l'estat de la Unió Europea a partir de Maastricht pel que fa als processos d'ampliació.
5. Confecciona un quadre sobre les institucions de la Unió Europea (seu, composició i funcions).
6. Enumera els principals objectius de la política agrícola comuna.
   - Justifica si creus que ha complert els objectius fixats en el Tractat de Roma.
7. Indica quins són els objectius de la Unió Econòmica i Monetària.
8. Explica el concepte de supranacionalitat i la seva relació amb els moviments europeus d'integració.
9. Busca en diaris, revistes o en la xarxa Internet, notícies recents sobre la problemàtica dels excedents de llet i d'oli al nostre país i explica:
   - Les zones del país afectades.
   - Les sancions que s'han aplicat als agricultors i ramaders.
   - La causa de les sancions i les solucions adoptades.
10. Enumera les causes per les quals era necessària una política comuna mediambiental i posa un exemple de cadascuna.
11. Busca en diaris, revistes o en Internet, alguns casos de catàstrofes ecològiques que hagin tingut lloc en els últims deu anys a la Unió Europea. Fes un breu resum de cada cas i assenyala:
    - Lloc i data del desastre.
    - Causes que el van provocar. Normativa europea que incomplia l'agent causant.
    - Danys ocasionats.
    - Mesures exercides per tal de pal·liar-lo.

Revista d'economia

Brussel·les negocia una nova PAC

Hi haurà una redistribució de més de 43 500 milions d'euros

Els ministres d'Agricultura comunitaris han iniciat els debats per analitzar la proposta de la Comissió per a la reforma de la Política Agrícola Comuna (PAC) més enllà de 2014. En conjunt, es tracta d'una proposta molt oberta que necessitarà dures negociacions per arribar a un acord.

La proposta té de positiu que suposa una aposta pel manteniment de la PAC. Es reconeix aquest organisme com un instrument indispensable de cohesió entre els països membres; pel seu paper per a garantir el subministrament d'aliments en volum, qualitat i seguretat alimentària davant la volatilitat dels mercats; pel seu pes en la gestió sostenible dels recursos naturals i pel seu paper per a mantenir un equilibri territorial i la diversitat a les zones rurals.

Mantenir la PAC és igualment positiu com a instrument per tal de millorar les rendes a través de mesures per a la regulació dels mercats. Brussel·les propugna una major transparència de la cadena alimentària per evitar que segueixi caient la part que percep el productor sobre el preu pagat pels consumidors.

En la part negativa de la proposta cal destacar, en primer lloc, la seva indefinició sobre els recursos financers. La PAC ha anat perdent pes en el conjunt del pressupost comunitari fins a suposar en l'actualitat poc més del 40 % dels fons amb un import de 55 000 milions d'euros, dels quals 43 500 són pagaments directes.

El punt més negatiu de la proposta es pot trobar en la decisió comunitària de procedir a una redistribució dels recursos entre països i beneficiaris.

Aquesta mesura suposaria un canvi en l'actual repartiment del volum d'ajudes. No obstant això, si s'apliqués una ajuda per hectàrea, països com ara Espanya podrien, globalment, augmentar el volum de fons en disposar d'una superfície agrària útil de 25 milions d'hectàrees. Hi ha milers d'hectàrees, per exemple, de vinya, o de fruites i hortalisses, que avui no perceben cap ajuda.

Finalment, la proposta de la reforma contempla un gran interrogant: definir qui és el beneficiari de les ajudes. El document de la Comissió assenyala que les ajudes han de ser per als actius agraris.

Actualment no hi ha una definició sobre qui és un «actiu» agrari, i sembla difícil arribar a una definició global davant l'existència de diferents tipus d'agricultura en cada país.

El País
23 de gener de 2011

1 La primera mesura que impulsà la construcció europea va ser:

a) El Tractat de Roma.

b) L'EURATOM.

c) La Comunitat Econòmica del Carbó i de l'Acer (CECA).

d) El Tractat de Maastricht.

2 La Comunitat Econòmica Europea va ser creada:

a) El 1951, quan es va establir un mercat comú del carbó i de l'acer.

b) El 1957, com a conseqüència del Tractat de Roma, signat per sis països europeus.

c) El 1986, quan es van incorporar Espanya i Portugal en l'anomenada Europa dels Dotze.

d) El 1992, quan es va signar el Tractat de Maastricht.

3 La finalitat per la qual es va crear la Comunitat Econòmica Europea era:

a) Assegurar la pau, unificar l'economia de la Unió, aconseguir una unificació política i enfortir la cohesió social.

b) Crear les mesures necessàries per evitar ingerències polítiques, militars, socials o econòmiques de l'exterior.

c) Establir un marc únic de competències polítiques i econòmiques.

d) Evitar els tràmits aranzelaris i burocràtics entre els membres de la Unió.

5 L'actual Unió Europea està formada per:

a) Tots els Estats europeus, a excepció dels territoris de l'antiga Unió Soviètica.

b) Els Estats europeus que comparteixen l'euro com a moneda comuna.

c) Els 27 Estats que compleixen amb els requisits del Tractat de Maastricht i han estat acceptats en el si de l'organització.

d) Tots els països europeus excepte Suïssa.

5 La primera gran reforma dels tractats de París i Roma es va produir com a conseqüència de:

a) L'Acta Única Europea.

b) El Tractat de Maastricht.

c) L'acord de Schengen.

d) El Tractat d'Amsterdam.

6 L'eliminació física de barreres entre els països membres de la Unió Europea suposa:

a) La lliure circulació de persones, però no de mercaderies ni capitals.

b) La lliure circulació de mercaderies i capitals, però no de persones.

c) La supressió de barreres aranzelàries.

d) La lliure circulació de persones, mercaderies i capitals.

7 La responsabilitat de fer complir la legislació europea i de supervisar el correcte compliment de les lleis i els tractats adoptats és competència de.

a) El Parlament Europeu.

b) El Tribunal de Justícia Europeu.

c) La Comissió Europea.

d) El Consell de la Unió o Consell de Ministres.

8 Indica quines de les institucions següents és l'encarregada de fiscalitzar i garantir la correcta utilització dels fons públics europeus.

a) El Banc Central Europeu.

b) El Tribunal de Comptes.

c) El Banc Europeu d'Inversions.

d) El Comitè Econòmic i Social.

9 Indica quina de les següents polítiques comunes ja es trobava present en el Tractat de Roma.

a) La política de protecció als consumidors.

b) La política mediambiental.

c) La política industrial.

d) La política agrària.

10 La política de repoblament de terres agrícoles s'integra dins del programa de:

a) Política agrària comuna.

b) Política mediambiental comuna.

c) Política industrial comuna.

d) Política comuna de protecció als consumidors.

11 Un dels objectius destacats de la política industrial comuna és:

a) Aplicar polítiques d'investigació, desenvolupament i innovació.

b) Garantir la jubilació anticipada als treballadors del sector industrial.

c) Fomentar les mesures necessàries per afrontar els problemes mediambientals generats pels residus industrials.

d) Garantir la protecció als consumidors de productes industrials procedents de la Unió.